NEW
최신판

브랜드 만족 1위
바름교재
이벤트보기

경찰채용 경찰승진 시험대비

박문각
경 찰

특 별 판

KB233187

합격의 찬스를 잡아라

경찰 채용(일반채용, 경위공채), 경찰승진 기출 지문 OX

단원별 핵심과 중요 숫자 도해식 정리

박우찬 편저

박우찬
찬스경찰학

★★★★★

핵심정리 OX

동영상 강의 www.pmg.co.kr

박문각

박우찬
찬스 경찰학 ★★★★★ 핵심정리 OX

이 책은 경찰채용시험 경찰학, 승진시험 경찰실무종합에서 합격 점수를 받을 수 있는 핵심 정리 OX 요약집입니다. 2022년부터 2025년까지의 경찰학(일반공채, 경위공채)/경찰실무종합에서 출제된 기출지문을 진도별로 모아서 정리하고, 최근 개정사항을 각 지문에 모두 반영하였습니다. 그리고 단원별 핵심과 중요 숫자를 도표로 정리하고 반복해서 연습할 수 있게 숫자를 빈칸으로 만들어 두었습니다.

이 책은 시험이 얼마 남지 않은 시점에서 전체 내용의 압축 정리를 위해 여러 차례 수업에서 다루었던 자료를 모은 것입니다. 시험을 앞두고 전체 내용의 최종 정리가 필요한 수험생뿐만 아니라, 경찰학/경찰실무종합을 단기간에 정리하여 합격 점수를 내야만 하는 수험생들에게 특히 도움이 되는 요약집이라고 할 수 있습니다. 단기간이라도 이 책을 여러 차례 반복해서 보면 실제 시험에서 합격 점수를 받을 수 있습니다.

이 책에는 그동안 제 수업을 들었던 수강생들의 정성과 노력이 스며 있습니다. 이 책으로 공부하여 합격한 예비 경찰과 현직 경찰에게 축하의 말씀을 드리며, 곧 시험을 앞둔 수험생 여러분도 이 책으로 합격의 영광을 누리시길 바랍니다.

끝으로 이 책이 단장을 하고 세상에 나올 수 있게 힘써주신 박문각 출판사 임직원분들에게 감사의 마음을 전합니다. 아울러 책 원고를 정성스럽게 검토해 준 예비 경찰 조은지 학생에게도 감사의 마음을 전합니다.

2026년 1월
박우찬 씀

CONTENTS 차례

박우찬 찬스경찰학

핵심정리 OX **테마 34~66**

박우찬 찬스경찰학
핵심정리 OX

핵심정리 OX

테마 01 ~ 33

경찰개념의 발전 과정

경찰개념의 발전 과정(비교경찰 포함)

고대	그리스, 로마	① 라틴어 '폴리티아'에서 유래 ② 정치를 포함한 모든 영역의 국가작용, 특히 헌법을 지칭
중세	14세기 이전	① 11세기경 프랑스, 법원과 경찰기능을 가진 프레보 창설 ② 13세기 영국 '윈체스터법', 치안관(Constable)을 임명해서 각 도시에 야경제도를 조직 ③ 14세기 프랑스 경찰권 이론 등장
	15세기	① 15세기 말에 프랑스 경찰개념이 독일에 계수 ② 프랑스의 경찰개념에 영향을 받아 독일에서 1476년 '뷔르츠부르크 주교령'과 1492년 '뉘른베르크법'에 경찰개념이 등장
	16세기	1530년의 독일 '제국경찰법'에서는 교회행정 권한을 제외한 모든 국가행정
경찰국가시대 (대륙법계 경찰)	17세기	① 독일에서 경찰개념은 외교·군사·재정·사법을 제외한 내무행정 전반에 국한 ② 1648년 독일은 베스트팔렌 조약을 계기로 경찰과 사법이 분리
법치국가시대 (대륙법계 경찰)	18세기	① 1789년 프랑스혁명으로 프랑스에서 경찰권은 경찰국장에게서 시장에게로 이관, 자치경찰 체제를 수립 ② 프로이센 일반란트법(1794년) : 경찰관청은 공공의 평온, 절박한 위험을 방지 ③ 프랑스 죄와 형벌법전(1795년) : 개인의 자유와 재산 및 안전을 유지 ④ 프랑스 블랑코 판결(1873년) : 공무원에 의하여 발생한 손해는 국가에 배상책임 ⑤ 프로이센 크로이츠베르크 판결(1882년) : 경찰의 임무가 소극적인 위험방지 분야에 한정 ⑥ 프랑스 지방자치법전(1884년) : 위생을 확보함을 목적 ※ 1829년 로버트 필 경이 영국 최초의 근대 경찰조직인 수도경찰청을 창설
제2차세계대전 이후	20세기	① 독일에서 보안경찰(풍속경찰 포함) 이외의 행정경찰 이관 ② 독일 띠톱 판결(1960년) : 경찰개입청구권(행정개입청구권)을 최초로 인정 ③ 미국 맵(Mapp) 판결(1960년) : 위법수집증거 배제법칙이 확립 ④ 미국 에스코베도(Escobedo) 판결(1964년) : 변호인과의 접견교통권을 침해하여 획득한 자백의 증거능력 부정 ⑤ 미국 미란다(Miranda) 판결(1966년) : 진술거부권 등을 고지하지 않은 자백의 증거능력 부정

핵심정리 OX Check

□□□ **01** 우리나라의 경찰개념은 대륙법계와 영미법계의 경찰개념을 모두 반영하고 있다. ( )

□□□ **02** 1953년 12월에 제정된 「경찰관 직무집행법」 제1조는 '국민의 생명·신체 및 재산의 보호'를 경찰의 직무로 규정하여 치안유지를 중심으로 하는 대륙법계의 행정경찰적 개념이 강조되었다. ( )

□□□ **03** 우리나라는 영미법계 경찰개념의 영향으로 범죄수사를 경찰의 사물관할로 인정하고 있다. ( )

□□□ **04** 대륙법계에서는 영미법계와 비교하여 경찰통제를 위한 방법으로 행정소송이나 국가배상 등의 사법적 통제가 주로 발달하였다. ( )

□□□ **05** 영·미법계 경찰개념은 경찰권 발동의 성질과 범위를 중심으로 형성되었다는 특징이 있다. ( )

□□□ **06** 영미법계 경찰개념은 '시민으로부터 부여받은 자치권에 근거하여 국민의 생명·신체·재산을 보호하고 범죄를 수사하며, 다양한 공공서비스를 제공하는 작용'이라고 설명된다. ( )

□□□ **07** 영미법계 경찰개념은 국왕의 절대적 권력으로부터 유래된 경찰권을 전제로 한다. ( )

□□□ **08** 영미법계 경찰개념은 경찰과 국민을 수평적·상호협력 동반자 관계로 본다. ( )

□□□ **09** 영미법계 경찰은 비권력적 수단을 중시한다. ( )

□□□ **10** 대륙법계 경찰개념은 시민으로부터 자치권한을 위임받은 조직체로서 시민을 위한 기능과 역할에 초점을 맞추어 형성되었다. ( )

□□□ **11** 경찰이란 용어는 라틴어의 Politia에서 유래한 것으로 도시국가에 관한 일체의 정치, 특히 헌법을 지칭하였다. ( )

□□□ **12** 경찰의 개념에 대한 정의는 시대 및 역사 그리고 각국의 전통과 사상을 배경으로 발달하기 때문에 일률적으로 정의를 내리기 어렵다. ( )

□□□ **13** 프랑스의 경찰개념에 영향을 받아 독일에서는 1476년 「뷔르츠부르크 주교령」과 1492년 「뉘른베르크법」에 경찰개념이 등장하게 된다. ( )

정답 & OX 풀이

02 1953년 12월에 제정된 「경찰관 직무집행법」 제1조는 '국민의 생명·신체 및 재산의 보호'를 경찰의 직무로 규정하여 영미법계의 민주적 경찰 개념이 강조되었다.

05 대륙법계 경찰개념은 경찰권 발동의 성질과 범위를 중심으로 형성되었다는 특징이 있다.

07 대륙법계 경찰개념은 국가의 일반통치권(경찰국가시대의 경우 국왕의 절대적 권력)으로부터 유래된 경찰권을 전제로 한다. 영미법계 경찰개념은 지방자치단체의 자치권으로부터 유래된 경찰 기능을 전제로 한다.

10 영미법계 경찰개념에서 경찰은 시민으로부터 자치권한을 위임받은 조직체로서 시민을 위한 기능과 역할에 초점을 맞추어 형성되었다.

정답

01. ○	02. ×	03. ○	04. ○	05. ×	06. ○	07. ×	08. ○	09. ○	10. ×
11. ○	12. ○	13. ○							

□□□ **14** 16세기 독일의 제국경찰법(1530년)에서 교회행정을 제외한 모든 국가활동을 경찰이라 했다.

( )

□□□ **15** 1530년 독일의 「제국경찰법」은 교회행정을 제외한 나머지 국가행정을 경찰의 개념으로 규정하였다.

( )

□□□ **16** 17세기 경찰국가시대의 경찰개념은 외교·국방·재정·사법을 제외한 내무행정 전반을 의미했다.
= 독일에서는 경찰국가시대에 외무, 군사, 재정, 사법 등이 경찰개념에서 독립되었다. ( )

□□□ **17** 경찰국가시대는 국가작용의 분화현상이 나타나 경찰개념이 외교·군사·재정·사법을 제외한 내
무행정 전반에 국한되었다. ( )

□□□ **18** 1648년 독일은 베스트팔렌 조약을 계기로 사법이 국가의 특별작용으로 인정되면서 경찰과 사법이
분리되었다. ( )

□□□ **19** 독일의 경우, 15세기부터 17세기에 이르기까지 경찰은 공동체의 질서정연한 상태 또는 공동체의
질서정연한 상태를 창설하고 유지하기 위한 활동으로 이해되었고, 이러한 공동체의 질서정연한
상태를 창설·유지하기 위하여 신민(臣民)의 거의 모든 생활영역이 포괄적으로 규제될 수 있었다.

( )

□□□ **20** 요한 쉬테판 퓌터(Johann Stephan Pütter)가 자신의 저서인 『독일공법제도』에서 주장한 "경찰의
직무는 임박한 위험을 방지하는 것이다. 복리증진은 경찰의 본래 직무가 아니다."라는 내용은 경
찰국가 시대를 거치면서 확장된 경찰의 개념을 제한하기 위한 노력의 일환으로 볼 수 있다.

( )

□□□ **21** 18~19세기에 등장한 법치국가는 절대주의적 경찰국가에 대항하는 의미에서 자유주의적 법치국
가의 성격을 띠었고, 이와 같은 법치국가적 경찰개념이 처음으로 법제화된 경우로는 1794년의
'프로이센 일반란트법'을 들 수 있다. = 법치국가적 경찰개념이 처음으로 법제화된 것은 1794년
「프로이센 일반란트법」이었다. ( )

□□□ **22** 18세기 계몽철학의 영향으로 경찰의 개념이 소극적 위험방지 분야로 한정되었다. ( )

□□□ **23** 크로이츠베르크(Kreuzberg) 판결에 의하면 경찰관청이 일반수권 규정에 근거하여 법규명령을 발
할 수 있는 분야는 소극적 위험방지 분야에 한정된다. = 크로이츠베르크 판결을 통해 소극적 경찰
개념을 재확인하게 된다. ( )

□□□ **24** 독일 프로이센 고등행정법원의 크로이츠베르크 판결을 계기로 경찰의 권한은 소극적 위험방지
분야로 한정하게 되었으며, 비로소 이 취지의 규정을 둔 「경죄처벌법전」(죄와형벌법전)이 제정
되었다. ( )

□□□ **25** 크로이츠베르크 판결(1882)은 승전기념비의 전망을 확보할 목적으로 주변 건축물의 고도를 제한하기 위해 베를린 경찰청장이 제정한 법규명령은 독일의 「제국경찰법」상 개별적 수권조항에 위반되어 무효라고 하였다. ( )

□□□ **26** 일반적 수권조항에 근거한 경찰권의 발동은 소극적인 위험방지 분야에 한정된다는 사상을 확립시킨 계기가 된 판결은 1882년 크로이츠베르크(Kreuzberg) 판결이다. ( )

□□□ **27** 프랑스 지방자치법전(1884년)에서 처음으로 행정경찰과 사법경찰을 구분했다. ( )

□□□ **28** 1884년 프랑스의 「지방자치법전」은 자치경찰의 직무범위에서 위생사무 등 협의의 행정경찰 사무를 제외시켰다. ( )

□□□ **29** 1931년 제정된 「프로이센 경찰행정법」 제14조 제1항은 "경찰행정청은 현행법의 범위 내에서 공공의 안녕 또는 공공의 질서를 위협하는 위험으로부터 공중이나 개인을 보호하기 위하여 필요한 조치를 의무에 적합한 재량에 따라 취하여야 한다."라고 규정하여 크로이츠베르크 판결(1882)에 의해 발전된 실질적 의미의 경찰개념을 성문화시켰다. = 1931년의 「프로이센 경찰행정법」은 "경찰관청은 일반 또는 개인에 대한 공공의 안녕과 질서를 위협하는 위험을 방지하기 위하여, 현행법의 범위에서 의무에 합당한 재량에 따라 필요한 조치를 취하지 않으면 안된다"라고 규정하고 있다. ( )

□□□ **30** 프로이센 경찰행정법(1931년)은 경찰의 직무를 적극적 복리증진으로 규정했다. ( )

정답 & OX 풀이

24 1795년 프랑스 「경죄처벌법전」(죄와형벌법전)이 제정되었다. 이후 독일에서는 1882년 프로이센 고등행정법원의 크로이츠베르크 판결을 계기로 경찰의 권한을 소극적 위험방지 분야로 한정하게 되었다.

25 [1] 크로이츠베르크 판결(1882)은 승전기념비의 전망을 확보할 목적으로 주변 건축물의 고도를 제한하기 위해 베를린 경찰청장이 제정한 법규명령은 복지의 증진을 목적으로 하므로 무효라고 하였다. 다시 말해, 크로이츠베르크 판결은 베를린 경찰청장이 일반적 수권조항에 근거하여 명령을 발할 수 있으나 이에 근거하여 법규명령을 발할 수 있는 분야는 위험방지 분야에 한정된다고 보았다. 이로써 경찰권 발동의 조리상 한계로서 경찰소극목적의 원칙을 확립하는 계기가 되었다. [2] 베를린 경찰청장이 제정한 법규명령은 승전기념비의 전망을 확보할 목적으로 주변 건축물의 고도를 제한하는 심미적 이유에 근거한 것이어서 복지의 증진을 목적으로 한다고 보았다. 만약 공공의 복리를 위해 적극적인 경찰권을 행사하고자 한다면 특별한 개별 수권조항에 근거해야 한다.

27 프랑스 죄와형벌법전(1795년)에서 처음으로 행정경찰과 사법경찰을 구분했다.

28 1884년 프랑스의 「지방자치법전」은 자치경찰의 직무범위에서 위생사무 등 협의의 행정경찰 사무를 포함하였다.

30 프로이센 경찰행정법(1931년)은 경찰의 직무를 소극적 위험방지로 규정했다. 프로이센 경찰행정법 제14조 제1항은 "경찰행정청은 현행법의 범위 내에서 공공의 안녕 또는 공공의 질서를 위협하는 위험으로부터 공중이나 개인을 보호하기 위하여 필요한 조치를 의무에 적합한(합당한) 재량에 따라 취하여야 한다."라고 규정하였다.

정답
| 14. ○ | 15. ○ | 16. ○ | 17. ○ | 18. ○ | 19. ○ | 20. ○ | 21. ○ | 22. ○ | 23. ○ |
| 24. × | 25. × | 26. ○ | 27. × | 28. × | 29. ○ | 30. × | | | |

☐☐☐ **31** 2차 세계대전 이후 독일에서는 보안경찰사무를 다른 일반행정 기관으로 이관하는 비경찰화 과정이 일어나게 되었다. ( )

☐☐☐ **32** 독일은 제2차 세계대전 이후 보안경찰 이외의 행정경찰사무, 즉 영업경찰, 건축경찰, 보건경찰 등의 경찰사무를 다른 행정관청의 분장사무로 이관하는 비경찰화 과정을 거쳤다. ( )

☐☐☐ **33** 우리나라의 미군정 시기 경찰은 경제경찰과를 폐지하고 종래에 경찰에서 담당하던 위생사무를 위생국으로 이관하였다. ( )

☐☐☐ **34** 경찰개입청구권을 최초로 인정한 판결은 띠톱 판결이다. ( )

☐☐☐ **35** 위법수집증거 배제법칙이 확립된 판결은 맵(Mapp) 판결이다. ( )

☐☐☐ **36** 국가배상이 인정된 최초의 판결은 에스코베도(Escobedo) 판결이다. ( )

☐☐☐ **37** 블랑코 판결은 공무원에 의해 발생한 손해는 국가에 배상책임이 있다고 인정하며 행정개입청구권을 최초로 인정하였다. ( )

☐☐☐ **38** 미란다 판결은 변호인선임권, 진술거부권 등을 피의자에게 고지하지 않은 상태에서 이루어진 자백의 경우에 임의성과 관계없이 증거능력을 부정하였다. ( )

☐☐☐ **39** 에스코베도 판결은 피고인 에스코베도와 변호인과의 접견교통권을 침해하여 획득한 자백의 증거능력을 부정하였다. ( )

☐☐☐ **40** 크로이츠베르크 판결은 경찰관청이 일반수권 규정에 근거하여 법규명령을 발할 수 있는 분야는 위험방지 분야에 한정된다고 판시하였다. ( )

정답 & OX 풀이

31 2차 세계대전 이후 독일에서는 보안경찰사무를 제외한 협의의 행정경찰 사무를 다른 일반행정 기관으로 이관하는 비경찰화 과정이 일어나게 되었다.

36 국가배상이 인정된 최초의 판결은 1873년 블랑코(Blanco) 판결이다. 에스코베도(Escobedo) 판결(1964년 미국)은 변호인과의 접견교통권을 침해하여 획득한 자백은 증거능력이 없다는 내용의 판결이다.

37 프랑스의 블랑코 판결은 공무원에 의해 발생한 손해는 국가에 배상책임이 있다고 최초로 인정하였으나 행정개입청구권(경찰개입청구권)을 최초로 인정한 것은 독일의 띠톱 판결이다.

정답 31. × 32. ○ 33. ○ 34. ○ 35. ○ 36. × 37. × 38. ○ 39. ○ 40. ○

테마 02 형식적 의미의 경찰과 실질적 의미의 경찰

형식적 의미의 경찰(조직)		실질에만 해당
형식에만 해당	실질적 의미의 경찰(작용)	
수사경찰(사법경찰), 정보경찰, 서비스 활동(순찰, 길 안내)	보안경찰: 보통 경찰기관의 고유한 활동(풍속경찰 단속, 교통경찰 단속, 경비경찰 시위진압)	협의의 행정경찰: 일반 행정기관의 경찰활동(건축경찰, 영업경찰, 철도경찰, 보건경찰, 위생경찰, 산림경찰, 경제경찰, 산업경찰)

핵심정리 OX Check ✔

□□□ **01** 형식적 의미의 경찰은 실정법상 개념으로 보통경찰기관에 분배되어 있는 임무를 달성하기 위하여 행하여지는 일체의 경찰작용이다. = 형식적 의미의 경찰이란 보통경찰기관에 분배되어 있는 임무의 달성을 위하여 행하여지는 경찰활동을 의미한다.　　　　　　　　　　　　　　　(　)

□□□ **02** 형식적 의미의 경찰개념은 실정법상 보통경찰기관에 맡겨져 있는 경찰작용을 의미한다. (　)

□□□ **03** 형식적 의미의 경찰개념에 따른 경찰활동의 범위는 국가마다 상이하고, 한 국가 내에서도 시간 변화에 따라 달라질 수 있다.　　　　　　　　　　　　　　　　　　　　　　(　)

□□□ **04** 형식적 의미의 경찰은 실정법상 보통경찰기관에 분배된 임무를 달성하기 위하여 행해지는 경찰활동으로 그 범위는 나라마다 차이가 있을 수 있다.　　　　　　　　　　　　　(　)

□□□ **05** 실질적 의미의 경찰은 국가의 일반통치권에 근거하여 국민에게 명령·강제하는 권력적 작용으로 독일의 전통적 행정법학에서 정립된 학문상 개념이다. = 실질적 의미의 경찰개념은 독일의 행정법학에서 유래한 것으로 이론적, 학문적으로 발전해 왔다.　　　　　　　(　)

□□□ **06** 실질적 의미의 경찰은 사회공공의 안녕, 질서유지와 같은 소극적 목적을 위한 작용이다. (　)

□□□ **07** 실질적 의미의 경찰은 프랑스 행정법학에서 유래한다.　　　　　　　　　　　　　(　)

정답 & OX 풀이 ✔

07 실질적 의미의 경찰은 독일 행정법학에서 유래한다.

정답　　**01.** ○　　**02.** ○　　**03.** ○　　**04.** ○　　**05.** ○　　**06.** ○　　**07.** ✕

□□□ **08** 실질적 의미의 경찰개념은 학문상 정립된 경찰개념이며, 사회공공의 안녕과 질서를 유지하기 위해 국가의 일반통치권에 근거하여 국민에게 명령·강제하는 작용이다. = 실질적 의미의 경찰이란 사회공공의 안녕과 질서를 유지하기 위하여 국가의 일반통치권에 근거하여 국민에게 명령·강제하는 권력적 작용이다. ( )

□□□ **09** 형식적 의미의 경찰개념은 작용을 중심으로 파악한 것이다. ( )

□□□ **10** 실질적 의미의 경찰은 조직중심적인 개념이고, 형식적 의미의 경찰은 작용중심적인 개념이다. ( )

□□□ **11** 「국가경찰과 자치경찰의 조직 및 운영에 관한 법률」에 따른 정보경찰의 활동은 형식적 의미의 경찰에 해당한다. ( )

□□□ **12** 「형사소송법」에 따라 범죄를 수사하는 사법경찰의 활동은 실질적 의미의 경찰에 해당한다. ( )

□□□ **13** 실질적 의미의 경찰개념은 경찰의 사법경찰활동과 같이 주로 현재 또는 장래의 위험방지를 개념요소로 한다. ( )

□□□ **14** 경찰의 개념을 형식적 의미의 경찰과 실질적 의미의 경찰로 구분할 때, 사법경찰(수사경찰)은 실질적 의미의 경찰에 포함된다. ( )

□□□ **15** 사법경찰은 실질적 의미의 경찰에 해당한다. ( )

□□□ **16** 정보경찰은 권력적 작용이므로 실질적 의미의 경찰이다. ( )

□□□ **17** 실질적 의미의 경찰개념은 사회 질서유지와 봉사활동과 같은 현대 경찰의 핵심적인 기능을 수행하는 경찰을 의미한다. ( )

□□□ **18** 실질적 의미의 경찰을 보안경찰과 협의의 행정경찰로 구분하는 것이 일반적 견해라고 할 때, 보안경찰은 독립적인 경찰기관이 관할하지만, 협의의 행정경찰은 각종의 일반행정기관이 함께 그것을 관장하는 경우가 많다. ( )

□□□ **19** 경찰개념은 역사적으로 발전되고 형성된 개념이므로, 근대국가에서의 일반적인 경찰개념을 '공공의 안녕과 질서유지를 위한 권력작용'이라고 할 경우, 이는 각국의 실정법상 경찰개념과 반드시 일치한다고는 할 수 없다. ( )

□□□ **20** 형식적 의미의 경찰개념은 경찰작용의 성질에 따른 것으로서 보건·산림·세무·의료·환경 등을 담당하는 국가기관(특별사법경찰기관)의 권력작용을 포함하여 지방자치단체(특별시, 광역시, 시·군·구)의 권력작용도 경찰로 간주된다. ( )

□□□ **21** 실질적 의미의 경찰은 조직보다는 작용 중심으로 경찰개념을 파악하는 것으로, 일반행정기관이 공공의 안녕과 질서 유지를 위해 일반통치권에 근거하여 국민에게 명령·강제하는 권력적 작용은 실질적 의미의 경찰로 보아야 한다. ( )

□□□ **22** 업무의 독자성 여부로 구분되는 협의의 행정경찰은 실질적 의미의 경찰에 해당하고, 형식적 의미의 경찰에는 해당하지 않는다. ( )

□□□ **23** 보통경찰기관의 범죄 예방, 정보 수집·작성·배포 활동은 실질적 의미의 경찰뿐만 아니라 형식적 의미의 경찰에도 해당하지 않는다. ( )

□□□ **24** 형식적 의미의 경찰과 실질적 의미의 경찰은 일치한다. ( )

□□□ **25** 형식적 의미의 경찰은 모두 실질적 의미의 경찰에 포함(포괄)된다. ( )

□□□ **26** 사무를 기준으로 하였을 때 우리나라 자치경찰은 형식적 의미의 경찰과 실질적 의미의 경찰 모두에 해당한다. ( )

□□□ **27** 공물경찰은 실질적 의미의 경찰에 해당한다. ( )

정답 & OX 풀이

09 형식적 의미의 경찰개념은 조직을 중심으로 파악한 것이다.

10 형식적 의미의 경찰은 조직중심적인 개념이고, 실질적 의미의 경찰은 작용중심적인 개념이다.

12 「형사소송법」에 따라 범죄를 수사하는 사법경찰의 활동은 실질적 의미의 경찰에 해당하지 않는다.

13 실질적 의미의 경찰개념은 경찰의 행정경찰활동과 같이 주로 현재 또는 장래의 위험방지를 개념요소로 한다. 경찰의 사법경찰활동은 과거의 범죄에 대하여 수사하는 활동이다.

14 사법경찰(수사경찰)은 과거의 범죄수사를 목적으로 하는 경찰이므로 장래나 현재의 위험방지를 목적으로 하는 실질적 의미의 경찰에 해당하지 않는다. 사법경찰은 보통경찰기관이 하는 활동이므로 형식적 의미의 경찰에 해당한다.

15 사법경찰은 과거의 범죄수사를 목적으로 하는 경찰이므로 장래나 현재의 위험방지를 목적으로 하는 실질적 의미의 경찰에 해당하지 않는다. 사법경찰은 보통경찰기관이 하는 활동이므로 형식적 의미의 경찰에 해당한다.

16 정보경찰은 비권력적 작용이므로 형식적 의미의 경찰이다.

17 봉사활동은 실질적 의미의 경찰개념에 해당하지 않는다.

20 실질적 의미의 경찰개념은 경찰작용의 성질에 따른 것으로서 '공공의 안녕과 질서를 유지하기 위한' 보건·산림·세무·의료·환경 등을 담당하는 국가기관의 권력작용(특별사법경찰기관의 단속 활동은 포함되나 수사 활동은 제외)을 포함하여 지방자치단체(특별시, 광역시, 시·군·구)의 권력작용도 경찰로 간주된다.

23 형식적 의미의 경찰은 실정법상 보통경찰기관에 분배된 임무를 달성하기 위하여 행해지는 경찰활동이므로 보통경찰기관의 범죄 예방, 정보 수집·작성·배포 활동은 형식적 의미의 경찰에 해당한다. 보통경찰기관의 비권력적 범죄 예방, 정보 수집·작성·배포 활동은 실질적 의미의 경찰에 해당하지 않는다.

24 형식적 의미의 경찰과 실질적 의미의 경찰은 일치하지 않으며, 서로 포함관계도 아니다.

25 형식적 의미의 경찰과 실질적 외미의 경찰 개념은 포함관계에 있지 않다. 형식적 의미의 경찰이 언제나 실질적 의미의 경찰이 되는 것은 아니며, 실질적 의미의 경찰이 모두 형식적 의미의 경찰이 되는 것도 아니다.

정답
08. ○	09. ×	10. ×	11. ○	12. ×	13. ×	14. ×	15. ×	16. ×	17. ×
18. ○	19. ○	20. ×	21. ○	22. ×	23. ×	24. ×	25. ×	26. ○	27. ○

□□□ **28** 법정경찰은 형식적 의미의 경찰과 실질적 의미의 경찰에 모두 해당된다. ( )

□□□ **29** 「국회법」에 따라 국회 회의장 건물 안에서 의장의 지휘를 받아 경호업무를 수행하는 경위(警衛)는 실질적 의미의 경찰에 해당한다. ( )

□□□ **30** 의원경찰은 국가의 일반통치권을 전제로 하지 않고, 부분사회의 내부질서를 꾀하려는 목적이므로 경찰작용에 해당하지 않는다. ( )

정답 & OX 풀이

28 법정경찰은 보통경찰기관이 수행하는 경찰활동이 아니므로 형식적 의미의 경찰에 해당하지 않으며, 국가의 일반통치권을 전제로 하지 않고 부분사회의 내부질서를 꾀하려는 목적이므로 실질적 의미의 경찰에 해당하지 않는다.

29 「국회법」에 따라 국회 회의장 건물 안에서 의장의 지휘를 받아 경호업무를 수행하는 경위(警衛)는 실질적 의미의 경찰에 해당하지 않는다.

정답 **28.** × **29.** × **30.** ○

테마 03 경찰의 분류

□□□ **01** 자치경찰은 국가경찰과 비교하여 조직 운영상의 개혁이 용이한 편이다. ( )

□□□ **02** 국가경찰은 자치경찰과 비교하여 지방세력의 간섭으로 정실에 빠질 우려가 있다. ( )

□□□ **03** 국가경찰은 자치경찰과 비교하여 다른 행정부문과의 긴밀한 협조·조정이 어렵다. ( )

□□□ **04** 국가경찰은 자치경찰과 비교하여 신속한 업무수행으로 인해 인권과 민주성이 보장되어 주민들의 지지를 받기 쉽다. ( )

□□□ **05** 국가경찰제도는 자치경찰제도와 비교하여 광역적 범죄 수사가 용이하다. ( )

□□□ **06** 자치경찰제도는 국가경찰제도와 비교하여 지방에 적합한 경찰행정이 가능하다. ( )

□□□ **07** 자치경찰제도는 관할지역이 광범위하지 않아 타 기관 간 협조가 원활하며 통계자료의 정확성을 기할 수 있는 반면 국가경찰제도는 관할지역이 광범위하여 타 기관과의 협조가 어렵고, 전국적인 통계자료의 정확성 또한 기할 수 없다. ( )

□□□ **08** 자치경찰은 국가경찰과 비교하여 비권력적 수단보다는 권력적 수단을 통해 국민의 생명과 신체·재산을 보호하고자 한다. ( )

□□□ **09** 자치경찰은 지역사회 특성을 반영한 치안활동이 가능하며 주민들의 지지를 받기 쉽다. ( )

□□□ **10** 국가경찰은 강력하고 광범위한 집행력을 행사할 수 있다. ( )

정답 & OX 풀이

02 자치경찰은 국가경찰과 비교하여 지방세력의 간섭으로 정실에 빠질 우려가 있다.

03 자치경찰은 국가경찰과 비교하여 다른 행정부문과의 긴밀한 협조·조정이 어렵다.

04 자치경찰은 국가경찰과 비교하여 인권과 민주성이 보장되어 주민들의 지지를 받기 쉽다.

07 국가경찰제도는 관할지역이 광범위하여 전국적인 통계자료의 정확성을 기할 수 있으며, 타 기관 간 협조가 원활하다. 반면에 자치경찰제도는 관할지역이 광범위하지 않아 전국적인 통계자료의 정확성을 기할 수 없으며, 타 기관과의 협조가 어렵다.

08 자치경찰은 국가경찰과 비교하여 권력적 수단보다는 비권력적 수단을 통해 국민의 생명과 신체·재산을 보호하고자 한다.

정답 01. ○ 02. × 03. × 04. × 05. ○ 06. ○ 07. × 08. × 09. ○ 10. ○

□□□ **11** 국가경찰과 자치경찰은 경찰권과 관련하여 권한과 책임 소재에 따라 구분하며, 자치경찰은 국가
경찰과 비교하여 전국적으로 균등한 서비스를 제공할 수 있다. (　　　)

□□□ **12** 자치경찰은 지방세력의 간섭으로 인하여 정실주의에 대한 우려가 있다. (　　　)

□□□ **13** 국가경찰 – 자치경찰 : 권한과 책임의 소재에 따른 분류 (　　　)

□□□ **14** 국가경찰은 전국단위의 통계자료 수집 및 정확성 측면에서 불리하다. (　　　)

□□□ **15** 국가경찰제도는 자치경찰제도와 비교하여 전국적으로 균등한 경찰 서비스를 제공할 수 있다.
(　　　)

□□□ **16** 국가경찰은 자치경찰과 비교하여 타 행정부문과의 긴밀한 협조·조정이 원활하다. (　　　)

□□□ **17** 국가경찰은 자치경찰과 비교하여 지역실정을 반영한 경찰조직의 운영·관리가 용이하다.
(　　　)

□□□ **18** 국가경찰은 자치경찰과 비교하여 지역주민에 대한 경찰의 책임의식이 높다. (　　　)

□□□ **19** 국가경찰제도와 비교하여 자치경찰제도는 조직의 관료화로 인해 국민에 대한 봉사의식이 저하될
수 있다. (　　　)

□□□ **20** 국가경찰제도와 비교하여 자치경찰제도는 지역주민의 경찰활동 참여를 활성화할 수 있다.
(　　　)

□□□ **21** 국가경찰제도와 비교하여 자치경찰제도는 능률성보다 민주성이 확보된다. (　　　)

□□□ **22** 경찰의 개념을 '경찰업무의 독자성' 여부에 따라 보안경찰과 협의의 행정경찰로 구분한다.
(　　　)

□□□ **23** 보안경찰과 협의의 행정경찰은 경찰업무의 독자성에 따라 구분하며, 교통경찰은 보안경찰에 해당
하고 건축경찰은 협의의 행정경찰에 해당한다. (　　　)

□□□ **24** 예방경찰과 진압경찰은 경찰권 발동 시점에 따라 구분하며, 예방경찰은 경찰상 위해가 발생하기
전에 이를 방지하기 위한 경찰활동으로 총포·도검의 취급 제한, 타인에게 해를 끼칠 우려가 있는
정신착란자를 보호하는 활동 등이 이에 해당한다. (　　　)

□□□ **25** 행정경찰은 주로 과거의 상황에 대하여 작용하며, 사법경찰은 주로 현재 또는 장래의 상황에 대하여
작용한다. (　　　)

□□□ **26** 행정경찰과 사법경찰은 경찰의 목적 및 임무에 따라 구분하며, 프랑스의 「죄와 형벌법전」은 최초로
이를 구분하였다. (　　　)

□□□ **27** 우리나라는 조직법상 행정경찰과 사법경찰의 구분이 없으며, 보통경찰기관이 양 사무를 모두 담당한다. ( )

□□□ **28** 질서경찰 − 봉사경찰 : 경찰의 목적에 따른 분류 ( )

□□□ **29** 질서경찰과 봉사경찰은 실질적 의미의 경찰을 경찰활동의 질과 내용에 따라 구분한 것이다. ( )

□□□ **30** 질서경찰과 봉사경찰은 경찰서비스의 질과 내용에 따라 구분하며, 봉사경찰은 서비스·계몽·지도 등 비권력적인 수단을 통하여 경찰의 직무를 수행하는 경찰활동으로 방범지도, 청소년 선도, 교통정보제공 등이 이에 해당한다. = 경찰의 수단 내지 경찰서비스의 구체적 내용, 즉 경찰서비스의 질과 내용에 따라서 질서경찰과 봉사경찰로 구분할 수 있다. ( )

□□□ **31** 질서경찰과 봉사경찰은 경찰 활동 시 강제력의 사용유무로 구분된다. ( )

□□□ **32** 평시경찰 − 비상경찰 : 위해 정도 및 담당기관, 적용법규에 따른 분류 ( )

□□□ **33** 비상경찰은 헌법적 근거를 필요로 하는 것으로서, 비상사태가 발생하여 계엄이 선포될 경우에 군대가 계엄법에 의하여 경찰사무를 관장하는 것을 의미한다. ( )

□□□ **34** 고등경찰과 보통경찰의 구별은 경찰에 의하여 보호되는 법익을 기준으로 한 것으로서 고등경찰에는 사상·언론의 자유에 관한 정보수집과 단속, 교통의 안전, 풍속의 유지 등이 포함된다. ( )

정답 & OX 풀이

11 국가경찰과 자치경찰은 경찰권과 관련하여 권한과 책임 소재에 따라 구분하며, 국가경찰은 자치경찰과 비교하여 전국적으로 균등한 서비스를 제공할 수 있다.

14 국가경찰은 전국단위의 통계자료 수집 및 정확성 측면에서 유리하다.

17 자치경찰은 국가경찰과 비교하여 지역실정을 반영한 경찰조직의 운영·관리가 용이하다.

18 자치경찰은 국가경찰과 비교하여 지역주민에 대한 경찰의 책임의식이 높다.

19 국가경찰의 단점이다.

25 행정경찰은 주로 현재 또는 장래의 상황에 대하여 작용하며, 사법경찰은 주로 과거의 상황에 대하여 작용한다.

28 질서경찰과 봉사경찰은 경찰 활동의 질과 내용에 따라 분류한 것이다. 행정경찰과 사법경찰이 삼권분립 사상 또는 경찰의 목적, 임무에 따른 분류이다.

29 형식적 의미의 경찰을 구분한 것이다.

34 고등경찰에는 사상·언론의 자유에 관한 정보수집과 단속이 포함되고, 보통경찰에는 교통의 안전, 풍속의 유지 등이 포함된다

정답									
11. ×	12. ○	13. ○	14. ×	15. ○	16. ○	17. ×	18. ×	19. ×	20. ○
21. ○	22. ○	23. ○	24. ○	25. ×	26. ○	27. ○	28. ×	29. ×	30. ○
31. ○	32. ○	33. ○	34. ×						

위험의 인식

외관적 위험	① 경찰이 의무에 합당한 사려 깊은 상황 판단을 했음에도 불구하고 위험을 잘못 긍정하는 경우 ② 심야에 순찰 중인 경찰관이 사람을 살려달라는 외침소리를 듣고 남의 집 출입문을 부수고 들어갔는데, 실제로는 귀가 어두운 노인이 TV 형사극을 켜놓아 그 외침소리가 들렸던 경우 ③ 경찰상 위험에 해당하는 적법한 경찰개입이므로 경찰관에게 민·형사상 책임을 물을 수 없다. 단, 국가의 손실보상책임이 발생할 수 있다.
위험혐의	① 경찰이 의무에 합당한 사려 깊은 판단을 할 때 실제로 위험의 가능성은 예측되나 불확실한 경우에는 위험의 존재여부가 명백해질 때까지 예비적으로 행하는 위험조사 차원의 개입을 정당화한다(경찰관에게 예비적 조치로서 위험의 존재 여부를 조사할 권한이 있다). ② 익명의 자에 의한 폭파위협이 있음을 이유로 경찰이 백화점 내의 모든 사람을 대피시켰다. ③ 경찰상 위험에 해당하는 적법한 경찰개입이므로 경찰관에게 민·형사상 책임을 물을 수 없다. 단, 국가의 손실보상책임이 발생할 수 있다.
오상위험 (추정적 위험)	① 이성적이고 객관적으로 판단할 때 위험의 외관도 그 혐의도 정당화되지 않음에도 경찰이 위험의 존재를 잘못 추정한 것이다. ② 오상위험에 따른 경찰개입(오상위험에 근거한 경찰의 위험방지조치)이 위법한 경우에는 경찰관 개인에게는 민·형사상 책임을 물을 수 있고, 국가에는 손해배상책임이 발생할 수 있다.

핵심정리 OX Check

□□□ **01** 「국가경찰과 자치경찰의 조직 및 운영에 관한 법률」은 경찰의 임무로 국민의 생명·신체 및 재산의 보호, 범죄의 예방·진압 및 수사, 범죄피해자 보호, 교통의 단속과 위해의 방지, 외국 정부기관 및 국제기구와의 국제협력 등을 규정하고 있다. ( )

□□□ **02** 범죄수사에 있어서 범죄피해자를 위한 사법경찰권의 적극적인 개입을 인정하는 입법례가 증가하는 추세이다. ( )

□□□ **03** 「국가경찰과 자치경찰의 조직 및 운영에 관한 법률」, 「경찰관 직무집행법」 등을 통해 경찰의 궁극적인 임무를 공공의 안녕과 질서에 대한 위험방지로 도출할 수 있다. = 실정법상의 규정을 토대로 경찰의 임무를 살펴보면, 궁극적으로는 공공의 안녕과 질서유지를 그 임무로 하고 있다. ( )

□□□ **04** 경찰의 임무를 치안서비스의 제공으로 볼 때, 현대국가는 복지국가를 지향하는 만큼 오늘날 국민에게 봉사하고 서비스하는 경찰의 역할이 점차 중요해지고 있다. ( )

□□□ **05** 경찰의 임무를 공공의 안녕과 질서에 대한 위험방지로 정의할 때, 공공의 안녕은 국민의 생명·신체 및 재산보호를 포함하는 상위개념이다. ( )

□□□ **06** 경찰의 임무를 공공의 안녕과 질서에 대한 위험의 방지라고 정의할 때, 공공의 안녕의 제1요소는 '국가의 존립 및 국가기관 기능성의 불가침'이다. ( )

□□□ **07** 공공의 안녕의 요소 중 법질서의 불가침성은 사법(私法)규범을 제외한 공법(公法)규범을 대상으로 한다. ( )

□□□ **08** 공공의 안녕은 법질서의 불가침성, 국가존립과 기능성의 불가침성, 개인의 권리와 법익의 보호로 구성되며, 경찰은 사회공공과 관련하여 국가의 존립과 기능을 보호할 의무가 있다. ( )

□□□ **09** 법질서의 불가침성은 공공의 안녕의 제1요소로서, 민주적 정당성을 부여받은 입법자가 창조하고 형성한 법질서는 그 전체로서 보호되어야 한다. ( )

□□□ **10** 국가의 존립과 기능성을 위험으로부터 보호하기 위하여 가벌성의 범위 내에 이르지 아니하더라도 국민의 자유나 권리를 침해하지 않는 범위 내에서 수사·정보·안보경찰의 첩보수집활동을 할 수 있다. ( )

□□□ **11** 공공의 안녕을 위해 경찰은 개인의 권리와 법익을 보호해야 한다. 다만 사법(私法)에서 인정되는 사적인 권리확보수단이 존재하는 경우에는 경찰의 보충적인 보호만 인정된다. = 개인의 권리와 법익의 불가침성과 관련하여 경찰은 잠정적 보호에 국한되어야 하고 최종적인 규제를 취해서는 안된다. ( )

□□□ **12** 인간의 존엄·자유·명예·생명 등과 같은 개인적 법익뿐만 아니라 사유재산적 가치에 대한 위험방지도 경찰의 임무에 해당하나, 무형의 권리에 대한 위험방지는 경찰의 임무에 해당하지 아니한다. ( )

정답 & OX 풀이

06 경찰의 임무를 공공의 안녕과 질서에 대한 위험의 방지라고 정의할 때, 공공의 안녕의 제1요소는 '법질서의 불가침'이다.
07 공공의 안녕의 요소 중 법질서의 불가침성은 공법(公法)규범과 사법(私法)규범을 모두 대상으로 한다.

공법규범에 대한 위반	공법규범에 대한 위반은 보통 공공의 안녕에 대한 위험으로 취급된다. 예를 들어 형법 규범, 도로교통법 규범 위반을 들 수 있다.
사법상 영역	보충성의 원칙 적용

12 인간의 존엄·자유·명예·생명 등과 같은 개인적 법익뿐만 아니라 사유재산적 가치나 무형의 권리에 대한 위험방지도 경찰의 임무에 해당하나. 그러나 개인적 권리와 법익이 보호된 경우라고 하더라도 경찰의 원조는 잠정적 보호에 국한되어야 하고, 최종적인 권리구제는 법원(法院)에 의하여야 한다.

정답
01. ○   02. ○   03. ○   04. ○   05. ○   06. ×   07. ×   08. ○   09. ○   10. ○
11. ○   12. ×

☐☐☐ **13** 공공의 질서란 당시의 지배적인 윤리와 가치관을 기준으로 판단할 때 그것을 준수하는 것이 시민으로서 원만한 공동체 생활을 위한 필수적인 전제조건이 되고, 공공사회에서 개인의 행동에 대한 불문규범의 총체가 되는 것을 의미한다. = 경찰의 임무를 공공의 안녕과 질서에 대한 위험의 방지라고 정의할 때, '공공의 질서'란 원만한 공동체 생활을 위한 필수적인 전제조건으로 시대에 따라 변화하는 상대적이고 유동적인 개념이다. ( )

☐☐☐ **14** 공공질서와 관련하여 경찰이 개입할 것인가의 여부는 경찰의 결정에 맡겨져 있더라도 헌법상 과잉금지원칙이 준수되어야 한다. ( )

☐☐☐ **15** 공공질서는 원만한 공동체 생활을 위한 불가결적 전제조건으로서 공공사회에서 각 개인의 행동에 대한 불문규범의 총체이다. ( )

☐☐☐ **16** 공공질서의 개념은 절대적인 것이 아니라, 시대에 따라 변화하는 상대적이고 유동적인 개념이다. ( )

☐☐☐ **17** 공공질서 개념의 적용 가능분야는 점차 확대되고 있다. ( )

☐☐☐ **18** 통치권 집행을 위한 개입근거로 활용될 수 있는 공공질서 개념은 엄격한 합헌성이 요구되고, 제한적인 사용이 필요하다. ( )

☐☐☐ **19** '위험'이란 보호법익의 정상적 상태의 객관적 감소를 뜻하며, 보호법익에 대한 현저한 침해가 있어야 한다. ( )

☐☐☐ **20** 경찰개입의 대상이 되는 위험은 행위책임에 기인한 것일 수도 있고 상태책임에 기인한 것일 수도 있다. ( )

☐☐☐ **21** 손해란 보호법익에 대한 현저한 침해행위를 의미하고 정상적 상태의 객관적 감소이어야 하므로, 단순한 성가심이나 불편함은 경찰개입의 대상이 아니다. ( )

☐☐☐ **22** 위험은 경찰개입의 전제요건이므로 보호를 받게 되는 법익에 구체적으로 존재해야만 하고 경찰책임자가 누구인지는 불문한다. ( )

☐☐☐ **23** 경찰의 임무를 공공의 안녕과 질서에 대한 위험의 방지라고 정의할 때, '위험'은 위험의 현실화 여부에 따라 '구체적 위험'과 '추정적 위험'으로 구분할 수 있고, 위험에 대한 인식에 따라 '외관적 위험', '오상 위험', '위험혐의'로 구분한다. ( )

☐☐☐ **24** 추상적 위험의 경우 경찰권 발동에 있어 사실적 관점에서의 위험에 대한 예측까지는 필요하지 않다. ( )

□□□ **25** 구체적 위험이란 구체적 개별 사안에 있어 가까운 장래에 보호법익에 대한 손해발생의 충분한 가능성이 존재하는 경우를 의미한다. = 구체적 위험은 개별사례에서 실제로 또는 최소한 경찰관의 사전적 시점에서 사실관계를 합리적으로 평가하였을 때, 가까운 장래에 공공의 안녕이나 공공의 질서에 대한 손해가 발생할 충분한 개연성이 있는 상황과 관련이 있다. ( )

□□□ **26** 경찰의 개입은 구체적 위험 내지 적어도 오상위험이 있을 때 가능하다. ( )

□□□ **27** 경찰의 범죄예방 및 위험방지 행위의 준비는 추상적 위험이 존재하는 경우에도 가능하다.
( )

□□□ **28** 경찰개입을 위해서는 구체적 위험이 존재해야 하지만, 범죄예방 및 위험방지 행위의 준비는 추상적 위험 상황에서도 가능하다. ( )

□□□ **29** 위험에 대한 인식에 따라 외관적 위험, 위험혐의, 오상위험으로 구분할 수 있다. ( )

□□□ **30** 외관상 위험이 존재할 때의 경찰개입이 적법하더라도, 원칙적으로 국가의 손해배상책임을 발생시킨다. ( )

정답 & OX 풀이

17 공공질서 개념의 사용 가능 분야는 점점 축소되고 있다. 법적 안전성 확보를 위해 오늘날 대부분의 생활영역에 대해 법적으로 규범화되는 추세(불문규범이 성문화되어가는 현상)이다.

19 '손해'란 보호법익의 정상적 상태의 객관적 감소를 뜻하며, 보호법익에 대한 현저한 침해가 있어야 한다.

22 [1] 위험은 경찰개입의 전제조건이나 위험이 보호를 받게 되는 법익(공공의 안녕과 질서)에 구체적으로 존재해야 하는 것은 아니다. 예를 들어 보행자의 통행이 거의 없는 밤 시간에 횡단보도 보행자 신호등이 녹색등일 때 정지하지 않고 진행한 경우에도 통행한 운전자는 경찰책임자가 된다. [2] 객관적인 위험의 존재만이 문제되므로 경찰책임자가 누구인지는 불문한다.

23 경찰의 임무를 공공의 안녕과 질서에 대한 위험의 방지라고 정의할 때, '위험'은 위험의 현실화 여부에 따라 '구체적 위험'과 '추상적 위험'으로 구분할 수 있고, 위험에 대한 인식에 따라 '외관적 위험', '오상 위험', '위험혐의'로 구분한다.

24 구체적 위험의 경우와 마찬가지로 추상적 위험의 경우에도 경찰권 발동에 있어 사실적 관점에서의 위험에 대한 예측이 필요요다. 장래에 대한 위험 발생을 방지하는 경찰활동의 경우에 가정적인 사건경과에 대한 예측이 필요하며, 단순히 안전하지 못하다는 인식 정도로는 충분하지 않다.

26 경찰의 개입은 구체적 위험 내지 적어도 추상적 위험이 있을 때 가능하다.

30 외관상 위험이 존재할 때의 경찰개입이 석법할 경우에 국가의 손실보상책임이 발생할 수 있다. 오상위험이 존재할 때의 경찰개입은 위법하므로 국가의 손해배상책임이 발생할 수 있다.

정답
| 13. ○ | 14. ○ | 15. ○ | 16. ○ | 17. × | 18. ○ | 19. × | 20. ○ | 21. ○ | 22. × |
| 23. × | 24. × | 25. ○ | 26. × | 27. ○ | 28. ○ | 29. ○ | 30. × | | |

□□□ **31** 외관적 위험은 경찰관이 의무에 합당한 사려 깊은 상황 판단을 하였음에도 위험을 잘못 긍정하는 경우이다. ( )

□□□ **32** 위험혐의란 경찰이 의무에 합당한 사려 깊은 상황 판단을 할 때, 위험의 발생 가능성은 예측되지만, 위험의 실제 발생 여부가 불확실한 경우를 의미한다. ( )

□□□ **33** 추상적 위험이란 경찰이 의무에 합당한 사려 깊은 판단을 할 때 실제로 위험의 가능성은 예측되나 실현이 불확실한 경우를 의미한다. ( )

□□□ **34** 위험혐의의 존재는 위험조사차원의 경찰개입을 정당화시킨다. ( )

□□□ **35** 위험의 혐의만 존재하는 경우 위험의 존재가 명백해지기 전까지는 경찰관에게 예비적 조치로서 위험의 존재 여부를 조사할 권한은 없다. ( )

□□□ **36** 오상위험에 근거한 경찰의 위험방지조치가 위법한 경우에는 경찰관 개인에게는 민·형사상 책임이 문제되고 국가에게는 손해배상책임이 발생할 수 있다. ( )

□□□ **37** 오상위험이란 경찰이 상황을 합리적으로 사려 깊게 판단하여 위험이 존재한다고 인식하여 개입하였으나 실제로는 위험이 없던 경우를 말하며 이 경우 국가의 손실보상책임이 발생할 수 있다. ( )

□□□ **38** 전날 악몽을 꾼 경찰관 A는 경찰관 B와 순찰 중에 주택에서 은은한 클래식 음악이 들리자 위험한 상황이라고 판단하고, 자신을 제지하는 경찰관 B를 밀친 후 혼자 현관문을 부수고 들어갔는데 실제로는 임신부가 태교음악을 듣고 있었다. 이는 외관적 위험에 해당한다. ( )

□□□ **39** 경찰에게 있어 위험의 개념은 사실에 기인하여 향후 발생할 사건에 관한 주관적 추정을 포함한다. ( )

□□□ **40** 위험의 외관이나 혐의가 정당화되지 아니함에도 불구하고 잘못된 주관적 판단에 따라 위험의 존재를 잘못 추정한 경우 이는 위법한 경찰개입이므로, 경찰관에게는 민·형사상 책임이 발생할 수 있으며 국가 역시 국가배상책임이 발생될 수 있다. ( )

□□□ **41** 공공의 안녕이란 개인의 생명·신체·건강·자유·재산과 같은 개인적 법익과 국가적 공동체의 존속 및 기능과 같은 국가적 법익이 침해되지 않은 상태를 의미하며, 공공의 질서보다 엄격한 합헌성을 요구받는다. ( )

□□□ **42** 법질서의 불가침성은 형법 등의 규범에 의해 보호받는 법익의 위태 또는 침해가 객관적으로 존재하면 족하고, 주관적 구성요건의 구비·유책성 및 가벌성은 요하지 않는다. ( )

□□□ **43** 경찰이 개입하기 위해서는 보호법익에 대한 위험이 반드시 구체적으로 존재할 필요는 없고, 보호
법익에 대한 침해가능성이 충분히 존재하는 상태이면 족하다. ( )

정답 & OX 풀이 ✏️

33 위험혐의란 경찰이 의무에 합당한 사려 깊은 판단을 할 때 실제로 위험의 가능성은 예측되나 실현이 불확실한 경우를
의미한다.

35 위험의 혐의만 존재하는 경우 위험의 존재가 명백해지기 전까지는 경찰관에게 예비적 조치로서 위험의 존재 여부를
조사할 권한이 있다.

37 외관적 위험이란 경찰이 상황을 합리적으로 사려 깊게 판단하여 위험이 존재한다고 인식하여 개입하였으나 실제로는
위험이 없던 경우를 말하며 이 경우 국가의 손실보상책임이 발생할 수 있다.

38 오상위험

41 공공의 인녕이 공공의 질서보다 엄격한 합헌성을 요구받는다고 보기 어렵다. 공공의 질서를 근거로 경찰이 개입할 경우
에 헌법의 기본권 보장을 위해 엄격한 합헌성의 요구를 받는다. 즉, 의무에 합당한 재량이 요구된다.

정답
31. ○	32. ○	33. ×	34. ○	35. ×	36. ○	37. ×	38. ×	39. ○	40. ○
41. ×	42. ○	43. ○							

핵심정리 OX Check

☐☐☐ **01** 사물관할이란 경찰이 처리할 수 있고 처리해야 하는 사무내용의 범위를 말하는 것으로 「국가경찰과 자치경찰의 조직 및 운영에 관한 법률」과 「경찰관 직무집행법」에 규정되어 있다. （   ）

☐☐☐ **02** 우리나라는 대륙법계의 영향으로 범죄수사를 경찰의 사물관할로 인정하고 있다. （   ）

☐☐☐ **03** 지역관할과 인적관할은 광의의 경찰권이 발동될 수 있는 지역적 범위와 인적 범위를 말하고, 광의의 경찰권은 협의의 경찰권, 수사권, 비권력적 활동 권한을 포함하는 개념이다. （   ）

☐☐☐ **04** 인적관할이란 광의의 경찰권이 어떤 사람에게 적용되는가의 문제이다. （   ）

☐☐☐ **05** 헌법상 대통령은 내란 또는 외환의 죄를 범한 경우를 제외하고는 재직 중 형사상의 소추를 받지 아니한다. （   ）

☐☐☐ **06** 국회의원은 현행범인인 경우를 제외하고는 회기 중 국회의 동의 없이 체포 또는 구금되지 아니한다. 그리고 국회의원이 회기 전에 체포 또는 구금된 때에는 현행범인이 아닌 한 국회의 요구가 있으면 회기 중 석방된다. （   ）

☐☐☐ **07** '사물관할'이란 경찰권이 발동될 수 있는 지역적 범위를 말하고, 대한민국의 영역 내 모든 범위에 적용되는 것이 원칙이다. （   ）

☐☐☐ **08** 경찰권은 원칙적으로 대한민국 영역 내 모든 지역에 적용되나 국내법적 또는 국제법적 근거에 의해 일정한 한계가 있다. （   ）

☐☐☐ **09** 경찰공무원이 국회 안에서 현행범인을 체포한 후에는 국회의장의 지시를 받을 필요가 없지만, 회의장 안에 있는 국회의원에 대하여는 국회의장의 명령 없이 체포할 수 없다. （   ）

☐☐☐ **10** 「국회법」상 경위(警衛)나 경찰공무원은 국회 안에 현행범인이 있을 때에는 체포한 후 국회의장의 지시를 받아야 한다. 다만, 회의장 안에서는 국회의장의 명령 없이 국회의원을 체포할 수 없다. （   ）

☐☐☐ **11** 「법원조직법」상 재판장은 법정에서의 질서유지를 위하여 필요하다고 인정할 때에는 개정 전후에 상관없이 관할 경찰서장에게 경찰공무원의 파견을 요구할 수 있으며, 이에 따라 파견된 경찰공무원은 법정 내외의 질서유지에 관하여 재판장의 지휘를 받는다. （   ）

☐☐☐ **12** 재판장은 법정에서의 질서유지를 위하여 필요하다고 인정할 때에는 개정 전에 한하여 관할 경찰서장에게 경찰공무원의 파견을 요구할 수 있다. （   ）

□□□ **13** 재판장은 법정에서의 질서유지를 위해 필요하다고 인정할 때에는 개정 전후에 상관없이 관할 경찰서장에게 경찰공무원의 파견을 요구할 수 있으며, 파견된 경찰공무원은 법정 내에서만 질서유지에 관하여 재판장의 지휘를 받는다. ( )

□□□ **14** 재판장은 법정에서의 질서유지를 위하여 필요하다고 인정할 때에는 개정 전후에 상관없이 시·도경찰청장에게 경찰공무원의 파견을 요구할 수 있다. ( )

□□□ **15** 재판장의 요청으로 파견된 경찰공무원은 법정 내외의 질서유지에 관하여 재판장의 지휘를 받아야 한다. ( )

□□□ **16** 「외교관계에 관한 비엔나협약」에 따르면 공관지역과 외교관의 개인주거는 불가침이다. ( )

□□□ **17** 「범죄수사규칙」에 따르면 경찰관은 외교관 또는 외교관의 가족, 그 밖의 외교의 특권을 가진 사람 등의 관련범죄를 수사함에 있어서 외교특권을 침해하는 일이 없도록 주의하여야 한다. ( )

□□□ **18** 「외교관계에 관한 비엔나협약」에 따르면 외교관은 어떠한 형태의 체포 또는 구금도 당하지 아니한다. ( )

□□□ **19** 협의의 경찰권은 사회공공의 안녕과 질서를 유지하기 위하여 일반통치권에 근거하여 국민에게 명령·강제하는 권한을 의미한다. ( )

□□□ **20** 협의의 경찰권은 경찰기관 외의 일반행정기관에서는 발동할 수 없다. ( )

정답 & OX 풀이

02 우리나라는 영미법계의 영향으로 범죄수사를 경찰의 사물관할로 인정하고 있다.

07 '지역관할'이란 경찰권이 발동될 수 있는 지역적 범위를 말하고, 대한민국의 영역 내 모든 범위에 적용되는 것이 원칙이다. '사물관할'이란 경찰이 처리할 수 있고 또 처리해야 하는 사무내용의 범위를 말한다.

09 경위나 경찰공무원은 국회 안에 현행범인이 있을 때에는 체포한 후 의장의 지시를 받아야 한다. 다만, 회의장 안에서는 의장의 명령 없이 의원을 체포할 수 없다(국회법 제150조).

12 재판장은 법정에서의 질서유지를 위하여 필요하다고 인정할 때에는 개정 전후에 상관없이 관할 경찰서장에게 경찰공무원의 파견을 요구할 수 있다(법원조직법 제60조 제1항).

13 파견된 경찰공무원은 법정 내외의 질서유지에 관하여 재판장의 지휘를 받는다(법원조직법 제60조 제2항).

14 관할 경찰서장에게 경찰공무원의 파견을 요구할 수 있다(법원조직법 제60조 제1항).

20 경찰기관 외의 일반행정기관에서도 협의의 경찰권을 발동하여 공공의 안녕과 질서를 유지할 수 있다. 협의의 경찰권은 사회공공의 안녕과 질서를 유지하기 위하여 일반통치권에 근거하여 국민에게 명령·강제하는 권한으로서 실질적 의미의 경찰 개념에 해당한다.

정답
| 01. ○ | 02. × | 03. ○ | 04. ○ | 05. ○ | 06. ○ | 07. × | 08. ○ | 09. × | 10. ○ |
| 11. ○ | 12. × | 13. × | 14. × | 15. ○ | 16. ○ | 17. ○ | 18. ○ | 19. ○ | 20. × |

□□□ **21** 협의의 경찰권은 경찰책임자에게 발동되는 것이 원칙이지만, 법령상 근거가 있고 긴급한 필요가 있을 때에는 경찰상 위해나 장애에 직접 책임이 없는 제3자에게도 권한이 발동될 수 있다. ( )

□□□ **22** 국회의장의 국회경호권이나 법원의 법정질서유지권은 협의의 경찰권에 해당하지 않는다. ( )

□□□ **23** 국회의장은 필요할 때에는 경위나 경찰공무원으로 하여금 방청인의 신체를 검사하게 할 수 있다. ( )

□□□ **24** 국회의 경호업무는 국회의장의 지휘를 받아 수행하되, 경위는 회의장 건물 밖에서, 경찰공무원은 회의장 건물 안에서 경호한다. ( )

□□□ **25** 국회의 경호업무는 의장의 지휘를 받아 수행하되, 경위는 회의장 건물 안에서, 경찰공무원은 회의장 건물 밖에서 경호한다. ( )

□□□ **26** 국회의장은 국회의 경호를 위하여 필요할 때에는 국회사무처의 동의를 받아 일정한 기간을 정하여 경찰공무원의 파견을 요구할 수 있다. ( )

□□□ **27** 경위나 경찰공무원은 국회 안에 현행범인이 있을 때에는 의장의 지시를 받은 후 체포하여야 한다. 다만, 회의장 안에서는 의장의 명령 없이 의원을 체포할 수 없다. ( )

□□□ **28** 해양에서의 경찰 및 오염방제에 관한 사무를 관장하기 위하여 해양수산부장관 소속으로 해양경찰청을 둔다. ( )

정답 & OX 풀이

24 국회의 경호업무는 국회의장의 지휘를 받아 수행하되, 경위는 회의장 건물 안에서, 경찰공무원은 회의장 건물 밖에서 경호한다(국회법 제144조 제3항).

26 국회의장은 국회의 경호를 위하여 필요할 때에는 국회운영위원회의 동의를 받아 일정한 기간을 정하여 경찰공무원의 파견을 요구할 수 있다(국회법 제144조 제2항).

27 경위나 경찰공무원은 국회 안에 현행범인이 있을 때에는 체포한 후 의장의 지시를 받아야 한다. 다만, 회의장 안에서는 의장의 명령 없이 의원을 체포할 수 없다(국회법 제150조).

정답 21. ○ 22. ○ 23. ○ 24. × 25. ○ 26. × 27. × 28. ○

경찰의 기본이념과 윤리표준

✎ 민주주의, 경영주의

대외적 민주성 확보 방안	① 국민의 경찰에 대한 민주적 통제와 참여 장치 　경찰위원회제도, 국민권익위원회, 국민감사청구제도 등 ② 「행정절차법」을 통한 절차참여의 보장 ③ 「공공기관의 정보공개에 관한 법률」상 경찰행정정보의 공개 ④ 국민에 대한 경찰책임의 확보
대내적 민주성 확보 방안	① 자치경찰제도, 중앙경찰과 자치경찰 사이의 적절한 권한 분배 ② 경찰관의 민주적 리더십 함양을 통한 민주주의 의식 확립, 경찰조직 내부의 민주화
경영주의	① 이 법은 경찰의 민주적인 관리·운영과 효율적인 임무수행을 위하여 경찰의 기본조직 및 직무 범위와 그 밖에 필요한 사항을 규정함을 목적으로 한다(국가경찰과 자치경찰의 조직 및 운영에 관한 법률 제1조 목적). ② 이 법은 행정의 원칙과 기본사항을 규정하여 행정의 민주성과 적법성을 확보하고 적정성과 효율성을 향상시킴으로써 국민의 권익 보호에 이바지함을 목적으로 한다(행정기본법 제1조 목적).

핵심정리 OX Check ✔

☐☐☐ **01** 법치주의 : 자치경찰제도를 도입하여 중앙정부의 경찰권을 자치단체에 위임하고, 국가경찰위원회 및 시·도자치경찰위원회 제도, 행정정보공개제도 등을 통해 경찰에 대한 민주적 통제와 참여장치를 마련한다.　　　　　　　　　　　　　　　　　　　　　　　　　　　　　(　)

☐☐☐ **02** 정치적 중립주의 : 공무원은 국민 전체의 봉사자이며 국민에 대하여 책임을 진다. 경찰공무원을 비롯한 공무원의 신분과 정치적 중립성은 제도적으로 보장된다.　　　　　　　　　(　)

☐☐☐ **03** 민주주의 : 국민의 자유와 권리를 보호하고 공공의 안녕과 질서를 유지하는 경찰의 임무수행은 국민을 위하여 행하는 것이며, 경찰권은 국민에게서 부여받은 것이다.　　　　　　　(　)

☐☐☐ **04** 인권 존중주의 : 경찰은 직무를 수행할 때 헌법과 법률에 따라 국민의 자유와 권리 및 모든 개인이 가지는 불가침의 기본적 인권을 보호한다.　　　　　　　　　　　　　　　　　(　)

정답 & OX 풀이 ✔

01 민주주의 : 자치경찰제도를 도입하여 중앙정부의 경찰권을 자치단체에 위임하고, 국가경찰위원회 빛 시·도자치경칠위원회 제도, 행정정보공개제도 등을 통해 경찰에 대한 민주적 통제와 참여장치를 마련한다.

정답　01. ✕　　02. ○　　03. ○　　04. ○

□□□ **05** 민주주의 이념은 국가조직과 국민과의 관계에서만이 아니라 조직구성원 상호관계에서도 중요하다. ( )

□□□ **06** 법치행정의 원칙은 「행정기본법」에는 규정이 없으나 헌법 제37조 제2항 등을 통하여 당연히 유추된다. ( )

□□□ **07** 경찰조직에서 중앙경찰과 자치경찰 사이의 적절한 권한 분배, 경찰관의 민주적 리더십 함양을 통한 민주주의 의식 확립은 대내적 민주화 방안에 해당한다. = 중앙경찰과 자치경찰 사이의 적절한 권한분배 및 경찰관의 민주주의 의식 확립 등은 경찰의 민주주의 확보를 위한 대내적 방안이다. ( )

□□□ **08** 「공공기관의 정보공개에 관한 법률」, 「행정절차법」 등을 통한 경찰활동의 공개는 대외적 민주화 방안에 해당한다. ( )

□□□ **09** 「부패방지 및 국민권익위원회의 설치와 운영에 관한 법률」상 '국민감사청구제도'는 경찰의 대외적 민주화 방안이다. ( )

□□□ **10** 「경찰관 직무집행법」 제1조(목적)는 경찰의 기본이념 중 정치적 중립주의의 법적 근거에 해당한다. ( )

□□□ **11** 「국가경찰과 자치경찰의 조직 및 운영에 관한 법률」 제1조(목적)는 경찰의 기본이념 중 경영주의의 법적 근거에 해당한다. ( )

□□□ **12** 「행정기본법」 제1조(목적)를 통하여 경영주의를 도출할 수 있다. ( )

□□□ **13** 헌법 제10조와 「국가경찰과 자치경찰의 조직 및 운영에 관한 법률」 제5조(권한남용의 금지)는 인권존중 이념과 관련된 규정이다. ( )

□□□ **14** 인권존중주의는 「국가경찰과 자치경찰의 조직 및 운영에 관한 법률」에는 관련된 규정이 없으나, 헌법 제10조와 제37조 제1항 등을 통하여 당연히 유추된다. ( )

□□□ **15** 헌법상 공무원의 신분과 정치적 중립성은 법률이 정하는 바에 의하여 보장된다. ( )

□□□ **16** 「경찰공무원법」은 경찰공무원이 특정 정당이나 특정인의 선거운동을 하거나 선거 관련 대책회의에 관여하는 행위를 정치활동에 관여하는 행위로 보지 않는다. ( )

□□□ **17** 「경찰공무원법」은 경찰공무원이 정당이나 정치단체의 결성 또는 가입을 지원하거나 방해하는 행위를 정치활동에 관여하는 행위로 본다. ( )

□□□ **18** 「국가경찰과 자치경찰의 조직 및 운영에 관한 법률」과 「경찰관 직무집행법」은 불가침의 기본적 인권보호를 명문화하고 있다. ( )

□□□ **19** 「경찰관 직무집행법」상 경찰관의 직권은 그 직무 수행에 필요한 최소한도에서 행사되어야 하며 남용되어서는 아니 된다. ( )

□□□ **20** 코헨(Cohen)과 펠드버그(Feldberg)가 사회계약설로부터 도출한 경찰활동의 기준 중에서 생명과 재산의 안전보호 – 경찰활동은 시민의 생명과 재산의 보호가 궁극적인 목적이며 법집행 자체가 목적은 아니다. ( )

□□□ **21** 코헨(Cohen)과 펠드버그(Feldberg)가 사회계약설로부터 도출한 경찰활동의 기준 중에서 냉정하고 객관적인 자세 – 과거 아버지의 가정폭력을 경험한 甲경찰관이 가정폭력 사건을 처리하면서 모든 문제는 남편에게 있다고 단정지어 생각하는 경우는 이 기준에 어긋난다. ( )

□□□ **22** 코헨(Cohen)과 펠드버그(Feldberg)가 사회계약설로부터 도출한 경찰활동의 기준 중에서 공공의 신뢰 – 乙경찰관이 공명심이 앞서서 상부에 보고도 없이 탈주범을 혼자서 검거하려다 실패하였다면 이 기준에 어긋난다. ( )

□□□ **23** 코헨(Cohen)과 펠드버그(Feldberg)가 사회계약설로부터 도출한 경찰활동의 기준 중에서 공정한 접근 보장 – 경찰의 법집행 과정에서 발생하는 차별과 편들기는 이 기준에 어긋난다. ( )

□□□ **24** 경찰관이 절도범을 추격하던 중 도주하는 범인의 등 뒤에서 권총을 쏘아 사망하게 하는 경우는 '공공의 신뢰' 위반에 해당한다. ( )

정답 & OX 풀이

06 법치행정의 원칙에 관하여 「행정기본법」 제8조(법치행정의 원칙)에 규정을 두고 있다. 그리고 법치행정의 원칙은 헌법 제37조 제2항에서 규정하는 법치주의의 한 내용으로 볼 수 있다. ※ 행정작용은 법률에 위반되어서는 아니 되며, 국민의 권리를 제한하거나 의무를 부과하는 경우와 그 밖에 국민생활에 중요한 영향을 미치는 경우에는 법률에 근거하여야 한다(제8조).

10 「경찰관 직무집행법」 제1조(목적)는 경찰의 기본이념 중 인권존중주의(제1항)의 법적 근거에 해당하지만 정치적 중립주의의 법적 근거에 해당하지 않는다. ※ 이 법은 국민의 자유와 권리 및 모든 개인이 가지는 불가침의 기본적 인권을 보호하고(제1조 제1항)

14 인권존중주의는 「국가경찰과 자치경찰의 조직 및 운영에 관한 법률」 제5조에 관련된 규정을 두고 있다. ※ 경찰은 그 직무를 수행할 때 헌법과 법률에 따라 국민의 자유와 권리 및 모든 개인이 가지는 불가침의 기본적 인권을 보호하고(국가경찰과 자치경찰의 조직 및 운영에 관한 법률 제5조)

16 「경찰공무원법」은 경찰공무원이 특정 정당이나 특정인의 선거운동을 하거나 선거 관련 대책회의에 관여하는 행위를 정치활동에 관여하는 행위로 본다.

22 협동(역할 한계 준수와 팀워크)

정답

05. ○	06. ×	07. ○	08. ○	09. ○	10. ×	11. ○	12. ○	13. ○	14. ×
15. ○	16. ×	17. ○	18. ○	19. ○	20. ○	21. ○	22. ×	23. ○	24. ○

□□□ **25** 경찰관이 우범지역인 A지역과 B지역의 순찰업무를 맡았으나, A지역에 가족이 산다는 이유로 A지역에서 순찰 근무시간을 대부분 할애한 경우는 '공정한 접근' 위반에 해당한다.   (   )

□□□ **26** 불법 개조한 오토바이를 단속하던 경찰관이 정지명령에 불응하는 오토바이를 향하여 과도하게 추격한 결과 운전자가 전신주를 들이받고 사망한 경우는 '시민의 생명과 재산의 안전' 위반에 해당한다.   (   )

□□□ **27** 경찰이 사익을 위해 공권력을 사용하거나 필요한 최소한의 강제력을 초과하여 사용하였다면 '공정한 접근' 위반에 해당한다.   (   )

□□□ **28** 사회계약설을 토대로 코헨(Cohen)과 펠드버그(Feldberg)가 제시하는 경찰활동의 기준에 따르면, 오토바이로 도주하는 절도범이 전신주를 들이받자, 이를 발견한 경찰관이 도망가지 못하도록 총을 발사해 절도범을 사망하게 한 경우는 '공공의 신뢰 확보'에 위배된다.   (   )

□□□ **29** 로크(Locke)는 자연상태에서 힘이 없는 개인은 생명과 재산에 대한 안전이 결여되어 있으며, 자연법이 존재하지 않아 공동의 척도가 존재하지 않는다고 보았다.   (   )

□□□ **30** 루소(Rousseau)는 일반의지의 표현인 법을 통하여 인간의 자연권 및 정의를 실현해야 한다고 보았다.   (   )

□□□ **31** 사회계약설에 기초할 때 경찰활동의 궁극적인 목적은 시민의 생명과 재산의 보호에 있고 법집행 자체는 경찰권발동의 목적이 아니다.   (   )

□□□ **32** 경찰은 사회 일부분이 아닌 사회 전체의 이익을 염두에 두어야 한다는 내용은 냉정하고 객관적인 자세와 관련이 있다.   (   )

□□□ **33** 경찰이 직무수행 과정에서 권한을 남용하거나 물리력을 과도하게 사용하지 않을 것을 신뢰하는 것은 공정한 접근과 관련이 있다.   (   )

□□□ **34** 협력은 경찰이 대외적으로 지켜야 할 의무일 뿐만 아니라 내부적으로도 지켜야 할 의무이다.   (   )

□□□ **35** 범죄와 싸우는 경찰모델은 경찰활동의 전 부분을 포괄하는 용어로 가장 바람직한 모델이다.   (   )

□□□ **36** 범죄와 싸우는 경찰모델은 경찰역할을 뚜렷이 인식시켜 '전문직화'에 기여한다.   (   )

□□□ **37** 범죄와 싸우는 경찰모델은 수사, 형사 등 법집행을 통한 범법자 제압 측면을 강조한 모델로서 시민들은 범인을 제압하는 것이 경찰의 주된 임무라고 인식한다. ( )

□□□ **38** 범죄와 싸우는 경찰모델은 범법자는 적이고, 경찰은 정의의 사자라는 흑백논리에 따른 이분법적 오류에 빠질 경우 인권침해 등의 우려가 있다. ( )

정답 & OX 풀이 ✎

27 '공공의 신뢰' 위반에 해당한다.

29 로크(Locke)는 자연상태에서 힘이 없는 개인은 생명과 재산에 대한 안전이 결여되어 있으며, 자연법이 존재하더라도 공동의 척도가 존재하지 않는다고 보았다.

33 경찰이 직무수행 과정에서 권한을 남용하거나 물리력을 과도하게 사용하지 않을 것을 신뢰하는 것은 공공의 신뢰와 관련이 있다.

35 경찰활동의 전 부분을 포괄하는 용어로 가장 바람직한 모델은 '치안서비스 제공자로서의 경찰모델'이다.

정답

| 25. ○ | 26. ○ | 27. × | 28. ○ | 29. × | 30. ○ | 31. ○ | 32. ○ | 33. × | 34. ○ |
| 35. × | 36. ○ | 37. ○ | 38. ○ | | | | | | |

전문직업화의 문제점

부권주의	① 전문가가 우월적 지식에 근거하여, 비전문가의 판단을 전혀 고려하지 않고 자신의 판단으로 그것을 대신하려는 윤리적 문제점이다. 예컨대, 경찰관이 신고자의 의견을 전혀 고려하지 않고 자신의 형사법 지식만을 고려하며 신고된 사건의 해결방법을 일방적으로 결정하는 경우이다. ② 전문가가 상대방의 입장을 고려하지 않고 일방적으로 결정하여 경찰서비스의 질을 저해(향상×)할 수 있다.
소외	전문가가 자신의 국지적(전문적) 분야만 보고 전체적인 맥락을 보지 못하는 것이다. 나무는 보되 숲은 보지 못할 수 있다. 예 ○○경찰서 경비과 소속 경찰관 甲은 집회 현장에서 시위대가 질서유지선을 침범해 경찰관을 폭행하자 교통, 정보, 생활안전 등 다른 전체적인 분야에 대한 고려 없이 경비분야만 생각하고 검거 결정을 하였다.
차별	전문직이 되는 데 장기간의 교육과 비용이 들어, 전문가가 되는 기회를 상실하는 것이다.
사적인 이익만을 위한 이용	지식과 기술로 상당한 사회적 힘을 소유하지만 이를 사적인(공적인×) 이익 추구에만 이용하는 문제가 생긴다.

핵심정리 OX Check

□□□ **01** 일반적으로 전문직은 장기간의 교육을 통해 역량이 함양되며 그로 인한 비용도 발생된다. 이러한 이유로 교육적·경제적으로 불리한 위치에 있는 집단은 경찰직군으로 진입하는 기회가 박탈되는 문제가 있다. 이는 전문직업화의 문제점 중에서 사적인 이익을 위한 이용에 해당한다. ( )

□□□ **02** 경찰 전문직업화의 문제점 : 전문가가 상대방의 입장을 고려하지 않고 일방적으로 결정하는 부권주의가 발생할 우려가 있다. ( )

□□□ **03** 소외는 전문가가 우월적 지식에 근거하여, 비전문가의 판단을 전혀 고려하지 않고 자신의 판단으로 그것을 대신하려는 윤리적 문제점이다. ( )

□□□ **04** 사적인 이익을 위한 이용은 경찰관이 신고자의 의견을 전혀 고려하지 않고 자신의 형사법 지식만을 고려하며 신고된 사건의 해결방법을 일방적으로 결정하는 경우이다. ( )

□□□ **05** 경찰 전문직업화의 문제점 : 전문가가 자신의 국지적 분야만 보고 전체적인 맥락을 보지 못하는 소외의 문제가 발생할 수 있다. ( )

□□□ **06** 경찰 전문직업화의 문제점 : 전문직들은 그들의 지식과 기술로 상당한 사회적 힘을 소유하지만, 이러한 힘을 공적 이익에만 이용하는 문제점이 있다. ( )

□□□ **07** 경찰 전문직업화의 문제점 : 전문직업화를 위해 고학력을 요구할 경우, 경제적 약자 등은 교육기회를 갖지 못하게 되어 공직 진출이 제한되는 등 차별을 야기할 수 있다. ( )

□□□ **08** 니더호퍼(Niederhoffer)는 사회체계에 대한 기존의 신념체제가 붕괴된 후 새로운 신념체제에 의해 급하게 대체될 때 냉소주의가 나타날 수 있다고 하였다. ( )

□□□ **09** 조직 내 팽배한 냉소주의는 경찰의 전문직업화를 저해하는 기제로 작동할 수 있다. ( )

□□□ **10** 회의주의와 비교할 때, 냉소주의는 조직 내 특정한 대상을 합리적 의심을 통해 신뢰하지 않는 것과 관련이 있다. ( )

□□□ **11** 회의주의는 불특정대상에 대하여 합리적인 근거를 바탕으로 의심하고 비판하며 개선의 의지가 있다는 점에서 냉소주의와 차이가 있다. ( )

□□□ **12** 냉소주의 경찰문화를 극복하기 위한 방안 : 의사결정과정에 일선 경찰관들의 참여를 확대시킨다. ( )

□□□ **13** 냉소주의 경찰문화를 극복하기 위한 방안 : 업무량과 성과에 대한 적절한 보상을 강조하며, 관리층이 적극적으로 개입하고 통제하는 임무를 맡아야 한다. ( )

정답 & OX 풀이 ✏️

01 차별에 해당한다.
03 부권주의에 관한 설명에 해당한다.
04 부권주의에 관한 사례에 해당한다.
06 전문직들은 그들의 지식과 기술로 상당한 사회적 힘을 소유하지만, 이러한 힘을 사적 이익에만 이용하는 문제점이 있다.
08 니더호퍼(Niederhoffer)는 사회체계에 대한 기존의 신념체제가 붕괴된 후 새로운 신념체제에 의해 대체되지 않았을 때 사람이 경험하는 소외, 즉 아노미(anomie)에 의해 냉소주의기 니다날 수 있다고 하였다.
10 냉소주의와 비교할 때, 회의주의는 조직 내 특정한 대상을 합리적 의심을 통해 신뢰하지 않는 것과 관련이 있다.
11 회의주의는 특정한 대상에 대하여 합리적인 근거를 바탕으로 의심하고 비판하며 개선의 의지가 있다는 점에서 냉소주의와 차이가 있다.
13 냉소주의를 극복하기 위한 방안으로 맥그리거(McGregor)의 Y이론에 따른 민주적 관리 방안이 있다. 업무량과 성과에 대한 적절한 보상을 강조하며, 관리층이 적극적으로 개입하고 통제하는 임무를 맡아야 한다는 설명은 X이론에 따른 권위적 관리 방안에 해당하므로 적절하지 않다. Y이론에 입각한 민주적인 조직관리에 따르면, 자율성을 중시하고 중요한 의사결정을 할 때에 의견청취를 통해 참여를 유도하면 조직에 대한 신뢰를 회복할 수 있다고 본다.

정답

01. ×	02. ○	03. ×	04. ×	05. ○	06. ×	07. ○	08. ×	09. ○	10. ×
11. ×	12. ○	13. ×							

□□□ **14** 냉소주의 극복을 위한 가장 효과적인 조직관리방안은 인간을 본래 게으르고 생리적 욕구 또는 안
전의 욕구에 자극을 주는 금전적 보상이나 제재 등 외재적 유인에 반응한다고 상정하여 조직이
권위적으로 관리할 필요가 있다는 맥그리거(McGregor)의 인간모형에 기초한다.　　　(　　)

□□□ **15** 냉소주의 경찰문화를 극복하기 위한 방안 : 상사와 부하의 신뢰를 회복하기 위해 노력한다.
　　　(　　)

□□□ **16** 냉소주의 경찰문화를 극복하기 위한 방안 : 상급자의 일방적 지시와 명령을 줄이고 상의하달의
의사소통 과정을 개선한다.　　　(　　)

□□□ **17** 관직중심적 부패는 관료들이 직무를 수행하는 과정에서 사적 이익의 추구를 위하여 권한을 악용
하여 조직의 규범을 일탈하는 행위를 말한다.　　　(　　)

□□□ **18** 고객이 위험을 감수하고서라도 원하는 이익을 확실히 취하기 위해 높은 가격의 뇌물을 지불하는
상황을 부패로 이해한다면, 이는 하이덴하이머(Heidenheimer)가 제시한 세 가지 유형의 부정부패
정의 중 시장중심적 정의와 가장 관련이 크다.　　　(　　)

□□□ **19** 백색부패는 선의의 목적으로 행해지는 부패행위를 말한다.　　　(　　)

□□□ **20** 회색부패는 사회 전체에 명백하고 심각한 해를 끼치는 부패이며 흑색부패로 악화될 수 있다.
　　　(　　)

□□□ **21** 업무와 관련된 대가성 있는 뇌물을 받는 경우는 흑색부패에 해당한다.　　　(　　)

□□□ **22** 공직자가 직무와 관련하여 그 지위 또는 권한을 남용하거나 법령을 위반하여 자기 또는 제3자의
이익을 도모하는 행위는 「부패방지 및 국민권익위원회의 설치와 운영에 관한 법률」상 부패행위에
해당한다.　　　(　　)

□□□ **23** 대의명분 있는 부패(noble cause corruption)와 Dirty Harry 문제는 부패의 개념적 징표를 개인적
이익 추구를 넘어 조직 혹은 사회적 차원의 이익 추구로 확대하고자 하는 시도라고 볼 수 있다.
　　　(　　)

□□□ **24** 'Dirty Harry 문제'는 도덕적으로 선한 목적을 위해 윤리적, 정치적, 혹은 법적으로 더러운 수단을
동원하는 것이 적절한가와 관련된 딜레마적 상황이다.　　　(　　)

□□□ **25** Dirty Harry 문제는 남의 비행에 대하여 일일이 참견하여 도덕적으로 충고하는 것을 의미한다.
　　　(　　)

□□□ **26** 윌슨(O.W.Wilson)은 '경찰은 어떤 작은 호의, 심지어 한 잔의 공짜 커피도 받도록 허용되어서는
안 된다.'라고 주장하였다.　　　(　　)

□□□ **27** 셔먼의 '미끄러지기 쉬운 경사로 이론'은 부패에 해당하지 않는 작은 선물 등의 사소한 호의를
허용하면 나중에는 엄청난 부패로 이어진다는 이론이다.　　　(　　)

□□□ **28** 셔먼(1985)의 미끄러운 경사(slippery slope) 개념은 작은 호의를 받는 것에 익숙해진 경찰관들이 결국 부패에 연루될 수 있음을 경고한다. ( )

□□□ **29** '미끄러지기 쉬운 경사로 이론'은 셔먼(Sherman)이 주장한 이론으로, 부패에 해당하지 않는 작은 호의를 허용하면 나중에는 엄청난 부패로 이어진다는 이론이다. ( )

□□□ **30** '미끄러운 경사로 이론'은 사회전체가 경찰의 부패를 묵인하거나 조장할 때 경찰관은 자연스럽게 부패행위를 하게 되며, 초기 단계에는 설령 불법적인 행위를 하지 않더라도 작은 호의에 길들여져 나중에는 명백한 부정부패로 빠져들게 된다는 것이다. ( )

□□□ **31** 작은 호의를 제공받은 경찰관이 도덕적 부채를 느껴 이를 보충하기 위해 결과적으로 선한 후속행위를 하는 상황은 미끄러운 경사(slippery slope) 가설의 맥락에서 이해할 수 있다. ( )

□□□ **32** 펠드버그는 경찰이 시민의 작은 호의를 받았다고 해서 반드시 큰 부패를 범하는 것은 아니라고 하였다. ( )

□□□ **33** 델라트르는 '미끄러지기 쉬운 경사로 이론'에 따라 시민의 작은 호의를 받은 경찰관 중 큰 부패로 이어지는 경찰관은 일부에 불과하므로 시민의 작은 호의를 금지할 필요는 없다고 하였다. ( )

정답 & OX 풀이

14 맥그리거(McGregor)의 Y이론에 입각한 민주적인 조직관리는 인간을 본래 일하기를 싫어하지 않고 이타적이며 상호협조적 성향을 지녔으며, 창의성과 도전성, 책임감이 있고 자기규제능력이 있는 존재라고 상정하여 조직을 민주적으로 관리할 필요가 있다는 인간모형에 기초한다.

20 회색부패는 백색부패와 흑색부패의 중간에 위치하는 유형으로서 얼마든지 흑색부패로 발전할 수 있는 잠재성을 지닌 것으로 흑색부패로 악화될 수 있다. 사회 전체에 명백하고 심각한 해를 끼치는 부패는 흑색부패이다.

25 Busy bodiness는 남의 비행에 대하여 일일이 참견하여 도덕적으로 충고하는 것을 의미한다.

31 작은 호의를 제공받은 경찰관이 도덕적 부채를 느껴 이를 보충하기 위해 결과적으로 선한 후속행위를 하는 상황은 미끄러운 경사(slippery slope) 가설의 내용과 어긋난다.

33 델라트르는 일부 경찰관이 미끄러지기 쉬운 경사로를 통해 더 큰 부패행위로 빠져드는 것은 사실이며, 그것이 일부라 하더라도 무시할 수 없다고 보았다. 작은 호의 금지론의 입장이다.

정답

| 14. ✕ | 15. ○ | 16. ○ | 17. ○ | 18. ○ | 19. ○ | 20. ✕ | 21. ○ | 22. ○ | 23. ○ |
| 24. ○ | 25. ✕ | 36. ○ | 27. ○ | 28. ○ | 29. ○ | 30. ○ | 31. ✕ | 32. ○ | 33. ✕ |

□□□ **34** 펠드버그(Feldberg)는 경찰관이 지역주민으로부터 작은 호의를 받는다고 해서 큰 부패로 이어지는
　　　 것은 아니라고 주장했다. 　　　　　　　　　　　　　　　　　　　　　　　　　　　　　　（　　）

□□□ **35** 델라트르(Delattre)는 경찰관이 지역주민으로부터 작은 호의를 받는 것을 금지해야 한다고 주장
　　　 했다. 　　（　　）

□□□ **36** 사회 형성재 이론은 주민의 작은 호의를 통하여 경찰관이 지역주민들과 친해질 수 있다고 본다.
　　　 　　　（　　）

□□□ **37** '전체사회가설'은 윌슨(Wilson)이 주장한 이론으로, 사회 전체가 경찰의 부패를 묵인하거나 조장
　　　 할 때 경찰관은 자연스럽게 부패행위를 하게 된다고 설명한다. 　　　　　　　　　　　　　（　　）

□□□ **38** 윌슨은 '시카고 시민이 경찰을 부패시켰다'고 주장하였는데, 이는 시민사회의 부패가 경찰부패의
　　　 주원인이라고 보는 입장이다. = 윌슨(Wilson)은 시민사회의 부패가 경찰부패의 주원인이라고 주
　　　 장하였다. 　　　　　　　　　　　　　　　　　　　　　　　　　　　　　　　　　　　　　　（　　）

□□□ **39** 전체사회가설은 니더호퍼, 로벅, 바커 등이 주장한 가설이다. 　　　　　　　　　　　　　　（　　）

□□□ **40** 전체사회가설은 신임경찰관이 조직의 부패 전통 내에서 고참 동료들에 의해 사회화됨으로써 부패의
　　　 길로 들어선다는 입장이다. 　　　　　　　　　　　　　　　　　　　　　　　　　　　　　　（　　）

□□□ **41** 전체사회 가설 : P경찰관은 부서에서 많은 동료들이 단독 출장을 가면서도 공공연하게 두 사람의
　　　 출장비를 청구하고 퇴근 후 잠깐 들러서 시간 외 근무를 한 것으로 퇴근시간을 허위 기록되게
　　　 하는 것을 보고, P경찰관도 동료들과 같은 행동을 하였다. 　　　　　　　　　　　　　　　（　　）

□□□ **42** '구조원인 가설'은 니더호퍼(Niederhoffer), 로벅(Roebuck), 바커(Barker) 등이 주장한 이론으로,
　　　 조직의 부패전통 내에서 청렴한 신임경찰이 선배경찰에 의해 사회화되어 신임경찰도 부패로 물들
　　　 게 된다는 이론이다. 　　　　　　　　　　　　　　　　　　　　　　　　　　　　　　　　　（　　）

□□□ **43** '구조원인가설'에서 부패의 관행이 경찰조직 내부에서 '침묵의 규범'으로 받아들여진다. （　　）

□□□ **44** '구조원인가설'은 니더호퍼(Niederhoffer), 로벅(Roebuck), 바커(Barker) 등이 주장하였다.
　　　 　　　（　　）

□□□ **45** '구조원인가설'은 정직하고 청렴한 신임순경 A가 상사인 B로부터 관내 유흥업소 업자들을 소개받
　　　 고, 이후 B와 함께 근무를 하면서 B가 유흥업소 업자들로부터 정기적으로 금품을 받는 것을 보고,
　　　 점차 부패관행을 학습한 경우로 설명할 수 있다. 　　　　　　　　　　　　　　　　　　　（　　）

□□□ **46** '구조원인가설'은 경찰의 부패원인을 조직의 체계적 원인보다는 개인적 결함으로 보고 있다.
　　　 　　　（　　）

□□□ **47** 구조원인가설은 신임경찰관들이 그들의 선배경찰관들에 의해 조직의 부패한 전통 내에서 사회화 됨으로써 부패의 길로 들어선다는 이론이다. ( )

□□□ **48** 구조화된 조직적 부패는 서로가 문제점을 알면서도 눈감아주는 침묵의 규범 형성의 가능성을 높인다. ( )

□□□ **49** '썩은 사과 가설'은 일부 부패경찰이 조직 전체를 부패로 물들게 한다는 이론으로, 부패의 원인을 조직의 체계적 결함으로 보고 있으며, 신임경찰 채용단계의 중요성을 강조한다. ( )

□□□ **50** 썩은 사과 가설 : 경찰관은 순찰 중 주민으로부터 피로회복 음료를 무상으로 받았고, 그 다음주는 식사대접을 받았다. 순찰 나갈 때마다 주민들에게 뇌물을 받는 습관이 들었고, 주민들도 경찰관이 순찰을 나가면 마음의 선물이라며 뇌물을 주는 것이 관례가 되어버렸다. ( )

□□□ **51** 셔먼(Sherman)은 경찰부패와 관련된 미끄러운 경사라는 용어를 제시하고, 부패에 해당하는 작은 호의가 나중에 심각한 부패로 발전할 수 있다고 주장하였다. ( )

□□□ **52** 셔먼(Sherman)의 미끄러지기 쉬운 경사로 이론은 사소한 부패가 습관화되면 나중에는 커다란 부패로 이어진다는 이론이다. ( )

□□□ **53** 니더호퍼(Niederhoffer)는 경찰부패의 원인은 시스템의 부패에서 기인한다는 구조원인이론을 주장하였다. ( )

정답 & OX 풀이

39 전체사회가설은 윌슨이 주장한 가설이고, 니더호퍼, 로벅, 바커 등이 주장한 가설은 구조원인가설이다.
40 구조원인가설은 신임경찰관이 조직의 부패 전통 내에서 고참 동료들에 의해 사회화됨으로써 부패의 길로 들어선다는 입장이다.
41 구조원인 가설이다.
46 경찰의 부패원인을 개인적 결함보다는 조직의 체계적 원인으로 보고 있다.
49 부패의 원인을 개인적 결함으로 보고 있다.
50 전체사회 가설이다.
51 부패에 해당하지 않는 작은 호의가 나중에 심각한 부패로 발전할 수 있다고 주장하였다.
52 부패에 해당하지 않는 작은 호의가 습관화되면 나중에는 커다란 부패로 이어진다.

정답 34. ○ 35. ○ 36. ○ 37. ○ 38. ○ 39. × 40. × 41. × 42. ○ 43. ○
44. ○ 45. ○ 46. × 47. ○ 48. ○ 49. × 50. × 51. × 52. × 53. ○

□□□ **54** 밀러(Miller)는 경찰부패는 엄격한 채용, 부패 기회의 감소, 부패조사 및 억제, 부패방지를 위한 도덕적 노력 및 동기부여의 강화라는 4가지 기본원칙에 의해 감소될 수 있다고 주장하였다.

( )

□□□ **55** 존 클라이니히(J. Kleinig)의 내부고발의 윤리적 정당화 요건에서 내부고발자는 특별한 경우를 제외하고는 공표 전 자신의 이견을 표시하기 위한 내부적 채널을 모두 사용했어야 한다. ( )

□□□ **56** 클라이니히(Kleinig)는 내부고발의 윤리적 정당화 요건에 대해 내부고발자는 특별한 경우를 제외하고는 외부에 공표한 후 자신의 이견을 표시하기 위한 내부적 채널을 모두 사용하여야 한다고 주장하였다.

( )

□□□ **57** 존 클라이니히(J. Kleinig)의 내부고발의 윤리적 정당화 요건에서 내부고발자는 부적절한 행동을 하도록 지시되었다는 자신의 신념이 합리적 증거에 근거하였는지 확인해야 한다. ( )

□□□ **58** 존 클라이니히(J. Kleinig)의 내부고발의 윤리적 정당화 요건에서 적절한 도덕적 동기에 의해 내부고발이 이루어져야 하며, 성공가능성은 불문한다. ( )

□□□ **59** 존 클라이니히(J. Kleinig)의 내부고발의 윤리적 정당화 요건에서 도덕적 위반이 얼마나 중대한가, 도덕적 위반이 얼마나 급박한가 등에 대한 세심한 고려가 있어야 한다. ( )

정답 & OX 풀이

56 외부에 공표하기 전에 자신의 이견을 표시하기 위한 내부적 채널을 모두 사용하여야 한다고 주장하였다.
58 적절한 도덕적 동기에 의해 내부고발이 이루어져야 하며, 어느 정도의 '성공 가능성'이 있어야 한다.

정답 **54.** ○ **55.** ○ **56.** ✕ **57.** ○ **58.** ✕ **59.** ○

부정청탁 및 금품등 수수의 금지에 관한 법률

외부강의등의 사례금 수수 제한	공무원은 직급 구분 없이 1시간당 ( )만 원, 1시간 초과는 ( )만 원을 초과하는 사례금을 받아서는 아니 된다.
외부강의등 신고	외부강의등을 마친 날부터 ( )일 이내에 서면으로 신고하여야 한다. 다만, 외부강의등을 요청한 자가 국가나 지방자치단체인 경우에는 그러하지 아니하다
보완신고 (10신 5보)	상세 명세 또는 사례금 총액 등을 미리 알 수 없는 경우에는 해당 사항을 제외한 사항을 신고한 후 해당 사항을 안 날부터 ( )일 이내에 보완하여야 한다
초과사례금 반환	초과사례금을 받은 사실을 안 날부터 ( )일 이내에 다음 각 호의 사항을 적은 서면으로 소속 기관장에게 신고하여야 한다
초과사례금 산정 (2초 7산)	신고사항을 확인한 후 ( )일 이내에 반환하여야 할 초과사례금의 액수를 산정하여 해당 공직자등에게 통지하여야 한다
횟수(월3)	공무원이 대가를 받고 수행하는 외부강의등은 월 ( )회를 초과할 수 없다.
정답	순서대로 40, 60, 10, 5, 2, 7, 3

핵심정리 OX Check

☐☐☐ **01** 「부정청탁 및 금품등 수수의 금지에 관한 법률」상 「국가공무원법」 또는 「지방공무원법」에 따른 공무원과 그 밖에 다른 법률에 따라 그 자격·임용·교육훈련·복무·보수·신분보장 등에 있어서 공무원으로 인정된 사람은 '공직자등' 개념에 포함된다. (   )

☐☐☐ **02** 부정청탁을 받은 공직자등은 부정청탁을 한 자에게 부정청탁임을 알렸다면 이와 별도로 거절하는 의사는 명확하지 않아도 된다. (   )

☐☐☐ **03** 공직자 등은 부정청탁을 받았을 때에는 부정청탁을 한 자에게 부정청탁임을 알리고 이를 거절하는 의사를 명확히 표시하여야 한다. (   )

정답 & OX 풀이

02 공직자등은 부정청탁을 받았을 때에는 부정청탁을 한 자에게 부정청탁임을 알리고 이를 거절하는 의사를 명확히 표시하여야 한다(제7조 제1항).

정답 **01.** ○ **02.** × **03.** ○

☐☐☐ **04** 「부정청탁 및 금품등 수수의 금지에 관한 법률」상 '공직자등'이 부정청탁을 받았을 때에는 부정청탁을 한 자에게 부정청탁임을 알리고 이를 거절하는 의사를 명확히 표시하여야 하며, 이러한 조치를 하였음에도 불구하고 동일한 부정청탁을 다시 받은 경우에는 이를 소속기관장에게 구두 또는 서면(전자서면을 포함)으로 신고하여야 한다.   (   )

☐☐☐ **05** 공직자등은 부정청탁을 받았을 때에는 부정청탁을 한 자에게 부정청탁임을 알리고 이를 거절하는 의사를 명확히 표시하여야 한다. 그럼에도 불구하고 동일한 부정청탁을 다시 받은 경우에는 이를 소속기관장에게 서면(전자문서를 포함한다)으로 신고하여야 한다.   (   )

☐☐☐ **06** 공직자등은 직무 관련 여부 및 기부·후원·증여 등 그 명목에 관계없이 동일인으로부터 1회에 100만 원 또는 매 회계연도에 300만 원을 초과하는 금품등을 받거나 요구 또는 약속해서는 아니 된다.   (   )

☐☐☐ **07** 소속기관장은 부정청탁이 있었던 사실을 알게 된 경우 부정청탁을 받은 공직자등에 대하여 직무 참여 일시중지, 직무 대리자의 지정, 전보의 조치 등을 하여야 한다.   (   )

☐☐☐ **08** 공공기관이 소속 공직자등이나 파견 공직자등에게 지급하거나 상급 공직자등이 위로·격려·포상 등의 목적으로 하급 공직자등에게 제공하는 금품등은 수수를 금지하는 금품등에 해당하지 아니한다.   (   )

☐☐☐ **09** 기관장이 소속 직원에게 업무추진비로 10만 원 상당의 화환을 보내고, 별도 사비로 10만 원의 경조사비를 주는 것은 이 법 위반이다.   (   )

☐☐☐ **10** 경찰서장이 소속부서 직원들에게 위로·격려·포상의 목적으로 회식비를 제공한 경우 「부정청탁 및 금품등 수수의 금지에 관한 법률」에 위반이다.   (   )

☐☐☐ **11** 예술의전당 소속 공연 관련 업무 담당공무원이 예술의전당 초청 공연작으로 결정된 뮤직드라마의 공연제작사 대표이사 甲 등과 저녁식사를 하고 30만 원 상당(1인당 5만 원)의 음식 값을 甲이 지불한 경우 「부정청탁 및 금품등 수수의 금지에 관한 법률」에 위반이다.   (   )

☐☐☐ **12** 증여를 포함한 사적 거래로 인한 채무의 이행 등 정당한 권원(權原)에 의하여 제공되는 금품 등은 수수를 금지하는 금품 등에 해당하지 아니한다.   (   )

☐☐☐ **13** 증여를 제외한 사적 거래로 인한 채무의 이행 등 정당한 권원에 의하여 제공되는 금품등은 이 법 제8조에서 규정하는 수수가 금지된 금품 등에 해당하지 않는다.   (   )

☐☐☐ **14** 결혼식을 앞두고 있는 경찰관이 4촌 형으로부터 500만 원 상당의 냉장고를 선물 받은 경우 「부정청탁 및 금품등 수수의 금지에 관한 법률」에 위반이다.   (   )

☐☐☐ **15** 경찰관이 홈쇼핑에서 물품을 구매한 후 구매자를 대상으로 경품을 추첨하는 행사에서 당첨되어 300만 원 상당의 안마의자를 받은 경우 「부정청탁 및 금품등 수수의 금지에 관한 법률」에 위반이다.   (   )

□□□ **16** 공직자등의 직무와 관련된 공식적인 행사에서 주최자가 참석자에게 통상적인 범위에서 일률적으로 제공하는 교통, 숙박, 음식물 등의 금품등은 이 법 제8조에서 규정하는 수수가 금지된 금품 등에 해당하지 않는다. ( )

□□□ **17** 공직자등은 외부기관(국가 및 지방자치단체를 포함한다)의 요청으로 사례금을 받는 외부강의등을 할 때에는 소속기관장에게 그 외부강의등을 마친 날부터 10일 이내에 서면으로 신고하여야 한다. ( )

□□□ **18** 공직자등은 사례금을 받는 외부강의등을 할 때에는 대통령령으로 정하는 바에 따라 외부강의등의 요청 명세 등을 소속기관장에게 그 외부강의등을 마친 날부터 10일 이내에 서면으로 신고하여야 한다. 다만, 외부강의등을 요청한 자가 국가나 지방자치단체인 경우에는 그러하지 아니하다. ( )

정답 & OX 풀이

04 동일한 부정청탁을 다시 받은 경우에는 이를 소속기관장에게 서면(전자서면을 포함)으로 신고하여야 한다.

07 소속기관장은 부정청탁이 있었던 사실을 알게 된 경우 또는 제2항 및 제3항의 부정청탁에 관한 신고·확인 과정에서 해당 직무의 수행에 지장이 있다고 인정하는 경우에는 부정청탁을 받은 공직자등에 대하여 다음 각 호의 조치를 할 수 있다(제7조 제4항).

> 1. 직무 참여 일시중지
> 2. 직무 대리자의 지정
> 3. 전보
> 4. 그 밖에 국회규칙, 대법원규칙, 헌법재판소규칙, 중앙선거관리위원회규칙 또는 대통령령으로 정하는 조치

09 기관장이 소속 직원에게 업무추진비로 10만 원 상당의 화환을 보내는 것은 공공기관이 소속 공직자등이나 파견 공직자 등에게 지급하는 금품등에 해당하고, 기관장이 별도 사비로 10만 원의 경조사비를 주는 것은 상급 공직자등이 위로의 목적으로 하급 공직자등에게 제공하는 금품등에 해당하므로 청탁금지법 위반이 아니다.

10 수수금지 예외 사유. 상급 공직자등이 위로·격려·포상 등의 목적으로 하급 공직자등에게 제공하는 금품등에 해당한다(제8조 제3항 제1호).

11 직무관련자와 식사를 한 경우, 식사는 5만 원 이내의 범위에서 금품등 수수 금지 예외 사유에 해당하므로 1인당 5만 원의 식사를 함께한 것은 청탁금지법 위반이 아니다(제8조 제3항 제2호).

12 사적 거래(증여는 제외한다)로 인한 채무의 이행 등 정당한 권원(權原)에 의하여 제공되는 금품등의 경우에는 제1항 또는 제2항에서 수수를 금지하는 금품등에 해당하지 아니한다.

14 수수금지 예외 사유. 공직자등의 친족(「민법」 제777조에 따른 친족 : 8촌 이내의 혈족, 4촌 이내의 인척, 배우자)이 제공하는 금품등에 해당한다(제8조 제3항 제4호).

15 수수금지 예외 사유. 불특정 다수인에게 배포하기 위한 기념품 또는 홍보용품 등이나 경연·추첨을 통하여 받는 보상 또는 상품 등에 해당한다(제8조 제3항 제7호)

17 국가 및 지방자치단체의 요청으로 사례금을 받는 외부강의등을 할 때에는 신고 의무가 없다.

정답

| 04. × | 05. ○ | 06. ○ | 07. × | 08. ○ | 09. × | 10. × | 11. ○ | 12. × | 13. ○ |
| 14. × | 15. × | 16. ○ | 17. × | 18. ○ | | | | | |

□□□ **19** 경찰청에서 근무하는 甲총경은 A전자회사의 요청으로 시간 당 30만 원의 사례금을 약속 받고 A전자회사의 직원을 대상으로 자신의 직무와 관련된 3시간짜리 강의를 월 1회, 총 3개월간 진행하였다. 이 경우 甲총경이 지급받을 수 있는 최대사례금 총액은 270만 원이다. ( )

□□□ **20** B자동차회사의 요청으로 자신의 직무와 관련된 외부강의를 마치고 소정의 사례금을 약속받은 乙경무관은 대통령령으로 정하는 바에 따라 외부강의의 요청 명세 등을 소속기관장에게 그 외부강의를 마친 날부터 10일 이내에 서면으로 신고하여야 한다. ( )

□□□ **21** 직급에 상관없이 모든 공직자의 외부강의 사례금 상한액은 1시간당 30만 원이며 1시간을 초과하면 상한액은 45만 원이다. ( )

□□□ **22** 공직자등은 자신의 직무와 관련된 외부강의등의 대가로서 대통령령으로 정하는 금액을 초과하는 사례금을 받은 경우에는 대통령령으로 정하는 바에 따라 소속기관장에게 신고하고, 제공자에게 그 초과금액을 지체 없이 반환하여야 한다. ( )

□□□ **23** 「부정청탁 및 금품등 수수의 금지에 관한 법률」에 따르면 ○○경찰서 소속 경찰관 甲이 모교에서 자신의 직무와 관련된 강의를 요청 받아 1시간 동안 강의를 하고 50만 원의 사례금을 받았다면 대통령령이 정하는 바에 따라 소속기관장에게 신고하고 그 초과금액을 소속기관장에게 지체 없이 반환하여야 한다. ( )

□□□ **24** 사단법인 C학회가 주관 및 개최한 토론회에 참석하여 자신의 직무와 관련된 토론을 한 丙경감이 상한액을 초과하는 사례금을 받은 경우 초과사례금을 받은 사실을 안 날부터 2일 이내에 동법 시행령이 정한 사항을 적은 서면으로 소속기관장에게 신고하여야 한다. ( )

□□□ **25** 누구든지 동법의 위반행위가 발생하였거나 발생하고 있다는 사실을 알게 된 때에는 자신의 인적 사항을 밝히지 아니하고 변호사를 선임하여 신고를 대리하게 할 수 있다. ( )

□□□ **26** 이 법의 위반행위가 발생하였거나 발생하고 있다는 사실을 알게 된 경우에는 이해관계인만 수사 기관에 신고할 수 있다. ( )

□□□ **27** 공공기관의 장은 공직자등에게 부정청탁 금지 및 금품등의 수수 금지에 관한 내용을 정기적으로 교육하여야 하며, 교육의 실시를 위하여 필요하면 국민권익위원회에 지원을 요청할 수 있다. ( )

□□□ **28** 공무원 및 유관단체 등의 외부강의 시간당 상한액은 직급 구분 없이 40만 원이다. ( )

□□□ **29** 소속기관장은 공직자등이 신고한 외부강의등이 공정한 직무 수행을 저해할 수 있다고 판단하는 경우에는 그 공직자등의 외부강의등을 제한할 수 있다. ( )

□□□ **30** 공직자등은 초과사례금을 받은 경우에 초과사례금을 받은 날부터 2일 이내에 서면 또는 구두로
소속기관장에게 신고하여야 한다. ( )

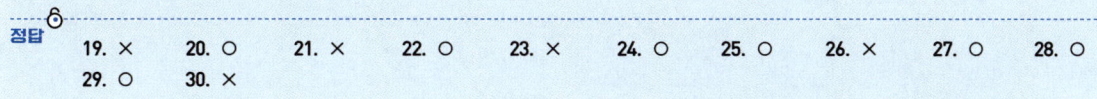

정답 & OX 풀이

19 경찰공무원은 직급 구분 없이 1시간당 40만 원, 1시간 초과는 60만 원을 초과하는 사례금을 받아서는 아니 된다. 甲총경이 지급받을 수 있는 월별 최대사례금 총액은 60만 원이고, 3개월에 걸쳐 3회 진행을 하였으므로 주제가 다른 강의라고 하더라도 최대사례금 총액은 180만 원이다.

21 1시간당 40만 원이며 1시간을 초과하면 상한액은 60만 원이다.

23 소속기관장에게 신고하고 그 초과금액을 제공자에게 지체 없이 반환하여야 한다.

26 누구든지 이 법의 위반행위가 발생하였거나 발생하고 있다는 사실을 알게 된 경우에는 이 법의 위반행위가 발생한 공공기관 또는 그 감독기관, 감사원 또는 수사기관, 국민권익위원회에 신고할 수 있다(제13조 제1항).

30 초과사례금을 받은 사실을 안 날부터 2일 이내에 다음 각 호의 사항을 적은 서면으로 소속기관장에게 신고하여야 한다(시행령 제27조 제1항).

정답

| 19. × | 20. ○ | 21. × | 22. ○ | 23. × | 24. ○ | 25. ○ | 26. × | 27. ○ | 28. ○ |
| 29. ○ | 30. × | | | | | | | | |

7년 이하의 징역 또는 7천만 원 이하의 벌금	직무수행 중 알게 된 비밀 또는 소속 공공기관의 미공개정보를 이용하여 재물 또는 재산상의 이익을 취득한 공직자
5년 이하의 징역 또는 5천만 원 이하의 벌금	직무상 비밀 또는 소속 공공기관의 미공개정보임을 알면서도 제공받거나 부정한 방법으로 취득한 비밀 또는 정보를 이용하여 재물 또는 재산상의 이익을 취득한 자
3년 이하의 징역 또는 3천만 원 이하의 벌금	직무수행 중 알게 된 비밀 또는 소속 공공기관의 미공개정보를 사적 이익을 위하여 이용한 공직자
3천만 원 이하 과태료	가족 채용 제한(제11조) 제3항 위반
	수의계약 체결 제한(제12조) 제2항 위반
2천만 원 이하 과태료	사적이해관계자의 신고 및 회피 신청(제5조) 위반
	공공기관 직무 관련 부동산 보유·매수 신고(제6조) 위반
	직무관련자와의 거래 신고(제9조) 위반
	직무 관련 외부활동의 제한(제10조) 위반
	공공기관 물품 등의 사적 사용·수익 금지(제13조) 위반
1천만 원 이하 과태료	고위공직자의 민간 부문 업무활동 내역 제출 및 공개(제8조) 위반
	퇴직자 사적 접촉 신고(제15조) 위반

핵심정리 OX Check

□□□ **01** 이 법은 공직자의 직무수행과 관련한 사적 이익추구를 금지함으로써 공직자의 직무수행 중 발생할 수 있는 이해충돌을 방지하여 공정한 직무수행을 보장하고 공공기관에 대한 국민의 신뢰를 확보하는 것을 목적으로 한다. (   )

□□□ **02** 「초·중등교육법」, 「고등교육법」 또는 그 밖의 다른 법령에 따라 설치된 각급 국립·공립학교는 '공공기관'에 해당한다. (   )

□□□ **03** "이해충돌"이란 공직자가 직무를 수행할 때에 자신의 사적 이해관계가 관련되어 공정하고 청렴한 직무수행이 저해되거나 저해될 우려가 있는 상황을 말한다. (   )

□□□ **04** "고위공직자"에는 치안감 이상의 경찰공무원 및 특별시·광역시·특별자치시·도·특별자치도의 시·도경찰청장이 해당된다. (   )

□□□ **05** 경무관인 세종특별자치시경찰청장은 '고위공직자'에 해당하지 않는다. (   )

□□□ **06** 사적이해관계자에 공직자 자신 또는 그 가족(「민법」 제779조에 따른 가족)도 해당된다. (　)

□□□ **07** 최근 2년 이내에 퇴직한 공직자로서 퇴직일 전 2년 이내에 사적이해관계 신고 대상 직무를 수행하는 공직자와 같은 부서에서 근무하였던 사람은 사적이해관계자에 포함된다. (　)

□□□ **08** 공직자로 채용·임용되기 전 3년 이내에 공직자 자신이 대리하거나 고문·자문 등을 제공했던 개인이나 법인 또는 단체는 사적이해관계자에 해당한다. (　)

□□□ **09** 공직자가 소속된 공공기관과 계약을 체결하거나 체결하려는 것이 명백한 개인이나 법인 또는 단체는 직무관련자에 해당한다. (　)

□□□ **10** 사건의 수사·재판·심판·결정·조정·중재·화해 또는 이에 준하는 직무를 수행하는 공직자는 직무관련자(직무관련자의 대리인을 포함한다)가 사적이해관계자임을 안 경우 안 날부터 14일 이내에 소속기관장에게 그 사실을 서면(전자문서를 포함한다) 또는 구두로 신고하고 회피를 신청하여야 한다. (　)

□□□ **11** 「공직자의 이해충돌 방지법」상 부동산을 직접 또는 간접으로 취급하는 대통령령으로 정한 공공기관의 공직자가 소속 공공기관의 업무와 관련된 부동산을 보유하고 있거나 매수하는 경우 소속기관장에게 그 사실을 구두 또는 서면으로 신고하여야 한다. (　)

정답 & OX 풀이

05 치안감 이상의 경찰공무원 및 특별시·광역시·특별자치시·도·특별자치도의 시·도경찰청장이 고위공직자에 해당하므로 경무관인 세종특별자치시경찰청장은 시·도경찰청장으로서 '고위공직자'에 해당한다.
　※ 치안감 이상의 경찰공무원 및 특별시·광역시·특별자치시·도·특별자치도의 시·도경찰청장은 "고위공직자"에 해당한다(제2조 제3호 아목).

08 공직자로 채용·임용되기 전 2년 이내에 공직자 자신이 대리하거나 고문·자문 등을 제공하였던 개인이나 법인 또는 단체는 사적이해관계자에 해당한다(제2조 제6호 마목).

10 사건의 수사·재판·심판·결정·조정·중재·화해 또는 이에 준하는 직무를 수행하는 공직자는 직무관련자(직무관련자의 대리인을 포함한다)가 사적이해관계자임을 안 경우 안 날부터 14일 이내에 소속기관장에게 그 사실을 서면(전자문서를 포함한다)으로 신고하고 회피를 신청하여야 한다. 따라서 구두로 신고하는 것은 옳지 않다(제5조 제1항 제8호).

11 「공직자의 이해충돌 방지법」상 부동산을 직접적으로 취급하는 대통령령으로 정한 공공기관의 공직자가 소속 공공기관의 업무와 관련된 부동산을 보유하고 있거나 매수하는 경우 소속기관장에게 그 사실을 서면으로 신고하여야 한다(제6조 제1항 제1호).

정답

01. ○	02. ○	03. ○	04. ○	05. ×	06. ○	07. ○	08. ×	09. ○	10. ×
11. ×									

□□□ **12** 고위공직자는 그 직위에 임용되거나 임기를 개시하기 전 3년 이내에 민간 부문에서 업무활동을 한 경우, 그 활동 내역을 그 직위에 임용되거나 임기를 개시한 다음 날부터 30일 이내에 소속기관 장에게 제출하여야 한다. ( )

□□□ **13** 공직자는 직무관련자에게 사적으로 노무 또는 조언·자문 등을 제공하고 대가를 받는 행위를 해 서는 아니된다(단, 「국가공무원법」 등 타 법령·기준에 따라 허용되는 경우는 제외). ( )

□□□ **14** 직무와 관련된 다른 직위에 취임한 공직자는 3천만 원 이하의 과태료를 부과한다. ( )

□□□ **15** 공직자는 배우자가 공직자 자신의 직무관련자(「민법」 제777조에 따른 친족 제외)와 토지 또는 건 축물 등 부동산을 거래하는 행위(다만, 공개모집에 의하여 이루어지는 분양이나 공매·경매·입 찰을 통한 재산상 거래 행위는 제외)를 한다는 것을 사전에 안 경우에는 안 날부터 14일 이내에 소속기관장에게 그 사실을 서면으로 신고하여야 한다. ( )

□□□ **16** 동법 제2조 제2항에 따른 공직자로부터 직무상 비밀 또는 소속 공공기관의 미공개정보임을 알면 서도 제공받거나 부정한 방법으로 취득하여 이를 이용함으로써 재물 또는 재산상의 이익을 취득 한 자는 5년 이하의 징역 또는 5천만 원 이하의 벌금에 처한다. ( )

□□□ **17** 공직자는 사회상규에 따라 허용되는 경우라 할지라도 직무관련자인 소속 기관의 퇴직자(공직자가 아니게 된 날부터 2년이 지나지 아니한 사람만 해당)와 사적 접촉(골프, 여행, 사행성 오락을 같이 하는 행위) 시 소속기관장에게 신고해야 한다. ( )

□□□ **18** 누구든지 신고자등에게 신고등을 이유로 불이익조치(「공익신고자 보호법」 제2조 제6호에 따른 불 이익조치를 말한다)를 하여서는 아니 된다. ( )

□□□ **19** 이 법의 위반행위를 한 자가 위반사실을 자진하여 신고하거나 신고자등이 신고등을 함으로 인하 여 자신이 한 이 법의 위반 행위가 발견된 경우에는 그 위반행위에 대한 형사처벌, 과태료 부과, 징계처분, 그 밖의 행정처분 등을 감경하거나 면제할 수 있다. ( )

□□□ **20** 국민권익위원회는 이 법의 위반행위에 대한 신고로 인하여 공공기관에 직접적인 수입의 회복· 증대 또는 비용의 절감을 가져온 경우에는 그 신고자의 신청에 의하여 보상금을 지급할 수 있다. ( )

□□□ **21** 국민권익위원회는 이 법의 위반행위에 대한 신고로 인하여 공공기관에 재산상 이익을 가져오거나 손실을 방지한 경우 또는 공익을 증진시킨 경우에는 그 신고자에게 포상금을 지급할 수 있다. ( )

정답 & OX 풀이

12 고위공직자는 그 직위에 임용되거나 임기를 개시하기 전 3년 이내에 민간 부문에서 업무활동을 한 경우, 그 활동 내역을 그 직위에 임용되기나 임기를 개시한 날부터 30일 이내에 소속기관장에게 제출하여야 한다(제8조 고위공직자이 민간 부문 업무활동 내역 제출 및 공개 제1항).

14 제10조를 위반하여 직무 관련 외부활동을 한 공직자에게는 2천만 원 이하의 과태료를 부과한다(제28조(과태료) 제2항 제4호).

17 퇴직자 사적 접촉 신고(제15조 제1항) 공직자는 직무관련자인 소속 기관의 퇴직자(공직자가 아니게 된 날부터 2년이 지나지 아니한 사람만 해당한다)와 사적 접촉(골프, 여행, 사행성 오락을 같이 하는 행위를 말한다)을 하는 경우 소속기관장에게 신고하여야 한다. 다만, 사회상규에 따라 허용되는 경우에는 그러하지 아니하다.

20 국민권익위원회는 제18조 제1항에 따른 신고로 인하여 공공기관에 직접적인 수입의 회복·증대 또는 비용의 절감을 가져온 경우에는 그 신고자의 신청에 의하여 보상금을 지급하여야 한다(제20조 제6항).

정답 　12. ×　13. ○　14. ×　15. ○　16. ○　17. ×　18. ○　19. ○　20. ×　21. ○

핵심정리 OX Check

☐☐☐ **01** 공무원은 상급자가 자기 또는 타인의 부당한 이익을 위하여 공정한 직무수행을 현저하게 해치는 지시를 하였을 때에는 소속 기관의 장과 상담하여야 한다. ( )

☐☐☐ **02** 공무원은 상급자가 자기 또는 타인의 부당한 이익을 위하여 공정한 직무수행을 현저하게 해치는 지시를 하였을 때에는 그 사유를 상급자에게 소명하고 지시에 따르지 아니하거나, 행동강령책임 관과 상담할 수 있고 지시를 이행하지 아니하였는데도 같은 지시가 반복될 때에는 즉시 소속 기관 의 장에게 보고하여야 한다. ( )

☐☐☐ **03** 공무원은 「범죄수사규칙」 제30조에 따른 경찰관서 내 수사 지휘에 대한 이의제기와 관련하여 행 동강령 책임관에게 상담을 요청할 수 있다. ( )

☐☐☐ **04** 공무원은 정치인이나 정당 등으로부터 부당한 직무수행을 강요받거나 청탁을 받은 경우에는 별지 제9호 서식 또는 전자우편 등의 방법으로 소속기관장에게 보고하거나 행동강령책임관과 상담할 수 있다. ( )

☐☐☐ **05** 경찰공무원은 정당이나 정치단체에 가입하거나 정치활동에 관여하는 행위를 하여서는 아니 된다. 이는 「경찰청 공무원 행동강령」에 있는 규정이다. ( )

☐☐☐ **06** 경찰유관단체원이 경찰 업무와 관련하여 경찰관에게 금품을 제공한 경우 행동강령책임관은 해당 경찰유관단체 운영 부서장과 협의하여 소속기관장에게 경찰유관단체원의 해촉 등 필요한 조치를 건의하여야 하며, 보고를 받은 소속기관장은 적절한 조치를 취해야 한다. ( )

☐☐☐ **07** 공무원은 수사·단속의 대상이 되는 업소 중 경찰서장이 지정하는 유형의 업소 관계자와 부적절 한 사적 접촉을 하여서는 아니 되며, 공적 또는 사적으로 접촉한 경우 경찰서장이 정하는 방법에 따라 신고하여야 한다. ( )

☐☐☐ **08** 공무원은 직무수행 중 알게 된 정보를 이용하여 유가증권, 부동산 등과 관련된 재산상 거래 또는 투자를 하거나 타인에게 그러한 정보를 제공하여 재산상 거래 또는 투자를 돕는 행위를 해서는 아니 된다. 이는 「경찰청 공무원 행동강령」에 있는 규정이다. ( )

☐☐☐ **09** 공무원은 직무관련자에게 직위를 이용하여 행사 진행에 필요한 직·간접적 경비, 장소, 인력, 또는 물품 등의 협찬을 요구하여서는 아니 된다. ( )

□□□ **10** 공무원은 자신의 직무권한을 행사하거나 지위·직책 등에서 유래되는 사실상 영향력을 행사하여 직무관련자 또는 직무관련공무원으로부터 사적 노무를 제공받거나 요구 또는 약속해서는 아니 된다. 다만, 다른 법령 또는 사회상규에 따라 허용되는 경우에는 그러하지 아니하다. ( )

□□□ **11** 공무원은 어떠한 경우에도 자신의 직무권한을 행사하여 직무관련자로부터 사적 노무를 제공받거나 요구해서는 안된다. ( )

□□□ **12** 공무원은 사례금을 받는 외부강의(외부강의 등을 요청한 자가 국가나 지방자치단체를 포함함)를 할 때에는 외부강의의 요청 명세 등을 외부강의 등 신고서에 따라 소속 기관의 장에게 그 외부강의 등을 마친 날부터 10일 이내에 신고하여야 한다. ( )

□□□ **13** 공무원이 대가를 받고 수행하는 외부강의 등은 월 3회를 초과할 수 없다. 다만, 국가나 지방자치단체에서 요청하거나 겸직 허가를 받고 수행하는 외부강의 등은 그 횟수에 포함하지 아니한다. ( )

정답 & OX 풀이

01 공무원은 상급자가 자기 또는 타인의 부당한 이익을 위하여 공정한 직무수행을 현저하게 해치는 지시를 하였을 때에는 그 사유를 그 상급자에게 소명하고 지시에 따르지 아니하거나, 행동강령책임관과 상담할 수 있다(제4조 제1항).

02 제1항에 따라 지시를 이행하지 아니하였는데도 같은 지시가 반복될 때에는 즉시 행동강령책임관과 상담하여야 한다(제4조 제2항).

04 공무원은 정치인이나 정당 등으로부터 부당한 직무수행을 강요받거나 청탁을 받은 경우에는 별지 제9호 서식 또는 전자우편 등의 방법으로 소속 기관의 장에게 보고하거나 행동강령책임관과 상담하여야 한다(제8조(정치인 등의 부당한 요구에 대한 처리)).

05 경찰공무원은 정당이나 정치단체에 가입하거나 정치활동에 관여하는 행위를 하여서는 아니 된다. 이는 경찰공무원법 제23조(정치 관여 금지) 제1항의 규정 내용이다.

07 공무원은 수사·단속의 대상이 되는 업소 중 경찰청장이 지정하는 유형의 업소 관계자와 부적절한 사적 접촉을 하여서는 아니 되며, 공적 또는 사적으로 접촉한 경우 경찰청장이 정하는 방법에 따라 신고하여야 한다(제5조의2(수사·단속 업무의 공정성 강화) 제1항).

11 공무원은 자신의 직무권한을 행사하거나 지위·직책 등에서 유래되는 사실상 영향력을 행사하여 직무관련자 또는 직무관련 공무원으로부터 사적 노무를 제공받거나 요구 또는 약속해서는 아니 된다. 다만, 다른 법령 또는 사회상규에 따라 허용되는 경우에는 그러하지 아니하다. 제13조의2(사적 노무 요구 금지)

12 공무원은 사례금을 받는 외부강의등을 할 때에는 외부강의등의 요청 명세 등을 별지 제12호서식의 외부강의등 신고서에 따라 소속 기관의 장에게 그 외부강의등을 마친 날부터 10일 이내에 신고하여야 한다. 다만, 외부강의등을 요청한 자가 국가나 지방자치단체인 경우에는 그러하지 아니하다(제15조(외부강의등의 사례금 수수 제한)).

정답

01. ×	02. ×	03. ○	04. ×	05. ×	06. ○	07. ×	08. ○	09. ○	10. ○
11. ×	12. ×	13. ○							

□□□ **14** 공무원은 다른 공무원에게 또는 그 공무원의 배우자나 직계 존속·비속에게 수수 금지 금품등을 제공하거나 그 제공의 약속 또는 의사표시를 해서는 아니 된다. ( )

□□□ **15** 공무원이 대가를 받고 수행하는 외부강의등은 월 3회를 초과할 수 없다. 국가나 지방자치단체에서 요청하거나 겸직 허가를 받고 수행하는 외부강의등은 그 횟수에 포함하지 아니한다. 그럼에도 불구하고 월 3회를 초과하여 대가를 받고 외부강의등을 하려는 경우에는 미리 소속 기관의 장의 승인을 받아야 한다. ( )

□□□ **16** 공무원은 동창회 등 친목단체에 직무관련자가 있어 부득이 골프를 하는 경우에는 소속관서 행동강령책임관에게 사전에 신고하여야 하며 사전에 신고하기 어려운 특별한 사유가 있는 경우에는 사후에 즉시 신고하여야 한다. ( )

□□□ **17** 공무원은 직무관련자나 직무관련공무원에게 경조사를 알려서는 아니 되나, 공무원 자신이 소속된 종교단체·친목단체 등의 회원에게 알리는 경우에는 경조사를 알릴 수 있다. ( )

□□□ **18** 친족(「민법」 제767조에 따른 친족)에게 알리는 경우 제17조(경조사의 통지 제한)에 따르면 공무원은 직무관련자나 직무관련공무원에게 경조사를 알릴 수 있는 예외가 된다. ( )

□□□ **19** 현재 근무하고 있거나 과거에 근무하였던 기관의 소속 직원에게 알리는 경우 제17조(경조사의 통지 제한)에 따르면 공무원은 직무관련자나 직무관련공무원에게 경조사를 알릴 수 있는 예외가 된다. ( )

□□□ **20** 공무원 자신의 배우자가 소속된 친목단체 회원에게 알리는 경우 제17조(경조사의 통지 제한)에 따르면 공무원은 직무관련자나 직무관련공무원에게 경조사를 알릴 수 있는 예외가 된다. ( )

□□□ **21** 신문, 방송 등을 통하여 알리는 경우 제17조(경조사의 통지 제한)에 따르면 공무원은 직무관련자나 직무관련공무원에게 경조사를 알릴 수 있는 예외가 된다. ( )

정답 & OX 풀이

20 공무원 자신이 소속된 친목단체 회원에게 알리는 경우가 예외 사유에 해당한다. ※ 공무원은 직무관련자나 직무관련공무원에게 경조사를 알려서는 아니 된다. 다만, 다음 각 호의 어느 하나에 해당하는 경우에는 경조사를 알릴 수 있다 (경찰청 공무원 행동강령 제17조).

정답 14. ○ 15. ○ 16. ○ 17. ○ 18. ○ 19. ○ 20. × 21. ○

테마 11 경찰윤리교육과 경찰윤리강령

□□□ **01** 존 클라이니히(J. Kleinig)가 주장한 경찰윤리 교육의 목적 중에서 돈을 주며 사건무마를 청탁하는 의뢰인의 요구를 결국 거절하도록 하는 경찰교육의 목적은 도덕적 결의의 강화에 있다.

( )

□□□ **02** 존 클라이니히(J. Kleinig)가 주장한 경찰윤리 교육의 목적 중에서 도덕적 결의의 강화 – 경찰이 업무를 수행하면서 내부 및 외부로부터의 여러 압력과 유혹에도 굴복하지 않고 자신의 소신과 직업의식에 따라 일을 처리하는 것이다. ( )

□□□ **03** 존 클라이니히(J. Kleinig)는 도덕적 감수성의 배양이란 경찰관이 비판적 사고방식을 배양하여 잘못된 관행을 비판적으로 검토하여 수용하는 것이라고 한다. ( )

□□□ **04** 존 클라이니히(J. Kleinig)가 주장한 경찰윤리 교육의 목적 중에서 도덕적 감수성의 배양 – 경찰이 다양한 계층의 사람들을 모두 인간으로서 존중하고 공평하게 봉사하는 것이다. ( )

□□□ **05** 존 클라이니히(J. Kleinig)가 주장한 경찰윤리 교육의 목적 중에서 도덕적 연대책임 향상 – 경찰윤리 교육의 가장 중요한 목적은 경찰의 조직적 연대책임을 강화하도록 하는 것이다. ( )

□□□ **06** 존 클라이니히(J. Kleinig)가 주장한 경찰윤리 교육의 목적 중에서 도덕적 전문능력 함양 – 경찰이 비판적·반성적 사고방식을 배양하여 조직 내에 관습적으로 내려오는 관행을 비판적으로 검토하여 수행하는 것이다. ( )

정답 & OX 풀이

03 클라이니히(J. Kleinig)는 도덕적 전문능력 함양이란 경찰관이 비판적 사고방식을 배양하여 잘못된 관행을 비판적으로 검토하여 수용하는 것이라고 한다.

05 클라이니히(J. Kleinig)는 경찰윤리 교육의 목적을 크게 세 가지(도덕적 결의의 강화, 도덕적 감수성의 배양, 도덕적 전문능력 함양)로 나누어 살펴보고 있으며, 그중에서 도덕적 전문능력 함양을 경찰윤리 교육의 가장 중요한 목적으로 본다.

정답 **01.** ○ **02.** ○ **03.** × **04.** ○ **05.** × **06.** ○

□□□ **07** 경찰 윤리강령에 따라 발생할 수 있는 문제점 중 비진정성 : 전문직업인의 내부규율로서 선언적 효력을 가질 뿐 법적인 강제력이 없기 때문에 이를 위반했을 경우 제재할 방법이 미흡하며, 지나친 이상추구의 성격 때문에 발생할 수 있는 문제 ( )

□□□ **08** 경찰윤리강령은 법적 강제력이 없기 때문에 위반했을 경우 제재할 방법이 미흡하다. ( )

□□□ **09** 경찰윤리강령은 민주적 참여에 의한 제정보다는 상부에서 제정되고 일방적으로 하달되어 냉소주의를 불러일으키는 단점이 있다. ( )

□□□ **10** 경찰 윤리강령에 따라 발생할 수 있는 문제점 중 냉소주의 : 직원의 참여에 의하여 이루어지는 것이 아니라 상부에서 제정하여 하달되기 때문에 발생할 수 있는 문제 ( )

□□□ **11** 경찰 윤리강령에 따라 발생할 수 있는 문제점 중 행위중심적 성격 : 행위중심적으로 규정되어 있어서 행위 이전의 의도나 동기를 소홀히 하기 때문에 발생할 수 있는 문제 ( )

□□□ **12** 경찰 윤리강령에 따라 발생할 수 있는 문제점 중 최소주의 위험 : 경찰관이 최선을 다하여 헌신과 봉사를 하려다가도 경찰윤리강령에 포함된 정도의 수준으로만 근무를 하려 하기 때문에 발생할 수 있는 문제 ( )

□□□ **13** 우리나라의 경찰윤리강령은 경찰윤리헌장 - 새경찰신조 - 경찰헌장 - 경찰서비스헌장 순서로 제정되었다. ( )

□□□ **14** 1945년 10월 21일 국립경찰의 탄생 시 이념적 지표가 된 경찰정신은 대륙법계의 영향으로 '봉사'와 '질서'를 경찰의 행동강령으로 삼았다. ( )

정답 & OX 풀이

07 실행가능성의 문제에 관한 설명이다.
14 1945년 10월 21일 국립경찰의 탄생 시 이념적 지표가 된 경찰정신은 영미법계의 영향으로 '봉사'와 '질서'를 경찰의 행동강령으로 삼았다.

정답 **07.** × **08.** ○ **09.** ○ **10.** ○ **11.** ○ **12.** ○ **13.** ○ **14.** ×

테마 12 법치행정의 원칙과 법원

핵심정리 OX Check

☐☐☐ **01** 행정작용은 법률에 위배되어서는 아니 되며, 국민의 권리를 제한하거나 의무를 부과하는 경우와 그 밖에 국민생활에 중요한 영향을 미치는 경우에는 법률에 근거하여야 한다. ( )

☐☐☐ **02** 법률유보의 원칙에서 요구되는 법적 근거는 행정의 조직법적 근거이다. ( )

☐☐☐ **03** 법률유보의 원칙은 '법률에 의한' 규율만을 뜻하는 것이 아니라 '법률에 근거한' 규율을 요청하는 것이다. ( )

☐☐☐ **04** 경찰행정은 법에 따라 행하여져야 하며, 경찰행정권에 의하여 국민의 권익이 침해된 경우에는 이에 대한 구제제도가 보장되어야 한다. ( )

☐☐☐ **05** 법치행정의 원칙에 관한 전통적 견해는 '법률의 지배', '법률의 우위', '법률의 유보'를 내용으로 한다. ( )

☐☐☐ **06** '법률의 우위'에서의 법률에는 형식적 의미의 법률뿐만 아니라 그 밖에 성문법과 불문법이 포함된다. ( )

☐☐☐ **07** 법률우위원칙은 행정의 종류를 불문하고 모든 행정 영역에 적용된다. ( )

☐☐☐ **08** 법률유보원칙은 법률에 의한 규율을 뜻하므로 위임입법에 의해 기본권 제한을 할 수 없다. ( )

정답 & OX 풀이

02 법률유보의 원칙에서 요구되는 법적 근거는 행정의 작용법적 근거이다.
※ 법률유보의 원칙에서 요구되는 법적 근거는 작용법적 근거(작용규범, 권한규범, 근거규범)를 의미하며, 조직법적 근거는 모든 행정권 행사에서 당연히 요구된다. 아울러 법률유보의 원칙에서 요구되는 법적 근거는 원칙적으로 개별적 근거를 의미한다.

05 법치행정의 원칙에 관한 전통적 견해는 법치행정의 원리를 행정에 대한 법의 지배로 보며 구체적으로 '법률의 법규창조력', '법률의 우위', '법률의 유보'를 내용으로 한다.

08 법률유보원칙은 법률에 근거한 규율을 뜻하므로 위임입법에 의해서도 기본권 제한을 할 수 있다. ※ 법률유보의 원칙은 '법률에 의한' 규율만을 뜻하는 것이 아니라 '법률에 근거한' 규율을 요청하는 것이므로 기본권 제한의 형식이 반드시 법률의 형식일 필요는 없고 법률에 근거를 두면서 헌법 제75조가 요구하는 위임의 구체성과 명확성을 구비하기만 하면 위임입법에 의하여도 기본권 제한을 할 수 있다(헌재 2005. 2. 24. 2003헌마289).

정답 01. ○ 02. × 03. ○ 04. ○ 05. × 06. ○ 07. ○ 08. ×

□□□ **09** 헌법상 보장된 국민의 자유나 권리를 제한할 때에는 적어도 그 제한의 본질적인 사항에 관하여 국회가 법률로써 스스로 규율하여야 한다. ( )

□□□ **10** 집회나 시위 해산을 위한 살수차 사용은 기본권에 대한 중대한 제한이므로, 살수차 사용요건이나 기준은 법률에 근거를 두어야 한다. ( )

□□□ **11** 법령의 구체적 위임 없이 최루액의 혼합·살수 방법 등을 규정한 경찰청장의 「살수차운용지침」 (2014. 4. 3.)은 법률유보의 원칙에 위배되는 측면이 있으나, 그 지침에 따라 살수한 경찰관의 행위 는 집회를 해산하기 위한 불가피한 조치라는 점에서 반드시 위헌·위법이라 할 수 없다. ( )

□□□ **12** 경찰관의 학교 앞 등교지도, 주민을 상대로 한 교통정책홍보는 개인의 자유를 침해하거나 의무를 부과하는 행정이 아니므로 법률의 근거 없이도 가능하다. ( )

□□□ **13** 공무원에 대해 특정종교를 금지하는 훈령은 내부규정에 불과하므로 법률의 근거 없이도 가능하다. ( )

□□□ **14** 자살을 시도하는 사람에 대한 경찰관서 보호, 붕괴위험시설에 대한 예방적 출입금지는 개인의 자 유를 침해하거나 의무를 부과하는 행정이므로 법률의 근거가 필요하다. ( )

□□□ **15** 경찰행정법의 법원(法源)은 일반적으로 성문법원과 불문법원으로 나눌 수 있으며 헌법, 법률, 조 례와 규칙은 성문법원에 해당한다. ( )

□□□ **16** 경찰법의 법원은 일반적으로 성문법원과 불문법원으로 나눌 수 있으며 헌법, 법률, 조약과 국제법 규, 규칙은 성문법원이다. ( )

□□□ **17** 헌법은 국가의 기본적인 통치구조를 정한 기본법으로서 행정의 조직이나 작용의 기본원칙을 정한 부분은 그 한도 내에서 경찰법의 법원이 된다. ( )

□□□ **18** 경찰권 발동은 법률에 근거해야 하므로, 법률은 경찰법상의 법률관계에 있어서 중요한 법원이다. ( )

□□□ **19** 법규명령에는 위임명령과 집행명령이 있으며, 모두 국민의 권리·의무에 관한 사항을 새로이 규 정할 수 있다. ( )

□□□ **20** 지방자치단체의 장은 법령의 범위에서 그 사무에 관하여 조례를 제정할 수 있다. 다만, 주민의 권 리 제한 또는 의무 부과에 관한 사항이나 벌칙을 정하는 때에는 법률의 위임이 있어야 한다. ( )

□□□ **21** 지방자치단체는 조례를 위반한 행위에 대하여 조례로써 1천만 원 이하의 벌금을 정할 수 있고, 해당 지방자치단체의 장이 부과·징수한다. ( )

□□□ **22** 조례안이 지방의회에서 의결되면 지방의회의 의장은 의결된 날부터 7일 이내에 그 지방자치단체의 장에게 이송하여야 한다. (   )

□□□ **23** 법령에서 조례로 정하도록 위임한 사항은 그 법령의 하위 법령에서 그 위임의 내용과 범위를 제한하거나 직접 규정할 수 없다. (   )

□□□ **24** 지방자치단체의 장은 법령의 범위에서 그 사무에 관하여 조리(條理)를 제정할 수 있다. (   )

□□□ **25** 헌법에 의하여 체결·공포된 조약이나 일반적으로 승인된 국제법규도 국내법과 같은 효력을 가지므로 경찰행정법의 법원이 된다. (   )

정답 & OX 풀이 ✏️

11 [1] 혼합살수방법은 법령에 열거되지 않은 새로운 위해성 경찰장비에 해당하고 이 사건 지침에 혼합살수의 근거 규정을 둘 수 있도록 위임하고 있는 법령이 없다. 그러므로 이 사건 지침은 법률유보원칙에 위배되고 이 사건 지침만을 근거로 한 이 사건 혼합살수행위 역시 법률유보원칙에 위배된다. 따라서 이 사건 혼합살수행위는 청구인들의 신체의 자유와 집회의 자유를 침해한다. [2] 법령의 구체적 위임 없이 최루액의 혼합·살수 방법 등을 규정한 경찰청장의「살수차운용지침」(2014. 4. 3.)이 법률유보의 원칙에 위배되고, 그 지침에 따라 살수한 경찰관의 행위도 법률유보의 원칙에 위배되어 국민의 신체의 자유와 집회의 자유를 침해한다(헌재 2018. 5. 31. 2015헌마476).

13 공무원에 대해 특정종교를 금지하는 훈령은 공무원의 종교의 자유를 제한하고 있다. 훈령은 내부규정에 불과하여 법적 근거가 필요하지 않지만, 공무원의 자유를 제한하는 경우에는 별도의 법적 근거가 필요하다.

19 법규명령에는 위임명령과 집행명령이 있으며, 위임명령은 국민의 권리·의무에 관한 사항을 새로이 규정할 수 있으나 집행명령은 그러하지 아니하다.

20 지방자치단체는 법령의 범위에서 그 사무에 관하여 조례를 제정할 수 있다. 다만, 주민의 권리 제한 또는 의무 부과에 관한 사항이나 벌칙을 정할 때에는 법률의 위임이 있어야 한다(제28조 제1항).

21 지방자치단체는 조례를 위반한 행위에 대하여 조례로써 1천만 원 이하의 과태료를 정할 수 있다(제34조 제1항). 제1항에 따른 과태료는 해당 지방자치단체의 장이나 그 관할 구역의 지방자치단체의 장이 부과·징수한다(동조 제2항).

22 조례안이 지방의회에서 의결되면 지방의회의 의장은 의결된 날부터 5일 이내에 그 지방자치단체의 장에게 이송하여야 한다(제32조 제1항).

24 지방자치단체의 장은 법령 또는 조례의 범위에서 그 권한에 속하는 사무에 관하여 규칙을 제정할 수 있다(지방자치법 제29조(규칙)).

정답

| 09. ○ | 10. ○ | 11. × | 12. ○ | 13. × | 14. ○ | 15. ○ | 16. ○ | 17. ○ | 18. ○ |
| 19. × | 20. × | 21. × | 22. × | 23. ○ | 24. × | 25. ○ | | | |

□□□ **26** 헌법재판소의 위헌결정은 국가경찰 및 자치경찰을 기속하므로 법원성이 인정된다. ( )

□□□ **27** 경찰행정법의 일반원칙인 평등의 원칙, 비례의 원칙, 권한남용금지의 원칙, 신뢰보호의 원칙은 「행정기본법」에는 규정되어 있지 않다. ( )

□□□ **28** 신의성실의 원칙은 「민법」뿐만 아니라 경찰행정법을 포함한 모든 법의 일반원칙이며 법원으로 인정된다. ( )

□□□ **29** 사회의 거듭된 관행으로 생성한 사회생활규범이 사회의 법적 확신과 인식에 의하여 법적 규범으로 승인·강행되기에 이른 것을 관습법이라 한다. ( )

□□□ **30** 불문법원으로서 일반적으로 정의에 합치되는 보편적 원리로서 인정되고 있는 모든 원칙을 조리라 하고, 경찰관청의 행위가 형식상 적법하면 조리에 위반하더라도 위법이 될 수 없다. ( )

정답 & OX 풀이

27 경찰행정법의 일반원칙인 평등의 원칙, 비례의 원칙, 권한남용금지의 원칙, 신뢰보호의 원칙은 「행정기본법」에 규정되어 있다.

30 불문법원으로서 일반적으로 정의에 합치되는 보편적 원리로서 인정되고 있는 모든 원칙을 조리라 하고, 경찰관청의 행위가 형식상 적법하더라도 조리에 위반하면 위법이 될 수 있다.

정답 | **26.** ○ **27.** × **28.** ○ **29.** ○ **30.** ×

핵심정리 OX Check

□□□ **01** 「행정기본법」상 비례의 원칙 : 행정청의 행정작용은 행정목적을 달성하는 데 유효하고 적절해야 하며, 필요한 최소한도에 그칠 것이고, 행정작용으로 인한 국민의 이익 침해가 그 행정작용이 의도 하는 공익보다 크지 아니해야 한다. ( )

□□□ **02** 비례의 원칙이란 행정작용에 있어서 행정목적과 행정수단 사이에는 합리적인 비례관계가 있어야 한다는 원칙을 말한다. ( )

□□□ **03** 비례의 원칙은 헌법 제37조 제2항, 「행정기본법」 제10조, 「경찰관 직무집행법」 제1조 제2항에서 근거를 찾을 수 있다. ( )

□□□ **04** 비례의 원칙 중에서 적합성의 원칙은, 행정조치는 설정된 목적 달성을 위해 필요 최소한의 한도 내에서 이루어져야 한다는 것으로, 협의의 비례원칙이라고도 한다. ( )

□□□ **05** 비례의 원칙 중에서 적합성의 원칙은 경찰기관의 어떤 조치가 경찰목적 달성을 위해 필요한 경우 라고 하여도 그 조치에 따른 불이익이 그 조치로 인해 발생하는 이익보다 큰 경우에는 경찰권을 발동해서는 안된다는 원칙이다. ( )

□□□ **06** 비례의 원칙 중에서 필요성의 원칙(최소침해의 원칙)은 목적을 달성할 수 있는 수단이 여러 가지 가 있는 경우에 적합한 여러 가지 수단 중에서 가장 적게 침해를 가져오는 수단을 선택해야 한다 는 원칙이다. ( )

□□□ **07** 비례의 원칙 중에서 행정조치를 취함에 따른 불이익이 그것에 의해 달성되는 이익보다 심히 큰 경우에는 그 행정조치를 취해서는 아니 된다는 원칙을 상당성의 원칙이라 한다. ( )

□□□ **08** 「행정기본법」상 행정작용은 그 행정작용이 의도하는 공익이 행정작용으로 인한 국민의 이익 침해 보다 크지 않아야 한다. ( )

정답 & OX 풀이

04 필요성의 원칙은, 행정조치는 설정된 목적 달성을 위해 필요 최소한의 한도 내에서 이루어져야 한다는 것으로, 최소침 해의 원칙이라고도 한다.

05 상당성의 원칙(협의의 비례원칙)은 경찰기관의 어떤 조치가 경찰목적 달성을 위해 필요한 경우라고 하여도 그 조치에 따른 불이익이 그 조치로 인해 발생하는 이익보다 큰 경우에는 경찰권을 발동해서는 안된다는 원칙이다.

08 행정작용은 그 행정작용으로 인한 국민의 이익 침해가 그 행정작용이 의도하는 공익보다 크지 않아야 한다(제10조(비례 의 원칙) 제3호).

정답   **01.** ○   **02.** ○   **03.** ○   **04.** ×   **05.** ×   **06.** ○   **07.** ○   **08.** ×

□□□ **09** 경찰비례의 원칙은 일반적 수권조항에 근거하여 경찰권을 발동하는 경우는 물론, 개별적 수권조항에 근거하여 경찰권을 발동하는 경우에도 적용된다. ( )

□□□ **10** 경찰비례의 원칙은 「행정기본법」 제10조, 「경찰관 직무집행법」 제1조 제2항 등에서 근거를 찾아볼 수 있다. ( )

□□□ **11** 경찰비례의 원칙은 법률에 명문의 규정은 존재하지 않지만 이를 위반한 경찰작용은 위법한 것으로 평가되어 행정소송의 대상이 되며, 국가배상청구의 대상이 될 수 있다. ( )

□□□ **12** 경찰비례의 원칙은 행정영역에서 적용되는 원칙으로서, 일반적 수권조항에 근거하여 경찰권을 발동하는 경우는 물론, 개별적 수권조항에 근거하여 경찰권을 발동하는 경우에도 적용된다. ( )

□□□ **13** 경찰비례의 원칙과 관련하여 경찰행정관청의 특정행위가 공적 목적 달성을 위해 적합하고, 국민에게 가장 피해가 적으며, 달성되는 공익이 침해되는 사익보다 더 커야 적법한 행정작용이 될 수 있다. ( )

□□□ **14** 경찰비례의 원칙 중에서 상당성의 원칙(협의의 비례원칙)은 경찰기관의 어떤 조치가 경찰목적 달성을 위해 필요한 경우라고 하여도 그 조치에 따른 불이익이 그 조치로 인해 발생하는 이익보다 큰 경우에는 경찰권을 발동해서는 안된다는 원칙이다. ( )

□□□ **15** 행정법상 신뢰보호의 원칙은 법치국가의 원리 및 그 구성 부분으로서의 법적 안정성으로부터 이론적 근거를 도출할 수 있다. ( )

□□□ **16** 신뢰보호의 원칙을 위반한 행정청의 행위는 위헌·위법의 문제가 발생하는데 위법의 효과는 해당 행정행위를 취소할 수 있으며 그 위법성이 중대·명백한 경우 무효가 된다. ( )

□□□ **17** 운전면허 취소사유에 해당하는 음주운전을 적발한 경찰관의 소속 경찰서장이 사무착오로 위반자에게 운전면허정지처분을 한 상태에서 위반자의 주소지 관할 지방경찰청장이 위반자에게 운전면허취소처분을 한 것은 선행처분에 대한 당사자의 신뢰 및 법적 안정성을 저해하는 것으로서 허용될 수 없다. ( )

□□□ **18** 헌법재판소의 위헌결정은 신뢰의 대상이 되는 공적인 견해이므로 신뢰보호의 원칙이 적용된다. ( )

□□□ **19** 「행정기본법」상 공익 또는 제3자의 이익을 현저히 해칠 우려가 있는 경우에도 행정청은 권한 행사의 기회가 있음에도 불구하고 장기간 권한을 행사하지 아니하여 국민이 그 권한이 행사되지 아니할 것으로 믿을 만한 정당한 사유가 있는 경우에는 그 권한을 행사해서는 아니 된다. ( )

□□□ **20** 「행정기본법」상 신뢰보호의 원칙: 행정청은 권한 행사의 기회가 있음에도 불구하고 장기간 권한을 행사하지 아니하여 국민이 그 권한이 행사되지 아니할 것으로 믿을 만한 정당한 사유가 있는 경우에는 그 권한을 행사해서는 아니 된다. 다만, 공익 또는 제3자의 이익을 현저히 해칠 우려가 있는 경우는 예외로 한다. ( )

□□□ **21** 「행정기본법」상 신뢰보호의 원칙(제12조 제1항) : 행정청은 공익 또는 제3자의 이익을 현저히 해칠 우려가 있는 경우를 제외하고는 행정에 대한 국민의 정당하고 합리적인 신뢰를 보호하여야 한다. ( )

□□□ **22** 「행정절차법」상 신뢰보호의 원칙(제4조 제2항) : 행정청은 법령등의 해석 또는 행정청의 관행이 일반적으로 국민들에게 받아들여졌을 때에는 공익 또는 제3자의 정당한 이익을 현저히 해칠 우려가 있는 경우를 제외하고는 새로운 해석 또는 관행에 따라 소급하여 불리하게 처리하여서는 아니된다. ( )

□□□ **23** 폐기물처리업에 대하여 사전에 관할 관청으로부터 적정통보를 받고 막대한 비용을 들여 허가요건을 갖춘 다음 허가신청을 하였음에도 관할 관청으로부터 '다수 청소업자의 난립으로 안정적이고 효율적인 청소업무의 수행에 지장이 있다'는 이유로 불허가처분을 받은 경우, 그 처분은 신뢰보호 원칙 위반으로 인한 위법한 처분에 해당된다. ( )

□□□ **24** 「행정기본법」상 평등의 원칙 : 행정청은 합리적 이유 없이 국민을 차별해서는 아니 된다. ( )

□□□ **25** 같은 정도의 비위를 저지른 자들 사이에 있어서도 그 직무의 특성, 비위의 성격 및 정도를 고려하여 징계종류의 선택과 양정을 차별적으로 취급하는 것은 합리적 차별로서 평등원칙에 반하지 아니한다. ( )

□□□ **26** 적법 및 위법을 불문하고 재량준칙에 따른 행정관행이 성립한 경우라면, 행정의 자기구속 원칙이 적용될 수 있다. ( )

정답 & OX 풀이

11 경찰비례의 원칙은 「경찰관 직무집행법」에 명문의 규정이 존재한다. 이를 위반한 경찰작용은 위법한 것으로 평가되어 행정소송의 대상이 되며, 국가배상청구의 대상이 될 수 있다.

18 헌법재판소의 위헌결정은 행정청이 개인에 대하여 신뢰의 대상이 되는 공적인 견해를 표명한 것이라고 할 수 없으므로 그 결정에 관련한 개인의 행위에 대하여는 신뢰보호의 원칙이 적용되지 아니한다(대법원 2003. 6. 27. 선고 2002두 6965).

19 행정청은 권한 행사의 기회가 있음에도 불구하고 장기간 권한을 행사하지 아니하여 국민이 그 권한이 행사되지 아니할 것으로 믿을 만한 정당한 사유가 있는 경우에는 그 권한을 행사해서는 아니 된다. 다만, 공익 또는 제3자의 이익을 현저히 해칠 우려가 있는 경우는 예외로 한다(제12조(신뢰보호의 원칙) 제2항).

26 재량준칙에 따른 행정관행이 적법하게 성립한 경우라면, 행정의 자기구속 원칙이 적용될 수 있다. 그러나 재량준칙에 따른 행정관행이 위법하게 성립한 경우, 통설은 국민의 위법행위 요구에 국가가 이를 승인하면 법치주의가 붕괴되는 결과가 되므로 인정될 수 없다고 본다. 따라서 행정규칙에 따른 종래의 관행이 위법한 경우에는 행정청은 자기구속을 당하지 않는다.

정답

09. ○	10. ○	11. ×	12. ○	13. ○	14. ○	15. ○	16. ○	17. ○	18. ×
19. ×	20. ○	21. ○	22. ○	23. ○	24. ○	25. ○	26. ×		

□□□ **27** 「행정기본법」상 부당결부금지의 원칙 : 행정청은 행정작용을 할 때 상대방에게 해당 행정작용과 실질적인 관련이 없는 의무를 부과해서는 아니 된다. (　　)

□□□ **28** 부당결부금지의 원칙은 현행법상 명시적인 규정은 없지만 법치국가의 원리와 자의금지의 원칙으로부터 도출되는 행정법의 일반원칙이다. (　　)

□□□ **29** 지방자치단체장이 사업자에게 주택사업계획승인을 하면서 그 주택사업과는 아무런 관련이 없는 토지를 기부채납하도록 하는 부관을 주택사업계획승인에 붙인 경우, 그 부관은 부당결부금지 원칙에 위반되어 위법하다. (　　)

□□□ **30** 지방자치단체장이 사업자에게 주택사업계획승인을 하면서 그 주택사업과는 아무런 관련이 없는 토지를 기부채납하도록 하는 부관을 붙인 경우에는, 기부채납한 토지 가액이 그 주택사업계획의 100분의 1 상당의 금액에 불과하고 사업자가 이의를 제기하지 아니하다가 지방자치단체장이 업무 착오로 기부채납한 토지에 대하여 보상협조요청서를 보내자 그 때서야 비로소 부관의 하자를 들고 나왔다고 하더라도 그 부관은 당연무효이다. (　　)

□□□ **31** 甲이 혈중알코올농도 0.140%의 주취상태로 배기량 125cc 이륜자동차를 운전하였다는 이유로 甲의 자동차운전면허[제1종 대형, 제1종 보통, 제1종 특수(대형견인·구난), 제2종 소형]를 취소한 것은 甲이 음주상태에서 운전을 하지 않으면 안 되는 부득이한 사정이 없었더라도 재량권을 일탈·남용한 것이다. (　　)

정답 & OX 풀이

28 행정기본법 제13조(부당결부금지의 원칙)

29 대법원 1997. 3. 11. 96다49650

30 사정에 비추어 볼 때 부관의 하자가 중대하고 명백하여 당연무효라고는 볼 수 없다고 한 사례(대법원 1997. 3. 11. 96다49650).

31 재량권을 일탈·남용한 것이 아니다. 갑이 혈중알코올농도 0.140%의 주취상태로 배기량 125cc 이륜자동차를 운전하였다는 이유로 관할 시도경찰청장이 갑의 자동차운전면허[제1종 대형, 제1종 보통, 제1종 특수(대형견인·구난), 제2종 소형]를 취소하는 처분을 한 사안에서, 위 처분 중 제1종 대형, 제1종 보통, 제1종 특수(대형견인·구난) 운전면허를 취소한 부분에 재량권을 일탈·남용한 위법이 없다(대법원 2018. 2. 28. 2017두67476).

정답　　27. ○　　28. ✕　　29. ○　　30. ✕　　31. ✕

테마 14 행정입법

핵심정리 OX Check

□□□ **01** 법규명령은 국민과 행정청을 동시에 구속하는 양면적 구속력을 가짐으로써 재판규범성이 있다. ( )

□□□ **02** 법규명령의 한계로 행정권에 대한 입법권의 일반적·포괄적 위임은 인정될 수 없고, 국회 전속적 법률사항의 위임은 금지되며 법률에 의하여 위임된 사항을 전부 하위명령으로 재위임하는 것은 금지된다. ( )

□□□ **03** 법률은 특별한 규정이 없는 한 공포한 날로부터 20일을 경과함으로써 효력을 발생한다. ( )

□□□ **04** 대통령령, 총리령 및 부령은 특별한 규정이 없으면 공포한 날부터 20일이 경과함으로써 효력을 발생한다. ( )

□□□ **05** 「법령 등 공포에 관한 법률」상 법률, 대통령령, 총리령 및 부령은 특별한 규정이 없으면 공포한 날부터 20일이 경과함으로써 효력을 발생한다. ( )

□□□ **06** 대통령령, 총리령 및 부령은 특별한 규정이 없으면 공포한 날부터 15일이 경과함으로써 효력이 발생한다. ( )

□□□ **07** 국민의 권리 제한 또는 의무 부과와 직접 관련되는 법률, 대통령령, 총리령 및 부령은 긴급히 시행하여야 할 특별한 사유가 있는 경우를 제외하고는 공포일로부터 적어도 20일이 경과한 날부터 시행되도록 하여야 한다. ( )

정답 & OX 풀이

05 헌법 제53조 제7항에서 "법률은 특별한 규정이 없는 한 공포한 날로부터 20일을 경과함으로써 효력을 발생한다."라고 규정하고 있다. 「법령 등 공포에 관한 법률」 제13조에서는 법률을 제외하고 "대통령령, 총리령 및 부령은 특별한 규정이 없으면 공포한 날부터 20일이 경과함으로써 효력을 발생한다."라고 규정하고 있다.

06 20일이 경과함으로써 효력을 발생한다.

07 국민의 권리 제한 또는 의무 부과와 식섭 관련뇌는 법률, 대동령령, 총리령 및 부령은 긴급히 시행히여야 할 특별한 사유가 있는 경우를 제외하고는 공포일로부터 적어도 30일이 경과한 날부터 시행되도록 하여야 한다.

정답 01. ○ 02. ○ 03. ○ 04. ○ 05. ✕ 06. ✕ 07. ✕

□□□ **08** 국회에서 의결된 법률안은 정부에 이송되어 15일 이내에 대통령이 공포한다. ( )

□□□ **09** 「법령 등 공포에 관한 법률」상 헌법개정·법률·조약·대통령령·총리령 및 부령의 공포와 헌법 개정안·예산 및 예산 외 국고부담계약의 공고는 관보에 게재함으로써 한다. ( )

□□□ **10** 「국회법」 제98조 제3항 전단에 따라 하는 국회의장의 법률 공포는 서울특별시에서 발행되는 둘 이상의 일간신문에 게재함으로써 한다. ( )

□□□ **11** 「법령 등 공포에 관한 법률」상 법령 등의 공포일 또는 공고일은 해당 법령 등을 게재한 관보 또는 신문이 발행된 날로 한다. ( )

□□□ **12** 국무총리 또는 행정각부의 장은 소관사무에 관하여 법률이나 대통령령의 위임 또는 직권으로 총 리령 또는 부령을 발할 수 있다. ( )

□□□ **13** 「도로교통법시행규칙」 제53조 제1항이 정한 [별표 16]의 운전면허행정처분기준은 부령의 형식으 로 되어 있으나, 행정청 내부의 사무처리준칙을 규정한 것에 지나지 아니하므로 대외적으로 국민 이나 법원을 기속하는 효력이 없다. ( )

□□□ **14** 법규명령의 위임의 근거가 되는 법률에 대하여 위헌결정이 선고되더라도 그 위임규정에 근거하여 제정된 법규명령은 원칙적으로 효력을 유지한다. ( )

□□□ **15** 국민의 권리 제한 또는 의무 부과와 직접 관련되는 대통령령, 총리령 및 부령은 긴급히 시행하여 야 할 특별한 사유가 있는 경우를 제외하고는 공포일부터 적어도 30일이 경과한 날부터 시행되도 록 하여야 한다. ( )

□□□ **16** 직무명령은 상관이 직무에 관하여 부하 공무원에게 발하는 명령으로 명령을 받은 당해 공무원만 을 구속함에 따라 특별한 법적 근거 없이 발할 수 있다. ( )

□□□ **17** 직무명령은 훈령의 성격을 가지지 못한다. ( )

□□□ **18** 직무명령과 훈령 모두 법규가 아니므로 대내외적 구속력이 없어 직무명령과 훈령을 위반한 경우 대내적으로도 징계책임을 지지 않는다. ( )

□□□ **19** 직무명령은 부하 공무원 개인을 구속함으로 수명 공무원의 변동이 있는 경우에는 당연히 효력을 상실하게 된다. ( )

정답 & OX 풀이

14 법규명령의 위임근거가 되는 법률에 대하여 위헌결정이 선고되면 그 위임에 근거하여 제정된 법규명령도 원칙적으로 효력을 상실한다(대법원 2001. 6. 12. 2000다18547).

18 직무명령과 훈령 모두 법규가 아니므로 대외적 구속력이 없으나 대내적으로 구속력이 있으므로 이를 위반한 공무원은 징계책임을 진다.

정답

08. ○	09. ○	10. ○	11. ○	12. ○	13. ○	14. ×	15. ○	16. ○	17. ○
18. ×	19. ○								

테마 15 경찰법 일반

🖊 경찰청장과 국가수사본부장 비교

	경찰청장	국가수사본부장
지위	① 행정안전부 장관 소속으로 경찰청을 둔다. ② 행정관청	① 경찰청에 국가수사본부(하부조직)를 둔다. ② 보조기관
계급	치안총감	치안정감
임명	국가경찰위원회 동의 → 행정안전부장관 제청 → 국무총리 경유 → 국회 인사청문회 → 대통령 임명	① 경찰공무원 임용 경찰청장 추천 → 행정안전부장관 제청 → 국무총리 경유 → 대통령 임명 ② 경찰청 외부를 대상으로 모집하여 임용할 경우의 자격요건
권한	국가경찰사무를 총괄하고 경찰청 업무를 관장하며 소속 공무원 및 각급 경찰기관의 장을 지휘·감독	「형사소송법」에 따른 경찰의 수사에 관하여 각 시·도경찰청장과 경찰서장 및 수사부서 소속 공무원을 지휘·감독
임기	2년	
탄핵	직무를 집행하면서 헌법이나 법률을 위배하였을 때에는 국회는 탄핵 소추를 의결할 수 있다.	
관계	① 경찰청장은 경찰의 수사에 관한 사무의 경우에는 개별 사건의 수사에 대하여 구체적으로 지휘·감독할 수 없다. ② 예외: 긴급하고 중요한 사건의 수사에서 통합적으로 현장 대응할 필요가 있는 경우 국가수사본부장을 통하여 서면으로 지휘할 수 있다.	

핵심정리 OX Check ✅

☐☐☐ **01** 경찰의 민주적인 관리·운영과 효율적인 임무수행을 위하여 경찰의 기본조직 및 직무 범위와 그 밖에 필요한 사항을 규정함을 목적으로 한다. ( )

☐☐☐ **02** 국가와 지방자치단체는 국민의 생명·신체 및 재산을 보호하고 공공의 안녕과 질서유지에 필요한 시책을 수립·시행하여야 한다. ( )

☐☐☐ **03** 수연: "우리 동네에 요즘 가정폭력사건이 자주 발생하네. 「국가경찰과 자치경찰의 조직 및 운영에 관한 법률」을 보면 가정폭력의 예방은 자치경찰사무에 해당하여 시·도자치경찰위원회의 소관 사무이지만, 가정폭력범죄의 수사사무는 국가경찰사무로 규정되어 있어." ( )

☐☐☐ **04** 생활안전을 위한 순찰 및 시설의 운영, 주민참여 방범활동의 지원 및 지도, 주민의 일상생활과 관련된 사회질서의 유지 및 그 위반행위의 지도·단속 등 지역 내 주민의 생활안전 활동에 관한 사무는 자치경찰의 사무에 포함된다. ( )

□□□ **05** 학교폭력 등 소년범죄, 가정폭력, 아동학대 범죄, 「형법」 제245조에 따른 공연음란 및 「성폭력범죄의 처벌 등에 관한 특례법」 제11조에 따른 공중밀집 장소에서의 추행행위에 관한 범죄는 자치경찰사무에 포함된다. ( )

□□□ **06** 지역 내 주민의 생활안전 활동에 관한 사무, 지역 내 교통활동에 관한 사무, 지역 내 다중운집 행사 관련 혼잡 교통 및 안전 관리의 자치경찰사무에 관한 구체적인 사항 및 범위 등은 대통령령으로 정하는 기준에 따라 시·도조례로 정한다. ( )

□□□ **07** 교통법규 위반에 대한 지도·단속, 교통안전시설 및 무인 교통단속용 장비의 심의·설치·관리 등 지역 내 교통활동에 관한 사무는 자치경찰사무에 포함된다. ( )

□□□ **08** 윤우: "한국의 자치경찰제도는 법률에서 자치경찰사무와 국가경찰사무를 구분하고 있지만, 자치경찰사무를 담당하는 경찰관의 신분은 기존 그대로 국가공무원이더라고. 단, 제주특별자치도 자치경찰단 소속의 자치경찰공무원은 지방공무원이야." ( )

□□□ **09** 시·도경찰청장은 경찰청장이 시·도자치경찰위원회와 협의하여 추천한 사람 중에서 행정안전부장관의 제청으로 국무총리를 거쳐 대통령이 임용한다. ( )

□□□ **10** 시·도경찰청 차장은 시·도경찰청장을 보좌하여 소관 사무를 처리하고, 시·도경찰청장이 부득이한 사유로 직무를 수행할 수 없을 때에는 그 직무를 대행한다. ( )

□□□ **11** 시·도자치경찰위원회는 자치경찰사무에 대해 심의·의결을 통하여 시·도경찰청장을 지휘·감독한다. 다만, 시·도자치경찰위원회가 심의·의결할 시간적 여유가 없거나 심의·의결이 곤란한 경우 대통령령으로 정하는 바에 따라 시·도자치경찰위원회의 지휘·감독권을 경찰청장에게 위임한 것으로 본다. ( )

□□□ **12** 민희: "우리 지역에 파출소 하나만 생기면 밤길이 안전할 거 같은데, 파출소 설치의 승인권자는 경찰청장이라고 하네." ( )

정답 & OX 풀이

03 가정폭력, 아동학대 범죄의 수사사무는 자치경찰사무에 해당한다(제4조 제1항 제2호 라목). 아동·청소년·노인·여성·장애인 등 사회적 보호가 필요한 사람에 대한 보호 업무 및 가정폭력·학교폭력·성폭력 등의 예방(제4조 제1항 제2호 가목)은 지역 내 주민의 생활안전 활동에 관한 사무로서 자치경찰사무에 해당한다.

05 학교폭력 등 소년범죄, 가정폭력, 아동학대 범죄, 「형법」 제245조에 따른 공연음란 및 「성폭력범죄의 처벌 등에 관한 특례법」 제12조에 따른 성적 목적을 위한 다중이용장소 침입행위에 관한 범죄는 자치경찰사무에 포함된다(국가경찰과 자치경찰의 조직 및 운영에 관한 법률 제4조 제1항 제2호).

11 시·도자치경찰위원회의 지휘·감독권을 시·도경찰청장에게 위임한 것으로 본다(제28조(시·도경찰청장) 제4항).

정답 01. ○ 02. ○ 03. × 04. ○ 05. × 06. ○ 07. ○ 08. ○ 09. ○ 10. ○
11. × 12. ○

□□□ **13** 국회의 탄핵 소추 의결의 대상자로는 경찰청장과 국가수사본부장이 규정되어 있다. (   )

□□□ **14** 대학이나 공인된 연구기관에서 법률학·경찰학 분야에서 조교수 이상의 직이나 이에 상당하는 직에 10년 이상 있었던 사람은 국가수사본부장의 자격이 있다. (   )

□□□ **15** 국가수사본부장이 직무를 진행하면서 헌법이나 법률을 위배하였을 때에는 국회는 탄핵 소추를 의결할 수 있다. (   )

□□□ **16** 국가수사본부장의 임기는 2년으로 하며, 중임할 수 없다. (   )

□□□ **17** 국가수사본부장의 임기는 2년으로 하며 중임할 수 없고, 임기가 끝나면 당연히 퇴직한다. (   )

□□□ **18** 국가수사본부장은 「형사소송법」에 따른 경찰의 수사에 관하여 각 시·도경찰청장과 경찰서장 및 수사부서 소속 공무원을 지휘·감독한다. (   )

□□□ **19** 국가수사본부장이 직무를 집행하면서 헌법이나 법률을 위배하였더라도 국회는 탄핵 소추를 의결할 수 없다. (   )

□□□ **20** 국가수사본부장이 직무를 집행하면서 헌법이나 법률을 위배하였을 때에는 국회는 대통령에게 해임을 건의할 수 있다. (   )

□□□ **21** 국가수사본부장은 치안정감으로 보한다. (   )

□□□ **22** 국가수사본부장을 경찰청 외부를 대상으로 모집하여 임용하는 경우 정당의 당원이거나 당적을 이탈한 날부터 3년이 지나지 아니한 사람은 국가수사본부장이 될 수 없다. (   )

정답 & OX 풀이

19 국가수사본부장이 직무를 집행하면서 헌법이나 법률을 위배하였을 때에는 국회는 탄핵 소추를 의결할 수 있다(제16조 제5항).

20 국가수사본부장이 직무를 집행하면서 헌법이나 법률을 위배하였을 때에는 국회는 탄핵 소추를 의결할 수 있다(제16조 제5항).

정답 13. ○   14. ○   15. ○   16. ○   17. ○   18. ○   19. ×   20. ×   21. ○   22. ○

테마 16 국가경찰위원회, 자치경찰위원회

국가경찰위원회와 시·도자치경찰위원회 비교

구분	국가경찰위원회	시·도자치경찰위원회
지위	국가경찰행정에 대하여 일정한 사항을 심의·의결하기 위하여 행정안전부에 국가경찰위원회를 둔다.	자치경찰사무를 관장하게 하기 위하여 시·도지사 소속으로 시·도자치경찰위원회를 둔다.
	국가경찰과 자치경찰의 조직 및 운영에 관한 법률	
	국가경찰위원회 규정 (대통령령)	① 자치경찰사무와 시도자치경찰위원회의 조직 및 운영 등에 관한 규정(대통령령) ② 시·도 조례
구성	① 위원장 포함 7명 ② 위원장 및 5명의 위원은 비상임이고 1명은 상임 ③ 위원 중 2명은 법관의 자격이 있어야 한다.	① 위원장 포함 7명 ② 위원장과 1명의 위원은 상임(상임은 2명) ③ 위원 중 1명의 위원은 인권문제에 관하여 전문적인 지식과 경험이 있는 사람이 임명될 수 있도록 노력하여야 한다.
	특정 성(性)이 10분의 6을 초과하지 아니하도록 노력하여야 한다.	
위원 임명	행정안전부장관 제청 → 국무총리 경유 → 대통령 임명	추천권자의 추천, 시·도지사의 지명 → 시·도지사 임명
위원 임명 결격 및 당연퇴직 사유	1. 정당의 당원이거나 당적을 이탈한 날부터 3년이 지나지 아니한 사람 2. 선거에 의하여 취임하는 공직에 있거나 그 공직에서 퇴직한 날부터 3년이 지나지 아니한 사람 3. 경찰, 검찰, 국가정보원 직원 또는 군인의 직에 있거나 그 직에서 퇴직한 날부터 3년이 지나지 아니한 사람	
	4. 「국가공무원법」 결격사유. 다만, 파산선고를 받고 복권되지 아니한 사람 및 금고 이상의 형의 선고유예를 선고받고 그 선고유예기간 중에 있는 사람에 해당하는 경우에는 별도의 당연퇴직 사유에 따른다.	4. 국가 및 지방자치단체의 공무원(국립 또는 공립대학의 조교수 이상의 직에 있는 사람은 제외)이거나 공무원이었던 사람으로서 퇴직한 날부터 3년이 지나지 아니한 사람. 5. 「지방공무원법」 결격사유.
위원장	비상임위원 중에서 호선	위원 중에서 시·도지사가 임명
	직무대리 : 상임위원, 위원 중 연장자순	
상임위원	① 상임위원을 별도로 임명 ② 상임위원 1명은 정무직 차관	① 상임위원은 시·도자치경찰위원회의 의결을 거쳐 위원 중에서 위원장의 제청으로 시·도지사가 임명 ② 상임 2명은 지방자치단체의 공무원
위원의 임기	3년. 연임할 수 없다.	
	보궐위원의 임기는 전임자 임기의 남은 기간	보궐위원의 임기는 전임자 임기의 남은 기간으로 하되, 전임자의 남은 임기가 1년 미만인 경우 그 보궐위원은 1회에 한하여 연임할 수 있다.

위원 임명 칸 내부의 추천권자 표:

시·도의회	추천 2명
시·도 자치경찰위원회 위원추천위원회	
국가경찰위원회	추천 1명
시·도교육감	
시·도지사	지명 1명

신분보장	중대한 신체상 또는 정신상의 장애로 직무를 수행할 수 없게 된 경우를 제외하고는 그 의사에 반하여 면직되지 아니한다.	
회의	① 정기회의: 매월 2회 ② 임시회의: 위원장, 위원 3인 이상, 행정안전부장관, 경찰청장 요구	① 정기회의: 매월 1회 이상의 기준에서 조례로 결정 ② 임시회의: 위원장, 위원 2인 이상, 시·도지사 요구
사무 수행 장소	경찰청	시·도자치경찰위원회
의결	재적위원 과반수의 출석과 출석위원 과반수의 찬성	
재의요구	① 행정안전부 장관의 재의요구(적정하지 아니함) ② 의결한 날부터 10일 이내에 재의요구서를 위원회에 제출하여야 한다. ③ 위원장은 재의요구가 있는 경우에는 그 요구를 받은 날부터 7일 이내에 회의를 소집하여 다시 의결하여야 한다.	① 시·도지사의 재의요구(적정하지 아니함) − 경찰청장과 행정안전부 장관은 시·도지사에게 재의요구를 요구(법령 위반 공익 현저히 해칠 경우) ② 시·도자치경찰위원회의 위원장은 재의요구를 받은 날부터 7일 이내에 회의를 소집하여 재의결하여야 한다. ③ 재적위원 과반수의 출석과 출석위원 3분의 2 이상의 찬성으로 전과 같은 의결을 하면 그 의결사항은 확정된다.

핵심정리 OX Check ✓

□□□ **01** 국가경찰위원회는 위원장 1명을 포함한 7명의 위원으로 구성하되, 위원장은 당연직 상임이며, 5명의 위원은 비상임으로 하고, 1명의 위원은 상임으로 한다. ( )

□□□ **02** 국가경찰위원회 위원의 임기는 3년으로 하며, 연임할 수 있다. 이 경우 보궐위원의 임기는 전임자 임기의 남은 기간으로 한다. ( )

□□□ **03** 국가경찰위원회의 심의·의결 사항: 국가경찰사무에 관한 인사, 예산, 장비, 통신 등에 관한 주요 정책 및 경찰 업무 발전에 관한 사항 ( )

□□□ **04** 국가경찰위원회의 심의·의결 사항: 국가경찰사무에 관한 인권보호와 관련되는 경찰의 운영·개선에 관한 사항 ( )

□□□ **05** 국가경찰위원회의 심의·의결 사항: 지방행정과 치안행정의 업무조정에 관한 사항 ( )

□□□ **06** 국가경찰위원회의 심의·의결 사항: 제주특별자치도의 자치경찰에 대한 경찰의 지원·협조 및 협약체결의 조정 등에 관한 주요 정책사항 ( )

□□□ **07** 국가경찰위원회의 사무는 자체에서 수행한다. ( )

☐☐☐ **08** 국가경찰위원회의 회의는 재적위원 과반수의 출석과 출석위원 과반수의 찬성으로 의결한다.
( )

☐☐☐ **09** 경찰, 검찰, 국가정보원 직원 또는 군인의 직에 있거나 그 직에서 퇴직한 날부터 3년이 지나지 아니한 사람은 위원이 될 수 없다.
( )

☐☐☐ **10** 위원장은 필요한 경우 임시회의를 소집할 수 있으며, 위원 3인 이상과 행정안전부장관 또는 경찰청장은 위원장에게 임시회의의 소집을 요구할 수 있다.
( )

☐☐☐ **11** 행정안전부장관은 국가경찰위원회가 심의·의결한 내용이 적정하지 아니하다고 판단할 때에는 재의를 요구하여야 하며, 이 경우 의결한 날부터 10일 이내에 재의요구서를 위원회에 제출하여야 한다.
( )

☐☐☐ **12** 위원이 중대한 심신상의 장애로 직무를 수행할 수 없게 되어 면직하는 경우에는 위원회의 의결이 있어야 하며, 이에 관한 의결요구는 위원장 또는 행정안전부장관이 한다.
( )

☐☐☐ **13** 시·도자치경찰위원회는 합의제 행정기관으로서 그 권한에 속하는 업무를 독립적으로 수행한다.
( )

정답 & OX 풀이

01 국가경찰위원회는 위원장 1명을 포함한 7명의 위원으로 구성하되, 위원장 및 5명의 위원은 비상임으로 하고, 1명의 위원은 상임으로 한다(제7조 제2항).

02 위원의 임기는 3년으로 하며, 연임할 수 없다. 이 경우 보궐위원의 임기는 전임자 임기의 남은 기간으로 한다(제9조 제1항).

05 지방행정과 치안행정의 업무조정과 그 밖에 필요한 협의·조정은 시·도자치경찰위원회의 소관 사무에 속하며, 시·도자치경찰위원회는 이에 대하여 심의·의결한다. 제24조 제1항 제13호, 제25조 제1항

07 국가경찰위원회의 사무는 경찰청에서 수행한다(제11조 제1항).

11 행정안전부장관은 제1항에 따라 심의·의결된 내용이 적정하지 아니하다고 판단할 때에는 재의(再議)를 요구할 수 있다(국가경찰과 자치경찰의 조직 및 운영에 관한 법률 제10조 제2항). 법 제10조 제2항에 따라 행정안전부장관이 재의를 요구하는 경우에는 의결한 날부터 10일 이내에 재의요구서를 위원회에 제출하여야 한다(국가경찰위원회 규정 제6조 제1항).

12 법 제9조 제2항에 따라 위원이 중대한 심신상의 장애로 직무를 수행할 수 없게 되어 면직하는 경우에는 위원회의 의결이 있어야 한다(국가경찰위원회 규정 제4조 제1항). 제1항의 의결요구는 위원장 또는 행정안전부장관이 한다(동조 제2항).

정답
| 01. × | 02. × | 03. ○ | 04. ○ | 05. × | 06. ○ | 07. × | 08. ○ | 09. ○ | 10. ○ |
| 11. × | 12. ○ | 13. ○ | | | | | | | |

□□□ **14** 동법 제18조 제1항 단서에 따라 2개의 시·도자치경찰위원회를 두는 경우 해당 시·도자치경찰위원회의 명칭, 관할구역, 사무분장, 그 밖에 필요한 사항은 행정안전부령으로 정한다. ( )

□□□ **15** 시·도자치경찰위원회는 위원장 1명을 포함한 7명의 위원으로 구성하되, 위원장은 상임으로 하고, 나머지 위원은 비상임으로 한다. ( )

□□□ **16** 세종특별자치시자치경찰위원회에 대해서는 위원장 및 상임위원을 비상임으로 할 수 있다. ( )

□□□ **17** 「국가경찰과 자치경찰의 조직 및 운영에 관한 법률」상 국가경찰위원회와 시·도자치경찰위원회에 공통적으로 적용되는 규정: 위원은 특정 성(性)이 10분의 6을 초과하지 아니하도록 노력하여야 한다. ( )

□□□ **18** 「국가경찰과 자치경찰의 조직 및 운영에 관한 법률」상 국가경찰위원회와 시·도자치경찰위원회에 공통적으로 적용되는 규정: 위원은 중대한 신체상 또는 정신상의 장애로 직무를 수행할 수 없게 된 경우를 제외하고는 그 의사에 반하여 면직되지 아니한다. ( )

□□□ **19** 「국가경찰과 자치경찰의 조직 및 운영에 관한 법률」상 국가경찰위원회와 시·도자치경찰위원회에 공통적으로 적용되는 규정: 정당의 당원이거나 당적을 이탈한 날부터 3년이 지나지 아니한 사람은 위원이 될 수 없다. ( )

□□□ **20** 「국가경찰과 자치경찰의 조직 및 운영에 관한 법률」상 국가경찰위원회와 시·도자치경찰위원회에 공통적으로 적용되는 규정: 선거에 의하여 취임하는 공직에 있거나 그 공직에서 퇴직한 날부터 3년이 지나지 아니한 사람은 위원이 될 수 없다. ( )

□□□ **21** 「국가경찰과 자치경찰의 조직 및 운영에 관한 법률」상 국가경찰위원회와 시·도자치경찰위원회에 공통적으로 적용되는 규정: 경찰, 검찰, 국가정보원 직원 또는 군인의 직에 있거나 그 직에서 퇴직한 날부터 3년이 지나지 아니한 사람은 위원이 될 수 없다. ( )

□□□ **22** 「국가경찰과 자치경찰의 조직 및 운영에 관한 법률」상 국가경찰위원회와 시·도자치경찰위원회에 공통적으로 적용되는 규정: 위원 중 2명은 법관의 자격이 있는 사람이어야 한다. ( )

□□□ **23** 「국가경찰과 자치경찰의 조직 및 운영에 관한 법률」상 국가경찰위원회와 시·도자치경찰위원회에 공통적으로 적용되는 규정: 위원장 및 5명의 위원은 비상임으로 하고, 1명의 위원은 상임으로 한다. ( )

□□□ **24** 국가경찰위원회와 시·도자치경찰위원회에 공통적으로 적용되는 규정: 위원장 및 1명의 위원은 상임위원으로 하고 나머지 5명의 위원은 비상임으로 한다. ( )

□□□ **25** 국가경찰위원회와 시·도자치경찰위원회에 공통적으로 적용되는 규정: 경찰의 직에서 퇴직한 날로부터 3년이 지나지 아니한 사람은 위원이 될 수 없다. ( )

□□□ **26** 국가경찰위원회와 시·도자치경찰위원회에 공통적으로 적용되는 규정 : 위원 2명이 회의를 요구하는 경우 임시회의를 개최할 수 있다. ( )

□□□ **27** 국가경찰위원회와 시·도자치경찰위원회에 공통적으로 적용되는 규정 : 보궐위원은 전임자의 남은 임기가 1년 미만인 경우 한 차례에 한해서 연임할 수 있다. ( )

□□□ **28** 시·도자치경찰위원회 위원은 시·도의회가 추천하는 2명, 국가경찰위원회가 추천하는 1명, 해당 시·도 교육감이 추천하는 1명, 시·도자치경찰위원회 위원추천위원회가 추천하는 2명, 시·도지사가 지명하는 1명의 사람을 시·도지사가 임명한다. ( )

□□□ **29** 시·도자치경찰위원회 위원은 시·도의회가 추천하는 2명, 국가경찰위원회가 추천하는 2명, 해당 시·도 교육감이 추천하는 1명, 시·도자치경찰위원회 위원추천위원회가 추천하는 1명, 시·도지사가 지명하는 1명을 시·도지사가 임명한다. ( )

□□□ **30** 시·도자치경찰위원회 위원 중 1명은 국가경찰위원회가 추천하고 시·도지사가 임명한다. ( )

정답 & OX 풀이

14 제1항 단서에 따라 2개의 시·도자치경찰위원회를 두는 경우 해당 시·도자치경찰위원회의 명칭, 관할구역, 사무분장, 그 밖에 필요한 사항은 대통령령으로 정한다(제18조 제3항).

15 시·도자치경찰위원회는 위원장 1명을 포함한 7명의 위원으로 구성하되, 위원장과 1명의 위원은 상임으로 하고, 5명의 위원은 비상임으로 한다(제19조 제1항).

16 '세종특별자치시자치경찰위원회에 대해서는 위원장 및 상임위원을 비상임으로 할 수 있다.'는 규정은 경찰법이 개정되면서 2023년 2월 16일에 삭제되었다.

22 국가경찰위원회에만 해당한다.

23 국가경찰위원회에만 해당한다.

24 자치경찰위원회에만 해당한다.

26 자치경찰위원회에만 해당한다.

27 자치경찰위원회에만 해당한다.

28 제20조 제1항

29 국가경찰위원회가 추천하는 1명, 시·도자치경찰위원회 위원추천위원회가 추천하는 2명

정답									
14. ×	15. ×	16. ×	17. ○	18. ○	19. ○	20. ○	21. ○	22. ×	23. ×
24. ×	25. ○	26. ×	27. ×	28. ○	29. ×	30. ○			

□□□ **31** 시·도자치경찰위원회 비상임 위원은 특정 성(性)이 10분의 6을 초과하지 아니해야 한다.

( )

□□□ **32** 시·도자치경찰위원회 위원 중 1명은 인권문제에 관하여 전문적인 지식과 경험이 있는 사람이어야 한다.

( )

□□□ **33** 시·도자치경찰위원회 위원 중 1명은 인권문제에 관하여 전문적인 지식과 경험이 있는 사람이 임명될 수 있도록 노력하여야 한다.

( )

□□□ **34** 시·도자치경찰위원회 위원장과 위원의 임기는 3년으로 하되, 위원만 한 차례 연임할 수 있다.

( )

□□□ **35** 시·도자치경찰위원회 위원장은 위원 중에서 시·도지사가 임명하고, 상임위원은 시·도자치경찰위원회의 의결을 거쳐 위원 중에서 위원장의 제청으로 시·도지사가 임명한다.

( )

□□□ **36** 시·도자치경찰위원회 위원장은 위원 중에서 시·도지사가 임명하고, 상임위원은 시·도자치경찰위원회의 의결을 거쳐 위원 중에서 시·도경찰청장의 제청으로 시·도지사가 임명한다.

( )

□□□ **37** 시·도자치경찰위원회의 공무원이 아닌 위원에 대해서는 「국가공무원법」 제55조 및 제57조를 준용한다.

( )

□□□ **38** 공무원이 아닌 위원은 그 소관 사무와 관련하여 형법이나 그 밖의 법률에 따른 벌칙을 적용할 때에는 공무원으로 본다.

( )

□□□ **39** 시·도자치경찰위원회 위원은 정치적 중립을 지켜야 하며, 권한을 남용하여서는 아니 된다.

( )

□□□ **40** 대학이나 공인된 연구기관에서 법률학·행정학 또는 경찰학 분야의 조교수 이상의 직이나 이에 상당하는 직에 5년 이상 있었던 사람은 시·도자치경찰위원회 위원의 자격이 있다. ( )

□□□ **41** 경찰, 검찰, 국가정보원 직원 또는 군인의 직에 있거나 그 직에서 퇴직한 날부터 3년이 지나지 아니한 사람은 시·도자치경찰위원회 위원이 될 수 없다.

( )

□□□ **42** 시·도자치경찰위원회 위원의 결격사유 : 정당의 당적을 이탈한 날부터 1년이 지나지 아니한 사람

( )

□□□ **43** 시·도자치경찰위원회 위원의 결격사유 : 군인의 직에서 퇴직한 날부터 2년이 지나지 아니한 사람

( )

□□□ **44** 시·도자치경찰위원회 위원의 결격사유 : 공립대학의 부교수의 직에서 퇴직한 날부터 3년이 지나지 아니한 사람

( )

□□□ **45** 시·도자치경찰위원회 위원의 결격사유 : 선거에 의하여 취임하는 공직에서 퇴직한 날부터 3년이 지나지 아니한 사람 ( )

□□□ **46** 지율 : "경찰청장, 국가수사본부장, 국가경찰위원회 위원, 시·도자치경찰위원회 위원 모두 연임이 불가능해. 단, 시·도자치경찰위원회 보궐위원의 경우 전임자의 남은 임기가 1년 미만인 경우 한 차례만 연임할 수 있어." ( )

□□□ **47** 시·도자치경찰위원회의 소관사무 : 자치경찰사무에 관한 인사, 예산, 장비, 통신 등에 관한 주요 정책 및 그 운영지원 ( )

□□□ **48** 시·도자치경찰위원회의 소관사무 : 자치경찰사무 담당 공무원의 부패 방지와 청렴도 향상에 관한 주요 정책 및 인권침해 또는 권한남용 소지가 있는 규칙, 제도, 정책, 관행 등의 개선 ( )

□□□ **49** 시·도자치경찰위원회의 소관사무 : 시·도경찰청장의 임용과 관련한 시·도지사와의 협의 ( )

정답 & OX 풀이

31 위원은 특정 성(性)이 10분의 6을 초과하지 아니하도록 노력하여야 한다(제19조 제2항).

32 위원 중 1명은 인권문제에 관하여 전문적인 지식과 경험이 있는 사람이 임명될 수 있도록 노력하여야 한다. 제19조 제3항

34 시·도자치경찰위원회 위원장과 위원의 임기는 3년으로 하며, 연임할 수 없다(제23조 제1항).

36 시·도자치경찰위원회 위원장은 위원 중에서 시·도지사가 임명하고, 상임위원은 시·도자치경찰위원회의 의결을 거쳐 위원 중에서 위원장의 제청으로 시·도지사가 임명한다(제3항).

37 공무원이 아닌 위원에 대하여는 「지방공무원법」 제52조(비밀 엄수의 의무), 제57조(정치운동의 금지)를 준용한다(제20조 제5항).

44 공립대학의 부교수의 직에서 퇴직한 날부터 3년이 지나지 아니한 사람은 위원이 될 수 있다. ※ 다음 각 호의 어느 하나에 해당하는 사람은 위원이 될 수 없다. 위원이 각 호의 어느 하나에 해당한 경우에는 당연퇴직한다(제20조 제7항). 4. 국가 및 지방자치단체의 공무원(국립 또는 공립대학의 조교수 이상의 직에 있는 사람은 제외한다. 이하 이 조에서 같다)이거나 공무원이었던 사람으로서 퇴직한 날부터 3년이 지나지 아니한 사람. 다만, 제20조 세3항 후단에 따라 위원장과 상임위원이 지방자치단체의 공무원이 된 경우에는 당연퇴직하지 아니한다.

46 경찰청장과 국가수사본부장은 중임(두 번 임명)할 수 없으므로 연임(연속 임명)도 할 수 없다(국가경찰과 자치경찰의 조직 및 운영에 관한 법률 제14조 제4항, 제16조 제3항). 각 경찰위원회 위원의 임기는 3년으로 하며, 연임(連任)할 수 없다(제9조 제1항, 제23조 제1항). 다만, 시·도자치경찰위원회 보궐위원의 임기는 전임자 임기의 남은 기간으로 하되, 전임자의 남은 임기가 1년 미만인 경우 그 보궐위원은 제1항에도 불구하고 한 차례만 연임할 수 있다(제23조 제2항).

49 제28조 제2항에 따른 시·도경찰청장의 임용과 관련한 경찰청장과의 협의, 제30조 제4항에 따른 평가 및 결과 통보(제24조 제1항 제6호)

정답

| 31. × | 32. × | 33. ○ | 34. × | 35. ○ | 36. × | 37. × | 38. ○ | 39. ○ | 40. ○ |
| 41. ○ | 42. ○ | 43. ○ | 44. × | 45. ○ | 46. ○ | 47. ○ | 48. ○ | 49. × | |

□□□ **50** 시·도자치경찰위원회의 소관사무 : 정기적으로 경찰서장의 자치경찰사무 수행에 관한 평가결과를 경찰청장에게 통보 ( )

□□□ **51** 시·도자치경찰위원회의 소관사무 : 자치경찰사무 담당 공무원의 고충심사 및 사기진작 ( )

□□□ **52** 시·도자치경찰위원회의 소관사무 : 국가경찰사무·자치경찰사무의 협력·조정과 관련하여 시·도경찰청장과 협의 ( )

□□□ **53** 시·도자치경찰위원회의 소관사무 : 국가경찰위원회에 대한 심의·조정 요청 ( )

□□□ **54** 시·도자치경찰위원회의 소관사무 : 그 밖에 시·도지사, 시·도경찰청장이 중요하다고 인정하여 시·도자치경찰위원회의 회의에 부친 사항에 대한 심의·의결 ( )

□□□ **55** 시·도자치경찰위원회의 회의는 정기적으로 개최하여야 한다. 다만 위원장이 필요하다고 인정하는 경우, 위원 2명 이상이 요구하는 경우 및 시·도지사가 필요하다고 인정하는 경우에는 임시회의를 개최할 수 있다. ( )

□□□ **56** 시·도자치경찰위원회 위원장이 필요하다고 인정하는 경우, 위원 2명 이상이 요구하는 경우 및 시·도지사가 필요하다고 인정하는 경우에는 임시회의를 개최할 수 있다. ( )

□□□ **57** 시·도자치경찰위원회의 의결된 내용이 법령에 위반되거나 공익을 현저히 해친다고 판단되면 행정안전부장관은 국가경찰위원회와 경찰청장을 거쳐 시·도지사에게 재의를 요구하게 할 수 있다. ( )

□□□ **58** 시·도지사는 시·도자치경찰위원회의 의결이 적정하지 아니하다고 판단할 때에는 재의를 요구할 수 있다. ( )

□□□ **59** 경찰청장은 시·도자치경찰위원회의 의결이 적정하지 아니하다고 판단되면 국가경찰위원회와 행정안전부장관을 거쳐 시·도지사에게 재의를 요구하게 할 수 있다. ( )

□□□ **60** 시·도지사가 시·도자치경찰위원회의 의결에 대해 재의를 요구하려면 해당 의결이 법령에 위반되거나 공익을 현저히 해친다고 판단되어야 한다. ( )

□□□ **61** 자치경찰사무의 수행에 필요한 예산은 시·도자치경찰위원회의 심의·의결을 거쳐 시·도지사가 수립한다. 이 경우 시·도자치경찰위원회는 시·도경찰청장의 의견을 들어야 한다. ( )

□□□ **62** 국가는 지방자치단체가 이관받은 사무를 원활히 수행할 수 있도록 인력, 장비 등에 소요되는 비용에 대하여 재정적 지원을 하여야 한다. ( )

□□□ **63** 자치경찰사무의 수행에 필요한 예산은 관할 시·도경찰청장의 의견을 들어 시·도자치경찰위원회의 심의·의결을 거쳐 시·도지사가 수립한다. ( )

정답 & OX 풀이

52 국가경찰사무·자치경찰사무의 협력·조정과 관련하여 경찰청장과 협의가 맞다.
   ※ 시·도자치경찰위원회의 소관 사무는 다음 각 호로 한다(제24조 제1항).

1호. 자치경찰사무에 관한 목표의 수립 및 평가
2호. 자치경찰사무에 관한 인사, 예산, 장비, 통신 등에 관한 주요정책 및 그 운영지원
3호. 자치경찰사무 담당 공무원의 임용, 평가 및 인사위원회 운영
4호. 자치경찰사무 담당 공무원의 부패 방지와 청렴도 향상에 관한 주요 정책 및 인권침해 또는 권한남용 소지가 있는 규칙, 제도, 정책, 관행 등의 개선
5호. 제2조에 따른 시책 수립
6호. 제28조 제2항에 따른 시·도경찰청장의 임용과 관련한 경찰청장과의 협의, 제30조 제4항(경찰서장의 자치경찰사무 수행에 관한 평가 및 경찰청장에게 결과 통보)에 따른 평가 및 결과 통보
7호. 자치경찰사무 감사 및 감사의뢰
8호. 자치경찰사무 담당 공무원의 주요 비위사건에 대한 감찰요구
9호. 자치경찰사무 담당 공무원에 대한 징계요구
10호. 자치경찰사무 담당 공무원의 고충심사 및 사기진작
11호. 자치경찰사무와 관련된 중요사건·사고 및 현안의 점검
12호. 자치경찰사무에 관한 규칙의 제정·개정 또는 폐지
13호. 지방행정과 치안행정의 업무조정과 그 밖에 필요한 협의·조정
14호. 제32조에 따른 비상사태 등 전국적 치안유지를 위한 경찰청장의 지휘·명령에 관한 사무
15호. 국가경찰사무·자치경찰사무의 협력·조정과 관련하여 경찰청장과 협의
16호. 국가경찰위원회에 대한 심의·조정 요청
17호. 그 밖에 시·도지사, 시·도경찰청장이 중요하다고 인정하여 시·도자치경찰위원회의 회의에 부친 사항에 대한 심의·의결

---

55 제26조 제1항

57 위원회의 의결이 법령에 위반되거나 공익을 현저히 해친다고 판단되면 행정안전부장관은 미리 경찰청장의 의견을 들어 국가경찰위원회를 거쳐 시·도지사에게 재의를 요구하게 할 수 있다(제25조 제4항).

59 경찰청장은 시·도자치경찰위원회의 의결이 법령에 위반되거나 공익을 현저히 해친다고 판단되면 국가경찰위원회와 행정안전부장관을 거쳐 시·도지사에게 재의를 요구하게 할 수 있다.
   ※ 위원회의 의결이 법령에 위반되거나 공익을 현저히 해친다고 판단되면 행정안전부장관은 미리 경찰청장의 의견을 들어 국가경찰위원회를 거쳐 시·도지사에게 제3항의 재의를 요구하게 할 수 있고, 경찰청장은 국가경찰위원회와 행정안전부장관을 거쳐 시·도지사에게 재의를 요구하게 할 수 있다(제25조 제4항).

60 시·도지사는 제1항에 관한 시·도자치경찰위원회의 의결이 적정하지 아니하다고 판단할 때에는 재의를 요구할 수 있다(제25조 제3항).

61 자치경찰사무의 수행에 필요한 예산은 시·도자치경찰위원회의 심의·의결을 거쳐 시·도지사가 수립한다. 이 경우 시·도자치경찰위원회는 경찰청장의 의견을 들어야 한다(제35조 제1항).

63 지치경찰사무의 수행에 필요한 예산은 경찰청장이 이견을 들어 시·두자치경찰위원회의 심의·의결을 거쳐 시·도지사가 수립한다(제35조 제1항).

정답

| 50. ○ | 51. ○ | 52. × | 53. ○ | 54. ○ | 55. ○ | 56. ○ | 57. × | 58. ○ | 59. × |
| 60. × | 61. × | 62. ○ | 63. × | | | | | | |

□□□ **64** 시·도지사는 자치경찰사무 담당 공무원에게 조례에서 정하는 예산의 범위에서 재정적 지원 등을 할 수 있다. ( )

□□□ **65** 시·도의회는 관련 예산의 효율적인 관리를 위하여 의결로써 자치경찰사무에 대해 시·도자치경찰위원장의 출석 및 자료 제출을 요구할 수 있다. ( )

□□□ **66** 시·도자치경찰위원회는 위원장 1명을 포함한 7명의 위원으로 구성하되, 위원장과 1명의 위원은 상임으로 하고, 5명의 위원은 비상임으로 한다. ( )

□□□ **67** 시·도자치경찰위원회 위원장과 위원의 임기는 3년으로 하며, 연임할 수 없다. 다만, 보궐위원의 임기는 전임자 임기의 남은 기간으로 하되, 전임자의 남은 임기가 1년 미만인 경우에는 한 차례만 연임할 수 있다. ( )

□□□ **68** 시·도자치경찰위원회의 위원장은 재의요구를 받은 날부터 7일 이내에 회의를 소집하여 재의결하여야 한다. 이 경우 재적위원 과반수의 출석과 출석위원 과반수 이상의 찬성으로 전과 같은 의결을 하면 그 의결사항은 확정된다. ( )

정답 & OX 풀이

68 시·도자치경찰위원회의 위원장은 재의요구를 받은 날부터 7일 이내에 회의를 소집하여 재의결하여야 한다. 이 경우 재적위원 과반수의 출석과 출석위원 3분의 2 이상의 찬성으로 전과 같은 의결을 하면 그 의결사항은 확정된다(제25조 제5항).

정답

64. ○	65. ○	66. ○	67. ○	68. ×

□□□ **01** 경찰청장은 전시·사변, 천재지변, 그 밖에 이에 준하는 국가 비상사태, 대규모의 테러 또는 소요 사태가 발생하였거나 발생할 우려가 있어 전국적인 치안유지를 위하여 긴급한 조치가 필요하다고 인정할 만한 충분한 사유가 있는 경우 자치경찰사무를 수행하는 경찰공무원(제주특별자치도의 자치경찰공무원을 포함한다)을 직접 지휘·명령할 수 있다. ( )

□□□ **02** 경찰청장은 자치경찰사무를 수행하는 경찰공무원(제주특별자치도의 자치경찰공무원을 포함한다) 을 직접 지휘·명령하는 조치가 필요한 경우에는 시·도자치경찰위원회에 자치경찰사무를 담당 하는 경찰공무원을 직접 지휘·명령하려는 사유 및 내용 등을 구체적으로 제시하여 통보하여야 한다. ( )

□□□ **03** 경찰청장은 비상사태 등 전국적 치안유지를 위한 지휘·명령이 필요한 경우에는 시·도자치경찰 위원회에 자치경찰사무를 담당하는 경찰공무원을 직접 지휘·명령하려는 사유 및 내용 등을 구체 적으로 제시하여 통보하여야 한다. ( )

03 경찰청장은 다음 각 호의 경우에는 제2항에 따라 자치경찰사무를 수행하는 경찰공무원(제주특별자치도의 자치경찰공 무원을 포함한다)을 직접 지휘·명령할 수 있다(제32조(비상사태 등 전국적 치안유지를 위한 경찰청장의 지휘·명령) 제1항).

> 1. 전시·사변, 천재지변, 그 밖에 이에 준하는 국가 비상사태, 대규모의 테러 또는 소요사태가 발생하였거나 발생 할 우려가 있어 전국적인 치안유지를 위하여 긴급한 조치가 필요하다고 인정할 만한 충분한 사유가 있는 경우
> 2. 국민안전에 중대한 영향을 미치는 사안에 대하여 다수의 시·도에 동일하게 적용되는 치안정책을 시행할 필요 가 있다고 인정할 만한 충분한 사유가 있는 경우
> 3. 자치경찰사무와 관련하여 해당 시·도의 경찰력으로는 국민의 생명·신체·재산의 보호 및 공공의 안녕과 질서 유지가 어려워 경찰청장의 지원·조정이 필요하다고 인정할 만한 충분한 사유가 있는 경우

정답 **01.** ○ **02.** ○ **03.** ○

□□□ **04** 경찰청장이 비상사태 등 전국적 치안유지를 위한 지휘·명령을 하는 경우에는 국가경찰위원회에 즉시 보고하여야 하지만, 국민안전에 중대한 영향을 미치는 사안에 대하여 다수의 시·도에 동일하게 적용되는 치안정책을 시행할 필요가 있다고 인정할 만한 충분한 사유가 있는 경우에는 미리 국가경찰위원회의 의결을 거쳐야 하며 긴급한 경우에는 우선 조치 후 지체 없이 국가경찰위원회의 의결을 거쳐야 한다. ( )

□□□ **05** 경찰청장은 비상사태 등 전국적 치안유지를 위한 지휘·명령할 수 있는 사유가 해소된 때에는 경찰공무원에 대한 지휘·명령을 즉시 중단하여야 한다. ( )

□□□ **06** 시·도자치경찰위원회는 자치경찰사무와 관련하여 해당 시·도의 경찰력으로는 국민의 생명·신체·재산의 보호 및 공공의 안녕과 질서유지가 어려워 경찰청장의 지원·조정이 필요하다고 인정할 만한 충분한 사유가 있는 경우 의결로 지원·조정의 범위·기간 등을 정하여 경찰청장에게 지원·조정을 요청할 수 있다. ( )

□□□ **07** 경찰청장은 국민의 생명·신체·재산 또는 공공의 안전 등에 중대한 위험을 초래하는 긴급하고 중요한 사건의 수사에 있어서 경찰의 자원을 대규모로 동원하는 등 통합적으로 현장 대응할 필요가 있다고 판단할 만한 상당한 이유가 있는 때에는 직접 개별 사건의 수사에 대하여 구체적으로 지휘·감독할 수 있다. ( )

□□□ **08** 경찰청장은 국민의 생명·신체·재산 또는 공공의 안전 등에 중대한 위험을 초래하는 긴급하고 중요한 사건의 수사에 있어서 경찰의 자원을 대규모로 동원하는 등 통합적으로 현장 대응할 필요가 있다고 판단할 만한 상당한 이유가 있는 때에는 국가수사본부장을 통하여 개별 사건의 수사에 대하여 구체적으로 지휘·감독할 수 있다. ( )

□□□ **09** 경찰청장은 개별 사건의 수사에 대한 구체적 지휘·감독을 개시한 때에는 이를 국가수사본부장에게 통보하여야 한다. ( )

□□□ **10** 경찰청장은 개별 사건의 수사에 대한 구체적 지휘·감독을 개시한 때에는 이를 국회 소관 상임위원회에 보고하여야 한다. ( )

□□□ **11** 경찰청장은 국가수사본부장이 그 사유가 해소되었다고 판단하여 개별 사건의 수사에 대한 구체적 지휘·감독의 중단을 건의하는 경우 특별한 이유가 있다면 이를 거부할 수 있다. ( )

□□□ **12** 경찰청장은 국가수사본부장에게 개별 사건의 수사에 대한 구체적 지휘를 하는 경우 서면 지휘가 불가능하거나 현저히 곤란한 경우를 제외하고는 서면으로 지휘하여야 한다. ( )

정답 & OX 풀이

04 경찰청장이 ⊙ 전시·사변, 천재지변, 그 밖에 이에 준하는 국가 비상사태, 대규모의 테러 또는 소요사태가 발생하였거나 발생할 우려가 있어 전국적인 치안유지를 위하여 긴급한 조치가 필요하다고 인정할 만한 충분한 사유가 있는 경우(제32조 제1항 제1호), ⓒ 국민안전에 중대한 영향을 미치는 사안에 대하여 다수의 시·도에 동일하게 적용되는 치안정책을 시행할 필요가 있다고 인정할 만한 충분한 사유가 있는 경우(제32조 제1항 제2호)에 지휘·명령을 할 때에는 국가경찰위원회에 즉시 보고하여야 한디. 디만, 지치껑찰시무외 괜런히여 해당 시·도의 경찰럭으로는 국민의 생명·신체·재산의 보호 및 공공의 안녕과 질서유지가 어려워 경찰청장의 지원·조정이 필요하다고 인정할 만한 충분한 사유가 있는 경우(제32조 제1항 제3호)에는 미리 국가경찰위원회의 의결을 거쳐야 하며 긴급한 경우에는 우선 조치 후 지체 없이 국가경찰위원회의 의결을 거쳐야 한다(제32조 제4항).

07 국가수사본부장을 통하여 개별 사건의 수사에 대하여 구체적으로 지휘·감독할 수 있다(제14조 제6항 단서).

09 경찰청장은 제6항 단서에 따라 개별 사건의 수사에 대한 구체적 지휘·감독을 개시한 때에는 이를 국가경찰위원회에 보고하여야 한다(제14조 제7항).

10 경찰청장은 제6항 단서에 따라 개별 사건의 수사에 대한 구체적 지휘·감독을 개시한 때에는 이를 국가경찰위원회에 보고하여야 한다(제14조 제7항).

정답

04. ×	05. ○	06. ○	07. ×	08. ○	09. ×	10. ×	11. ○	12. ○

핵심정리 OX Check

□□□ **01** 「행정권한의 위임 및 위탁에 관한 규정」상 행정기관의 장은 허가·인가·등록 등 민원에 관한 사무, 정책의 구체화에 따른 집행사무 및 일상적으로 반복되는 사무로서 그가 직접 시행하여야 할 사무를 제외한 일부 권한을 그 보조기관 또는 하급행정기관의 장, 다른 행정기관의 장, 지방자치단체의 장에게 위임 및 위탁한다. ( )

□□□ **02** 「행정권한의 위임 및 위탁에 관한 규정」상 행정기관의 장은 행정권한을 위임 및 위탁할 때에는 위임 및 위탁하기 전에 수임기관의 수임능력 여부를 점검하고, 필요한 인력 및 예산을 이관하여야 한다. ( )

□□□ **03** 「행정권한의 위임 및 위탁에 관한 규정」상 수임 및 수탁사무의 처리에 관하여 위임 및 위탁기관은 수임 및 수탁기관에 대하여 사전승인을 받거나 협의를 할 것을 요구할 수 있으나, 수임 및 수탁사무 처리상황은 감사할 수 없다. ( )

□□□ **04** 「행정권한의 위임 및 위탁에 관한 규정」상 권한위임의 경우에는 수임관청이 자기의 이름으로 그 권한행사를 할 수 있지만 내부위임의 경우에는 수임관청은 위임관청의 이름으로만 그 권한을 행사할 수 있을 뿐 자기의 이름으로는 그 권한을 행사할 수 없다. ( )

□□□ **05** 「행정권한의 위임 및 위탁에 관한 규정」상 "위임"이란 법률에 규정된 행정기관의 장의 권한 중 일부를 다른 행정기관의 장에게 맡겨 그의 권한과 책임 아래 행사하도록 하는 것을 말한다. ( )

□□□ **06** 「행정권한의 위임 및 위탁에 관한 규정」상 위임 및 위탁기관은 수임 및 수탁기관의 수임 및 수탁사무 처리에 대하여 지휘·감독하고, 그 처리가 위법하거나 부당하다고 인정될 때에는 이를 취소하거나 정지시킬 수 있다. ( )

□□□ **07** 「행정권한의 위임 및 위탁에 관한 규정」상 행정기관의 장은 행정권한을 위임 및 위탁할 때에는 위임 및 위탁하기 전에 단순한 사무인 경우를 제외하고는 수임 및 수탁기관에 대하여 수임 및 수탁사무 처리에 필요한 교육을 하여야 하며, 수임 및 수탁사무의 처리지침을 통보하여야 한다. ( )

□□□ **08** 「행정권한의 위임 및 위탁에 관한 규정」상 수임 및 수탁사무의 처리가 부당한지 여부의 판단은 위법성 판단과 달리 합목적적·정책적 고려도 포함되므로, 위임 및 위탁기관이 그 사무처리에 관하여 일반적인 지휘·감독을 하는 경우는 물론이고 나아가 수임 및 수탁사무의 처리가 부당하다는 이유로 그 사무처리를 취소하는 경우에도 광범위한 재량이 허용된다고 보아야 한다. ( )

□□□ **09** 권한을 위임받은 수임청은 자기의 이름 및 자기의 책임으로 권한을 행사한다.　　　　　(　　)

□□□ **10** 수임청 및 피대리관청은 항고소송에서 피고가 된다.　　　　　　　　　　　　　　　(　　)

□□□ **11** 법정대리의 경우 피대리관청이 사고 등으로 인해 공석이므로 대리의 법적 효과는 대리관청에 귀속된다.　　　　　　　　　　　　　　　　　　　　　　　　　　　　　　　　　(　　)

□□□ **12** 「국가경찰과 자치경찰의 조직 및 운영에 관한 법률」상 "경찰청장이 부득이한 사유로 직무를 수행할 수 없을 때에는 경찰청 차장이 그 직무를 대행한다"는 대리방식을 '협의의 법정대리'라고 한다.　　　　　　　　　　　　　　　　　　　　　　　　　　　　　　　　　　(　　)

정답 & OX 풀이 🖋

03 수임 및 수탁사무의 처리에 관하여 위임 및 위탁기관은 수임 및 수탁기관에 대하여 사전승인을 받거나 협의를 할 것을 요구할 수 없다(제7조). 위임 및 위탁기관은 위임 및 위탁사무 처리의 적정성을 확보하기 위하여 필요한 경우에는 수임 및 수탁기관의 수임 및 수탁사무 처리 상황을 수시로 감사할 수 있다(제9조).

05 "위탁"이란 법률에 규정된 행정기관의 장의 권한 중 일부를 다른 행정기관의 장에게 맡겨 그의 권한과 책임 아래 행사하도록 하는 것을 말한다(제2조(정의) 제2호).

11 피대리관청이 사고 등으로 인해 공석일 경우에 대리기관에 의한 법정대리가 이루어지며, 그 대리의 법적 효과는 피대리관청에 귀속된다.

- -
정답

| 01. ○ | 02. ○ | 03. × | 04. ○ | 05. × | 06. ○ | 07. ○ | 08. ○ | 09. ○ | 10. ○ |
| 11. × | 12. ○ |

핵심정리 OX Check

□□□ **01** 「경찰공무원 임용령」과 「경찰공무원 임용령 시행규칙」에서는 경과별 직무의 종류를 규정하고 있으며, 수사경과·안보수사경과·항공경과·정보통신경과에 속하지 아니하는 직무를 일반경과의 직무로 구분하고 있다. ( )

□□□ **02** 「경찰공무원 임용령」상 임용권자 또는 임용제청권자는 경찰공무원을 신규채용 할 때에 경과를 부여해야 한다. ( )

□□□ **03** 「수사경찰 인사운영 규칙」에 따라 인권침해, 편파수사를 이유로 다수의 진정을 받는 등 공정한 수사업무 수행을 기대하기 곤란한 경우 수사경과자의 수사경과를 해제해야 한다. ( )

□□□ **04** 총경 이상 경찰공무원은 경찰청장 또는 해양경찰청장의 추천을 받아 행정안전부장관 또는 해양수산부장관의 제청으로 국무총리를 거쳐 대통령이 임용한다. ( )

□□□ **05** 총경의 전보, 휴직, 직위해제, 강등, 정직 및 복직은 행정안전부장관 또는 해양수산부장관이 임용한다. ( )

□□□ **06** 「경찰공무원법」에 따르면 경정 이하의 경찰공무원은 경찰청장 또는 해양경찰청장이 임용한다. 다만, 경정으로의 신규채용, 승진임용 및 면직은 경찰청장 또는 해양경찰청장의 제청으로 국무총리를 거쳐 대통령이 한다. ( )

□□□ **07** 경찰청장은 대통령령으로 정하는 바에 따라 경찰공무원의 임용에 관한 권한의 일부를 특별시장·광역시장·도지사·특별자치시장 또는 특별자치도지사, 국가수사본부장, 소속 기관의 장, 시·도경찰청장에게 위임할 수 있다. ( )

□□□ **08** 「경찰공무원 임용령」상 시·도경찰청장 및 경찰서장은 지구대장 및 파출소장을 보직하는 경우에는 시·도자치경찰위원회의 의견을 사전에 들어야 한다. ( )

□□□ **09** 시·도경찰청장 및 경찰서장은 지구대장 및 파출소장을 보직하는 경우에는 시·도자치경찰위원회의 추천을 받아야 한다. ( )

□□□ **10** 경찰청장은 국가수사본부장에게 국가수사본부 안에서의 경정 이하에 대한 임용권을 위임한다. ( )

□□□ **11** 경찰청장은 수사부서에서 총경을 보직하는 경우에는 국가수사본부장의 추천을 받아야 한다. ( )

□□□ **12** 임용권을 위임받은 시·도자치경찰위원회는 시·도지사와 경찰청장의 의견을 들어 그 권한의 일부를 시·도경찰청장에게 다시 위임할 수 있다. ( )

□□□ **13** 시·도자치경찰위원회는 임용권을 행사하는 경우에는 시·도경찰청장의 추천을 받아야 한다. ( )

정답 & OX 풀이

03 다음 각 호의 어느 하나에 해당하는 경우에는 수사경과를 해제할 수 있다(수사경찰 인사운영 규칙 제15조 제2항).

> 1호. 제1항 제1호 외의 사유로 징계처분을 받은 경우
> 2호. 인권침해, 편파수사를 이유로 다수의 진정을 받는 등 공정한 수사업무 수행을 기대하기 곤란한 경우
> 3호. 수사업무 능력·의욕이 현저하게 부족한 경우
> 4호. 수사경과 해제를 희망하는 경우

05 총경의 전보, 휴직, 직위해제, 강등, 정직 및 복직은 경찰청장 또는 해양경찰청장이 임용한다(제7조 제1항 단서).

09 시·도경찰청장 및 경찰서장은 지구대장 및 파출소장을 보직하는 경우에는 시·도자치경찰위원회의 의견을 사전에 들어야 한다(경찰공무원 임용령 제4조 제9항).

10 경찰청장은 국가수사본부장에게 국가수사본부 안에서의 경정 이하에 대한 전보권을 위임한다(경찰공무원 임용령 제4조 제2항).

12 임용권을 위임받은 시·두자치경찰위원회는 시·도지사와 시·도경찰청장의 의견을 들어 그 권한의 일부를 시·도경찰청장에게 다시 위임할 수 있다(경찰공무원 임용령 제4조 제5항).

정답

01. ○	02. ○	03. ×	04. ○	05. ×	06. ○	07. ○	08. ○	09. ×	10. ×
11. ○	12. ×	13. ○							

테마 20 경찰공무원 근무관계의 발생 및 변경

✎ 직위해제 사유

무능력	① 직무수행 능력이 부족하거나 근무성적이 극히 나쁜 자 ② 이 경우 임용권자는 직위해제된 자에게 3개월의 범위에서 대기를 명한다.
중징계 의결 요구	파면·해임·강등 또는 정직에 해당하는 징계(※ 중징계) 의결이 요구 중인 자
형사기소	형사 사건으로 기소된 자(약식명령이 청구된 자는 제외한다)
중대한 비위	금품비위, 성범죄 등 대통령령으로 정하는 비위행위로 인하여 감사원 및 검찰·경찰 등 수사기관에서 조사나 수사 중인 자로서 비위의 정도가 중대하고 이로 인하여 정상적인 업무수행을 기대하기 현저히 어려운 자
적격 심사 요구	고위공무원단에 속하는 일반직공무원으로서 일정한 사유로 고위공무원 적격 심사를 요구받은 자

핵심정리 OX Check ✓

□□□ **01** 자치경찰사무를 담당하는 ○○경찰서 소속 경위 乙의 경감으로의 승진임용을 시·도지사가 하므로, 경위 乙에 대한 휴직이나 복직도 시·도지사가 한다. ( )

□□□ **02** 「국적법」 제11조의2 제1항에 따른 복수국적자는 「경찰공무원법」에 규정된 임용의 결격사유에 해당한다. ( )

□□□ **03** 경찰공무원 임용 당시 임용결격사유가 있었더라도 국가의 과실에 의해 임용결격자임을 밝혀내지 못했다면, 그 임용행위는 당연무효로 볼 수 없다. ( )

□□□ **04** 동료 경찰관에 대한 성희롱을 이유로 징계에 의하여 해임처분을 받은 경찰관은 해임처분을 받은 때부터 3년이 지나면 경찰공무원으로 임용될 수 있다. ( )

□□□ **05** 「경찰공무원 임용령」상 종전의 재직기관에서 감봉 이상의 징계처분을 받은 사람은 경력경쟁채용 등의 대상이 될 수 없다. ( )

□□□ **06** 경찰공무원의 신규채용시험은 계급별로 실시한다. 다만, 결원보충을 원활히 하기 위하여 필요하다고 인정될 때에는 직무분야별·근무예정지역 또는 근무예정기관별로 구분하여 실시할 수 있다. ( )

□□□ **07** 경찰청장 또는 해양경찰청장은 경찰공무원의 신규채용시험에서 대통령령으로 정하는 부정행위를 한 사람에 대하여 부정행위자에 대한 제재로서 해당 시험의 정지·무효 또는 합격 취소 처분을 할 때에는 미리 그 처분의 내용과 사유를 당사자에게 통지하여 소명할 기회를 주어야 한다. ( )

□□□ **08** 채용후보자 등록을 하지 아니한 사람은 경찰공무원으로 임용될 의사가 없는 것으로 본다.

( )

□□□ **09** 경찰청장 또는 해양경찰청장은 채용후보자 명부의 유효기간을 연장하기로 결정한 경우에는 그 사실을 공고하여야 한다. ( )

□□□ **10** 「경찰공무원 임용령」상 임용권자 또는 임용제청권자는 채용후보자 명부에 등재된 채용후보자가 학업을 계속하는 경우 채용후보자 명부의 유효기간의 범위에서 기간을 정하여 임용 또는 임용제청을 유예할 수 있다. 다만, 유예기간 중이라도 그 사유가 소멸한 경우에는 임용 또는 임용제청을 할 수 있다. ( )

□□□ **11** 순경 채용후보자 명부에 등재된 채용후보자 丙이 학업을 계속하고자 이를 증명할 수 있는 자료를 첨부하여 임용권자가 정하는 기간 내에 원하는 유예기간을 적어 신청할 경우, 임용권자는 채용후보자 명부의 유효기간 범위에서 기간을 정하여 임용을 유예해야 한다. ( )

정답 & OX 풀이

01 [1] 경찰청장은 시·도지사에게 해당 시·도의 자치경찰사무를 담당하는 경찰공무원[시·도자치경찰위원회, 시·도경찰청 및 경찰서(지구대 및 파출소는 제외한다)에서 근무하는 경찰공무원을 말한다] 중 경정의 전보·파견·휴직·직위해제 및 복직에 관한 권한과 경감 이하의 임용권(신규채용 및 면직에 관한 권한은 제외한다)을 위임하고, 임용권을 위임받은 시·도지사는 경감 또는 경위로의 승진임용에 관한 권한을 제외한 임용권을 시·도자치경찰위원회에 다시 위임한다(경찰공무원 임용령 제4조 제3항, 제4항). [2] 따라서 자치경찰사무를 담당하는 ○○경찰서 소속 경위 乙의 경감으로의 승진임용은 시·도지사가 하되, 경위 乙에 대한 휴직이나 복직은 시·도자치경찰위원회에 위임이 된 임용권이므로 시·도자치경찰위원회에서 한다.

03 임용 당시 공무원 임용결격사유가 있었다면, 비록 국가의 과실에 의하여 임용결격자임을 밝혀내지 못하였다 하더라도 임용행위는 당연무효로 보아야 하고, 당연무효인 임용행위에 의하여 공무원의 신분을 취득한다거나 근로고용관계가 성립할 수는 없다. 따라서 임용결격자가 공무원으로 임용되어 사실상 근무하여 왔다 하더라도 적법한 공무원으로서의 신분을 취득하지 못한 자로서는 공무원연금법이나 근로자퇴직급여 보장법에서 정한 퇴직급여를 청구할 수 없다(대법원 2017.5.11. 2012다200486).

04 징계에 의하여 파면 또는 해임처분을 받은 사람은 경찰공무원으로 임용될 수 없다(경찰공무원법 제8조(임용자격 및 결격사유) 제2항 제10호).

07 경찰청장 또는 해양경찰청장은 경찰공무원의 신규채용시험(경위공개경쟁채용시험을 포함한다. 이하 같다), 승진시험 또는 그 밖의 시험에서 다른 사람에게 대신하여 응시하게 하는 행위 등 대통령령으로 정하는 부정행위를 한 사람에 대하여 대통령령으로 정하는 바에 따라 해당 시험의 정지·무효 또는 합격 취소 처분을 할 수 있다(경찰공무원법 제11조 제1항). 경찰청장 또는 해양경찰청장은 제1항에 따른 처분(시험의 정지는 제외한다)을 할 때에는 미리 그 처분 내용과 사유를 당사자에게 통지하여 소명할 기회를 주어야 한다(동조 제2항).

11 임용권자 또는 임용제청권자는 채용후보자 명부에 등재된 채용후보자가 학업을 계속하는 경우에는 채용후보자 명부의 유효기간의 범위에서 기간을 정하여 임용 또는 임용제청을 유예할 수 있다(경찰공무원 임용령 제18조의2 제2호).

정답
| 01. × | 02. ○ | 03. × | 04. × | 05. ○ | 06. ○ | 07. × | 08. ○ | 09. ○ | 10. ○ |
| 11. × | | | | | | | | | |

□□□ **12** 임용권자 또는 임용제청권자는 시보임용경찰공무원의 근무사항을 항상 지도·감독하여야 한다. ( )

□□□ **13** 「경찰공무원법」상 경정 이하의 경찰공무원을 신규 채용할 때에는 1년간 시보로 임용하고, 그 기간이 만료된 날에 정규 경찰공무원으로 임용한다. ( )

□□□ **14** 「경찰공무원법」상 자치경찰공무원을 그 계급에 상응하는 경찰공무원으로 임용할 때에는 시보임용을 거친다. ( )

□□□ **15** 임용권자 또는 임용제청권자는 시보임용경찰공무원의 교육훈련성적이 만점의 60퍼센트 미만 또는 근무성적 평정 제2 평정 요소의 평정점이 만점의 50퍼센트 미만에 해당하여 정규 경찰공무원으로 임용하는 것이 부적당하다고 인정되는 경우 임용심사위원회의 의결을 거쳐 해당 시보임용경찰공무원을 면직시키거나 면직을 제청하여야 한다. ( )

□□□ **16** 임용권자 또는 임용제청권자는 시보임용경찰공무원이 징계사유에 해당하여 정규 경찰공무원으로 임용하는 것이 부적당하다고 인정되는 경우 임용심사위원회의 의결을 거쳐 해당 시보임용경찰공무원을 면직시키거나 면직을 제청할 수 있다. ( )

□□□ **17** 「경찰공무원 임용령」상 시보임용경찰공무원 면직 사유 : 징계사유에 해당하는 경우 ( )

□□□ **18** 「경찰공무원 임용령」상 시보임용경찰공무원 면직 사유 : 제21조 제1항에 따른 교육훈련 중 질병, 병역 복무 또는 그 밖에 교육훈련을 계속할 수 없는 불가피한 사정 외의 사유로 퇴교처분을 받은 경우 ( )

□□□ **19** 「경찰공무원 임용령」상 시보임용경찰공무원 면직 사유 : 제21조 제1항에 따른 교육훈련성적이 만점의 60퍼센트 미만이거나 생활기록이 극히 불량한 경우 ( )

□□□ **20** 「경찰공무원 임용령」상 시보임용경찰공무원 면직 사유 : 「경찰공무원 승진임용 규정」 제7조 제2항에 따른 제2 평정 요소에 해당하는 근무실적, 직무수행능력, 직무수행태도, 포상의 평정점이 만점의 50퍼센트 미만인 경우 ( )

□□□ **21** 「경찰공무원 임용령」에 따르면 임용권자 또는 임용제청권자는 시보임용경찰공무원의 생활기록이 극히 불량할 경우 임용심사위원회의 의결을 거쳐 면직시킬 수 있으나, 징계사유에 해당하는 경우에는 그러하지 아니한다. ( )

□□□ **22** 「경찰공무원 임용령」상 경찰공무원은 임용장이나 임용통지서에 적힌 날짜에 임용된 것으로 보며, 임용일자를 소급해서는 아니 된다. 사망으로 인한 면직은 사망한 날에 면직된 것으로 본다. ( )

□□□ **23** 「경찰공무원 임용령」상 경찰공무원은 임용장이나 임용통지서에 적힌 날짜에 임용된 것으로 보며, 임용일자를 원칙적으로 소급할 수 없다. ( )

□□□ **24** 「경찰공무원 임용령」상 경찰공무원의 사망으로 인한 면직은 사망한 다음 날에 면직된 것으로 본다.
( )

□□□ **25** 「경찰공무원 임용령」상 경찰공무원이 재직 중 전사하거나 순직한 경우로서 특별승진 임용하는 경우에는 사망한 날을 임용일자로 본다.
( )

□□□ **26** 「경찰공무원 임용령」상 경찰공무원이 형사사건으로 기소되어 직위해제되는 경우에는 직위해제 처분서에 적힌 날을 임용일자로 본다.
( )

□□□ **27** 「경찰공무원 승진임용 규정」상 경찰공무원의 승진임용은 심사승진임용·시험승진임용 및 특별승진임용으로 구분한다.
( )

□□□ **28** 「경찰공무원법」상 경위 이하의 경찰공무원으로서 모든 경찰공무원의 귀감이 되는 공을 세우고 전사하거나 순직한 사람에 대하여는 2계급 특별승진 시킬 수 있다.
( )

□□□ **29** 「경찰공무원 승진임용 규정」상 총경 이하의 경찰공무원에 대해서는 매년 근무성적을 평정하여야 하나 휴직·직위해제 등의 사유로 해당 연도의 평정기관에서 6개월 이상 근무하지 아니한 경찰공무원에 대해서는 근무성적을 평정하지 아니한다.
( )

정답 & OX 풀이

13 경정 이하의 경찰공무원을 신규 채용할 때에는 1년간 시보(試補)로 임용하고, 그 기간이 만료된 다음 날에 정규 경찰공무원으로 임용한다(제13조 제1항).

14 자치경찰공무원을 그 계급에 상응하는 경찰공무원으로 임용할 때에는 시보임용을 거치지 아니한다(제13조 제4항 제4호).

15 해당 시보임용경찰공무원을 면직시키거나 면직을 제청할 수 있다(제20조 제2항 제2호, 제3호).

20 포상 실적은 제1 평정 요소에 해당한다.
※ 임용권자 또는 임용제청권자는 시보임용경찰공무원이 다음 각 호의 어느 하나에 해당하여 정규 경찰공무원으로 임용하는 것이 부적당하다고 인정되는 경우에는 임용심사위원회의 의결을 거쳐 해당 시보임용경찰공무원을 면직시키거나 면직을 제청할 수 있다(경찰공무원 임용령 제20조 제4항).

> 1호. 징계사유에 해당하는 경우
> 1의2. 제21조 제1항에 따른 교육훈련 중 질병, 병역 복무 또는 그 밖에 교육훈련을 계속할 수 없는 불가피한 사정 외의 사유로 퇴교처분을 받은 경우
> 2호. 제21조 제1항에 따른 교육훈련성적이 만점의 60퍼센트 미만이거나 생활기록이 극히 불량한 경우
> 3호. 「경찰공무원 승진임용 규정」 제7조 제2항에 따른 제2 평정 요소의 평정점이 만점의 50퍼센트 미만인 경우

22 경찰공무원은 임용장이나 임용통지서에 적힌 날짜에 임용된 것으로 보며, 임용일자를 소급해서는 아니 된다. 사망으로 인한 면직은 사망한 다음 날에 면직된 것으로 본다.

25 경찰공무원이 재직 중 전사하거나 순직한 경우로서 특별승진 임용하는 경우에는 사망일의 전날을 임용일자로 본다(제6조 제1호 가목).

정답

| 12. ○ | 13. × | 14. × | 15. × | 16. ○ | 17. ○ | 18. ○ | 19. ○ | 20. × | 21. × |
| 22. × | 23. ○ | 24. ○ | 25. × | 26. ○ | 27. ○ | 28. ○ | 29. ○ | | |

□□□ **30** 만 7세인 초등학교 1학년 외동딸을 양육하기 위하여 3년간 휴직한 경사 乙의 위 휴직기간 3년은 승진소요 최저근무연수에 포함된다. (   )

□□□ **31** 통상적인 근무시간보다 짧은 시간을 근무하는 시간선택제전환경찰공무원으로 경위 계급에서 1년간 근무한 경위 丙의 위 근무기간 1년은 승진소요 최저근무연수에 포함된다. (   )

□□□ **32** 위법·부당한 처분과 직접적 관계없이 50만 원의 향응을 받아 감봉 1개월의 징계처분을 받은 경감 丁이 그 징계처분을 받은 후 해당 계급에서 경찰청장 표창을 받은 경우(그 외 일체의 포상을 받은 사실 없음)에는 징계처분의 집행이 끝난 날부터 18개월이 지나면 승진임용될 수 있다. (   )

□□□ **33** 「경찰공무원 승진임용 규정」 제6조 제1항 제2호에 따르면 소극행정으로 감봉에 해당하는 징계처분을 받은 경찰공무원은 징계처분의 집행이 끝난 날부터 18개월이 지나지 아니하면 심사승진임용될 수 없다. (   )

□□□ **34** 「경찰공무원 승진임용 규정」상 임용권자나 임용제청권자는 시험승진후보자 명부에 기록된 사람이 승진임용되기 전에 감봉 이상의 징계처분을 받은 경우에는 시험승진후보자 명부에서 그 사람을 제외하여야 한다. (   )

□□□ **35** 「경찰공무원 승진임용규정」상 임용권자나 임용제청권자는 심사승진후보자 명부에 기록된 사람이 승진임용되기 전에 정직 이상의 징계처분을 받은 경우에는 심사승진후보자 명부에서 그 사람을 제외하여야 한다. (   )

□□□ **36** ○○지구대에 근무하는 순경 甲이 승진후보자명부에 등재된 후 경장으로 승진임용되기 전에 정직 3개월의 징계처분을 받아 임용권자가 순경 甲을 승진후보자명부에서 삭제함으로써 순경 甲이 승진임용의 대상에서 제외되었다면, 임용권자의 승진후보자명부에서의 삭제 행위 그 자체는 행정처분에 해당한다. (   )

□□□ **37** 「경찰공무원 임용령」상 1년 이상의 교육훈련을 받은 경찰공무원은 특별한 사정이 없으면 그 교육훈련내용과 관련되는 직위에 보직해야 한다. (   )

□□□ **38** 「경찰공무원 임용령」상 임용권자 또는 임용제청권자는 직무수행요건이 같은 직위 간의 전보 등 경찰청장이 정하는 경우를 제외하고는 전문직위에 임용된 경찰공무원을 해당 직위에 임용된 날부터 3년의 범위에서 경찰청장이 정하는 기간이 지나야 다른 직위에 전보할 수 있다. (   )

□□□ **39** 「경찰공무원 임용령」상 임용권자 또는 임용제청권자는 원칙적으로 소속 경찰공무원이 해당 직위에 임용된 날부터 2년 이내에 다른 직위에 전보할 수 없다. (   )

□□□ **40** 「경찰공무원 임용령」상 교육훈련기관의 교수요원으로 임용된 사람은 원칙적으로 그 임용일부터 1년 이상 3년 이하의 범위에서 경찰청장이 정하는 기간 안에는 다른 직위에 전보할 수 없다. (   )

□□□ **41** 「국가공무원법」상 임용권자는 공무원이 중앙인사관장기관의 장이 지정하는 연구기관이나 교육기관 등에서 연수하게 된 때에는 공무원의 의사에도 불구하고 휴직을 명하여야 한다. (   )

□□□ **42** 「국가공무원법」상 임용권자는 직무수행 능력이 부족하거나 근무성적이 극히 나쁜 자에게 직위를 부여하지 아니할 수 있다. ( )

□□□ **43** 「국가공무원법」상 형사사건으로 기소된 자(약식명령이 청구된 자는 제외한다)에게는 직위를 부여하지 아니할 수 있다. ( )

□□□ **44** 「국가공무원법」 제73조의3 제1항에 따라 직위를 부여하지 아니한 경우에 그 사유가 소멸되면 임용권자는 7일 이내에 직위를 부여할 수 있다. ( )

□□□ **45** 임용권자는 「국가공무원법」 제73조의3 제1항 제2호에 따라 직위해제된 자에게 3개월의 범위에서 대기를 명한다. ( )

□□□ **46** 「국가공무원법」상 임용권자는 금품비위, 성범죄 등 대통령령으로 정하는 비위행위로 인하여 감사원 및 검찰·경찰 등 수사기관에서 조사나 수사 중인 자로서 비위의 정도가 중대하고 이로 인하여 정상적인 업무수행을 기대하기 현저히 어려운 자는 직위해제할 수 있다. ( )

□□□ **47** 중징계 의결이 요구 중인 경찰공무원 甲에 대해 직위해제처분을 할 경우, 임용권자는 3개월의 범위 내에서 대기를 명하고 능력 회복이나 근무성적의 향상을 위한 교육훈련 또는 특별한 연구과제의 부여 등 필요한 조치를 하여야 한다. ( )

정답 & OX 풀이

34 임용권자나 임용제청권자는 시험승진후보자 명부에 기록된 사람이 승진임용되기 전에 정직 이상의 징계처분을 받은 경우에는 시험승진후보자 명부에서 그 사람을 제외하여야 한다(제36조 제3항).

36 시험승진후보자명부에서의 삭제행위는 행정처분이 아니다. 시험승진후보자명부에서의 삭제행위는 결국 그 명부에 등재된 자에 대한 승진 여부를 결정하기 위한 행정청 내부의 준비과정에 불과하고, 그 자체가 어떠한 권리나 의무를 설정하거나 법률상 이익에 직접적인 변동을 초래하는 별도의 행정처분이 된다고 할 수 없다(대법원 1997.11.14. 97누7325).

39 임용권자 또는 임용제청권자는 소속 경찰공무원이 해당 직위에 임용된 날부터 1년 이내(감사업무를 담당하는 경찰공무원의 경우에는 2년 이내)에 다른 직위에 전보할 수 없다. 다만, 다음 각 호의 어느 하나에 해당하는 경우에는 그러하지 아니하다(제27조 제1항).

41 임용권자는 공무원이 중앙인사관장기관의 장이 지정하는 연구기관이나 교육기관 등에서 연수하게 된 때에는 이를 사유로 공무원이 휴직을 원하는 경우에는 휴직을 명할 수 있다(「국가공무원법」 제71조 제2항 제3호).

44 제73조의3 제1항에 따라 직위를 부여하지 아니한 경우에 그 사유가 소멸되면 임용권자는 지체 없이 직위를 부여하여야 한다(제73조의3 제2항).

47 [1] 임용권자는 직무수행능력이 부족하거나 근무성적이 극히 나쁜 자(제1항 제2호)에 따라 직위해제된 자에게 3개월의 범위에서 대기를 명하고, 대기 명령을 받은 자에게 능력 회복이나 근무성적의 향상을 위한 교육훈련 또는 특별한 연구과제의 부여 등 필요한 조치를 하여야 한다(국가공무원법 제73조의3 제3항, 제4항). [2] 중징계 의결이 요구 중인 경찰공무원 甲에 대해 직위해제처분을 할 경우, 대기 명령과 필요한 조치를 할 의무가 없다.

정답
| 30. ○ | 31. ○ | 32. ○ | 33. ○ | 34. × | 35. ○ | 36. × | 37. ○ | 38. ○ | 39. × |
| 40. ○ | 41. × | 42. ○ | 43. ○ | 44. × | 45. ○ | 46. ○ | 47. × | | |

경찰공무원 근무관계의 소멸

	주관적 사유(동의 필요)	객관적 사유(동의 불요)
징계위원회의 동의 여부	1. 능력 또는 근무성적의 향상을 기대하기 어려운 경우 2. 직무수행능력이나 성실성 결여 3. 성격적 또는 도덕적 결함	1. 폐직 또는 과원 2. 휴직 후 직무 미복귀 또는 직무 불감당 3. 필수 자격증 효력상실 또는 면허 취소

핵심정리 OX Check

□□□ **01** 「경찰공무원법」상 경찰청장은 전시·사변이나 그 밖에 이에 준하는 비상사태에서는 2년의 범위에서 동법에 따른 계급정년을 연장할 수 있고, 이 경우 총경 이상의 경찰공무원에 대하여는 행정안전부장관과 국무총리를 거쳐 대통령의 승인을 받아야 한다. ( )

□□□ **02** 「경찰공무원법」상 임용권자는 경찰공무원이 경찰공무원으로는 부적합할 정도로 직무 수행능력이나 성실성이 현저하게 결여된 사람으로서 대통령령으로 정하는 사유에 해당된다고 인정되는 사람을 직권으로 면직시킬 수 있다. ( )

□□□ **03** 「경찰공무원법」상 경찰공무원의 당연퇴직 사유 : 「국적법」 제11조의2 제1항에 따른 복수국적자 ( )

□□□ **04** 「경찰공무원법」상 경찰공무원의 당연퇴직 사유 : 자격정지 이상의 형(刑)을 선고받은 사람 ( )

□□□ **05** 「경찰공무원법」상 경찰공무원의 당연퇴직 사유 : 「형법」제357조에 규정된 배임수증죄를 범한 사람으로서 자격정지 이상의 형의 선고유예를 받고 그 유예기간 중에 있는 사람 ( )

□□□ **06** 「경찰공무원법」상 경찰공무원의 당연퇴직 사유 : 미성년자에 대한 「성폭력범죄의 처벌 등에 관한 특례법」 제2조에 따른 성폭력범죄를 저질러 형 또는 치료감호가 확정된 사람(집행유예를 선고받은 후 그 집행유예기간이 경과한 사람을 포함한다) ( )

□□□ **07** 「경찰공무원 임용령」상 「경찰공무원법」 제10조 제3항 제1호에 따라 재임용된 경찰공무원의 계급정년 연한은 재임용 전에 해당 계급의 경찰공무원으로 근무한 연수를 합하여 계산한다. ( )

□□□ **08** 「국가공무원법」 제70조에 따른 직권 면직 요건 : 전직시험에서 세 번 이상 불합격한 자로서 직무 수행 능력이 부족하다고 인정된 때 ( )

□□□ **09** 「경찰공무원법」상 경찰공무원의 직권면직사유 중 직권면직처분을 위해 징계위원회의 동의가 필요한 사유 : 직무를 수행하는 데에 위험을 일으킬 우려가 있을 정도의 성격적 또는 도덕적 결함이 있는 사람으로서 대통령령으로 정하는 사유에 해당된다고 인정될 때 ( )

□□□ **10** 「경찰공무원법」상 경찰공무원의 직권면직사유 중 직권면직처분을 위해 징계위원회의 동의가 필요한 사유: 경찰공무원으로는 부적합할 정도로 직무 수행능력이나 성실성이 현저하게 결여된 사람으로서 대통령령으로 정하는 사유에 해당된다고 인정될 때 ( )

□□□ **11** 「경찰공무원법」상 직권 면직 요건: 직무수행 능력이 부족하거나 근무성적이 극히 나쁜 자 ( )

□□□ **12** 「경찰공무원법」상 임용권자는 경찰공무원이 해당 경과에서 직무를 수행하는 데 필요한 자격증의 효력이 상실되거나 면허가 취소되어 담당 직무를 수행할 수 없게 되었을 때에는 직권으로 면직시킬 수 있으며, 이 경우에는 징계위원회의 동의를 받아야 한다. ( )

□□□ **13** 「경찰공무원법」상 직권 면직 요건: 파면·해임·강등 또는 정직에 해당하는 징계 의결이 요구 중인 자 ( )

□□□ **14** 「경찰공무원법」상 직권 면직 요건: 형사 사건으로 기소된 자(약식명령이 청구된 자는 제외한다) ( )

□□□ **15** 「경찰공무원법」상 경찰공무원의 직권면직사유 중 직권면직처분을 위해 징계위원회의 동의가 필요한 사유: 해당 경과에서 직무를 수행하는 데 필요한 자격증의 효력이 상실되거나 면허가 취소되어 담당 직무를 수행할 수 없게 되었을 때 ( )

□□□ **16** 「경찰공무원법」상 경찰공무원의 직권면직사유 중 직권면직처분을 위해 징계위원회의 동의가 필요한 사유: 휴직 기간이 끝나거나 휴직 사유가 소멸된 후에도 직무에 복귀하지 아니하거나 직무를 감당할 수 없을 때 ( )

정답 & OX 풀이

01 경찰청장은 전시·사변이나 그 밖에 이에 준하는 비상사태에서는 2년의 범위에서 동법에 따른 계급정년을 연장할 수 있고, 이 경우 경무관 이상의 경찰공무원에 대하여는 행정안전부장관과 국무총리를 거쳐 대통령의 승인을 받아야 한다 (제30조 제4항).

05 「형법」제357조에 규정된 배임수증죄를 범한 사람으로서 자격정지 이상의 형의 선고유예를 받은 경우는 당연퇴직 사유에 해당하지 않는다. 뇌물죄, 성폭력범죄, 아동·청소년에 대한 성범죄, 횡령과 배임에 관한 죄에 대하여 자격정지 이상의 형의 선고유예를 받은 경우 당연퇴직 사유가 된다.
   ※ 「형법」제129조부터 제132조까지, 「성폭력범죄의 처벌 등에 관한 특례법」제2조, 「아동·청소년의 성보호에 관한 법률」제2조 제2호 및 직무와 관련하여 「형법」제355조 또는 제356조에 규정된 죄를 범한 사람으로서 자격정지 이상의 형의 선고유예를 받은 경우만 해당한다.

11 직위해제 사유이다.

12 징계위원회의 동의를 받을 필요가 없다(제28조 제1항)

13 직위해제 사유이다.

14 직위해제 사유이다.

15 징계위원회의 동의를 받을 필요가 없다.

16 징계위원회의 동의를 받을 필요가 없다.

정답
| 01. × | 02. ○ | 03. ○ | 04. ○ | 05. × | 06. ○ | 07. ○ | 08. ○ | 09. ○ | 10. ○ |
| 11. × | 12. × | 13. × | 14. × | 15. × | 16. × | | | | |

테마 22 경찰공무원의 권리와 의무

□□□ 01 「국가공무원법」상 공무원은 재직 중은 물론 퇴직 후에도 직무상 알게 된 비밀을 엄수(嚴守)하여야 한다. ( )

□□□ 02 「경찰공무원법」상 경찰공무원의 복제에 관한 사항은 대통령령으로 정한다. ( )

□□□ 03 「국가공무원법」상 공무원은 직무와 관련하여 간접적인 사례·증여 또는 향응을 주거나 받을 수 있다. ( )

□□□ 04 「경찰공무원법」상 경찰공무원의 의무: 법령준수의 의무 ( )

□□□ 05 「경찰공무원법」상 경찰공무원의 의무: 집단행위금지 의무 ( )

□□□ 06 「경찰공무원법」상 경찰공무원의 의무: 거짓 보고 등의 금지 의무 ( )

□□□ 07 「국가공무원법」상 공무원이 외국 정부로부터 영예나 증여를 받을 경우에는 대통령의 허가를 받아야 한다. ( )

□□□ 08 「경찰공무원법」상 모든 계급의 경찰공무원은 형의 선고, 징계처분 또는 「국가공무원법」 및 「경찰공무원법」에 정하는 사유에 따르지 아니하고는 본인의 의사에 반하여 휴직·강임 또는 면직을 당하지 아니한다. ( )

□□□ 09 「경찰공무원 복무규정」상 경찰공무원은 직위 또는 직권을 이용하여 부당하게 타인의 민사분쟁에 개입하여서는 아니 된다. ( )

□□□ 10 「국가공무원법」상 공무원은 종교에 따른 차별 없이 직무를 수행하여야 한다. ( )

□□□ 11 「경찰공무원법」상 경찰공무원을 지휘하는 사람은 전시·사변, 그 밖에 이에 준하는 비상사태이거나 작전수행 중인 경우 또는 많은 인명손상이나 국가재산 손실의 우려가 있는 위급한 사태가 발생한 경우, 정당한 사유 없이 그 직무수행을 거부 또는 유기하거나 경찰공무원을 지정된 근무지에서 진출·퇴각 또는 이탈하게 하여서는 아니 된다. ( )

□□□ 12 「경찰공무원법」상 경찰공무원의 의무: 정치관여금지 의무 ( )

□□□ 13 「경찰공무원법」상 경찰공무원의 의무: 품위유지 의무 ( )

□□□ 14 「경찰공무원법」상 경찰공무원의 의무: 지휘권 남용 등의 금지 의무 ( )

□□□ **15** 「공직자윤리법」은 총경(자치총경 포함) 이상의 경찰공무원을 재산등록의무자로 규정하고 있고, 「공직자윤리법 시행령」은 경찰공무원 중 경정, 경감, 경위, 경사와 자치경찰공무원 중 자치경정, 자치경감, 자치경위, 자치경사를 재산등록의무자로 규정하고 있다.   (   )

□□□ **16** 「공직자윤리법」상 충청북도경찰청장 치안감 A는 등록재산의 공개대상자에 해당한다.   (   )

□□□ **17** 「공직자윤리법」상 세종특별자치시경찰청장 경무관 B는 등록재산의 공개대상자에 해당한다.
                                                                        (   )

□□□ **18** 「공직자윤리법」상 경찰청 국제협력관 경무관 C는 등록재산의 공개대상자에 해당한다.   (   )

□□□ **19** 「공직자윤리법」상 경찰청 기획조정관 치안감 D는 등록재산의 공개대상자에 해당한다.   (   )

□□□ **20** 「경찰공무원법」상 경찰공무원의 의무 : 비밀엄수 의무   (   )

□□□ **21** 「경찰공무원법」상 경찰공무원의 의무 : 영리업무종사금지 의무   (   )

정답 & OX 풀이

02 경찰공무원의 복제(服制)에 관한 사항은 행정안전부령 또는 해양수산부령으로 정한다(제26조 제3항).

03 공무원은 직무와 관련하여 직접적이든 간접적이든 사례·증여 또는 향응을 주거나 받을 수 없다(국가공무원법 제61조 제1항).

04 국가공무원법상 의무이다.

05 국가공무원법상 의무이다.

08 경찰공무원에 대해서는 「국가공무원법」 제73조의4(강임)의 규정을 적용하지 아니하며, 치안총감과 치안정감에 대해서는 「국가공무원법」 제68조 본문(의사에 반한 휴직 또는 면직 제한)을 적용하지 아니한다(「경찰공무원법」 제36조 제1항).
※ 공무원은 형의 선고, 징계처분 또는 「국가공무원법」에서 정하는 사유(직권휴직, 직권면직 등)에 따르지 아니하고는 본인의 의사에 반하여 휴직·강임 또는 면직을 당하지 아니한다(「국가공무원법」 제68조 제1항 본문).

13 국가공무원법상 의무이다.

18 공직자윤리위원회는 관할 등록의무자 중 치안감 이상의 경찰공무원 및 특별시·광역시·특별자치시·도·특별자치도의 시·도경찰청장에 해당하는 공직자 본인과 배우자 및 본인의 직계존속·직계비속의 재산에 관한 등록사항과 제6조에 따른 변동사항 신고내용을 등록기간 또는 신고기간 만료 후 1개월 이내에 관보(공보를 포함한다) 및 인사혁신처장이 지정하는 정보통신망을 통하여 공개하여야 한다(제10조 제1항 제8호).

20 국가공무원법상 의무이다.

21 국가공무원법상 의무이다.

정답									
01. ○	02. ×	03. ×	04. ×	05. ×	06. ○	07. ○	08. ×	09. ○	10. ○
11. ○	12. ○	13. ×	14. ○	15. ○	16. ○	17. ○	18. ×	19. ○	20. ×
21. ×									

경찰공무원의 징계책임

핵심정리 OX Check

□□□ **01** 공무원인 피징계자에게 징계사유가 있어서 징계처분을 하는 경우 어떠한 처분을 할 것인가는 징계권자의 재량에 맡겨진 것이고, 다만 징계권자가 재량권의 행사로서 한 징계처분이 사회통념상 현저하게 타당성을 잃어 징계권자에게 맡겨진 재량권을 남용한 것이라고 인정되는 경우에 한하여 그 처분을 위법하다고 할 수 있다.　　　　　　　　　　　　　　　　　　　　　　　　（　　）

□□□ **02** 「경찰공무원 징계령」상 경찰기관의 장은 그 소속 경찰공무원에 대한 징계등 사건이 상급 경찰기관에 설치된 징계위원회의 관할에 속한 경우에는 그 상급 경찰기관의 장에게 징계의결서등을 첨부하여 징계등 의결의 요구를 신청하여야 한다.　　　　　　　　　　　　　　　　（　　）

□□□ **03** 징계등 의결 요구를 받은 징계위원회는 그 요구서를 받은 날부터 30일 이내에 징계등에 관한 의결을 하여야 하나, 부득이한 사유가 있을 때에는 해당 징계등 의결을 요구한 경찰기관의 장의 승인을 받아 30일 이내의 범위에서 그 기한을 연기할 수 있다.　　　　　　　　　　（　　）

□□□ **04** 「경찰공무원 징계령」상 징계등 의결 요구를 받은 징계위원회는 그 요구서를 받은 날로부터 30일 이내에 징계등에 관한 의결을 하여야 한다. 다만, 부득이한 사유가 있을 때에는 해당 징계심의대상자의 동의를 받아 30일 이내의 범위에서 그 기한을 연장할 수 있다.　　　　　　（　　）

□□□ **05** 「경찰공무원 징계령」상 징계위원회는 징계등 심의 대상자가 그 징계위원회에 출석하여 진술하기를 원하지 아니할 때에는 진술권 포기서를 제출하게 하여 이를 기록에 첨부하고 서면심사로 징계등 의결을 할 수 있다.　　　　　　　　　　　　　　　　　　　　　　　　　（　　）

□□□ **06** 「경찰공무원 징계령」상 징계등 의결을 요구한 자 또는 징계등 의결의 요구를 신청한 자는 징계위원회에 출석하여 의견을 진술하거나 서면으로 의견을 진술할 수 있다. 다만, 중징계나 중징계 관련 징계부가금 요구사건의 경우에는 특별한 사유가 없는 한 징계위원회에 출석하여 의견을 진술해야 한다.　　　　　　　　　　　　　　　　　　　　　　　　　　　　　　　（　　）

□□□ **07** 「경찰공무원 징계령」상 징계위원회는 위원과 징계등 심의 대상자, 징계등 의결을 요구하거나 요구를 신청한 자, 증인, 관계인 등 회의에 출석하는 사람이 동영상과 음성이 동시에 송수신되는 장치가 갖추어진 서로 다른 장소에 출석하여 진행하는 원격영상회의 방식으로 심의·의결할 수 있다.　　　　　　　　　　　　　　　　　　　　　　　　　　　　　　　　　　（　　）

□□□ **08** 「경찰공무원법」상 경무관 이상의 경찰공무원에 대한 징계의결은 「국가공무원법」에 따라 국무총리 소속으로 설치된 징계위원회에서 한다.　　　　　　　　　　　　　　　　　（　　）

□□□ **09** 「경찰공무원법」상 경무관 이상의 경찰공무원에 대한 징계의결은 「국가공무원법」에 따라 행정안전부장관 소속으로 설치된 징계위원회에서 한다. ( )

□□□ **10** 「경찰공무원법」상 총경 이하의 경찰공무원에 대한 징계의결을 하기 위하여 대통령령으로 정하는 경찰기관 및 해양경찰관서에 경찰공무원 징계위원회를 둔다. ( )

□□□ **11** ○○경찰서 소속 지구대장 경감 甲과 동일한 지구대 소속 순경 乙이 관련된 징계등 사건(甲의 감독상 과실책임만으로 관련된 경우, 관련자에 대한 징계등 사건을 분리하여 심의·의결하는 것이 타당하다고 인정되는 경우는 제외)은 ○○경찰서에 설치된 징계위원회에서 심의·의결한다. ( )

□□□ **12** 「경찰공무원 징계령」상 징계위원회는 위원장 1명을 포함하여 11명 이상 51명 이하의 공무원위원과 민간위원으로 구성한다. ( )

□□□ **13** 「경찰공무원 징계령」상 징계위원회가 설치된 경찰기관의 장은 위원 수의 2분의 1 이상을 자격이 있는 민간위원으로 위촉한다. 이 경우 특정 성별의 위원이 민간위원 수의 10분의 6을 초과하지 않도록 해야 한다. ( )

□□□ **14** 「경찰공무원 징계령」상 징계위원회의 위원장은 위원회의 사무를 총괄하며 위원회를 대표하고, 표결권을 가진다. ( )

□□□ **15** 「경찰공무원 징계령」상 위원장이 부득이한 사유로 직무를 수행할 수 없거나 위원장이 필요하다고 인정하는 경우에는 출석한 위원 중 최상위 계급 또는 이에 상응하는 직급에 있거나 최상위 계급 또는 이에 상응하는 직급에 먼저 승진임용된 공무원이 위원장이 된다. ( )

정답 & OX 풀이

04 징계등 의결 요구를 받은 징계위원회는 그 요구서를 받은 날부터 30일 이내에 징계등에 관한 의결을 하여야 한다. 다만, 부득이한 사유가 있는 때에는 해당 징계등 의결을 요구한 경찰기관의 장의 승인을 받아 30일 이내의 범위에서 그 기간을 연장할 수 있다(제11조 제1항).

09 경무관 이상의 경찰공무원에 대한 징계의결은 「국가공무원법」에 따라 국무총리 소속으로 설치된 징계위원회에서 한다. 제32조 제1항

11 경찰서 소속 경감에 대한 징계사건은 시·도경찰청에 설치된 보통징계위원회에서 심의·의결하고(경찰공무원 징계령 제4조 제2항), 상위 계급과 하위 계급의 경찰공무원이 관련된 징계등 사건은 상위 계급의 경찰공무원을 관할하는 징계위원회에서 심의·의결한다(경찰공무원 징계령 제5조 제1항 전단). 따라서 지구대장 경감 甲과 동일한 지구대 소속 순경 乙이 관련된 징계등 사건은 경감 甲을 관할하는 징계위원회에서 심의·의결하고, 경감 甲을 관할하는 징계위원회는 시·도경찰청에 설치된 보통징계위원회가 된다.

정답
01. ○ 02. ○ 03. ○ 04. × 05. ○ 06. ○ 07. ○ 08. ○ 09. × 10. ○
11. × 12. ○ 13. ○ 14. ○ 15. ○

□□□ **16** 「경찰공무원 징계령」상 징계위원회의 회의는 위원장과 징계위원회가 설치된 경찰기관의 장이 회의마다 지정하는 4명 이상 6명 이하의 위원으로 성별을 고려하여 구성하되, 민간위원의 수는 위원장을 포함한 위원 수의 2분의 1 이상이어야 한다. ( )

□□□ **17** 「경찰공무원 징계령」상 징계위원회 회의는 위원장과 징계위원회가 설치된 경찰기관의 장이 회의마다 지정하는 4명 이상 6명 이하의 위원으로 성별을 고려하여 구성하되, 「성폭력범죄의 처벌 등에 관한 특례법」에 따른 성폭력범죄, 「양성평등기본법」에 따른 성희롱에 해당하는 징계 사건이 속한 징계위원회의 회의를 구성하는 경우에는 피해자와 같은 성별의 위원이 위원장을 제외한 위원 수의 2분의 1 이상 포함되어야 한다. ( )

□□□ **18** 「경찰공무원 징계령」상 징계사유가 「성폭력범죄의 처벌 등에 관한 특례법」에 따른 성폭력범죄, 「양성평등기본법」에 따른 성희롱에 해당하는 징계 사건이 속한 징계위원회의 회의를 구성하는 경우에는 피해자와 같은 성별의 위원이 위원장을 포함한 위원 수의 3분의 1 이상 포함되어야 한다. ( )

□□□ **19** 위원장 포함 6명이 출석하여 구성된 징계위원회에서 정직 3월 1명, 정직 1월 1명, 감봉 3월 1명, 감봉 2월 1명, 감봉 1월 1명, 견책 1명으로 의견이 나뉜 경우, 감봉 2월로 의결해야 한다. ( )

□□□ **20** 징계위원회는 징계등 의결을 하였을 때에는 지체 없이 징계등 의결을 요구한 자에게 의결서 정본(正本)을 보내어 통지하여야 한다. ( )

□□□ **21** 「경찰공무원법」상 경무관 이상의 강등 및 정직과 경정 이상의 파면 및 해임은 경찰청장 또는 해양경찰청장의 제청으로 행정안전부장관 또는 해양수산부장관과 국무총리를 거쳐 대통령이 한다. ( )

□□□ **22** 「경찰공무원법」상 경찰청 소속 경무관 이상의 강등 및 정직과 경정 이상의 파면 및 해임은 경찰청장의 제청으로 행정안전부장관과 국무총리를 거쳐 대통령이 한다. ( )

□□□ **23** 징계의결이 요구된 경정 丁에게 국무총리 표창을 받은 공적이 있는 경우에 징계위원회는 징계를 감경할 수 있지만, 그 표창이 丁에게 수여된 표창이 아니라 丁이 속한 ○○경찰서에 수여된 단체 표창이라면 감경할 수 없다. ( )

□□□ **24** 「경찰공무원 징계령 세부시행규칙」상 징계의결요구권자는 공금횡령·유용 및 업무상 배임의 금액이 100만원 이상일 경우에는 중징계 의결을 요구하여야 한다. ( )

□□□ **25** 「경찰공무원 징계령 세부시행규칙」상 징계요구권자 또는 징계위원회는 감독자가 부임기간이 3개월 미만으로 부하직원에 대한 실질적인 감독이 곤란하다고 인정된 때에는 징계책임을 감경하여 징계의결 요구 또는 징계의결하거나 징계책임을 묻지 아니할 수 있다. ( )

□□□ **26** 「경찰공무원 징계령 세부시행규칙」상 징계의결요구권자 또는 징계위원회는 서로 관련이 없는 2개 이상의 의무위반행위가 경합될 때에는 그중 책임이 중한 의무위반행위에 해당하는 징계보다 2단계 위의 징계의결 요구 또는 징계의결을 할 수 있다. ( )

□□□ **27** 「경찰공무원 징계령 세부시행규칙」상 징계위원회는 징계의결이 요구된 자가 「모범공무원규정」에 따라 모범공무원으로 선발된 공적이 있어도 징계의결이 요구된 자의 의무위반행위가 직무상 미공개 정보를 이용한 부당행위에 해당하는 경우는 징계를 감경할 수 없다. ( )

□□□ **28** 「경찰공무원 징계령 세부시행규칙」상 징계요구권자 또는 징계위원회는 과실로 인하여 발생한 의무위반행위가 다른 법령에 의해 처벌사유가 되지 않고 비난가능성이 없는 때에는 징계책임을 감경하여 징계의결 요구 또는 징계의결하거나 징계책임을 묻지 아니할 수 있다. ( )

□□□ **29** 「경찰공무원 징계령 세부시행규칙」상 징계요구권자 또는 징계위원회는 감독자가 부하직원의 의무위반행위를 사전에 발견하여 적법 타당하게 조치한 때에는 징계책임을 감경하여 징계의결 요구 또는 징계의결하거나 징계책임을 묻지 아니할 수 있다. ( )

정답 & OX 풀이

17 징계위원회 회의는 위원장과 징계위원회가 설치된 경찰기관의 장이 회의마다 지정하는 4명 이상 6명 이하의 위원으로 성별을 고려하여 구성하되, 「성폭력범죄의 처벌 등에 관한 특례법」에 따른 성폭력범죄, 「양성평등기본법」에 따른 성희롱에 해당하는 징계 사건이 속한 징계위원회의 회의를 구성하는 경우에는 피해자와 같은 성별의 위원이 위원장을 제외한 위원 수의 3분의 1 이상 포함되어야 한다(제7조(징계위원회의 회의) 제1항, 제2항).

18 징계사유가 「성폭력범죄의 처벌 등에 관한 특례법」에 따른 성폭력범죄, 「양성평등기본법」에 따른 성희롱에 해당하는 징계 사건이 속한 징계위원회의 회의를 구성하는 경우에는 피해자와 같은 성별의 위원이 위원장을 제외한 위원 수의 3분의 1 이상 포함되어야 한다(제7조(징계위원회의 회의) 제2항).

24 징계의결요구권자는 공금횡령·유용 및 업무상 배임의 금액이 300만 원 이상일 경우에는 중징계 의결을 요구하여야 한다(제4조 제1항 단서).

25 징계요구권자 또는 징계위원회는 감독자가 부임기간이 1개월 미만으로 부하직원에 대한 실질적인 감독이 곤란하다고 인정된 때에는 징계책임을 감경하여 징계의결 요구 또는 징계의결하거나 징계책임을 묻지 아니할 수 있다(제5조 제2항 제3호).

26 징계의결요구권자 또는 징계위원회는 서로 관련이 없는 2개 이상의 의무위반행위가 경합될 때에는 그 중 책임이 중한 의무위반행위에 해당하는 징계보다 1단계 위의 징계의결 요구 또는 징계의결을 할 수 있다(제7조 제1항).

정답
| 16. ○ | 17. × | 18. × | 19. ○ | 20. ○ | 21. ○ | 22. ○ | 23. ○ | 24. × | 25. × |
| 26. × | 27. ○ | 28. ○ | 29. ○ | | | | | | |

□□□ **30** 「경찰공무원 징계령 세부시행규칙」상 징계위원회는 「정부표창규정」에 따라 국무총리 이상의 표창을 받은 공적(다만, 경정이하의 경찰공무원등은 경찰청장 또는 중앙행정기관 차관급 이상 표창을 받은 공적)이 있는 경우 징계를 감경할 수 있다.   (   )

□□□ **31** 「경찰공무원 징계령 세부시행규칙」상 징계위원회는 「상훈법」에 따라 훈장 또는 포장을 받은 공적이 있는 경우 징계를 감경할 수 있다.   (   )

정답 & OX 풀이

30 경감이하의 경찰공무원등은 경찰청장 또는 중앙행정기관 차관급 이상 표창을 받은 공적을 말한다.
 ※ 징계위원회는 징계의결이 요구된 자가 다음 각 호의 어느 하나에 해당하는 공적이 있는 경우 별표 9에 따라 징계를 감경할 수 있다(제8조 제1항).

> 1호. 「상훈법」에 따라 훈장 또는 포장을 받은 공적
> 2호. 「정부표창규정」에 따라 국무총리 이상의 표창을 받은 공적 다만, 경감 이하의 경찰공무원등은 경찰청장 또는 중앙행정기관 차관급 이상 표창을 받은 공적
> 3호. 「모범공무원규정」에 따라 모범공무원으로 선발된 공적

정답
 30. ×   **31.** ○

테마 24 적극행정

핵심정리 OX Check

□□□ **01** 「공공감사에 관한 법률」상 자체감사를 받는 사람이 불합리한 규제의 개선 등 공공의 이익을 위하여 업무를 적극적으로 처리한 결과에 대하여 그의 행위에 고의나 중대한 과실이 없는 경우에는 징계 요구 또는 문책 요구 등 책임을 묻지 아니한다. ( )

□□□ **02** 「적극행정 운영규정」상 "적극행정"이란, 공무원이 불합리한 규제를 개선하는 등 공공의 이익을 위해 창의성과 신속성을 바탕으로 적극적으로 업무를 처리하는 행위를 말한다. ( )

□□□ **03** 「적극행정 운영규정」상 공무원이 적극행정을 추진한 결과에 대해 그의 행위에 고의 또는 중대한 과실이 없는 경우에는 징계 관련 법령에 따라 징계의결 또는 징계부가금 부과의결을 하지 않는다. ( )

□□□ **04** 「적극행정 운영규정」상 '소극행정'이란 공무원이 부작위 또는 직무태만 등 소극적 업무행태로 국민의 권익을 침해하거나 국가 재정상 손실을 발생하게 하는 행위를 말한다. ( )

□□□ **05** '적당편의'는 법령이나 지침 등의 변화에도 불구하고 과거 규정에 따라 업무를 처리하거나, 기존의 불합리한 업무관행을 그대로 답습하는 형태를 말한다. ( )

□□□ **06** 「적극행정 운영규정」 제18조의3은 "누구든지 공무원의 소극행정을 국가인권위원회가 운영하는 소극행정 신고센터에 신고할 수 있다."고 규정하고 있다. ( )

정답 & OX 풀이

02 「적극행정 운영규정」상 "적극행정"이란 공무원이 불합리한 규제를 개선하는 등 공공의 이익을 위해 창의성과 전문성을 바탕으로 적극적으로 업무를 처리하는 행위를 말한다(적극행정 운영규정 제2조 제1호).

05 '적당편의'는 문제해결을 위해 노력하지 않고, 적당히 형식만 갖추어 부실하게 처리하는 행태를 말한다. 법령이나 지침 등의 변화에도 불구하고 과거 규정에 따라 업무를 처리하거나, 기존의 불합리한 업무관행을 그대로 답습하는 형태를 '탁상행정'이라고 한다.

06 「적극행정 운영규정」 제18조의3은 "누구든지 공무원의 소극행정을 국민권익위원회가 운영하는 소극행정 신고센터에 신고할 수 있다."라고 규정하고 있다.

정답 01. ○ 02. × 03. ○ 04. ○ 05. × 06. ×

☐☐☐ **07** 국가인권위원회는 중앙행정기관 소속 공무원의 소극행정 예방 및 근절을 위해 소극행정 신고센터를 운영하고, 중앙행정기관의 장에게 신고사항에 대해 적절한 조치를 하도록 권고할 수 있다. ( )

☐☐☐ **08** 「공무원 징계령 시행규칙」상 징계위원회는 징계등 혐의자와 비위 관련 직무 사이에 사적인 이해관계가 없었고 대상 업무를 처리하면서 중대한 절차상 하자가 없었을 경우 해당 비위가 고의 또는 중과실에 의하지 않은 것으로 추정한다. ( )

☐☐☐ **09** 「경찰청 적극행정 면책제도 운영규정」상 '적극행정'이란 경찰청 및 그 소속기관의 공무원 또는 산하단체의 임·직원이 국가 또는 공공의 이익을 증진하기 위해 성실하고 능동적으로 업무를 처리하는 행위를 말한다. ( )

☐☐☐ **10** 「경찰청 적극행정 면책제도 운영규정」상 면책이란 적극행정 과정에서 발생한 부분적인 절차상 하자 또는 비효율, 손실 등과 관련하여 그 업무를 처리한 경찰청 소속 공무원 등에 대하여 「경찰청 감사규칙」 제10조 제1호부터 제3호까지 및 제6호와 「경찰공무원 징계령」에 따른 징계 및 징계부가금의 어느 하나에 해당하는 책임을 묻지 않거나 감면하는 것을 말한다. ( )

☐☐☐ **11** 「경찰청 적극행정 면책제도 운영규정」상 면책 대상과 관련하여 「경찰청 감사규칙」 제10조 제1호부터 제3호까지 및 제6호는 '징계 또는 문책 요구', '시정 요구', '경고·주의 요구', '개선 요구'를 말한다. ( )

☐☐☐ **12** 「경찰청 적극행정 면책제도 운영규정」에 의한 면책은 경찰청 및 그 소속기관의 공무원 또는 산하단체의 임·직원 등에게 적용된다. ( )

☐☐☐ **13** 「경찰청 적극행정 면책제도 운영규정」 제5조 제1항 제3호의 요건을 적용하는 경우 자체감사를 받는 사람이 '대상 업무를 처리하면서 중대한 절차상의 하자가 없었을 것'과 '자체감사를 받는 사람과 대상 업무 사이에 사적인 이해관계가 없을 것'이라는 요건을 모두 갖추어 업무를 처리한 것으로 인정되는 경우에는 그 행위에 고의나 중대한 과실이 없는 경우에 해당하는 것으로 추정한다. ( )

☐☐☐ **14** 「경찰청 적극행정 면책제도 운영규정」상 자체감사를 받는 사람은 적극행정 면책요건에 해당된다 하더라도 자의적인 법 해석 및 집행으로 법령의 본질적인 사항을 위반한 경우 면책대상에서 제외된다. ( )

☐☐☐ **15** 「경찰청 적극행정 면책제도 운영규정」상 "사전컨설팅 감사"란 불합리한 제도 등으로 인해 적극적인 업무 수행이 어려운 경우, 해당 업무의 수행에 앞서 업무 처리 방향 등에 대하여 미리 감사의견을 듣고 이를 업무처리에 반영하여 적극행정을 추진하는 것을 말한다. ( )

☐☐☐ **16** 「경찰청 적극행정 면책제도 운영규정」상 "사전컨설팅 대상 기관 및 대상 부서의 장"이란 경찰청장, 각 시·도경찰청장, 부속기관의 장을 말한다. ( )

□□□ **17** 「경찰청 적극행정 면책제도 운영규정」상 법령·행정규칙 등의 해석에 대한 이견 등으로 인하여 능동적인 업무처리가 곤란한 경우와 행정심판, 수사 중인 사안 등은 사전컨설팅 감사의 대상이다. ( )

□□□ **18** 「경찰청 적극행정 면책제도 운영규정」상 사전컨설팅 감사 의견서를 통보받은 사전컨설팅 대상 기관등의 장은 특별한 사정이 없으면 사전컨설팅 감사 의견을 반영하여 해당 업무를 처리하여야 한다. ( )

□□□ **19** 「경찰청 적극행정 면책제도 운영규정」상 감사관은 사전컨설팅 감사 의견을 반영하여 적극행정을 추진한 결과에 대하여 자체감사규정에 따른 감사 시 책임을 묻지 아니한다. ( )

□□□ **20** 「경찰청 적극행정 면책제도 운영규정」상 "적극행정"이란 경찰청 및 그 소속기관의 공무원 또는 산하단체의 임·직원이 국가 또는 공공의 이익을 증진하기 위해 성실하고 능동적으로 업무를 처리하는 행위를 말한다. ( )

□□□ **21** 「경찰청 적극행정 면책제도 운영규정」상 사전컨설팅 감사는 현지 확인 등 실지감사를 원칙으로 하되, 부득이한 사유가 발생할 경우 서면감사로 할 수 있다. ( )

□□□ **22** 「경찰청 적극행정 면책제도 운영규정」상 행정심판, 소송, 수사 또는 타 기관에서 감사 중인 사항, 타 법령에서 정하고 있는 재심의 절차를 거친 사항 등은 사전컨설팅 감사 대상에서 제외한다. ( )

정답 & OX 풀이 ⚡

07 국민권익위원회는 중앙행정기관 소속 공무원의 소극행정 예방 및 근절을 위해 소극행정 신고센터를 운영하고, 중앙행정기관의 장에게 신고사항에 대해 적절한 조치를 하도록 권고할 수 있다(적극행정 운영규정 제18조의3 제3항).

11 '개선 요구'(경찰청 감사규칙 제10조 제4호)는 해당하지 않는다. 경찰청 감사규칙 제10조 중에서 제1호(징계 또는 문책 요구), 제2호(시정 요구), 제3호(경고·주의 요구), 제6호(통보)는 모두 위법 또는 부당하다고 인성되는 사실이 있는 경우로서 면책의 대상이 될 수 있다.

16 경찰청장은 해당하지 않는다.
※ "사전컨설팅 대상 기관 및 대상 부서의 장"이란 각 시·도경찰청장, 부속기관의 장, 산하 공직유관단체의 장 및 경찰청 관·국의 장을 말한다(제2조 제5호).

17 행정심판, 소송, 수사 또는 타 기관에서 감사 중인 사항, 타 법령에서 정하고 있는 재심의 절차를 거친 사항 등은 사전컨설팅 감사 대상에서 제외한다(제15조(사전컨설팅 감사의 대상) 제2항).

21 사전컨설팅 감사는 서면감사를 원칙으로 하되, 현지 확인 등 실지감사를 함께 할 수 있다(제18조 제1항).

정답

07. ×	08. ○	09. ○	10. ○	11. ×	12. ○	13. ○	14. ○	15. ○	16. ×
17. ×	18. ○	19. ○	20. ○	21. ×	22. ○				

□□□ **23** 「경찰청 적극행정 면책제도 운영규정」상 적극행정 면책심사의 신청은 감사 대상자만 가능하며, 면책사유에 해당하는 증빙자료를 구비하여 감사 책임자에게 면책심사를 신청할 수 있다.

( )

□□□ **24** 「경찰청 적극행정 면책제도 운영규정」상 적극행정 면책신청에 대한 심사를 위하여 경찰청에 적극행정 면책심사위원회를 둔다.

( )

□□□ **25** 「경찰청 적극행정 면책제도 운영규정」상 적극행정 면책심사위원회는 위원장 1명을 포함하여 5명 이상 7명 이내로 성별을 고려하여 구성하며 위원장은 감사관으로 한다.

( )

정답 & OX 풀이

23 감사 대상자가 면책심사를 받을 경우에는 면책사유에 해당하는 증빙자료를 구비하여 감사 책임자에게 면책심사를 신청할 수 있다(제10조 제1항). 감사대상기관의 장 또는 감사대상자의 소속 부서장이 감사를 받은 소속 직원 중에서 특별히 면책조치가 필요할 경우에는 면책사유에 해당하는 증빙자료를 구비하여 감사 책임자에게 면책심사를 신청할 수 있다(동조 제2항).

정답   **23.** ×   **24.** ○   **25.** ○

☐☐☐ **01** 「국가공무원법」에 따라 공무원은 인사·조직·처우 등 각종 직무조건과 그 밖에 신상 문제와 관련한 고충에 대하여 상담을 신청하거나 심사를 청구할 수 있다. ( )

☐☐☐ **02** 경찰공무원의 인사상담 및 고충을 심사하기 위하여 경찰공무원 고충심사위원회를 두어야 하는 기관에는 시·도자치경찰위원회도 포함된다. ( )

☐☐☐ **03** 경찰공무원고충심사위원회의 공무원위원은 청구인보다 상위계급 또는 이에 상당하는 소속 공무원 중에서 설치기관의 장이 임명한다. ( )

☐☐☐ **04** 경찰공무원고충심사위원회의 민간위원의 수는 위원장을 제외한 위원 수의 2분의 1 이상이어야 한다. ( )

☐☐☐ **05** 「경찰공무원법」에 따라 '경찰공무원 고충심사위원회'의 심사를 거친 재심청구와 경정 이상 경찰공무원의 인사상담 및 고충심사는 「국가공무원법」에 따라 설치된 중앙고충심사위원회에서 한다. ( )

☐☐☐ **06** 「공무원고충처리규정」에 따라 고충심사위원회가 청구서를 접수한 때에는 30일 이내에 고충심사에 대한 결정을 하여야 한다. 다만, 부득이하다고 인정되는 경우에는 고충심사위원회의 의결로 30일을 연장할 수 있다. ( )

☐☐☐ **07** 「국가공무원법」에 따라 중앙인사관장기관의 장, 임용권자 또는 임용제청자는 기관 내 성폭력 범죄 또는 성희롱 발생 사실의 신고를 받은 경우에는 지체 없이 사실 확인을 위한 조사를 하고 그에 따라 필요한 조치를 할 수 있다. ( )

07 「국가공무원법」에 따라 중앙인사관장기관의 장, 임용권자 또는 임용제청자는 기관 내 성폭력 범죄 또는 성희롱 발생 사실의 신고를 받은 경우에는 지체 없이 사실 확인을 위한 조사를 하고 그에 따라 필요한 조치를 하여야 한다(제76조의2(고충처리)).

정답 **01.** ○ **02.** ○ **03.** ○ **04.** ○ **05.** ○ **06.** ○ **07.** ✕

□□□ **08** 甲이 징계처분사유 설명서를 받은 날부터 30일 이내(甲에게 책임이 없는 사유로 소청심사를 청구할 수 없는 기간은 없다고 전제한다) 소청심사를 제기하지 않은 경우에는 행정소송을 제기할 수 없다.　　　　　　　　　　　　　　　　　　　　　　　　　　　　　　　(　)

□□□ **09** 소청심사위원회는 소청심사 결과 甲의 비위행위의 정도에 비해 해임의 징계처분이 경미하다는 판단에 이르더라도 파면의 징계처분으로 변경하는 결정을 할 수 없다.　　　　　　(　)

□□□ **10** 소청심사위원회에서 해임처분 취소명령결정을 내릴 경우, 그 해임의 징계처분은 소청심사위원회의 결정에 따른 징계나 그 밖의 처분이 있기 전에 당연히 효력을 상실한다.　　　　(　)

□□□ **11** 소청심사위원회에서 해임처분을 취소 또는 변경하고자 할 경우에는 재적 위원 3분의 2 이상의 출석과 출석 위원 3분의 2 이상의 합의가 있어야 한다.　　　　　　　　　　　　(　)

□□□ **12** 「경찰공무원법」상 징계처분, 휴직처분, 면직처분, 그 밖에 의사에 반하여 불리한 처분에 대한 행정소송은 경찰청장을 피고로 하는 것이 원칙이며, 예외도 있다.　　　　　　　　　(　)

□□□ **13** 「경찰공무원법」상 경찰청장이 대통령령으로 정하는 바에 따라 경찰공무원의 임용에 관한 권한의 일부를 시·도경찰청장에게 위임한 경우 징계처분에 대한 행정소송은 그 위임을 받은 자를 피고로 한다.　　　　　　　　　　　　　　　　　　　　　　　　　　　　　　　　(　)

□□□ **14** 국가경찰사무를 담당하는 ○○경찰서 소속 경사 丙에 대한 정직처분은 소속기관장인 ○○경찰서장이 행하지만, 그 처분에 대한 행정소송의 피고는 경찰청장이다.　　　　　　　　　(　)

정답 & OX 풀이

10 [1] 소청심사위원회의 취소명령 또는 변경명령 결정(간접적 명령)은 그에 따른 징계나 그 밖의 처분이 있을 때까지는 종전에 행한 징계처분 또는 징계부가금 부과처분에 영향을 미치지 아니한다(국가공무원법 제14조 제7항). [2] 소청심사위원회에서 해임처분 취소명령결정을 내릴 경우, 그 해임의 징계처분은 소청심사위원회의 결정에 따른 징계나 그 밖의 처분이 있기 전에는 영향을 받지 아니한다.

14 국가경찰사무를 담당하는 ○○경찰서 소속 경사 丙에 대한 정직처분은 임용권자인 시·도경찰청장이 행하고, 그 처분에 대한 행정소송의 피고도 징계처분을 내린 시·도경찰청장이다. [1] 경찰청장은 법 제7조 제3항 전단에 따라 경찰대학·경찰인재개발원·중앙경찰학교·경찰수사연수원·경찰병원 및 시·도경찰청(이하 "소속기관등"이라 한다)의 장에게 그 소속 경찰공무원 중 경정의 전보·파견·휴직·직위해제 및 복직에 관한 권한과 경감 이하의 임용권을 위임한다(경찰공무원 임용령 제4조 제3항). 파면·해임·강등 및 정직은 징계위원회의 의결을 거쳐 해당 경찰공무원의 임용권자가 한다(경찰공무원법 제33조 단서). 따라서 국가경찰사무를 담당하는 ○○경찰서 소속 경사 丙에 대한 정직처분은 임용권자인 시·도경찰청장이 행한다. [2] 징계처분, 휴직처분, 면직처분, 그 밖에 의사에 반하는 불리한 처분에 대한 행정소송의 경우에는 경찰청장을 피고로 한다. 다만, 임용권을 위임한 경우에는 그 위임을 받은 자를 피고로 한다(경찰공무원법 제34조). 따라서 정직 처분에 대한 행정소송의 피고도 정직처분을 내린 시·도경찰청장이 된다.

정답
　　08. ○　　09. ○　　10. ×　　11. ○　　12. ○　　13. ○　　14. ×

핵심정리 OX Check ✓

□□□ **01** 행정목적을 위하여 국가의 일반통치권에 의거 개인에게 특정한 작위·부작위·수인 또는 급부의
의무를 명하는 행정행위, 개인에게 특정의무를 명하는 명령적 행정행위를 하명이라 한다.
( )

□□□ **02** 「경찰관 직무집행법」 제4조의 강제보호조치 대상자에 대한 응급을 요하는 구호조치에 따른 수인
의무는 하명이 아니다. ( )

□□□ **03** 대간첩 지역이나 국가중요시설에 대한 접근제한명령이나 통행제한명령은 수인의무를 명하는 행
위로서 하명의 성질이 아니다. ( )

□□□ **04** 「경찰관 직무집행법」 제5조 제1항 제3호의 관계인에게 '필요한 조치를 하게 하는 것'은 상대방이
필요한 조치를 하도록 명하는 행위이더라도 하명의 성질은 아니다. ( )

□□□ **05** 도로교통법 위반에 의한 과태료납부의무는 하명이 아니다. ( )

□□□ **06** 경찰하명은 경찰상의 목적을 위하여 국가의 일반통치권에 의거, 개인에게 특정한 작위·부작위·
수인 또는 급부의 의무를 명하는 행정행위이다. ( )

□□□ **07** 부작위하명은 적극적으로 어떤 행위를 하지 말 것을 명하는 것으로 '면제'라 부르기도 한다.
( )

정답 & OX 풀이 ✓

02 수인하명은 자기의 신체·재산에 가해지는 사실상의 침해, 즉 경찰상 강제에 대하여 저항하지 않고 참아야 할 수인의무
를 부과하는 하명이다. 경찰상 강제는 권력적 사실행위이지만 적법하게 행해지기 위해서는 수인하명이 수반되어야 한
다. 즉시강제를 할 경우에도 공권력에 복종하고 참아야 할 의무가 부과되므로, 「경찰관 직무집행법」 제4조의 강제보호
조치 대상자에 대해 응급을 요하는 구호조치를 할 경우에 이에 따른 수인의무가 부과되는 것은 수인하명에 해당한다.

03 대간첩 지역이나 국가중요시설에 대한 접근제한명령이나 통행제한명령은 수인의무를 명하는 행위로서 수인하명 또는
금지의무를 명하는 행위로서 부작위하명의 성질을 지닌다.

04 「경찰관 직무집행법」 제5조 제1항 제3호의 관계인에게 '필요한 조치를 하게 하는 것'은 상대방이 필요한 조치를 하도록
명하는 행위이므로 작위하명의 성질을 지닌다.

05 도로교통법 위반에 따른 과태료 부과는 급부하명에 해당한다.

07 부작위하명은 소극적으로 어떤 행위를 하지 말 것을 명하는 것으로 '(경찰)금지'라 부르기도 한다.

정답   01. ○   02. ✕   03. ✕   04. ✕   05. ✕   06. ○   07. ✕

□□□ **08** 경찰하명에 위반한 행위는 강제집행이나 처벌의 대상이 되지만, 원칙적으로 사법(私法)상의 법률적 효력까지 부인하는 것은 아니다. (　　)

□□□ **09** 위법한 경찰하명으로 인하여 권리·이익이 침해된 자는 행정쟁송 또는 손해배상을 청구할 수 있다. (　　)

□□□ **10** 법령에 의한 일반적·절대적 금지를 특정한 경우에 해제하여 적법하게 일정한 행위를 할 수 있게 하는 행정행위를 허가라 한다. (　　)

□□□ **11** 자동차운전면허는 행정행위 중 강학상 특허에 해당한다. (　　)

□□□ **12** 재단법인의 정관변경 허가는 행정행위 중 강학상 특허에 해당한다. (　　)

□□□ **13** 한의사 면허는 행정행위 중 강학상 특허에 해당한다. (　　)

□□□ **14** 국유재산 등의 관리청이 행정재산의 사용·수익에 대하여 하는 허가는 행정행위 중 강학상 특허에 해당한다. (　　)

□□□ **15** 「도로교통법」상 교통단속임무를 수행하는 경찰공무원을 폭행한 사람의 운전면허를 취소하는 것은 행정청이 재량여지가 없으므로 재량권의 일탈·남용과는 관련이 없다. (　　)

□□□ **16** 재량을 선택재량과 결정재량으로 나눌 경우, 경찰공무원의 비위에 대해 징계처분을 하는 결정과 그 공무원의 건강 등 제반사정을 고려하여 징계처분을 하지 않는 결정 사이에서 선택권을 갖는 것을 결정재량이라 한다. (　　)

□□□ **17** 재량의 일탈·남용뿐만 아니라 단순히 재량권 행사에서 합리성을 결하는 등 재량을 그르친 경우에도 행정심판의 대상이 된다. (　　)

□□□ **18** 재량권의 일탈이란 재량권의 내적 한계(재량권이 부여된 내재적 목적)를 벗어난 것을 말하며, 재량권의 남용이란 재량권의 외적 한계(법적·객관적 한계)를 벗어난 것을 의미한다. (　　)

정답 & OX 풀이

10 법령에 의한 일반적·상대적 금지를 특정한 경우에 해제하여 적법하게 일정한 행위를 할 수 있게 하는 행정행위를 허가라 한다.

11 자동차운전면허는 일반적·상대적 금지를 해제하는 강학상 허가이다.

12 재단법인의 정관변경 허가는 강학상 인가이다. 민법 제45조와 제46조에서 말하는 재단법인의 정관변경 "허가"는 법률상의 표현이 허가로 되어 있기는 하나, 그 성질에 있어 법률행위의 효력을 보충해 주는 것이지 일반적 금지를 해제하는 것이 아니므로, 그 법적 성격은 인가라고 보아야 한다(대법원 1996.5.16. 95누4810 전원합의체).

13 한의사 면허는 경찰금지를 해제하는 명령적 행위(강학상 허가)에 해당하고, 한약조제시험을 통하여 약사에게 한약조제권을 인정함으로써 한의사들의 영업상 이익이 감소되었다고 하더라도 이러한 이익은 사실상의 이익에 불과하고 약사법이나 의료법 등의 법률에 의하여 보호되는 이익이라고는 볼 수 없다(대법원 1998.3.10. 97누4289).

18 재량권의 남용이란 재량권의 내적 한계(재량권이 부여된 내재적 목적)를 벗어난 것을 말하며, 재량권의 일탈이란 재량권의 외적 한계(법적·객관적 한계)를 벗어난 것을 의미한다.
※ 행정청의 재량에 속하는 처분이라도 재량권의 한계를 넘거나 그 남용이 있는 때에는 법원은 이를 취소할 수 있다(행정소송법 제27조).

정답

| 08. ○ | 09. ○ | 10. × | 11. × | 12. × | 13. × | 14. ○ | 15. ○ | 16. ○ | 17. ○ |
| 18. × | | | | | | | | | |

핵심정리 OX Check

□□□ **01** 부관은 조건·기한·부담·철회권의 유보 등과 같이 주된 처분에 부가되는 종된 규율로서, 주된 처분의 효과를 제한하거나 의무를 부과함으로써 국민의 권리·의무에 영향을 미치는 효과가 있다. ( )

□□□ **02** 기한은 법률행위 효력의 발생 또는 소멸을 장래의 불확실한 사실의 성부에 의존하게 하는 법률행위의 부관이다. ( )

□□□ **03** 장래의 사실이더라도 그것이 장래 반드시 실현되는 사실이면 실현되는 시기가 비록 확정되지 않더라도 이는 조건으로 보아야 한다. ( )

□□□ **04** 행정청이 종교단체에 대하여 기본재산전환인가를 함에 있어 인가조건을 부가하고 그 불이행 시 인가를 취소할 수 있도록 한 경우, 그 인가조건의 의미를 철회권의 유보로 본다. ( )

□□□ **05** 행정청은 처분에 재량이 있는 경우에는 부관을 붙일 수 있다. ( )

□□□ **06** 행정청은 처분에 재량이 없는 경우에는 법률에 근거가 있는 경우에 부관을 붙일 수 있다. ( )

□□□ **07** 행정청은 처분에 재량이 없는 경우에는 법률에 근거가 있더라도 부관을 붙일 수 없다. ( )

□□□ **08** 행정청은 부관을 붙일 수 있는 처분이 당사자의 동의가 있는 경우에는 그 처분을 한 후에도 부관을 새로 붙이거나 종전의 부관을 변경할 수 있다. ( )

□□□ **09** 부관은 해당 처분의 목적에 위배되지 아니하고, 실질적 관련이 없을 것을 요건으로 한다. ( )

□□□ **10** 행정행위의 부관은 부담인 경우를 제외하고는 독립하여 행정소송의 대상이 될 수 없다. ( )

□□□ **11** 처분은 권한이 있는 기관이 취소 또는 철회하거나 기간의 경과 등으로 소멸되기 전까지는 유효한 것으로 통용된다. 다만, 무효인 처분은 처음부터 그 효력이 발생하지 아니한다. ( )

□□□ **12** 연령미달의 결격자인 피고인이 소외인의 이름으로 운전면허시험에 응시, 합격하여 교부받은 운전면허는 취소되지 않는 한 유효하므로 피고인의 운전행위는 무면허운전에 해당하지 아니한다. ( )

□□□ **13** 행정처분이 위법임을 이유로 배상을 청구하는 경우에는 미리 그 행정처분의 취소판결이 있어야만 그 행정처분의 위법임을 이유로 피고에게 배상을 청구할 수 있다. ( )

□□□ **14** 과세처분이 당연무효라고 볼 수 없는 한 과세처분에 취소할 수 있는 위법사유가 있다 하더라도 그 과세처분은 행정행위의 공정력 또는 집행력에 의하여 그것이 적법하게 취소되기 전까지는 유효하다 할 것이므로, 민사소송절차에서 그 과세처분의 효력을 부인할 수 없다. ( )

□□□ **15** 하자 있는 행정처분이 당연무효가 되기 위하여는 그 하자가 법규의 중요한 부분을 위반한 중대한 것으로서 객관적으로 명백한 것이어야 하며, 하자가 중대하고 명백한 것인지 여부를 판별함에 있어서는 그 법규의 목적, 의미·기능 등을 목적론적으로 고찰함과 동시에 구체적 사안 자체의 특수성에 관하여도 합리적으로 고찰함을 요한다. ( )

□□□ **16** 경찰공무원에 대한 징계위원회의 심의과정에 감경사유에 해당하는 공적 사항이 제시되지 아니한 경우에는 그 징계양정이 결과적으로 적정한지와 상관없이 이는 관계 법령이 정한 징계절차를 지키지 아니한 것으로서 당연무효이다. ( )

□□□ **17** 임용 당시 공무원임용 결격사유가 있었다면 비록 국가의 과실에 의하여 임용결격자임을 밝혀 내지 못하였다고 하더라도 그 임용행위는 당연무효이다. ( )

정답 & OX 풀이

02 조건은 법률행위 효력의 발생 또는 소멸을 장래의 불확실한 사실의 성부에 의존하게 하는 법률행위의 부관이다.

03 장래의 사실이더라도 그것이 장래 반드시 실현되는 사실이면 실현되는 시기가 비록 확정되지 않더라도 이는 기한으로 보아야 한다.

07 행정청은 처분에 재량이 없는 경우에는 법률에 근거가 있는 경우에 부관을 붙일 수 있다(행정기본법 제17조 제2항).

09 부관은 해당 처분의 목적에 위배되지 아니하고, 실질적 관련이 있을 것을 요건으로 한다(제17조 제4항).

13 행정처분의 취소판결이 있어야만 그 행정처분의 위법임을 이유로 피고에게 배상을 청구할 수 있는 것은 아니다. 계고처분 행정처분이 위법임을 이유로 배상을 청구하는 취지로 인정될 수 있는 본건에 있어 미리 그 행정처분의 취소판결이 있어야만 그 행정처분의 위법임을 이유로 피고에게 배상을 청구할 수 있는 것은 아니라고 해석함이 상당할 것임에도 불구하고 행정처분의 취소가 있어 그 효력이 상실되어야만 배상을 청구할수 있는 법리인 것 같이 판단한 원판결에는 배상청구와 행정처분 취소판결과의 관계에 관한 법리를 오해한 위법이 있다(대법원 1972.4.28. 72다337).

16 경찰공무원에 대한 징계위원회의 심의과정에 감경사유에 해당하는 공적 사항이 제시되지 아니한 경우에는 그 징계양정이 결과적으로 적정한지와 상관없이 이는 관계 법령이 정한 징계절차를 지키지 않은 것으로서 위법하다(대법원 2012.10.11. 2012두13245). ※ 취소사유로 본 판례

정답

01. ○	02. ×	03. ×	04. ○	05. ○	06. ○	07. ×	08. ○	09. ×	10. ○
11. ○	12. ○	13. ×	14. ○	15. ○	16. ×	17. ○			

□□□ **18** 적법한 건축물에 대한 철거명령은 그 하자가 중대하고 명백하여 당연무효이고, 그 후행행위인 건축물철거 대집행계고처분 역시 당연무효이다. ( )

□□□ **19** 음주운전을 단속한 경찰관 명의로 행한 운전면허정지처분의 효력은 무효이다. ( )

□□□ **20** 임용권자의 과실에 의한 임용결격자에 대한 경찰공무원 임용행위의 효력은 무효이다. ( )

□□□ **21** 행정처분의 처분 방식에 관한 「행정절차법」 제24조 제1항을 위반한 처분의 효력은 무효이다. ( )

□□□ **22** 임면권자가 아닌 국가정보원장이 5급 이상의 국가정보원직원에 대하여 한 의원면직처분의 효력은 무효이다. ( )

□□□ **23** 행정지도는 일정한 행정목적을 달성하기 위해 상대방인 국민에게 임의적인 협력을 요청하는 비권력적 사실행위를 말한다. ( )

□□□ **24** 행정지도는 그 목적 달성에 필요한 최소한도에 그쳐야 하며, 행정지도의 상대방의 의사에 반하여 부당하게 강요하여서는 아니 된다. ( )

□□□ **25** 행정기관은 행정지도의 상대방이 행정지도에 따르지 아니하였다는 것을 이유로 불이익한 조치를 하여서는 아니 된다. ( )

□□□ **26** 행정지도가 말로 이루어지는 경우에 상대방이 행정지도의 취지 및 내용과 신분의 사항을 적은 서면의 교부를 요구하면 그 행정지도를 하는 자는 직무 수행에 특별한 지장이 없으면 이를 교부하여야 한다. ( )

□□□ **27** 행정지도의 상대방은 해당 행정지도의 방식·내용 등에 관하여 행정기관에 의견제출을 할 수 없다. ( )

정답 & OX 풀이

22 임면권자가 아닌 국가정보원장이 5급 이상의 국가정보원직원에 대하여 한 의원면직처분이 당연무효가 아니라고 한 사례. 5급 이상의 국가정보원직원에 대한 의원면직처분이 임면권자인 대통령이 아닌 국가정보원장에 의해 행해진 것으로 위법하고, 나아가 국가정보원직원의 명예퇴직원 내지 사직서 제출이 직위해제 후 1년여에 걸친 국가정보원장 측의 종용에 의한 것이었다는 사정을 감안한다 하더라도 그러한 하자가 중대한 것이라고 볼 수는 없으므로, 대통령의 내부결재가 있었는지에 관계없이 당연무효는 아니라고 한 사례(대법원 2007.7.26. 2005두15748).

27 행정지도의 상대방은 해당 행정지도의 방식·내용 등에 관하여 행정기관에 의견제출을 할 수 있다(제50조(의견제출)).

정답   18. ○   19. ○   20. ○   21. ○   22. ×   23. ○   24. ○   25. ○   26. ○   27. ×

행정의 실효성 확보수단 개관, 행정상 강제

전통적 의무이행 확보수단	행정상 강제	즉시강제	현재의 급박한 행정상 장해 제거		직접적 의무 이행 확보수단
		강제집행	하명 → 의무발생 → 의무불이행	대집행	
				직접강제	
				강제징수	
				이행강제금	간접적 의무 이행 (심리적 강제) 확보수단
	행정벌	행정형벌	의무 위반	형벌	
		통고처분		범칙금(형벌을 대신하는 행정상 제재)	
		행정질서벌		과태료	
새로운 의무이행 확보수단	금전 제재		과징금, 가산금, 가산세		
	명단공개		위반사실등의 공표(행정절차법제40조의3)		
	행정상 제한		공급거부, 관허사업의 제한		
			제재처분 : 수익적 행정행위의 취소·철회		
			국외여행의 제한, 취업제한 등		

핵심정리 OX Check ✓

□□□ **01** 가산세는 개별 세법이 과세의 적정을 기하기 위하여 정한 의무의 이행을 확보할 목적으로 그 의무 위반에 대하여 세금의 형태로 가하는 행정상 제재이다. ( )

□□□ **02** 새로운 의무이행 확보수단 : 과징금 ( )

□□□ **03** 새로운 의무이행 확보수단 : 수익적 행정행위의 취소·철회 ( )

□□□ **04** 새로운 익무이행 확보수단 : 공급거부 ( )

□□□ **05** 새로운 의무이행 확보수단 : 행정질서벌 ( )

정답 & OX 풀이 ✓

05 행정질서벌은 행정벌에 해당하며 전통적 의무이행 확보수단이다.

정답
01. ○   02. ○   03. ○   04. ○   05. ✕

□□□ **06** 전통적 수단 : 대집행 　　　　　　　　　　　　　　　　　　　　　　　　(　)

□□□ **07** 전통적 수단 : 이행강제금의 부과 　　　　　　　　　　　　　　　　　　(　)

□□□ **08** 전통적 수단 : 과징금 　　　　　　　　　　　　　　　　　　　　　　　(　)

□□□ **09** 전통적 수단 : 강제징수 　　　　　　　　　　　　　　　　　　　　　　(　)

□□□ **10** 과징금은 원칙적으로 행정법상의 의무를 위반한 자에 대하여 당해 위반행위로 얻게 된 경제적 이익을 박탈하기 위한 목적으로 부과하는 금전적인 제재이다. 　　　　　　(　)

□□□ **11** 「행정기본법」상 행정상 직접강제란 의무자가 행정상 의무를 이행하지 아니하는 경우 행정청이 의무자의 신체나 재산에 실력을 행사하여 그 행정상 의무의 이행이 있었던 것과 같은 상태를 실현하는 것이다. 　　　　　　　　　　　　　　　　　　　　　　　　　　　　(　)

□□□ **12** 「행정기본법」상 행정상 강제징수란 의무자가 행정상 의무 중 금전급부의무를 이행하지 아니하는 경우 행정청이 의무자의 재산에 실력을 행사하여 그 행정상 의무가 실현된 것과 같은 상태를 실현하는 것이다. 　　　　　　　　　　　　　　　　　　　　　　　　　　(　)

□□□ **13** 「행정기본법」상 행정상 즉시강제란 현재의 급박한 행정상의 장해를 제거하기 위한 경우로서 행정청이 미리 행정상 의무 이행을 명할 시간적 여유가 없는 경우 또는 그 성질상 행정상 의무의 이행을 명하는 것만으로는 행정목적 달성이 곤란한 경우에 행정청이 곧바로 국민의 신체 또는 재산에 실력을 행사하여 행정목적을 달성하는 것이다. 　　　　　　　　　　　　　(　)

□□□ **14** 「행정기본법」상 이행강제금의 부과란 의무자가 행정상 의무를 이행하지 아니하는 경우 행정청이 적절한 이행기간을 부여하고, 그 기한까지 행정상 의무를 이행하지 아니하면 금전급부의무를 부과하는 것으로서, 행정상 의무를 이행하지 않더라도 반복하여 부과할 수 없다. 　　(　)

□□□ **15** 경찰상의 강제집행을 하기 위해서는 경찰의무를 부과하는 경찰하명의 근거가 되는 법률 이외에 경찰상의 강제집행을 위한 별도의 법적 근거가 있어야 한다. 　　　　　　　(　)

□□□ **16** 작위의무를 부과한 행정처분의 법적 근거가 있다면 행정대집행은 별도의 법적 근거를 요하지 아니하며, 즉시강제는 법률의 근거가 없더라도 일반긴급권에 기초하여 행사할 수 있다. 　(　)

□□□ **17** 행정대집행과 행정상 즉시강제는 제3자에 의해 집행될 수 없고 행정청이 직접 행사해야 한다. 　　　　　　　　　　　　　　　　　　　　　　　　　　　　　　　　　　(　)

□□□ **18** 경찰상의 강제집행의 실정법적 근거로는 「경찰관 직무집행법」이 유일하다. 　　　(　)

□□□ **19** 「경찰관 직무집행법」 제4조 제1항 제1호에서 규정하는 술에 취한 상태로 인하여 자기 또는 타인의 생명·신체와 재산에 위해를 미칠 우려가 있는 피구호자에 대한 보호조치는 행정상 강제집행에 해당한다. 　　　　　　　　　　　　　　　　　　　　　　　　　　　　(　)

□□□ **20** 경찰상 강제집행은 경찰하명에 의한 의무의 존재 및 그 불이행을 전제로 한다는 점에서 의무불이행을 전제로 하지 않는 경찰상 즉시강제와 구별된다.   ( )

□□□ **21** 강제집행과 즉시강제는 선행의무 불이행을 전제하지 않는다.   ( )

□□□ **22** 경찰상 강제집행은 장래에 향하여 의무이행을 강제한다는 점에서 과거의 의무위반에 대한 제재인 경찰벌과 구별된다.   ( )

□□□ **23** 행정대집행은 대체적 작위의무 불이행에 대하여 다른 수단으로는 그 이행을 확보하기 곤란하고 불이행을 방치하면 공익을 크게 해칠 것으로 인정될 때에 행정청이 의무자가 하여야 할 행위를 스스로 하거나 제3자에게 하게 하고 그 비용을 의무자로부터 징수하는 것을 말한다.   ( )

□□□ **24** 대집행이란 비대체적 작위의무의 불이행이 있는 경우 행정청이 의무자의 작위의무를 스스로 행하거나 또는 제3자로 하여금 이를 행하게 하고 그 비용을 의무자로부터 징수하는 것을 말한다.   ( )

□□□ **25** 행정대집행은 의무자가 행정상 의무를 이행하지 아니하는 경우 행정청이 의무자의 신체나 재산에 실력을 행사하여 그 행정상 의무의 이행이 있었던 것과 같은 상태를 실현하는 것이다. ( )

정답 & OX 풀이✎

08 과징금은 일정한 위반행위로 경제적 이익이 예정되어 있는 경우에 그 의무위반행위로 인한 불법적인 경제적 이익을 박탈하기 위하여 그 액수에 따라 과해지는 행정제재금을 말한다. 새로운 수단으로서 간접적 의무이행 확보수단이 된다.

14 행정청은 의무자가 행정상 의무를 이행할 때까지 이행강제금을 반복하여 부과할 수 있다. 다만, 의무자가 의무를 이행하면 새로운 이행강제금의 부과를 즉시 중지하되, 이미 부과한 이행강제금은 징수하여야 한다(제31조 제5항).

16 작위의무를 부과한 행정처분의 법적 근거가 있더라도 행정대집행은 별도의 법적 근거가 필요하며, 즉시강제도 법률의 근거가 있어야만 행사할 수 있다.

17 행정상 즉시강제는 제3자에 의해 집행될 수 없고 행정청이 직접 행사해야 하지만, 행정대집행은 제3자에 의해 집행될 수 있다.

18 경찰상의 강제집행의 실정법적 근거로는 「행정대집행법」, 「국세징수법」, 「집회 및 시위에 관한 법률」(강제해산), 그 밖에 「건축법」, 「식품위생법」 등이 있다.

19 행정상 즉시강제에 해당한다.

21 강제집행은 선행의무 불이행을 전제하고, 즉시강제는 선행의무 불이행을 전제하지 않는다.

24 대집행이란 대체적 작위의무의 불이행이 있는 경우

25 직접강제(행정기본법 제30조 제1항 제3호)

정답	06. ○	07. ○	08. ×	09. ○	10. ○	11. ○	12. ○	13. ○	14. ×	15. ○
	16. ×	17. ×	18. ×	19. ×	20. ○	21. ×	22. ○	23. ○	24. ×	25. ×

□□□ **26** 대집행의 근거가 되는 일반법으로는 「행정대집행법」이 있다. ( )

□□□ **27** 대집행의 절차는 계고 → 통지 → 비용의 징수 → 실행 순이다. ( )

□□□ **28** 이행강제금의 부과 : 국민이 국가 또는 공공단체에 대해 부담하고 있는 공법상의 금전급부의무를 이행하지 않는 경우에 행정청이 강제적으로 의무가 이행된 것과 동일한 상태를 실현하는 작용 ( )

□□□ **29** 행정청은 의무자가 행정상 의무를 이행할 때까지 이행강제금을 반복하여 부과할 수 있으나, 의무자가 의무를 이행하면 이미 부과한 이행강제금을 징수하여서는 안 된다. ( )

□□□ **30** 이행강제금의 부과는 의무자가 행정상 의무를 이행하지 아니하는 경우 행정청이 적절한 이행기간을 부여하고, 그 기한까지 행정상 의무를 이행하지 아니하면 금전급부의무를 부과하는 것이다. ( )

□□□ **31** 이행강제금의 부과는 경찰벌과 병과해서 행할 수 없다. ( )

□□□ **32** 형사처벌과 이행강제금을 병과하는 것은 헌법상의 이중처벌금지의 원칙에 위반된다. ( )

□□□ **33** 직접강제는 행정대집행이나 이행강제금 부과로는 행정상 의무이행을 확보할 수 없거나 그 실현이 불가능한 경우에 실시하여야 한다. ( )

□□□ **34** 직접강제 : 경찰상 의무불이행에 대해 최후의 수단으로서 직접 의무자의 신체나 재산에 실력을 가하여 의무의 이행이 있었던 것과 동일한 상태를 실현하는 작용 ( )

□□□ **35** 강제징수의 일반법으로서 「국세징수법」이 있다. ( )

□□□ **36** 강제징수 : 경찰상 의무를 이행하지 않는 경우에 그 이행을 강제하기 위해 과하는 금전벌 ( )

□□□ **37** 강제징수란 의무자가 관련 법령상의 대체적 작위의무를 이행하지 않을 경우, 당해 경찰관청이 스스로 행하거나 또는 제3자로 하여금 의무자가 하여야 할 행위를 하게 함으로써 의무의 이행이 있는 것과 같은 상태를 실현시킨 후 그 비용을 의무자로부터 징수하는 것이다. ( )

□□□ **38** 강제징수 절차는 독촉 → 압류 → 매각 → 청산 순으로 진행한다. ( )

□□□ **39** 강제징수는 의무자가 행정상 의무 중 금전급부의무를 이행하지 아니하는 경우 행정청이 의무자의 재산에 실력을 행사하여 그 행정상 의무가 실현된 것과 같은 상태를 실현하는 것이다. ( )

□□□ **40** 즉시강제는 현재의 급박한 행정상의 장해를 제거하기 위하여 행정청이 미리 행정상 의무 이행을 명할 시간적 여유가 없는 경우 또는 그 성질상 행정상 의무의 이행을 명하는 것만으로는 행정목적 달성이 곤란한 경우에 행정청이 곧바로 국민의 신체 또는 재산에 실력을 행사하여 행정목적을 달성하는 것이다. ( )

□□□ **41** 경찰행정상 즉시강제는 눈앞의 급박한 경찰상 장해를 제거하여야 할 필요가 있고 의무를 명할 시간적 여유가 없거나 의무를 명하는 방법으로는 그 목적을 달성하기 어려운 상황에서 의무불이행을 전제로 하지 않고 경찰이 직접 실력을 행사하여 경찰상 필요한 상태를 실현하는 권력적 사실행위이다. ( )

□□□ **42** 「경찰관 직무집행법」 제6조 "경찰관은 범죄행위가 목전에 행하여지려고 하고 있다고 인정될 때에는 이를 예방하기 위하여 관계인에게 필요한 경고를 하고, 그 행위로 인하여 사람의 생명·신체에 위해를 끼치거나 재산에 중대한 손해를 끼칠 우려가 있는 긴급한 경우에는 그 행위를 제지할 수 있다" 규정은 행정상 즉시강제에 해당한다. ( )

□□□ **43** 행정상 즉시강제:「경찰관 직무집행법」 제6조 범죄의 예방을 위한 제지 ( )

□□□ **44** 행정상 즉시강제:「경찰관 직무집행법」 제4조 제1항 제1호에서 규정하는 술에 취한 상태로 인하여 자기 또는 타인의 생명·신체와 재산에 위해를 미칠 우려가 있는 피구호자에 대한 보호조치 ( )

□□□ **45** 행정상 즉시강제:「행정대집행법」 제2조 대집행 ( )

정답 & OX 풀이

27 대집행의 절차는 계고 → 통지 → 실행 → 비용의 징수 순이다.

28 강제징수

29 행정청은 의무자가 행정상 의무를 이행할 때까지 이행강제금을 반복하여 부과할 수 있다. 다만, 의무자가 의무를 이행하면 새로운 이행강제금의 부과를 즉시 중지하되, 이미 부과한 이행강제금은 징수하여야 한다(「행정기본법」 제31조 제5항).

31 이행강제금은 장래의 의무이행을 확보하기 위해 부과되므로 경찰벌과 병과해서 행할 수 있다.

32 건축법상 이행강제금은 일정한 기한까지 의무를 이행하지 않을 때에는 일정한 금전적 부담을 과할 뜻을 미리 계고함으로써 의무자에게 심리적 압박을 주어 장래에 그 의무를 이행하게 하려는 행정상 간접적인 강제집행 수단의 하나로서 과거의 일정한 법률위반 행위에 대한 제재로서의 형벌이 아니라 장래의 의무이행의 확보를 위한 강제수단일 뿐이어서 범죄에 대하여 국가가 형벌권을 실행한다고 하는 과벌에 해당하지 아니한다(헌재 2011.10.25. 2009헌바140).

36 이행강제금

37 행정대집행

45 행정상 강제집행

| 정답 | 26. ○ | 27. × | 28. × | 29. × | 30. ○ | 31. × | 32. × | 33. ○ | 34. ○ | 35. ○ |
| | 36. × | 37. × | 38. ○ | 39. ○ | 40. ○ | 41. ○ | 42. ○ | 43. ○ | 44. ○ | 45. × |

□□□ **46** 행정상 즉시강제 : 「국세징수법」제24조 강제징수 ( )

□□□ **47** 「경찰관 직무집행법」상 즉시강제 : 주택가에서 흉기를 들고 난동을 부리며 경찰관의 중지명령에 항거하는 사람에 대해 전자충격기를 사용하여 강제로 제압하는 것 ( )

□□□ **48** 「경찰관 직무집행법」상 즉시강제 : 음주운전 등 교통법규 위반자에 대해 운전면허를 취소하는 것 ( )

□□□ **49** 「경찰관 직무집행법」상 즉시강제 : 불법집회로 인한 공공시설의 안전에 대한 위해를 억제하기 위해 최루탄을 사용하는 것 ( )

□□□ **50** 「경찰관 직무집행법」상 즉시강제 : 위험물의 폭발로 인해 긴급한 경우에 위해를 입을 우려가 있는 사람의 이동을 제한하거나 대피시키는 것 ( )

□□□ **51** 「경찰관 직무집행법」상 즉시강제 : 지정된 기한까지 체납액을 완납하지 않은 국세체납자의 재산을 압류하는 것 ( )

□□□ **52** 「경찰관 직무집행법」상 즉시강제 : 무허가건물의 철거 명령을 받고도 이를 불이행하는 사람의 불법건축물을 철거하는 것 ( )

□□□ **53** 즉시강제는 경찰상의 이행을 확보하기 위한 가장 효과적인 수단이며, 공공의 안녕 또는 질서에 대한 급박한 위해가 존재하는 경우에는 국가는 그 위해를 제거하여 공공의 안녕과 질서를 유지할 자연법적 권리와 의무를 가지므로, 특별한 법률적 근거가 없다 하더라도 경찰상의 즉시강제가 가능하다. ( )

정답 & OX 풀이

46 행정상 강제집행

48 교통법규 위반자에 대해 운전면허를 취소하는 것은 제재처분

51 의무불이행을 전제로 하는 강제집행

52 의무불이행을 전제로 하는 강제집행

53 즉시강제는 침해적 작용이므로 법률유보의 원칙에 따라 실정법적 근거가 필요하다. 즉시강제는 경찰상의 이행을 확보하기 위한 가장 효과적인 수단이며, 공공의 안녕 또는 질서에 대한 급박한 위해가 존재하는 경우에는 국가는 그 위해를 제거하여 공공의 안녕과 질서를 유지할 법적 권리와 의무를 가진다.

정답 46. × 47. ○ 48. × 49. ○ 50. ○ 51. × 52. × 53. ×

질서위반행위규제법

책임연령(제9조)	( )세가 되지 아니한 자의 질서위반행위는 과태료를 부과하지 아니한다. 다만, 다른 법률에 특별한 규정이 있으면 그러하지 아니하다.
과태료 부과의 제척기간(제19조)	① 행정청은 질서위반행위가 종료된 날(다수인이 질서위반행위에 가담한 경우에는 최종행위가 종료된 날을 말한다)부터 ( )년이 경과한 경우에는 해당 질서위반행위에 대하여 과태료를 부과할 수 없다.
과태료의 시효 (제15조)	① 과태료는 행정청의 과태료 부과처분이나 법원의 과태료 재판이 확정된 후 ( )년간 징수하지 아니하거나 집행하지 아니하면 시효로 인하여 소멸한다.
사전통지 및 의견 제출 등(제16조)	① 행정청이 질서위반행위에 대하여 과태료를 부과하고자 하는 때에는 미리 당사자(제11조 제2항에 따른 고용주등을 포함한다. 이하 같다)에게 대통령령으로 정하는 사항(과태료 부과의 원인이 되는 사실, 과태료 금액 및 적용법령 등)을 통지하고, ( )일 이상의 기간을 정하여 의견을 제출할 기회를 주어야 한다. 이 경우 지정된 기일까지 의견 제출이 없는 경우에는 의견이 없는 것으로 본다.
가산금 징수 및 체납처분 등 (제24조 제1항)	행정청은 당사자가 납부기한까지 과태료를 납부하지 아니한 때에는 납부기한을 경과한 날부터 체납된 과태료에 대하여 100분의 ( )에 상당하는 가산금을 징수한다.
과태료의 징수유예 등	① 행정청은 당사자가 다음 각 호의 어느 하나에 해당하여 과태료(체납된 과태료와 가산금, 중가산금 및 체납처분비를 포함한다. 이하 이 조에서 같다)를 납부하기가 곤란하다고 인정되면 ( )년의 범위에서 대통령령으로 정하는 바에 따라 과태료의 분할납부나 납부기일의 연기(이하 "징수유예등"이라 한다)를 결정할 수 있다(제24조의3 제1항). ③ 행정청은 과태료의 분할납부나 납부기일의 연기(이하 "징수유예등"이라 한다)를 결정하는 경우 그 기간을 그 징수유예등을 결정한 날의 다음 날부터 ( )개월 이내로 하여야 한다. 다만, 그 기간이 만료될 때까지 징수유예등의 사유가 해소되지 아니하는 경우에는 1회에 한정하여 ( )개월의 범위에서 그 기간을 연장할 수 있다(시행령 제7조의2 제1항).
이의제기 (제20조)	① 행정청의 과태료 부과에 불복하는 당사자는 제17조 제1항에 따른 과태료 부과 통지를 받은 날부터 ( )일 이내에 해당 행정청에 서면으로 이의제기를 할 수 있다.
법원에의 통보 (제21조 제1항 본문)	이의제기를 받은 행정청은 이의제기를 받은 날부터 ( )일 이내에 이에 대한 의견 및 증빙서류를 첨부하여 관할 법원에 통보하여야 한다.
정답	14세가 되지 아니한 자, 5년이 경과한 경우에는, 5년간 징수하지 아니하거나, 10일 이상의 기간을 정하여 의견을, 100분의 3에 상당하는 가산금, 1년의 범위에서 대통령령으로 정하는 바에 따라 과태료의 분할납부, 징수유예등을 결정한 날의 다음 날부터 9개월 이내로, 1회에 한정하여 3개월의 범위에서, 60일 이내에 해당 행정청에 서면으로, 이의제기를 받은 날부터 14일 이내에

핵심정리 OX Check

☐☐☐ **01** 경찰서장이 범칙행위에 대하여 통고처분을 한 이상 통고처분에서 정한 범칙금 납부기간까지는 원 칙적으로 경찰서장은 즉결심판을 청구할 수 없다. ( )

☐☐☐ **02** 통고처분은 형식적 의미의 행정이며 실질적 의미의 사법이다. ( )

☐☐☐ **03** 「관세법」상 통고처분 여부는 관세청장의 재량에 맡겨져 있지만, 「경범죄처벌법」 및 「도로교통법」 상 통고처분은 재량의 여지가 없다. ( )

☐☐☐ **04** 피고인이 즉결심판에 대하여 제출한 정식재판청구서에 피고인의 자필로 보이는 이름이 기재되어 있고 그 옆에 서명이 되어 있어 위 서류가 작성자 본인인 피고인의 진정한 의사에 따라 작성되었 다는 것을 명백하게 확인할 수 있더라도 피고인의 인장이나 지장이 찍혀 있지 않다면 정식재판청 구는 부적법하다고 보아야 한다. ( )

☐☐☐ **05** 「질서위반행위규제법」상 행정청의 과태료 처분이나 법원의 과태료 재판이 확정된 후 법률이 변경 되어 그 행위가 질서위반행위에 해당하지 아니하게 된 때에는 변경된 법률에 특별한 규정이 없는 한 과태료를 감경한다. ( )

☐☐☐ **06** 「질서위반행위규제법」상 자신의 행위가 위법하지 아니한 것으로 오인하고 행한 질서위반행위는 그 오인에 정당한 이유가 있는 때에 한하여 과태료를 감경한다. ( )

☐☐☐ **07** 「질서위반행위규제법」상 행정청이 질서위반행위에 대하여 과태료를 부과하고자 하는 때에는 미 리 당사자에게 대통령령으로 정하는 사항을 통지하고, 30일 이상의 기간을 정하여 의견을 제출할 기회를 주어야 한다. ( )

☐☐☐ **08** 「질서위반행위규제법」상 행정청의 과태료 부과에 불복하는 당사자는 과태료 부과 통지를 받은 날 부터 60일 이내에 해당 행정청에 서면으로 이의제기를 할 수 있다. ( )

☐☐☐ **09** 「질서위반행위규제법」상 질서위반행위의 성립과 과태료 처분은 행위 시의 법률에 따른다. ( )

☐☐☐ **10** 질서위반행위에 대하여 과태료 부과의 근거 법률이 개정되어 행위 시의 법률에 의하면 과태료 부 과대상이었지만 재판 시의 법률에 의하면 과태료 부과대상이 아니게 된 때에는 개정 법률의 부칙 에서 종전 법률 시행 당시에 행해진 질서위반행위에 대해서는 행위 시의 법률을 적용하도록 특별 한 규정을 두지 않은 이상 재판 시의 법률을 적용하여야 하므로 과태료를 부과할 수 없다. ( )

☐☐☐ **11** 「질서위반행위규제법」상 질서위반행위 후 법률이 변경되어 그 행위가 질서위반행위에 해당하지 아니하게 되거나 과태료가 변경되기 전의 법률보다 가볍게 된 때에는 법률에 특별한 규정이 없는 한 변경된 법률을 적용한다. ( )

□□□ **12** 「질서위반행위규제법」상 행정청의 과태료 처분이나 법원의 과태료 재판이 확정된 후 법률이 변경되어 그 행위가 질서위반행위에 해당하지 아니하게 된 때에는 변경된 법률에 특별한 규정이 없는 한 과태료의 징수 또는 집행을 면제한다. (　　)

□□□ **13** 「질서위반행위규제법」은 대한민국 영역 안에서 질서위반행위를 한 자에게 적용한다. (　　)

□□□ **14** 「질서위반행위규제법」은 대한민국 영역 밖에서 질서위반행위를 한 대한민국의 국민에게 적용한다. (　　)

□□□ **15** 「질서위반행위규제법」은 대한민국 영역 밖에 있는 대한민국의 선박 또는 항공기 안에서 질서위반행위를 한 외국인에게는 적용하지 아니한다. (　　)

□□□ **16** 「질서위반행위규제법」상 법률에 따르지 아니하고는 어떤 행위도 질서위반행위로 과태료를 부과하지 아니한다. (　　)

□□□ **17** 「질서위반행위규제법」에 따르면 고의 또는 과실이 없는 질서위반행위는 과태료를 부과하지 아니한다. (　　)

정답 & OX 풀이

03 「경범죄처벌법」 및 「도로교통법」상 통고처분도 재량의 여지가 있다. ※ 경찰서장, 해양경찰서장, 제주특별자치도지사 또는 철도특별사법경찰대장은 범칙자로 인정되는 사람에 대하여 그 이유를 명백히 나타낸 서면으로 범칙금을 부과하고 이를 납부할 것을 통고할 수 있다(경범죄 처벌법 제7조 제1항 본문). 경찰서장이나 제주특별자치도지사는 범칙자로 인정하는 사람에 대하여는 이유를 분명하게 밝힌 범칙금 납부통고서로 범칙금을 낼 것을 통고할 수 있다(도로교통법 제163조 본문). ※ 관세법 규정을 종합하여 보면, 통고처분을 할 것인지의 여부는 관세청장 또는 세관장의 재량에 맡겨져 있고, 따라서 관세청장 또는 세관장이 관세범에 대하여 통고처분을 하지 아니한 채 고발하였다는 것만으로는 그 고발 및 이에 기한 공소의 제기가 부적법하게 되는 것은 아니다(대법원 2007.5.11. 2006도1993).

04 피고인이 즉결심판에 대하여 제출한 정식재판청구서에 피고인의 자필로 보이는 이름이 기재되어 있고 그 옆에 서명이 되어 있는 경우, 정식재판청구가 적법하다(대결 2019.11.29.자 2017모3458).

05 행정청의 과태료 처분이나 법원의 과태료 재판이 확정된 후 법률이 변경되어 그 행위가 질서위반행위에 해당하지 아니하게 된 때에는 변경된 법률에 특별한 규정이 없는 한 과태료의 징수 또는 집행을 면제한다.

06 자신의 행위가 위법하지 아니한 것으로 오인하고 행한 질서위반행위는 그 오인에 정당한 이유가 있는 때에 한하여 과태료를 부과하지 아니한다.

07 행정청이 질서위반행위에 대하여 과태료를 부과하고자 하는 때에는 미리 당사자(제11조 제2항에 따른 고용주등을 포함한다. 이하 같다)에게 대통령령으로 정하는 사항을 통지하고, 10일 이상의 기간을 정하여 의견을 제출할 기회를 주어야 한다. 이 경우 지정된 기일까지 의견 제출이 없는 경우에는 의견이 없는 것으로 본다.

16 이 법은 대한민국 영역 밖에 있는 대한민국의 선박 또는 항공기 안에서 질서위반행위를 한 외국인에게 적용한다(제4조 제3항).

정답

| 01. ○ | 02. ○ | 03. × | 04. × | 05. × | 06. × | 07. × | 08. ○ | 09. ○ | 10. ○ |
| 11. ○ | 12. ○ | 13. ○ | 14. ○ | 15. × | 16. ○ | 17. ○ | | | |

□□□ **18** 「질서위반행위규제법」상 심신장애로 인하여 행위의 옳고 그름을 판단할 능력이 없거나 그 판단에 따른 행위를 할 능력이 없는 자의 질서위반행위는 과태료를 감경한다. (　　)

□□□ **19** 「질서위반행위규제법」상 심신(心神)장애로 인하여 행위의 옳고 그름을 판단할 능력이 미약하거나 그 판단에 따른 행위를 할 능력이 미약한 자의 질서위반행위는 과태료를 부과하지 아니한다. (　　)

□□□ **20** 「질서위반행위규제법」상 자신의 행위가 위법하지 아니한 것으로 오인하고 행한 질서위반행위는 그 오인에 정당한 이유가 있는 때에도 과태료를 부과한다. (　　)

□□□ **21** 「질서위반행위규제법」상 과태료는 행정청의 과태료 부과처분이나 법원의 과태료 재판이 확정된 후 5년간 징수하지 아니하거나 집행하지 아니하면 시효로 인하여 소멸한다. (　　)

□□□ **22** 행정청은 「질서위반행위규제법」 제16조 제2항에 따라 당사자가 제출한 의견에 상당한 이유가 있는 경우에는 과태료를 부과하지 아니하거나 통지한 내용을 변경할 수 있다. (　　)

□□□ **23** 「질서위반행위규제법」 제20조 제1항에 따른 이의제기가 있는 경우에는 행정청의 과태료 부과처분은 그 효력을 상실하지 않는다. (　　)

□□□ **24** 당사자가 「질서위반행위규제법」 제18조 제1항에 따라 감경된 과태료를 납부한 경우에는 해당 질서위반행위에 대한 과태료 부과 및 징수절차는 종료한다. (　　)

□□□ **25** 「질서위반행위규제법」상 행정청은 당사자가 납부기한까지 과태료를 납부하지 아니한 때에는 납부기한을 경과한 날부터 체납된 과태료에 대하여 100분의 3에 상당하는 가산금을 징수한다. (　　)

□□□ **26** 「질서위반행위규제법」상 행정청은 당사자가 동법 제24조의3 제1항 각 호의 어느 하나에 해당하여 과태료(체납된 과태료와 가산금, 중가산금 및 체납처분비를 포함한다)를 납부하기가 곤란하다고 인정되면 1년의 범위에서 대통령령으로 정하는 바에 따라 과태료의 분할납부나 납부기일의 연기를 결정할 수 있다. (　　)

정답 & OX 풀이

18 심신(心神)장애로 인하여 행위의 옳고 그름을 판단할 능력이 없거나 그 판단에 따른 행위를 할 능력이 없는 자의 질서위반행위는 과태료를 부과하지 아니한다(제10조 제1항).

19 심신(心神)장애로 인하여 행위의 옳고 그름을 판단할 능력이 미약하거나 그 판단에 따른 행위를 할 능력이 미약한 자의 질서위반행위는 과태료를 감경한다(제10조 제2항).

20 그 오인에 정당한 이유가 있는 때에 한하여 과태료를 부과하지 아니한다(제8조).

23 행정청의 과태료 부과에 불복하는 당사자는 제17조 제1항에 따른 과태료 부과 통지를 받은 날부터 60일 이내에 해당 행정청에 서면으로 이의제기를 할 수 있고, 이의제기가 있으면 행정청의 과태료 부과처분은 그 효력을 상실한다(제20조 제1항, 제2항).

정답 18. × 19. × 20. × 21. ○ 22. ○ 23. × 24. ○ 25. ○ 26. ○

경찰권 발동과 그 한계

경찰관 직무집행법 및 관련 대통령령, 경찰청장 고시

임의 동행 (제3조 제6항)	경찰관은 제2항에 따라 임의동행한 사람을 ( )시간을 초과하여 경찰관서에 머물게 할 수 없다.
보호조치 등 (제4조 제7항)	① 보호조치에 따라 구호대상자를 경찰관서에서 보호하는 기간은 ( )시간을 초과할 수 없다. ② 제3항에 따라 물건을 경찰관서에 영치하는 기간은 ( )일을 초과할 수 없다.
신규도입 장비 (위해성 경찰장비 규정 제18조의2 제3항)	법 제10조 제5항 후단에 따라 안전성 검사에 참여한 외부 전문가는 안전성 검사가 끝난 후 ( ) 이내에 신규 도입 장비의 안전성 여부에 대한 의견을 경찰청장에게 제출하여야 한다(제3항). ⑤ 경찰청장은 신규 도입 장비에 대한 안전성 검사를 실시한 후 ( ) 이내에 다음 안전성 검사 결과 및 종합 의견 등의 내용이 포함된 안전성 검사 결과보고서를 국회 소관 상임위원회에 제출하여야 한다(제4항).
영상음성기록의 보관기간(경찰착 용기록장치 운영 등에 관한 규정 제5조의)	① 경찰착용기록장치로 기록한 영상음성기록의 보관기간은 해당 기록을 법 제10조의6제3항에 따라 영상음성기록정보 데이터베이스에 전송·저장한 날부터 ( )일(해당 영상음성기록이 수사 중인 범죄와 관련된 경우 등 경찰청장 또는 해양경찰청장이 정하는 사항에 해당하는 경우에는 ( )일)로 한다. ② 제1항에도 불구하고 경찰청장, 해양경찰청장, 시·도경찰청장, 지방해양경찰청장, 중앙해양특수구조단장, 경찰서장 또는 해양경찰서장은 범죄수사를 위한 증거 보전이 필요한 경우 등 영상음성기록을 계속하여 보관할 필요가 있다고 인정하는 경우에는 ( )일의 범위에서 한 차례만 보관기간을 연장할 수 있다.
사용기록 보관	위해성 경찰장비 규정 제2조 제2호부터 제4호까지의 위해성 경찰장비(제4호의 경우에는 살수차만 해당한다)를 사용하는 경우(※ 분사기·최루탄등, 무기, 살수차 사용 시) 그 현장책임자 또는 사용자는 사용보고서를 작성하여 직근상급 감독자에게 보고하고, 직근상급 감독자는 이를 ( )년간 보관하여야 한다.
벌칙	이 법에 규정된 경찰관의 의무를 위반하거나 직권을 남용하여 다른 사람에게 해를 끼친 사람은 ( )년 이하의 징역이나 금고 또는 ( )만 원 이하의 벌금에 처한다.
정답	임의동행 6시간을 초과, 보호조치 24시간을 초과, 영치하는 기간 10일을 초과, 외부 전문가는 30일 이내에, 경찰청장은 3개월 이내에, 영상음성기록 보관기간은 30일(경찰청장이 정하는 사항 90일), 계속하여 보관할 필요가 있다고 인정하는 경우에는 90일, 사용보고서를 작성 3년간 보관, 1년 이하의 징역이나 금고 또는 300만 원 이하의 벌금
손실보상 청구권	손실보상을 청구할 수 있는 권리는 손실이 있음을 안 날부터 ( )년, 손실이 발생한 날부터 ( )년간 행사하지 아니하면 시효의 완성으로 소멸한다.
손실보상의 지급 절차	제1항 또는 제2항에 따라 보상금 지급 청구서를 받은 손실보상 결정권자는 특별한 사유가 없으면 보상금 지급 청구서를 받은 날부터 ( )일 이내에 손실보상심의위원회의 심의·의결에 따라 보상 여부 및 보상금액을 결정해야 한다. 다만, 부득이한 사유로 ( )일 이내에 결정할 수 없을 때에는 그 기간이 끝나는 날의 다음 날부터 ( )일의 범위에서 결정기간을 한 차례만 연장할 수 있다. 손실보상 결정권자는 다음 각 호의 구분에 따라 그 결정 내용(제2호의 경우에는 그 사유를 포함한다)을 청구인에게 통지해야 한다. 1. 보상 여부 및 보상금액 결정 또는 각하 결정에 대해서는 결정일부터 ( )일 이내에 통지
손실보상의 지급 방법	손실보상 결정권자는 특별한 사유가 없으면 보상금을 지급하기로 결정한 날부터 ( )일 이내에 이를 지급하되, 지급방법은 그 보상금을 지급받을 사람이 지정하는 예금계좌(「우체국예금·보험에 관한 법률」에 따른 체신관서 또는 「은행법」에 따른 은행의 계좌를 말한다)에 입금하는 방법으로 한다. 다만, 부득이한 사유가 있는 경우에는 그 보상금을 지급받을 사람의 신청에 따라 현금으로 지급할 수 있다. 경찰청장, 해양경찰청장, 시·도경찰청장 또는 지방해양경찰청장은 제4항에 따라 보상금을 반환하여야 할 사람이 대통령령으로 정한 기한(※ 환수 통지일부터 ( )일 이내의 범위에서 손실보상 결정권자가 정하는 기한)까지 그 금액을 납부하지 아니한 때에는 국세강제징수의 예에 따라 징수할 수 있다.

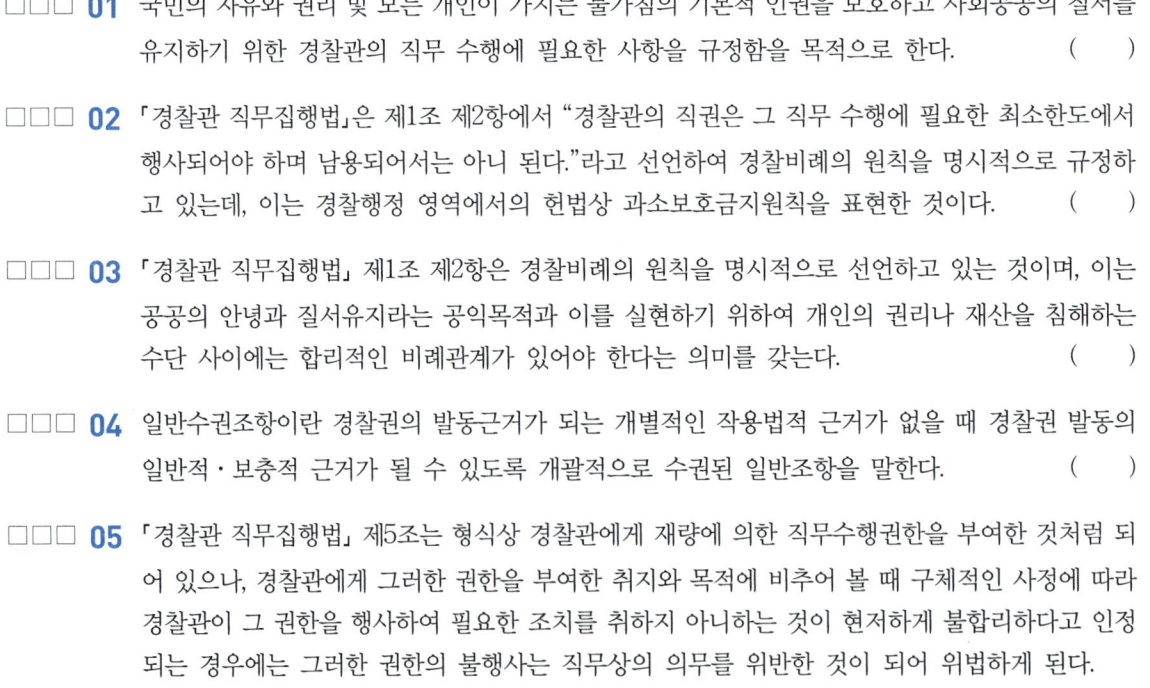

손실보상심의 위원회	위원회는 보상금 지급과 관련된 심사자료와 결과를 (　　)별로 국가경찰위원회 또는 해양경찰위원회에 보고해야 한다.
	위원회는 위원장 1명을 포함한 (　　)명 이상 (　　)명 이내의 위원으로 성별을 고려하여 구성한다. 다만, 청구금액이 (　　)만원 이하인 사건에 대해서는 제3항 제1호에 해당하는 위원 (　　)명으로만 구성할 수 있다.
보상금심사 위원회	보상금심사위원회는 위원장 1명을 포함한 (　　)명 이내의 위원으로 구성한다.
보상금 지급 기준 (범인검거 등 공로자 보상에 관한 규정)	1호. 사형, 무기징역 또는 무기금고, 장기 10년 이상의 징역 또는 금고에 해당하는 범죄 : (　　)만 원 이하 2호. 장기 10년 미만의 징역 또는 금고에 해당하는 범죄 : (　　)만 원 이하 3호. 장기 5년 미만의 징역 또는 금고, 장기 10년 이상의 자격정지 또는 벌금형 : (　　)만 원 이하
	동일한 사람에게 지급결정일을 기준으로 연간(1월 1일부터 12월 31일까지를 말한다) (　　)회를 초과하여 보상금을 지급할 수 없다(제6조 제5항).
정답	손실이 있음을 안 날부터 3년, 손실이 발생한 날부터 5년간, 보상금 지급 청구서를 받은 날부터 60일 이내에, 부득이한 사유로 60일 이내에, 20일의 범위에서 결정기간을 한 차례만 연장, 결정일부터 10일 이내에 통지, 보상금을 지급하기로 결정한 날부터 30일 이내에 이를 지급, 환수 통지일부터 40일 이내의 범위, 반기별로 국가경찰위원회 또는 해양경찰위원회에 보고, 7명 이상 9명 이내의 위원, 청구금액이 100만원 이하, 제3항 제1호에 해당하는 위원 3명으로만, 5명 이내의 위원, 보상금의 최고액은 5억 원, 장기 10년 이상의 징역 또는 금고 500만 원 이하, 장기 10년 미만의 징역 또는 금고 300만 원 이하, 장기 5년 미만의 징역 또는 금고 또는 벌금형 100만 원 이하, 5회를 초과하여 보상금을 지급할 수 없다

핵심정리 OX Check

□□□ 01　국민의 자유와 권리 및 모든 개인이 가지는 불가침의 기본적 인권을 보호하고 사회공공의 질서를 유지하기 위한 경찰관의 직무 수행에 필요한 사항을 규정함을 목적으로 한다.　　　　(　　)

□□□ 02　「경찰관 직무집행법」은 제1조 제2항에서 "경찰관의 직권은 그 직무 수행에 필요한 최소한도에서 행사되어야 하며 남용되어서는 아니 된다."라고 선언하여 경찰비례의 원칙을 명시적으로 규정하고 있는데, 이는 경찰행정 영역에서의 헌법상 과소보호금지원칙을 표현한 것이다.　　　　(　　)

□□□ 03　「경찰관 직무집행법」 제1조 제2항은 경찰비례의 원칙을 명시적으로 선언하고 있는 것이며, 이는 공공의 안녕과 질서유지라는 공익목적과 이를 실현하기 위하여 개인의 권리나 재산을 침해하는 수단 사이에는 합리적인 비례관계가 있어야 한다는 의미를 갖는다.　　　　(　　)

□□□ 04　일반수권조항이란 경찰권의 발동근거가 되는 개별적인 작용법적 근거가 없을 때 경찰권 발동의 일반적·보충적 근거가 될 수 있도록 개괄적으로 수권된 일반조항을 말한다.　　　　(　　)

□□□ 05　「경찰관 직무집행법」 제5조는 형식상 경찰관에게 재량에 의한 직무수행권한을 부여한 것처럼 되어 있으나, 경찰관에게 그러한 권한을 부여한 취지와 목적에 비추어 볼 때 구체적인 사정에 따라 경찰관이 그 권한을 행사하여 필요한 조치를 취하지 아니하는 것이 현저하게 불합리하다고 인정되는 경우에는 그러한 권한의 불행사는 직무상의 의무를 위반한 것이 되어 위법하게 된다.　　　　(　　)

□□□ **06** 경찰관이 구체적 상황에 비추어 인적 및 물적 능력의 범위 내에서 적절한 조치라는 판단에 따라 범죄의 진압 및 수사에 관한 직무를 수행한 경우에는 그러한 직무수행이 객관적 정당성을 상실하여 현저하게 불합리한 것으로 인정되지 않는 한 이를 위법하다고 할 수는 없다. ( )

□□□ **07** 「경찰관 직무집행법」은 "경찰공무원은 직위 또는 직권을 이용하여 부당하게 타인의 사생활에 개입하여서는 아니된다."고 규정하고 있다. ( )

□□□ **08** 경찰책임과 관련하여 형사미성년자도 행위책임의 주체가 될 수 있다. ( )

□□□ **09** 경찰책임과 관련하여 행위자의 고의나 과실에 무관하게 행위책임을 진다. ( )

□□□ **10** 경찰책임과 관련하여 행위자의 작위나 부작위에 상관없이 위험을 야기시키면 행위책임을 진다. ( )

□□□ **11** 경찰책임자에 대한 경찰의 경찰권발동으로 경찰책임자에게 재산적 손해가 발생한 경우, 그 경찰책임자에게 손실보상청구권이 인정된다. ( )

□□□ **12** 경찰상 긴급상태(경찰비책임자에 대한 경찰권발동)의 경우 위험이 이미 현실화되었거나 위험의 현실화가 목전에 급박하여야 한다. ( )

□□□ **13** 경찰상 긴급상태에 대한 일반적 근거는 「경찰관 직무집행법」에 규정되어 있다. ( )

정답 & OX 풀이

02 헌법상 과잉금지원칙

07 「경찰관 직무집행법」에는 그러한 규정이 없다. 「경찰공무원 복무규정」은 "경찰공무원은 직위 또는 직권을 이용하여 부당하게 타인의 민사분쟁에 개입하여서는 아니 된다."라고 규정하고 있다.

11 [1] 국가는 경찰관의 적법한 직무집행으로 인하여 손실발생의 원인에 대하여 책임이 있는 자가 자신의 책임에 상응하는 정도를 초과하는 생명·신체 또는 재산상의 손실을 입은 경우에는 손실을 입은 자에 대하여 정당한 보상을 하여야 한다 (경찰관 직무집행법 제11조의2 제1항 제2호). [2] 경찰책임자에 대한 경찰권발동이 적법하고 경찰책임자에게 책임에 상응하는 정도를 초과하는 손실이 없다면 경찰책임자에게 재산적 손해가 발생한 경우에도, 그 경찰책임자에게 손실보상청구권이 인정될 수 없다.

13 경찰상 긴급상태에 대한 일반적 근거(일반규정)는 없으며 「경찰관 직무집행법」(제5조 제1항 제3호 : 필요한 조치를 하게 하는 명령), 「소방기본법」(제24조 : 소방활동 종사 명령), 「경범죄 처벌법」(제3조 제29호 : 공무원 원조불응), 「수상에서의 수색·구조 등에 관한 법률」(제29조 : 수난구호를 위한 종사명령) 등 개별 법률에 근거가 있다.

정답
| 01. ○ | 02. × | 03. ○ | 04. ○ | 05. ○ | 06. ○ | 07. × | 08. ○ | 09. ○ | 10. ○ |
| 11. × | 12. ○ | 13. × | | | | | | | |

□□□ **14** 경찰비책임자에 대한 경찰권발동을 위해서 보충성은 전제조건이므로 경찰책임자에 대한 경찰권
발동 또는 경찰 자신의 고유한 수단으로는 위험방지가 불가능한지 여부를 먼저 심사하여야 한다.
( )

□□□ **15** 경찰권발동으로 인하여 손실을 입은 경찰비책임자에게는 정당한 보상이 행해져야 하며, 결과제거
청구와 같은 구제수단이 마련되어야 한다. ( )

□□□ **16** 경찰책임은 행위자의 고의·과실 유무, 의사능력·행위능력·책임능력 유무, 위험에 대한 인식 여
부를 불문하고 인정된다. ( )

□□□ **17** 비책임자에 대한 경찰권 발동은 경찰상 긴급상태에서 허용될 수 있으며, 이 경우 법률의 근거가
없어도 된다. ( )

□□□ **18** 소유권자 등 정당한 권리자의 의사에 반하여 위법하게 물건을 사실상 지배하는 자는 상태책임자
에 해당하지 않는다. ( )

□□□ **19** 행위책임은 작위뿐만 아니라 부작위에 의해서도 성립할 수 있다. ( )

□□□ **20** 다수의 경찰책임자가 존재하는 경우 경찰은 일부 또는 전체 경찰책임자에 대하여 경찰권을 행사
할 수 있다. ( )

정답 & OX 풀이

17 경찰비책임자에 대한 경찰권 발동은 경찰상 긴급상태에서 허용될 수 있으며, 반드시 실정법에 근거하여야 한다.
18 소유권자 등 정당한 권리자의 의사에 반하여 위법하게 물건을 사실상 지배하는 자도 상태책임자에 해당한다. 상태책임
의 귀속에 있어서는 어떤 자가 그 물건에 관한 법률적·사실적 처분권, 즉 위험을 가져오는 물건에 영향을 끼칠 수
있는 가능성을 갖고 있는지의 여부가 중요한 의미를 가진다.

정답 14. ○ 15. ○ 16. ○ 17. × 18. × 19. ○ 20. ○

테마 **31** 불심검문

핵심정리 OX Check

☐☐☐ **01** 경찰관은 수상한 행동이나 그 밖의 주위 사정을 합리적으로 판단하여 볼 때 어떠한 죄를 범하였거나 범하려 하고 있다고 의심할 만한 상당한 이유가 있는 사람을 정지시켜 질문하여야 한다. ( )

☐☐☐ **02** 미리 입수된 용의자에 대한 인상착의와 일부 일치되지 않는 부분이 있다고 하더라도 그것만으로 경찰관이 불심검문 대상자로 삼은 조치가 위법하다고 볼 수 없다. ( )

☐☐☐ **03** 「경찰관 직무집행법」은 경찰관이 불심검문 대상자에게 질문을 할 때에 그 사람이 흉기를 가지고 있는지를 조사할 수 있다는 규정을 두고 있다. ( )

☐☐☐ **04** 경찰관은 불심검문 대상자에게 질문을 하기 위하여 범행의 경중, 범행과의 관련성, 상황의 긴박성, 혐의의 정도, 질문의 필요성 등에 비추어 목적 달성에 필요한 최소한의 범위 내에서 사회통념상 용인될 수 있는 상당한 방법으로 대상자를 정지시킬 수 있고 질문에 수반하여 흉기의 소지 여부도 조사할 수 있다. ( )

☐☐☐ **05** 경찰관이 신분증을 제시하지 않고 불심검문을 하였으나, 검문하는 사람이 경찰관이고 검문하는 이유가 범죄행위에 관한 것임을 피고인이 알고 있었던 경우, 그 불심검문이 위법한 공무집행이라고 할 수 없다. ( )

☐☐☐ **06** 경찰관이 불심검문 대상자 해당 여부를 판단할 때에는 불심검문 당시의 구체적 상황은 물론 사전에 얻은 정보나 전문적 지식 등에 기초하여 불심검문 대상자인지를 객관적·합리적인 기준에 따라 판단하여야 하며, 불심검문 대상자에게 「형사소송법」에 의한 체포나 구속에 이를 정도의 혐의가 있을 것을 요한다. ( )

정답 & OX 풀이

01 정지시켜 질문할 수 있다(제3조 제1항 제1호).

04 대법원 2014.2.27. 2011도13999

06 경찰관이 법 제3조 제1항에 규정된 대상자(이하 '불심검문 대상자'라 한다) 해당 여부를 판단할 때에는 불심검문 당시의 구체적 상황은 물론 사전에 얻은 정보나 전문적 지식 등에 기초하여 불심검문 대상자인지를 객관적·합리적인 기준에 따라 판단하여야 하나, 반드시 불심검문 대상자에게 형사소송법상 체포나 구속에 이를 정도의 혐의가 있을 것을 요한다고 할 수는 없다(대법원 2014.2.27. 2011도13999).

정답 **01.** ✕ **02.** ○ **03.** ○ **04.** ○ **05.** ○ **06.** ✕

□□□ **07** 검문하는 사람이 경찰관이고 검문하는 이유가 범죄행위에 관한 것임을 충분히 알고 있었다고 보이는 경우에 신분증을 제시하지 않았다 하더라도 그 불심검문을 위법한 공무집행이라고 할 수 없다. ( )

□□□ **08** 불심검문을 하게 된 경위, 불심검문 당시의 현장상황과 검문을 하는 경찰관들의 복장, 불심검문 대상자가 공무원증 제시나 신분 확인을 요구하였는지 여부 등을 종합적으로 고려하여, 검문하는 사람이 경찰관이고 검문하는 이유가 범죄행위에 관한 것임을 불심검문 대상자가 충분히 알고 있었다고 보이는 경우라고 하더라도 신분증을 제시하지 않고서 한 불심검문은 위법한 공무집행에 해당한다. ( )

□□□ **09** 불심검문 대상자를 정지시킨 장소에서 질문을 하는 것이 그 사람에게 불리하거나 교통에 방해가 된다고 인정될 때에는 질문을 하기 위하여 가까운 경찰서·지구대·파출소 또는 출장소(지방해양경찰관서를 포함한다)로 동행할 것을 요구할 수 있다. 이 경우 동행을 요구받은 사람은 그 요구를 거절할 수 있다. ( )

□□□ **10** 경찰관은 불심검문 시 그 장소에서 질문을 하는 것이 그 사람에게 불리하거나 교통에 방해가 된다고 인정될 때에는 질문을 하기 위하여 가까운 경찰청·경찰서·지구대·파출소 또는 출장소(해양경찰관서 미포함)로 동행할 것을 요구할 수 있다. 이 경우 동행을 요구받은 사람은 그 요구를 거절할 수 있다. ( )

□□□ **11** 경찰관은 질문을 하거나 동행을 요구할 경우 자신의 신분을 표시하는 증표를 제시하면서 소속과 성명을 밝히고 질문이나 동행의 목적과 이유를 설명할 수 있으며, 동행을 요구하는 경우에는 동행 장소를 밝힐 수 있다. ( )

□□□ **12** 경찰관은 임의동행한 사람의 가족이나 친지 등에게 동행한 경찰관의 신분, 동행 장소, 동행 목적과 이유를 알리거나 본인으로 하여금 즉시 연락할 수 있는 기회를 주어야 하며, 변호인의 도움을 받을 권리가 있음을 알려야 한다. ( )

□□□ **13** 경찰관은 동행한 사람의 가족이나 친지 등에게 동행한 경찰관의 신분, 동행 장소, 동행 목적과 이유를 알리거나 본인으로 하여금 즉시 연락할 수 있는 기회를 주어야 하나, 변호인의 도움을 받을 권리가 있음을 알릴 필요는 없다. ( )

□□□ **14** 경찰관은 동행한 사람의 가족이나 친지 등에게 동행한 경찰관의 신분, 동행 장소, 동행 목적과 이유를 알리거나 다른 사람으로 하여금 즉시 연락할 수 있는 기회를 주어야 하며, 변호인의 도움을 받을 권리가 있음을 알려야 한다. ( )

□□□ **15** 경찰관은 불심검문 대상자를 임의동행한 경우 동행한 사람을 6시간을 초과하여 경찰관서에 머물게 할 수 없다. ( )

정답 & OX 풀이

08 검문하는 사람이 경찰관이고 검문하는 이유가 범죄행위에 관한 것임을 피고인이 충분히 알고 있었다고 보이는 경우에는 신분증을 제시하지 않았다고 하여 그 불심검문이 위법한 공무집행이라고 할 수 없다(대법원 2014.12.11. 2014도7976).

10 경찰관은 불심검문 시 그 장소에서 질문을 하는 것이 그 사람에게 불리하거나 교통에 방해가 된다고 인정될 때에는 질문을 하기 위하여 가까운 경찰서·지구대·파출소 또는 출장소(지방해양경찰관서를 포함하며, 이하 "경찰관서"라 한다)로 동행할 것을 요구할 수 있다. 이 경우 동행을 요구받은 사람은 그 요구를 거절할 수 있다(제3조 제2항).

11 경찰관은 질문을 하거나 동행을 요구할 경우 자신의 신분을 표시하는 증표를 제시하면서 소속과 성명을 밝히고 질문이나 동행의 목적과 이유를 설명하여야 하며, 동행을 요구하는 경우에는 동행 장소를 밝혀야 한다(제3조 제4항).

13 경찰관은 동행한 사람의 가족이나 친지 등에게 동행한 경찰관의 신분, 동행 장소, 동행 목적과 이유를 알리거나 본인으로 하여금 즉시 연락할 수 있는 기회를 주어야 하며, 변호인의 도움을 받을 권리가 있음을 알려야 한다(제3조 제5항).

14 본인으로 하여금

정답 07. ○ 08. × 09. ○ 10. × 11. × 12. ○ 13. × 14. × 15. ○

핵심정리 OX Check

□□□ **01** 경찰관은 적당한 보호자가 없는 부상자에 대해 응급구호가 필요하다고 인정할 만한 사유가 있다면 본인이 구호를 거절하더라도 보호조치를 할 수 있다. ( )

□□□ **02** 「경찰관 직무집행법」에서 규정하는 술에 취한 상태로 인하여 자기 또는 타인의 생명·신체와 재산에 위해를 미칠 우려가 있는 피구호자에 대한 보호조치는 경찰 행정상 즉시강제에 해당한다. ( )

□□□ **03** 술에 취한 상태란 피구호자가 술에 만취하여 정상적인 판단능력이나 의사능력을 상실할 정도에 이른 것을 말하지 않는다. ( )

□□□ **04** 술에 취한 피구호자의 가족 등에게 인계할 수 있다면 특별한 사정이 없는 한 경찰관서에서 피구호자를 보호하는 것은 허용되지 않는다. ( )

□□□ **05** 긴급구호를 요청받은 공공보건의료기관이나 공공구호기관은 정당한 이유 없이 긴급구호를 거절할 수 있다. ( )

□□□ **06** 경찰관 甲으로부터 긴급구호를 요청받은 B보건의료기관은 정당한 이유 없이 긴급구호를 거절할 수 없다. ( )

□□□ **07** 경찰관은 구호대상자를 발견하였을 때 보건의료기관이나 공공구호기관에 긴급구호를 요청할 수 있고, 긴급구호를 요청받은 기관이 정당한 이유없이 이를 거절하는 경우 「경찰관 직무집행법」에 따라 처벌하도록 규정되어 있다. ( )

□□□ **08** 경찰관 甲은 구호대상자 乙이 휴대하고 있는 흉기를 발견하였을 경우 경찰관서에 이를 임시로 영치하여 놓을 수 있다. ( )

□□□ **09** 경찰관은 보호조치를 하는 경우에 구호대상자가 휴대하고 있는 무기·흉기 등 위험을 일으킬 수 있는 것으로 인정되는 물건을 공공보건의료기관이나 공공구호기관에 임시로 영치하여 놓을 수 있다. ( )

□□□ **10** 경찰관은 보호조치를 하였을 때에는 지체 없이 구호대상자의 가족, 친지 또는 그 밖의 연고자에게 그 사실을 알려야 하며, 연고자가 발견되지 아니할 때에는 구호대상자를 적당한 공공보건의료기관이나 공공구호기관에 즉시 인계하여야 한다. ( )

□□□ **11** 구호대상자를 경찰관서에서 보호하는 기간은 48시간을 초과할 수 없고, 물건을 공공보건의료기관이나 공공구호기관에 임시로 영치하는 기간은 10일을 초과할 수 없다. ( )

□□□ **12** 경찰관은 보호조치를 하였을 때에는 지체 없이 구호대상자의 가족, 친지 또는 그 밖의 연고자에게 그 사실을 알려야 하며, 연고자가 발견되지 아니할 때에는 구호대상자를 적당한 공공보건의료기 관이나 공공구호기관에 즉시 인계할 수 있다. ( )

□□□ **13** 구호대상자 乙의 연고자가 발견되지 아니할 때에는 경찰관 甲은 구호대상자 乙을 적당한 공공보 건의료기관이나 공공구호기관에 즉시 인계하여야 하고, 인계 즉시 그 사실을 A경찰서장에게 보고 하여야 한다. ( )

□□□ **14** 경찰관이 구호대상자를 공공보건의료기관이나 공공구호기관에 인계하였을 때에는 해당 경찰관이 즉시 그 사실을 해당 공공보건의료기관 또는 공공구호기관의 장 및 그 감독행정청에 통보하여야 한다. ( )

□□□ **15** 경찰관 甲이 구호대상자 乙을 적당한 공공보건의료기관이나 공공구호기관에 인계한 사실을 보고 받은 A경찰서장은 대통령령으로 정하는 바에 따라 乙을 인계한 사실을 지체 없이 해당 공공보건 의료기관 또는 공공구호기관의 장 및 그 감독행정청에 통보하여야 한다. ( )

정답 & OX 풀이

01 경찰관은 적당한 보호자가 없는 부상자에 대해 응급구호가 필요하다고 인정할 만한 사유가 있더라도 본인이 구호를 거절하는 경우에는 보호조치를 할 수 없다(제4조 제1항 제3호).

03 경찰관 직무집행법 제4조 제1항에서 정한 '술에 취한 상태'란 피구호자가 술에 만취하여 정상적인 판단능력이나 의사능 력을 상실할 정도에 이른 것을 말한다(대법원 2012.12.13. 2012도11162).

05 긴급구호를 요청받은 공공보건의료기관이나 공공구호기관은 정당한 이유 없이 긴급구호를 거절할 수 없다(제4조 제2항).

07 경찰관은 구호대상자를 발견하였을 때 보건의료기관이나 공공구호기관에 긴급구호를 요청할 수 있고, 긴급구호를 요청 받은 기관이 정당한 이유없이 이를 거절하는 경우 「응급의료에 관한 법률」에 따라 처벌할 수 있다.

09 경찰관은 보호조치를 하는 경우에 구호대상자가 휴대하고 있는 무기·흉기 등 위험을 일으킬 수 있는 것으로 인정되는 물건을 경찰관서에 임시로 영치하여 놓을 수 있다(제4조 제3항).

11 구호대상자를 경찰관서에서 보호하는 기간은 24시간을 초과할 수 없고, 물건을 경찰관서에 임시로 영치하는 기간은 10일을 초과할 수 없다(제4조 제7항).

12 경찰관은 보호조치를 하였을 때에는 지체 없이 구호대상자의 가족, 친지 또는 그 밖의 연고자에게 그 사실을 알려야 하며, 연고자가 발견되지 아니할 때에는 구호대상자를 적당한 공공보건의료기관이나 공공구호기관에 즉시 인계하여야 한다(제4조 제4항).

14 경찰관은 구호대상자를 공공보건의료기관이나 공공구호기관에 인계하였을 때에는 즉시 그 사실을 소속 경찰서장이나 해양경찰서장에게 보고하여야 한다(제4조 제5항). 보고를 받은 소속 경찰서장이나 해양경찰서장은 대통령령으로 정하 는 바에 따라 구호대상자를 인계한 사실을 지체 없이 해당 공공보건의료기관 또는 공공구호기관의 장 및 그 감독행정청 에 통보하여야 한다(제4조 제6항).

정답
01. ×	02. ○	03. ×	04. ○	05. ×	06. ○	07. ×	08. ○	09. ×	10. ○
11. ×	12. ×	13. ○	14. ×	15. ○					

☐☐☐ **16** 경찰공무원이 보호조치된 운전자에 대하여 음주측정을 요구하였다는 이유만으로 음주측정 요구가 당연히 위법하거나 보호조치가 당연히 종료된 것으로 볼 수는 없다. ( )

☐☐☐ **17** 술에 취한 상태로 인하여 자기 또는 타인의 생명·신체와 재산에 위해를 미칠 우려가 있는 피구호자에 대한 보호조치는 경찰 행정상 즉시강제에 해당하므로, 그 조치가 불가피한 최소한도 내에서만 행사되도록 발동·행사 요건을 신중하고 엄격하게 해석하여야 한다. ( )

☐☐☐ **18** 보호조치를 필요로 하는 피구호자에 해당하는지는 구체적인 상황을 고려하여 사회 평균인을 기준으로 판단하되, 그 판단은 보호조치의 취지와 목적에 비추어 현저하게 불합리하여서는 아니 된다. ( )

☐☐☐ **19** 「경찰관 직무집행법」상 정신착란자, 주취자, 자살기도자 등 응급의 구호를 요하는 자를 24시간을 초과하지 아니하는 범위 내에서 경찰관서에 보호조치할 수 있는 시설로 제한적으로 운영되는 경우를 제외하고는 구속영장을 발부받음 없이 경찰서 조사대기실에 유치하는 것은 영장주의에 위배되는 위법한 구금에 해당한다. ( )

☐☐☐ **20** 주취 상태에서의 운전은 「도로교통법」에 의하여 금지되어 있는 범죄행위임이 명백하고 그로 인하여 자기 또는 타인의 생명이나 신체에 위해를 미칠 위험이 큰 점을 감안하면, 주취운전을 적발한 경찰관은 운전자의 주취 정도가 심한 경우에는 경찰관서에 일시 보호하는 조치를 할 수 있다. ( )

정답 & OX 풀이

18 보호조치를 필요로 하는 피구호자에 해당하는지는 구체적인 상황을 고려하여 경찰관 평균인을 기준으로 판단하되, 그 판단은 보호조치의 취지와 목적에 비추어 현저하게 불합리하여서는 아니 되며, 피구호자의 가족 등에게 피구호자를 인계할 수 있다면 특별한 사정이 없는 한 경찰관서에서 피구호자를 보호하는 것은 허용되지 않는다(대법원 2012.12.13. 2012도11162).

정답   16. ○   17. ○   18. ✕   19. ○   20. ○

위험 발생의 방지, 범죄예방과 제지

핵심정리 OX Check

☐☐☐ **01** 경찰관은 위험한 동물 등의 출현으로 인해 사람의 생명 또는 신체에 위해를 끼치거나 재산에 중대한 손해를 끼칠 우려가 있는 경우 위험 발생 방지 등의 조치를 할 수 있다. ( )

☐☐☐ **02** 경찰관은 위험 발생의 방지 등에 관한 조치 중 긴급한 경우에는 위해를 입을 우려가 있는 사람을 필요한 한도에서 이동을 제한하거나 대피시킬 수 있다. ( )

☐☐☐ **03** 경찰관은 위험 발생의 방지 등에 관한 조치를 하였을 때에는 지체없이 그 사실을 소속 경찰관서의 장에게 보고하여야 한다. ( )

☐☐☐ **04** 경찰관서의 장은 대간첩 작전의 수행이나 소요 사태의 진압을 위하여 필요하다고 인정되는 상당한 이유가 있을 때에는 대간첩 작전지역이나 경찰관서·무기고 등 다중이용시설에 대한 접근 또는 통행을 제한하거나 금지할 수 있다. ( )

☐☐☐ **05** 경찰관은 범죄행위가 목전(目前)에 행하여지려고 하고 있다고 인정될 때에는 이를 예방하기 위하여 관계인에게 필요한 경고를 하고, 그 행위로 인하여 사람의 생명·신체에 위해를 끼치거나 재산에 중대한 손해를 끼칠 우려가 있는 긴급한 경우에는 그 행위를 제지할 수 있다. ( )

정답 & OX 풀이

01 경찰관은 사람의 생명 또는 신체에 위해를 끼치거나 재산에 중대한 손해를 끼칠 우려가 있는 천재(天災), 사변(事變), 인공구조물의 파손이나 붕괴, 교통사고, 위험물의 폭발, 위험한 동물 등의 출현, 극도의 혼잡, 그 밖의 위험한 사태가 있을 때에는 다음 각 호의 조치를 할 수 있다.

> 1. 그 장소에 모인 사람, 사물(事物)의 관리자, 그 밖의 관계인에게 필요한 경고를 하는 것
> 2. **긴급한 경우에는 위해를 입을 우려가 있는 사람을 필요한 한도에서 이동을 제한하거나 대피시키는 것**
> 3. **위험한 상황의 원인을 제공한 사람을 그 장소에서 퇴거시키거나 그 장소에의 접근을 금지시키는 것**
> 4. 그 장소에 있는 사람, 사물의 관리자, 그 밖의 관계인에게 위해를 방지하기 위하여 필요하다고 인정되는 조치를 하게 하거나 직접 그 조치를 하는 것

04 경찰관서의 장은 대간첩 작전의 수행이나 소요 사태의 진압을 위하여 필요하다고 인정되는 상당한 이유가 있을 때에는 대간첩 작전지역이나 경찰관서·무기고 등 국가중요시설에 대한 접근 또는 통행을 제한하거나 금지할 수 있다.

정답 　**01.** ○ 　**02.** ○ 　**03.** ○ 　**04.** × 　**05.** ○

□□□ **06** 경찰관의 경고나 제지는 범죄의 예방을 위하여 범죄행위에 관한 실행의 착수 전에 행하여질 수 있을 뿐만 아니라, 이후 범죄행위가 계속되는 중에 그 진압을 위하여도 당연히 행하여질 수 있다고 보아야 한다. ( )

□□□ **07** 경찰관은 범죄행위가 목전(目前)에 행하여지려고 하고 있다고 인정될 경우 이를 예방하기 위하여 관계인에게 필요한 제지를 하여야 한다. ( )

□□□ **08** 경찰관은 범죄행위가 목전에 행하여지려고 하고 있다고 인정될 때에는 이를 예방하기 위하여 관계인에게 필요한 경고를 할 수 있다. ( )

□□□ **09** 「경찰관 직무집행법」 제6조에 의한 경찰관의 경고나 제지는 그 문언과 같이 범죄의 예방을 위하여 범죄행위에 관한 실행의 착수 전에 행하여질 수 있으며, 이후 범죄행위가 계속되는 중에 그 진압을 위하여는 행하여질 수 없다. ( )

□□□ **10** 제6조 중 경찰관의 제지에 관한 부분은 범죄의 예방을 위한 경찰행정상 즉시강제에 관한 근거조항이다. ( )

□□□ **11** 제6조에 의한 경찰관의 제지 조치는 그러한 조치가 불가피한 최소한도 내에서만 행사되도록 그 발동·행사 요건을 신중하고 엄격하게 해석하여야 하고, 그러한 해석·적용의 범위 내에서만 우리 헌법상 신체의 자유 등 기본권 보장 조항과 그 정신 및 해석 원칙에 합치될 수 있다. ( )

□□□ **12** 경찰관은 형사처벌의 대상이 되는 행위가 눈앞에서 막 이루어지려고 하는 것이 객관적으로 인정될 수 있는 상황이고 그 행위를 당장 제지하지 않으면 곧 인명·신체에 위해를 미치거나 재산에 중대한 손해를 끼칠 우려가 있는 상황이어서, 직접 제지하는 방법 외에는 위와 같은 결과를 막을 수 없는 급박한 상태일 때에만 제6조에 의하여 적법하게 그 행위를 제지할 수 있고, 그 범위 내에서만 경찰관의 제지조치가 적법하다고 평가될 수 있다. ( )

□□□ **13** 경찰관은 형사처벌의 대상이 되는 행위가 눈앞에서 막 이루어지려고 하는 것이 주관적으로 인정될 수 있는 상황이고 그 행위를 당장 제지하지 않으면 곧 인명·신체에 중대한 위해를 미치거나 재산에 손해를 끼칠 우려가 있는 상황이어서, 직접 제지하는 방법 외에는 위와 같은 결과를 막을 수 없는 급박한 상태일 때에만 「경찰관 직무집행법」 제6조에 의하여 적법하게 그 행위를 제지할 수 있다. ( )

□□□ **14** 경찰 병력이 행정대집행 직후 "A자동차 희생자 추모와 해고자 복직을 위한 범국민대책위원회"(이하 'A차 대책위'라 함)가 또다시 같은 장소를 점거하고 물건을 다시 비치하는 것을 막기 위해 당해 사건 장소를 미리 둘러싼 뒤 'A차 대책위'가 같은 장소에서 기자회견 명목의 집회를 개최하려는 것을 불허하면서 소극적으로 제지한 것은 범죄행위 예방을 위한 경찰 행정상 즉시강제로서 적법한 공무집행에 해당한다. ( )

□□□ **15** 「경찰관 직무집행법」상 경찰관의 제지에 관한 부분은 눈앞의 급박한 경찰상 장해를 제거하여야 할 필요가 있고 의무를 명할 시간적 여유가 없거나 의무를 명하는 방법으로는 그 목적을 달성하기 어려운 상황에서 의무이행을 전제로 하지 않고 경찰이 직접 실력을 행사하여 경찰상 필요한 상태를 실현하는 비권력적 사실행위에 관한 근거조항이다.   (   )

□□□ **16** 경찰관은 「경범죄 처벌법」상 경범죄에 해당하는 행위에 대해서도 필요한 경우 제지할 수 있다.   (   )

□□□ **17** 자정에 가까운 한밤중에 집 안에서 음악을 크게 켜놓고 심한 고성을 지른 甲의 행위는 「경범죄처벌법」상 '인근소란 등'에 해당하고 이로 인하여 인근 주민들이 잠을 이루지 못할 수 있으며 출동한 경찰관들을 만나지 않고 소란행위를 지속하고 있으므로, 甲의 행위를 제지하는 것은 경찰관의 직무상 권한이자 의무로 볼 수 있다.   (   )

□□□ **18** 「경찰관 직무집행법」상 경찰관의 제지 조치의 위법 여부는 사후적으로 순수한 객관적 기준에서 판단해야 하고 제지 조치 당시의 구체적 상황을 기초로 판단하는 것은 아니다.   (   )

□□□ **19** 주거지에서 음악 소리를 크게 내거나 큰 소리로 떠들어 이웃을 시끄럽게 하는 행위는 「경범죄 처벌법」 제3조 제1항 제21호에서 경범죄로 정한 '인근소란 등'에 해당하고, 경찰관은 「경찰관 직무집행법」에 따라 경범죄에 해당하는 행위를 예방·진압·수사하고, 필요한 경우 제지할 수 있다.   (   )

정답 & OX 풀이

07 경찰관은 범죄행위가 목전(目前)에 행하여지려고 하고 있다고 인정될 경우 이를 예방하기 위하여 관계인에게 필요한 경고를 할 수 있다(제6조 선단).

09 경찰관의 경고나 제지는 범죄의 예방을 위하여 범죄행위에 관한 실행의 착수 전에 행하여질 수 있을 뿐만 아니라, 이후 범죄행위가 계속되는 중에 그 진압을 위하여도 당연히 행하여질 수 있다(대법원 2013.9.26. 2013도643).

13 경찰관 직무집행법 제6조에 따른 경찰관의 제지 조치가 적법한 직무집행으로 평가되기 위해서는, 형사처벌의 대상이 되는 행위가 눈앞에서 막 이루어지려고 하는 것이 객관적으로 인정될 수 있는 상황이어야 한다.

15 의무불이행을 전제로 하지 않고 경찰이 직접 실력을 행사하여 경찰상 필요한 상태를 실현하는 권력적 사실행위에 관한 근거조항이다.

18 경찰관의 제지 조치가 적법한지는 제지 조치 당시의 구체적 상황을 기초로 판단하여야 하고 사후적으로 순수한 객관적 기준에서 판단할 것은 아니다.

정답

| 06. ○ | 07. × | 08. ○ | 09. × | 10. ○ | 11. ○ | 12. ○ | 13. × | 14. ○ | 15. × |
| 16. ○ | 17. ○ | 18. × | 19. ○ | | | | | | |

□□□ **20** 출동한 경찰관이 인터폰으로 甲에게 문을 열어달라고 하였으나, 甲은 심한 욕설을 할 뿐 출입문을 열어주지 않은 채, 경범죄 처벌법상의 인근 소란행위를 멈추지 않았다. 이에 경찰관들이 甲을 만나기 위해 甲의 집으로 통하는 전기를 일시적으로 차단한 경찰관의 조치는 사람의 생명·신체에 위해를 끼치거나 재산에 중대한 손해를 끼칠 우려가 있는 긴급한 경우로 보기는 어려워 즉시강제가 아니라 직접강제의 요건에 부합한다. ( )

□□□ **21** 경찰관이 주거지에서 음악 소리를 크게 내거나 큰 소리로 떠들어 이웃을 시끄럽게 하는 등 「경범죄 처벌법」상 경범죄에 해당하는 행위를 제지하고 수사하기 위하여 피고인의 집으로 통하는 전기를 일시적으로 차단한 것은 「경찰관 직무집행법」제6조 에서 정한 즉시강제의 요건을 충족한 적법한 직무집행으로 볼 여지가 있다. ( )

□□□ **22** 노동조합 조합원들이 어떠한 범죄행위를 목전에서 저지르려고 하거나 이들의 행위로 인하여 인명·신체에 위해를 미치거나 재산에 중대한 손해를 끼칠 우려 등 긴급한 사정이 있는 경우가 아닌데도 방패를 든 전투경찰대원들이 위 조합원들을 둘러싸고 이동하지 못하게 가둔 행위는 「경찰관 직무집행법」제6조 제1항에 근거한 제지 조치라고 볼 수 없고, 이는 형사소송법상 체포에 해당한다. ( )

□□□ **23** 위법한 집회·시위가 장차 특정지역에서 개최될 것이 예상된다고 하더라도, 이와 시간적·장소적으로 근접하지 않은 다른 지역에서 그 집회·시위에 참가하기 위하여 출발 또는 이동하는 행위를 제지하는 것은 「경찰관 직무집행법」제6조 제1항의 경찰관의 제지의 범위를 명백히 넘어 허용될 수 없다. ( )

□□□ **24** 경찰관은 위험한 사태가 발생하여 사람의 생명·신체 또는 재산에 대한 위해가 임박한 때에 그 위해를 방지하거나 피해자를 구조하기 위하여 부득이하다고 인정하면 합리적으로 판단하여 필요한 한도에서 다른 사람의 토지·건물·배 또는 차에 출입할 수 있다. ( )

□□□ **25** 「경찰관 직무집행법」상 경찰관은 인공구조물의 파손 등 위험한 사태가 발생하여 사람의 생명·신체 또는 재산에 대한 위해가 임박한 때에 그 위해를 방지하거나 피해자를 구조하기 위하여 부득이하다고 인정하면 합리적으로 판단하여 필요한 한도에서 다른 사람의 토지·건물·배 또는 차에 출입할 수 있다. ( )

□□□ **26** 「경찰관 직무집행법」상 여관, 음식점 등 많은 사람이 출입하는 장소의 관리자는 경찰관이 범죄나 사람의 생명·신체·재산에 대한 위해를 예방하기 위하여 해당 장소의 영업시간에 그 장소에 출입하겠다고 요구하면 정당한 이유 없이 그 요구를 거절할 수 없다. ( )

□□□ **27** 「경찰관 직무집행법」상 경찰관이 위험방지를 위하여 필요한 장소에 출입할 때에는 그 신분을 표시하는 증표를 제시하여야 하며, 함부로 관계인이 하는 정당한 업무를 방해해서는 아니 된다. ( )

□□□ **28** 「경찰관 직무집행법」상 경찰관이 위험방지를 위한 출입할 때에는 그 신분을 표시하는 증표의 제시의무는 없다. ( )

□□□ **29** 「경찰관 직무집행법」상 정당한 사유 없이 경찰관의 토지·건물·배 또는 차에의 출입을 거부 또는 방해한 자에게는 300만 원 이하의 과태료를 부과한다.　　　　　　　（　　）

20 위와 같은 상황에서 갑과 을이 피고인의 집으로 통하는 전기를 일시적으로 차단한 것은 피고인을 집 밖으로 나오도록 유도한 것으로서, 피고인의 범죄행위를 진압·예방하고 수사하기 위해 필요하고도 적절한 조치로 보이고, 경찰관 직무집행법 제1조의 목적에 맞게 제2조의 직무 범위 내에서 제6조에서 정한 즉시강제의 요건을 충족한 적법한 직무집행으로 볼 여지가 있다(대법원 2018.12.13. 2016도19417).

28 경찰관이 위험방지를 위한 출입할 때에는 그 신분을 표시하는 증표의 제시의무가 있다(제7조 제4항).

29 「경찰관 직무집행법」에는 과태료 규정이 없다. ※ 정당한 사유 없이 제8조 제3항에 따른 토지·물건 등의 일시사용, 사용의 제한, 처분 또는 토지·건물·배 또는 차에 출입을 거부 또는 방해한 자에게는 300만 원 이하의 과태료를 부과한다(112신고의 운영 및 처리에 관한 법률 제18조 제2항).

정답
| 20. × | 21. ○ | 22. ○ | 23. ○ | 24. ○ | 25. ○ | 26. ○ | 27. ○ | 28. × | 29. × |

핵심정리 OX

테마 34 ~ 66

테마 34 경찰관의 장비 사용

☐☐☐ **01** "경찰장비"란 무기, 경찰장구, 경찰착용기록장치, 최루제와 그 발사장치, 살수차, 감식기구, 해안 감시기구, 통신기기, 차량·선박·항공기 등 경찰이 직무를 수행할 때 필요한 장치와 기구를 말한다. ( )

☐☐☐ **02** 경찰관은 직무수행 중 경찰장비를 사용할 수 있다. 다만, 재산의 침해 또는 생명이나 신체에 위해를 끼칠 수 있는 경찰장비를 긴급하게 사용할 때에는 안전검사 없이 안전교육을 받은 후 사용할 수 있다. ( )

☐☐☐ **03** "경찰착용기록장치"란 경찰관이 신체에 착용 또는 휴대하여 직무수행 과정을 근거리에서 영상·음성으로 기록할 수 있는 기록장치 또는 그 밖에 이와 유사한 기능을 갖춘 기계장치를 말한다. ( )

☐☐☐ **04** 경찰청장, 시·도경찰청장 및 경찰서장은 경찰착용기록장치로 기록한 영상·음성을 저장하고 데이터베이스로 관리하는 영상음성기록정보 관리체계를 구축·운영하여야 한다. ( )

☐☐☐ **05** 경찰착용기록장치로 기록한 영상음성기록의 보관기간은 해당 기록을 법 제10조의6 제3항에 따라 영상음성기록정보 데이터베이스에 전송·저장한 날부터 30일(해당 영상음성기록이 수사 중인 범죄와 관련된 경우 등 경찰청장 또는 해양경찰청장이 정하는 사항에 해당하는 경우에는 90일)로 한다. ( )

☐☐☐ **06** 경찰청장 및 해양경찰청장은 경찰착용기록장치로 기록한 영상·음성을 저장하고 데이터베이스로 관리하는 영상음성기록정보 관리체계를 구축·운영하여야 한다. ( )

☐☐☐ **07** 경찰청장 또는 해양경찰청장은 경찰착용기록장치를 사용하는 경찰관을 대상으로 경찰착용기록장치 조작 방법, 사용 지침, 개인정보 보호 등에 관한 내용이 포함된 교육을 실시해야 한다. ( )

☐☐☐ **08** 경찰착용기록장치로 기록을 마친 영상음성기록은 10일 이내로 영상음성기록정보 관리체계를 이용하여 영상음성기록정보 데이터베이스에 전송·저장할 수 있으며, 영상음성기록을 임의로 편집·복사하거나 삭제하여서는 아니 된다. ( )

☐☐☐ **09** 경찰관은 범행 중이거나 범행 직전·직후 또는 증거보전의 필요성 및 긴급성이 있는 경우로서 범죄 수사를 위하여 필요한 경우에는 필요한 최소한의 범위에서 경찰착용기록장치를 사용할 수 있다. ( )

□□□ **10** 경찰착용기록장치로 기록을 마친 영상음성기록은 지체 없이 영상음성기록정보 관리체계를 이용하여 영상음성기록정보 데이터베이스에 전송·저장하도록 하여야 한다. ( )

□□□ **11** 경찰착용기록장치로 기록한 영상음성기록의 보관기간은 해당 기록을 영상음성기록정보 데이터베이스에 전송·저장한 날부터 90일로 한다. ( )

□□□ **12** 경찰관이 개별적으로 구매한 것으로서 신체에 착용 또는 휴대하여 직무수행 과정을 근거리에서 영상·음성으로 기록할 수 있는 기록장치를 시·도경찰청 또는 지방해양경찰청에 등록한 경우에는 2028년 7월 31일까지 해당 장치를 경찰착용기록장치로 본다. ( )

□□□ **13** 권총·소총·기관총·함포·크레모아·수류탄·가스발사총은 무기에 해당한다. ( )

정답 & OX 풀이

02 경찰관은 직무수행 중 경찰장비를 사용할 수 있다. 다만, 사람의 생명이나 신체에 위해를 끼칠 수 있는 경찰장비(이하 이 조에서 "위해성 경찰장비"라 한다)를 사용할 때에는 필요한 안전교육과 안전검사를 받은 후 사용하여야 한다(경찰관 직무집행법 제10조 제1항).

04 경찰청장 및 해양경찰청장은 경찰착용기록장치로 기록한 영상·음성을 저장하고 데이터베이스로 관리하는 영상음성기록정보 관리체계를 구축·운영하여야 한다. 제10조의7(영상음성기록정보 관리체계의 구축·운영)

08 경찰착용기록장치로 기록을 마친 영상음성기록은 지체 없이 제10조의7에 따른 영상음성기록정보 관리체계를 이용하여 영상음성기록정보 데이터베이스에 전송·저장하도록 하여야 하며, 영상음성기록을 임의로 편집·복사하거나 삭제하여서는 아니 된다(제10조의6 제3항).

09 경찰관은 다음 각 호의 어느 하나에 해당하는 직무 수행을 위하여 필요한 경우에는 필요한 최소한의 범위에서 경찰착용기록장치를 사용할 수 있다.

> 2. 범죄 수사를 위하여 필요한 경우로서 다음 각 목의 요건을 모두 갖춘 경우
> 가. 범행 중이거나 범행 직전 또는 직후일 것
> 나. 증거보전의 필요성 및 긴급성이 있을 것

11 경찰착용기록장치로 기록한 영상음성기록의 보관기간은 해당 기록을 법 제10조의6 제3항에 따라 영상음성기록정보 데이터베이스에 전송·저장한 날부터 30일(해당 영상음성기록이 수사 중인 범죄와 관련된 경우 등 경찰청장 또는 해양경찰청장이 정하는 사항에 해당하는 경우에는 90일)로 한다(경찰착용기록장치 운영 등에 관한 규정 제5조 제1항).

12 경찰관이 개별적으로 구매한 것으로서 신체에 착용 또는 휴대하여 직무수행 과정을 근거리에서 영상·음성으로 기록할 수 있는 기록장치 또는 이와 유사한 기능을 갖춘 기계장치를 소속 경찰관서 또는 해양경찰관서에 등록한 경우에는 2028년 7월 31일까지 해당 장치를 경찰착용기록장치로 본다(경찰착용기록장치 운영 등에 관한 규정 부칙 제2조 제1항).

13 권총·소총·기관총·함포·크레모아·수류탄은 무기에 해당하고, 가스발사총은 분사기·최루탄등에 해당한다(제2조 제2호, 제3호).

정답
01. ○   02. ×   03. ○   04. ×   05. ○   06. ○   07. ○   08. ×   09. ×   10. ○
11. ×   12. ×   13. ×

□□□ **14** 경찰관은 경찰장비를 함부로 개조하거나 경찰장비에 임의의 장비를 부착하여 일반적인 사용법과 달리 사용함으로써 다른 사람의 생명·신체에 위해를 끼쳐서는 아니 된다.　　　　　(　　)

□□□ **15** 경찰청장은 위해성 경찰장비를 새로 도입하려는 경우에는 대통령령으로 정하는 바에 따라 안전성 검사를 실시하여 그 안전성 검사의 결과보고서를 국회 소관 상임위원회에 제출하여야 한다. 이 경우 안전성 검사에는 외부 전문가를 참여시켜야 한다.　　　　　(　　)

□□□ **16** 경찰청장은 위해성 경찰장비를 새로 도입하려는 경우에는 대통령령으로 정하는 바에 따라 안전교육을 실시하여 그 안전교육의 결과보고서를 국회 소관 상임위원회에 제출하여야 한다. 이 경우 안전교육에는 외부 전문가를 참여시킬 수 있다.　　　　　(　　)

□□□ **17** 위해성 경찰장비는 필요한 최소한도에서 사용하여야 하며, 위해성 경찰장비의 종류 및 그 사용기준, 안전교육·안전검사의 기준 등은 행정안전부령으로 정한다.　　　　　(　　)

□□□ **18** 경찰관은 현행범이나 사형·무기 또는 장기 3년 이상의 징역이나 금고에 해당하는 죄를 범한 범인의 체포 또는 도주 방지의 직무를 수행하기 위하여 필요하다고 인정되는 상당한 이유가 있을 때에는 그 사태를 합리적으로 판단하여 필요한 한도에서 경찰장구를 사용할 수 있다.　(　　)

□□□ **19** 경찰관은 현행범이나 사형·무기 또는 장기 3년 이상의 징역이나 금고에 해당하는 죄를 범한 범인의 체포 또는 도주 방지를 위해서 필요하다고 인정되는 상당한 이유가 있을 때에는 그 사태를 합리적으로 판단하여 필요한 한도에서 수갑, 포승, 경찰봉, 방패 등을 사용할 수 있다.　(　　)

□□□ **20** 「위해성 경찰장비의 사용기준 등에 관한 규정」상 경찰관은 범인의 체포 또는 도주방지, 타인 또는 경찰관의 생명·신체에 대한 방호, 공무집행에 대한 항거의 억제를 위하여 필요한 때에는 최소한의 범위 안에서 가스발사총을 사용할 수 있다. 이 경우 경찰관은 1미터 이내의 거리에서 상대방의 얼굴을 향하여 이를 발사하여서는 아니 된다.　　　　　(　　)

□□□ **21** 「위해성 경찰장비의 사용기준 등에 관한 규정」상 경찰관은 전극침 발사장치가 있는 전자충격기를 사용하는 경우 상대방의 신체 및 얼굴을 향하여 전극침을 발사할 수 있다.　(　　)

□□□ **22** 「위해성 경찰장비의 사용기준 등에 관한 규정」상 경찰장구에는 수갑·포승·호송용포승·경찰봉·호신용경봉·방패·전자방패·근접분사기 및 가스분사기가 있다.　　　　　(　　)

□□□ **23** 「위해성 경찰장비의 사용기준 등에 관한 규정」상 기타장비에는 가스차·살수차·특수진압차·물포·석궁·다목적발사기·전자충격기 및 크레모아가 있다.　　　　　(　　)

□□□ **24** 「위해성 경찰장비의 사용기준 등에 관한 규정」상 경찰관(경찰공무원으로 한정한다)은 체포·구속 영장을 집행하거나 신체의 자유를 제한하는 판결 또는 처분을 받은 자를 법률이 정한 절차에 따라 호송하거나 수용하기 위하여 필요한 때에는 최소한의 범위 안에서 수갑·포승 또는 호송용포승을 사용할 수 있다.　　　　　(　　)

□□□ **25** 수사기관에서 구속된 피의자의 도주, 항거 등을 억제하는 데 필요하다고 인정할 상당한 이유가 있는 경우에는 필요한 한도 내에서 포승이나 수갑을 사용할 수 있으며, 이러한 조치가 무죄추정의 원칙에 위배되는 것이라고 할 수 없다. ( )

□□□ **26** 「위해성 경찰장비의 사용기준 등에 관한 규정」상 경찰관은 14세 미만의 자 또는 임산부에 대하여 전자충격기 또는 전자방패를 사용하여서는 아니 된다. ( )

□□□ **27** 「위해성 경찰장비의 사용기준 등에 관한 규정」상 경찰관은 전극침(電極針) 발사장치가 있는 전자 충격기를 사용하는 경우 상대방의 얼굴을 향하여 전극침을 발사하여서는 아니 된다. ( )

□□□ **28** 「경찰관 직무집행법」상 경찰청장은 위해성 경찰장비를 새로 도입하려는 경우에는 대통령령으로 정하는 바에 따라 안전성 검사를 실시하여 그 안전성 검사의 결과보고서를 행정안전부장관에게 제출하여야 한다. ( )

정답 & OX 풀이

16 경찰청장은 위해성 경찰장비를 새로 도입하려는 경우에는 대통령령으로 정하는 바에 따라 안전성 검사를 실시하여 그 안전성 검사의 결과보고서를 국회 소관 상임위원회에 제출하여야 한다. 이 경우 안전성 검사에는 외부 전문가를 참여시 켜야 한다(경찰관 직무집행법 제10조 제5항).

17 위해성 경찰장비는 필요한 최소한도에서 사용하여야 하며, 위해성 경찰장비의 종류 및 그 사용기준, 안전교육·안전검 사의 기준 등은 대통령령(위해성 경찰장비의 사용기준 등에 관한 규정)으로 정한다(제10조 제6항).

21 경찰관은 전극침(電極針) 발사장치가 있는 전자충격기를 사용하는 경우 상대방의 얼굴을 향하여 전극침을 발사하여서 는 아니 된다.

22 근접분사기 및 가스분사기는 경찰 장구가 아니다.

23 「경찰관 직무집행법」(이하 "법"이라 한다) 제10조 제1항 단서에 따른 사람의 생명이나 신체에 위해를 끼칠 수 있는 경찰 장비(이하 "위해성 경찰장비"라 한다)의 종류는 다음 각 호와 같다.

> 1. 경찰장구 : 수갑·포승(捕繩)·호송용포승·경찰봉·호신용경봉·전자충격기·방패 및 전자방패
> 2. 무기 : 권총·소총·기관총(기관단총을 포함한다. 이하 같다)·산탄총·유탄발사기·박격포·3인치포·함포·
>   크레모아·수류탄·폭약류 및 도검
> 3. 분사기·최루탄등 : 근접분사기·가스분사기·가스발사총(고무탄 발사겸용을 포함한다. 이하 같다) 및 최루탄
>   (그 발사장치를 포함한다. 이하 같다)
> 4. 기타장비 : 가스차·살수차·특수진압차·물포·석궁·다목적발사기 및 도주차량차단장비

28 「경찰관 직무집행법」상 경찰청장은 위해성 경찰장비를 새로 도입하려는 경우에는 대통령령으로 정하는 바에 따라 안전성 검사를 실시하여 그 안전성 검사의 결과보고서를 국회 소관 상임위원회에 제출하여야 한다(경찰관 직무집행법 제10조 제5항 전문).

정답

| 14. ○ | 15. ○ | 16. × | 17. × | 18. ○ | 19. ○ | 20. ○ | 21. × | 22. × | 23. × |
| 24. ○ | 25. ○ | 26. × | 27. × | 28. × | | | | | |

□□□ **29** 「위해성 경찰장비의 사용기준 등에 관한 규정」상 경찰관은 14세 미만의 자 또는 65세 이상의 고령자에 대하여 전자충격기를 사용하여서는 아니 된다.　　　　　　　　　　　　　　（　　）

□□□ **30** 「위해성 경찰장비의 사용기준 등에 관한 규정」상 경찰관은 최루탄발사기로 최루탄을 발사하는 경우 15도 이상의 발사각을 유지하여야 한다.　　　　　　　　　　　　　　　　（　　）

□□□ **31** 「위해성 경찰장비의 사용기준 등에 관한 규정」상 직무수행 중 위해성 경찰장비를 사용하는 경찰관은 위해성 경찰장비 사용을 위한 안전교육을 받아야 한다.　　　　　　　　（　　）

□□□ **32** 「위해성 경찰장비의 사용기준 등에 관한 규정」상 가스발사총을 사용할 경우 경찰관은 1미터 이내의 거리에서 상대방의 얼굴을 향하여 이를 발사하여서는 아니된다.　　　　　　（　　）

□□□ **33** 경찰관은 범인의 체포 또는 범인의 도주 방지, 불법집회·시위로 인한 자신이나 다른 사람의 생명·신체와 재산 및 공공시설 안전에 대한 현저한 위해의 발생 억제를 위해서 부득이한 경우에는 현장사용자가 판단하여 최소한의 범위에서 「총포·도검·화약류 등의 안전관리에 관한 법률」에 따른 분사기를 사용할 수 있다.　　　　　　　　　　　　　　　　　　　　　（　　）

□□□ **34** 「경찰관 직무집행법」상 경찰관은 범인의 체포 또는 범인의 도주 방지를 위하여 부득이한 경우에는 현장책임자가 판단하여 필요한 최소한의 범위에서 「총포·도검·화약류 등의 안전관리에 관한 법률」에 따른 분사기를 사용할 수 있다.　　　　　　　　　　　　　　　（　　）

□□□ **35** 「경찰관 직무집행법」상 경찰관은 범인의 체포, 범인의 도주 방지, 자신이나 다른 사람의 생명·신체의 방어 및 보호, 공무집행에 대한 항거의 제지를 위하여 필요하다고 인정되는 상당한 이유가 있을 때에는 그 사태를 합리적으로 판단하여 필요한 한도에서 무기를 사용할 수 있다.（　　）

□□□ **36** 경찰관은 범인의 체포, 도주의 방지, 자기 또는 타인의 생명·신체에 대한 방호, 공무집행에 대한 항거의 억제를 위하여 무기를 사용할 수 있으나, 이 경우에도 무기는 목적 달성에 필요하다고 인정되는 상당한 이유가 있을 때 그 사태를 합리적으로 판단하여 필요한 한도 내에서 사용하여야 한다.　　　　　　　　　　　　　　　　　　　　　　　　　　　　（　　）

□□□ **37** 경찰관이 총기사용에 이르게 된 동기나 목적, 경위 등을 고려하여 형사사건에서 무죄판결이 확정되었다면 민사상 불법행위 책임은 인정될 수 없다.　　　　　　　　　　　（　　）

□□□ **38** 경찰관의 무기 사용이 그 요건을 충족하는지는 범죄의 종류, 죄질, 피해법익의 경중, 위해의 급박성, 저항의 강약, 범인과 경찰관의 수 등을 고려하여 사회통념상 상당하다고 평가되는지 여부에 따라 판단하여야 한다.　　　　　　　　　　　　　　　　　　　　　　（　　）

□□□ **39** 경찰관은 사람을 향하여 권총 또는 소총을 발사하고자 하는 때에는 미리 구두 또는 공포탄에 의한 사격으로 상대방에게 경고하여야 하지만, 경찰관을 급습하거나 타인의 생명·신체에 대한 중대한 위험을 야기하는 범행이 목전에 실행되고 있는 등 상황이 급박하여 특히 경고할 시간적 여유가 없는 경우로서 부득이한 때에는 경고하지 않을 수 있다.　　　　　　　　　　（　　）

□□□ **40** 경찰관이 신호위반을 이유로 정지명령에 불응하고 도주하던 차량에 탑승한 동승자를 추격하던 중 수차례에 걸쳐 경고하고 공포탄을 발사했음에도 불구하고 계속 도주하자 실탄을 발사하여 사망케 한 경우, 위 총기 사용 행위는 허용 범위를 벗어난 위법행위이다. ( )

□□□ **41** 경찰관의 무기 사용이 특히 사람에게 위해를 가할 위험성이 큰 권총의 사용에 있어서는 그 요건을 더욱 엄격하게 판단하여야 한다. ( )

□□□ **42** 「경찰관 직무집행법」상 무기란 사람의 생명이나 신체에 위해를 끼칠 수 있도록 제작된 권총·소총·도검 등을 말하며, 대간첩·대테러 작전 등 국가안전에 관련되는 작전을 수행할 때에는 개인화기 외에 공용화기를 사용할 수 있다. ( )

□□□ **43** 경찰관이 길이 40cm 가량의 칼로 반복적으로 위협하며 도주하는 차량 절도 혐의자를 추적하던 중, 도주하기 위하여 등을 돌린 혐의자의 몸 쪽을 향하여 약 2m 거리에서 실탄을 발사하여 혐의자를 복부관통상으로 사망케 한 경우, 경찰관의 총기사용은 사회통념상 허용범위를 벗어난 위법행위이다. ( )

□□□ **44** 경찰관이 직사살수의 방법으로 집회나 시위 참가자들을 해산시키려면, 먼저 「집회 및 시위에 관한 법률」에서 정한 해산사유를 구체적으로 고지하는 적법한 절차에 따른 해산명령을 시행한 후에 직사살수의 방법을 사용할 수 있다. ( )

□□□ **45** 집회나 시위 해산을 위한 살수차 사용요건이나 기준은 법률에 근거를 두어야 한다. ( )

□□□ **46** 살수차를 사용하는 경우 그 책임자가 기록하여 보관하여야 하는 사항에는 사용 일시·장소·대상, 현장책임자, 종류, 수량 등이 포함된다. ( )

정답 & OX 풀이

29 「위해성 경찰장비의 사용기준 등에 관한 규정」상 경찰관은 14세 미만의 자 또는 임산부에 대하여 전자충격기를 사용하여서는 아니 된나(「위해성 경찰장비의 사용기준 등에 관한 규정」제8조 제1항).

30 경찰관은 최루탄발사기로 최루탄을 발사하는 경우 30도 이상의 발사각을 유지하여야 하고, 가스차·살수차 또는 특수진압차의 최루탄발사대로 최루탄을 발사하는 경우에는 15도 이상의 발사각을 유지하여야 한다. 제12조 제2항

33 현장책임자가 판단하여 필요한 최소한의 범위에서 「총포·도검·화약류 등의 안전관리에 관한 법률」에 따른 분사기를 사용할 수 있다. 제10조의3(분사기 등의 사용)

37 경찰관이 범인을 제압하는 과정에서 총기를 사용하여 범인을 사망에 이르게 한 사안에서, 경찰관이 총기사용에 이르게 된 동기나 목적, 경위 등을 고려하여 형사사건에서 무죄판결이 확정되더라도 당해 경찰관의 과실의 내용과 그로 인하여 발생한 결과의 중대함에 비추어 민사상 불법행위책임을 인정한 사례(대법원 2008. 2. 1. 2006다6713).

정답
| 29. × | 30. × | 31. ○ | 32. ○ | 33. × | 34. ○ | 35. ○ | 36. ○ | 37. × | 38. ○ |
| 39. ○ | 40. ○ | 41. ○ | 42. ○ | 43. ○ | 44. ○ | 45. ○ | 46. ○ | | |

□□□ **47** 경찰관이 농성 진압 과정에서 경찰장비를 적법하게 사용하였더라도, 상대방이 그로 인한 생명·신체에 대한 위해를 면하기 위하여 대항하는 과정에서 경찰장비를 손상시켰다면 이는 현재의 부당한 침해에서 벗어나기 위한 행위로서 정당방위에 해당한다. ( )

□□□ **48** 「경찰관 직무집행법」상 경찰장비 규정은 경찰관의 직무수행 중 경찰장비의 사용 여부, 용도, 방법 및 범위에 관하여 재량의 한계를 정한 것이라 할 수 있고, 특히 위해성 경찰장비는 그 사용의 위험성과 기본권 보호 필요성에 비추어 볼 때 본래의 사용방법에 따라 지정된 용도로 사용되어야 하며 다른 용도나 방법으로 사용하기 위해서는 반드시 법령에 근거가 있어야 한다. ( )

□□□ **49** 「경찰 물리력 행사의 기준과 방법에 관한 규칙」상 '적극적 저항'을 하는 대상자에 대하여 경찰관이 사용할 수 있는 물리력의 종류: 언어적 통제 ( )

□□□ **50** 소극적 저항 - 대상자가 경찰관의 지시, 통제를 따르지 않고 비협조적이지만 경찰관 또는 제3자에 대해 직접적인 위해를 가하지 않는 상태 ( )

□□□ **51** 치명적 공격 - 대상자가 경찰관에게 폭력을 행사하려는 자세를 취하여 그 행사가 임박한 상태, 주먹·발 등을 사용해서 경찰관에 대해 신체적 위해를 초래하고 있는 상태 ( )

□□□ **52** 적극적 저항 - 대상자가 자신에 대한 경찰관의 체포·연행 등 정당한 공무집행을 방해하지만 경찰관 또는 제3자에 대해 위해 수준이 낮은 행위만을 하는 상태 ( )

□□□ **53** 폭력적 공격 - 대상자가 경찰관 또는 제3자에 대해 신체적 위해를 가하는 상태 ( )

□□□ **54** 폭력적 공격 - 대상자가 경찰관 또는 제3자에 대해 사망 또는 심각한 부상을 초래할 수 있는 행위를 하는 상태를 말한다. 흉기(칼·도끼·낫 등)를 이용하여 경찰관, 제3자에 대해 위력을 행사하고 있거나 위해 발생이 임박한 경우, 경찰관이나 제3자의 목을 세게 조르거나 무차별 폭행하는 등 생명·신체에 대해 중대한 위해가 발생할 정도의 위험한 폭력을 행사하는 경우가 이에 해당한다. ( )

□□□ **55** 순응 - 대상자가 경찰관의 지시, 통제에 따르는 상태를 말한다. 다만, 대상자가 경찰관의 요구에 즉각 응하지 않고 약간의 시간만 지체하는 경우는 '순응'으로 본다. ( )

□□□ **56** 「경찰 물리력 행사의 기준과 방법에 관한 규칙」상 '적극적 저항'을 하는 대상자에 대하여 경찰관이 사용할 수 있는 물리력의 종류: 체포 등을 위한 수갑 사용 ( )

□□□ **57** 소극적 저항 - 대상자가 경찰관의 지시, 통제를 따르지 않고 비협조적이지만 경찰관 또는 제3자에 대해 직접적인 위해를 가하지 않는 상태를 말한다. 경찰관이 정당한 이동 명령을 발하였음에도 가만히 서있거나 앉아 있는 등 전혀 움직이지 않는 상태, 일부러 몸의 힘을 모두 빼거나, 고정된 물체를 꽉 잡고 버팀으로써 움직이지 않으려는 상태 등이 이에 해당한다. ( )

□□□ **58** 「경찰 물리력 행사의 기준과 방법에 관한 규칙」상 '적극적 저항'을 하는 대상자에 대하여 경찰관이 사용할 수 있는 물리력의 종류: 손바닥, 주먹, 발 등 신체부위를 이용한 가격 ( )

□□□ **59** 「경찰 물리력 행사의 기준과 방법에 관한 규칙」상 '적극적 저항'을 하는 대상자에 대하여 경찰관이 사용할 수 있는 물리력의 종류: 분사기 사용 ( )

□□□ **60** 적극적 저항 - 대상자가 자신에 대한 경찰관의 체포·연행 등 정당한 공무집행을 방해하지만 경찰관 또는 제3자에 대해 위해 수준이 낮은 행위만을 하는 상태를 말한다. 대상자가 자신을 체포·연행하려는 경찰관으로부터 물리적으로 이탈하거나 도주하려는 행위, 체포·연행을 위해 팔을 잡으려는 경찰관의 손을 뿌리치거나, 경찰관을 밀고 잡아끄는 행위, 경찰관에게 침을 뱉거나 경찰관을 밀치는 행위 등이 이에 해당한다. ( )

□□□ **61** 경찰관의 대응 수준 중 중위험 물리력: 손바닥, 주먹, 발 등 신체부위를 이용한 가격 ( )

□□□ **62** 협조적 통제는 '순응' 이상의 상태인 대상자에 대해 사용할 수 있는 물리력 수준으로서, 대상자의 협조를 유도하거나 협조에 따른 물리력을 말한다. ( )

□□□ **63** 경찰관의 대응 수준 중 중위험 물리력: 경찰봉으로 중요부위가 아닌 신체부위를 찌르거나 가격 ( )

□□□ **64** 저위험 물리력은 '적극적 저항' 이상의 상태인 대상자에 대해 사용할 수 있는 물리력 수준으로서, 대상자가 통증을 느낄 수 있으나 신체적 부상을 당할 가능성은 낮은 물리력을 말한다. ( )

정답 & OX 풀이 🖋

47 경찰관의 적법한 직무집행에 대해서 정당방위가 성립할 수 없다. ※ 경찰관이 농성 진압의 과정에서 경찰장비를 위법하게 사용함으로써 그 직무수행이 적법한 범위를 벗어난 것으로 볼 수밖에 없다면, 상대방이 그로 인한 생명·신체에 대한 위해를 면하기 위하여 직접적으로 대항하는 과정에서 경찰장비를 손상시켰더라도 이는 위법한 공무집행으로 인한 신체에 대한 현재의 부당한 침해에서 벗어나기 위한 행위로서 정당방위에 해당한다(대법원 2022.11.30. 2016다26662·26679·26686).

51 대상자가 경찰관에게 폭력을 행사하려는 자세를 취하여 그 행사가 임박한 상태, 주먹·발 등을 사용해서 경찰관에 대해 신체적 위해를 초래하고 있는 상태는 폭력적 공격에 관한 설명이다.

54 '치명적 공격'에 관한 설명이다.

58 손바닥, 주먹, 발 등 신체부위를 이용한 가격은 중위험 물리력에 해당한다(2.2.4.). 언어적 통제, 체포 등을 위한 수갑 사용은 협조적 통제에 해당하며(2.2.1.) 경찰관은 가능한 경우 낮은 수준의 물리력부터 시작하여 물리력의 강도를 높여 감으로써 상황을 안전하게 종결시키도록 하여야 하므로(2.3.2.) '적극적 저항'을 하는 대상자에 대하여 저위험 물리력 이하의 물리력을 사용할 수 있다.

정답
| 47. ✕ | 48. ○ | 49. ○ | 50. ○ | 51. ✕ | 52. ○ | 53. ○ | 54. ✕ | 55. ○ | 56. ○ |
| 57. ○ | 58. ✕ | 59. ○ | 60. ○ | 61. ○ | 62. ○ | 63. ○ | 64. ○ | | | |

□□□ **65** 경찰관의 대응 수준 중 중위험 물리력 : 분사기 사용 ( )

□□□ **66** 접촉 통제는 '소극적 저항' 이상의 상태인 대상자에 대해 사용할 수 있는 물리력 수준으로서, 대상자 신체 접촉을 통해 경찰목적 달성을 강제하지만 신체적 부상을 야기할 가능성은 극히 낮은 물리력을 말한다. ( )

□□□ **67** 경찰관의 대응 수준 중 중위험 물리력 : 방패로 강하게 압박하거나 세게 미는 행위 ( )

□□□ **68** 중위험 물리력은 '치명적 공격' 상태의 대상자로 인해 경찰관 또는 제3자의 생명·신체에 급박하고 중대한 위해가 초래될 가능성이 있는 경우 최후의 수단으로 사용할 수 있는 물리력 수준으로서, 대상자의 사망 또는 심각한 부상을 초래할 수 있는 물리력을 말한다. ( )

□□□ **69** 「경찰 물리력 행사의 기준과 방법에 관한 규칙」상 경찰관은 '소극적 저항' 이상인 상태의 대상자에게 경찰봉을 대상자의 신체에 안전하게 밀착한 상태로 밀거나 끌어당길 수 있다. ( )

□□□ **70** 「경찰 물리력 행사의 기준과 방법에 관한 규칙」상 '폭력적 저항' 이상인 상태의 대상자의 신체를 경찰봉으로 찌르거나 가격할 수 있으며, 이 경우 가급적 대상자의 머리, 얼굴, 목, 흉부, 복부 등 신체 중요 부위를 피하여야 한다. ( )

정답 & OX 풀이

65 경찰 물리력 행사의 기준과 방법에 관한 규칙 : 분사기 사용(다른 저위험 물리력 이하의 수단으로 제압이 어렵고, 경찰관이나 대상자의 부상 등의 방지를 위해 필요한 경우)은 저위험 물리력의 종류에 해당한다.
68 고위험 물리력

정답 65. × 66. ○ 67. ○ 68. × 69. ○ 70. ○

테마 35 손실보상, 공로자 보상, 소송지원, 형사상 감면

□□□ **01** 국가는 경찰관의 적법한 직무집행으로 인하여 손실발생의 원인에 대하여 책임이 없는 자가 생명·신체 또는 재산상의 손실을 입은 경우 또는 손실발생의 원인에 대하여 책임이 있는 자가 자신의 책임에 상응하는 정도를 초과하는 생명·신체 또는 재산상의 손실을 입은 경우에 정당한 보상을 하여야 한다. ( )

□□□ **02** 국가는 경찰관의 적법한 직무집행으로 인하여 손실발생의 원인에 대하여 책임이 있는 자가 자신의 책임에 상응하는 정도를 초과하는 생명·신체 또는 재산상의 손실을 입은 경우 정당한 보상을 하여야 한다. ( )

□□□ **03** 손실발생의 원인에 대하여 책임이 없는 자가 경찰관의 적법한 직무집행으로 인하여 생명·신체 또는 재산상의 손실을 입은 경우(손실발생의 원인에 대하여 책임이 없는 자가 경찰관의 직무집행에 자발적으로 협조하거나 물건을 제공하여 생명·신체 또는 재산상의 손실을 입은 경우를 제외한다), 국가는 그 손실을 입은 자에 대하여 정당한 보상을 하여야 한다. ( )

□□□ **04** 손실보상의 원인에 대하여 책임이 없는 자가 경찰관의 직무집행에 자발적으로 협조하거나 물건을 제공하여 생명·신체 또는 재산상의 손실을 입은 경우 정당한 보상을 하여야 한다. ( )

□□□ **05** 소속 경찰관의 직무집행으로 인하여 발생한 손실보상청구 사건을 심의하기 위하여 시·도경찰청, 지방해양경찰청, 경찰서 및 해양경찰서에 손실보상심의위원회를 설치한다. ( )

정답 & OX 풀이

03 손실발생의 원인에 대하여 책임이 없는 자가 경찰관의 직무집행에 자발적으로 협조하거나 물건을 제공하여 생명·신체 또는 재산상의 손실을 입은 경우를 포함한다(「경찰관 직무집행법」 제11조의2(손실보상) 제1항 제1호).

05 경찰서 및 해양경찰서에는 손실보상심의위원회를 설치하지 않는다. ※ 법 제11조의2제3항에 따라 소속 경찰관이 직무집행으로 인하여 발생한 손실보상청구 사건을 심의하기 위하여 경찰청, 해양경찰청, 시·도경찰청 및 지방해양경찰청에 손실보상심의위원회(이하 "위원회"라 한다)를 설치한다(경찰관 직무집행법 시행령 제11조 제1항).

정답   01. ○   02. ○   03. ✕   04. ○   05. ✕

□□□ **06** 소속 경찰관의 직무집행으로 인하여 발생한 손실보상청구 사건을 심의하기 위하여 경찰청, 해양경찰청, 시·도경찰청 및 지방해양경찰청에 손실보상심의위원회를 설치한다. ( )

□□□ **07** 「경찰관 직무집행법 시행령」상 경찰관의 적법한 직무집행으로 인하여 발생한 손실을 보상받으려는 사람은 보상금 지급 청구서에 손실내용과 손실금액을 증명할 수 있는 서류를 첨부하여 경찰청장·해양경찰청장이나 손실보상청구 사건 발생지를 관할하는 시·도경찰청, 지방해양경찰청 또는 경찰관서의 장에게 제출해야 하는 것이 원칙이다. ( )

□□□ **08** 보상금 지급 청구서를 받은 경찰청장, 해양경찰청장, 시·도경찰청장, 지방해양경찰청장 또는 경찰관서의 장은 해당 청구서를 제11조 제1항에 따른 손실보상청구 사건을 심의할 손실보상심의위원회가 설치된 경찰청, 해양경찰청, 시·도경찰청 또는 지방해양경찰청의 장(이하 "손실보상 결정권자"라 한다)에게 보내야 한다. ( )

□□□ **09** 보상금 지급 청구서를 받은 손실보상 결정권자는 특별한 사유가 없으면 보상금 지급 청구서를 받은 날부터 30일 이내에 손실보상심의위원회의 심의·의결에 따라 보상 여부 및 보상금액을 결정해야 한다. 다만, 부득이한 사유로 30일 이내에 결정할 수 없을 때에는 그 기간이 끝나는 날의 다음 날부터 20일의 범위에서 결정기간을 한 차례만 연장할 수 있다. ( )

□□□ **10** 손실보상 결정권자는 손실보상 청구가 요건과 절차를 갖추지 못한 경우(다만, 그 잘못된 부분을 시정할 수 있는 경우는 제외한다) 그 청구를 기각하는 결정을 하여야 한다. ( )

□□□ **11** 손실보상을 청구할 수 있는 권리는 손실이 있음을 안 날부터 3년, 손실이 발생한 날부터 5년간 행사하지 아니하면 시효의 완성으로 소멸한다. ( )

□□□ **12** 「경찰관 직무집행법」 제11조의2 제1항에 따른 손실보상을 청구할 수 있는 권리는 손실이 있음을 안 날부터 3년, 손실보상이 확정된 때부터 5년간 행사하지 아니하면 시효의 완성으로 소멸한다. ( )

□□□ **13** 손실보상을 청구할 수 있는 권리는 손실이 발생한 날부터 3년, 손실이 있음을 안 날부터 5년간 행사하지 아니하면 시효의 완성으로 소멸한다. ( )

□□□ **14** 경찰청장, 해양경찰청장, 시·도경찰청장 또는 지방해양경찰청장은 손실보상심의위원회의 심의·의결에 따라 보상금을 지급하고, 거짓 또는 부정한 방법으로 보상금을 받은 사람에 대하여는 해당 보상금을 환수하여야 한다. ( )

□□□ **15** 경찰청장, 해양경찰청장, 시·도경찰청장 또는 지방해양경찰청장은 손실보상심의위원회의 심의·의결에 따라 보상금을 지급하고, 거짓 또는 부정한 방법으로 보상금을 받은 사람에 대하여는 해당 보상금을 환수할 수 있다. ( )

□□□ **16** 손실보상심의위원회는 위원장 1명을 포함한 7명 이상 9명 이하의 위원으로 구성하며, 위원장이 부득이한 사유로 직무를 수행할 수 없는 때에는 상임위원, 위원 중 연장자순으로 위원장의 직무를 대행한다. ( )

□□□ **17** 위원회는 위원장 1명을 포함한 7명 이상 9명 이내의 위원으로 성별을 고려하여 구성한다. 다만, 청구금액이 100만 원 이하인 사건에 대해서는 제3항 제1호(소속 경찰관)에 해당하는 위원 3명으로만 구성할 수 있다. ( )

□□□ **18** 손실보상심의위원회의 위원은 소속 경찰관과 판사·검사 또는 변호사로 5년 이상 근무한 사람, 「고등교육법」 제2조에 따른 학교에서 법학, 행정학 및 경찰학을 가르치는 조교수 이상으로 5년 이상 재직한 사람, 경찰 업무와 손실보상에 관하여 학식과 경험이 풍부한 사람 중에서 위촉하거나 임명한다. ( )

정답 & OX 풀이

09 보상금 지급 청구서를 받은 손실보상 결정권자는 특별한 사유가 없으면 보상금 지급 청구서를 받은 날부터 60일 이내에 손실보상심의위원회의 심의·의결에 따라 보상 여부 및 보상금액을 결정해야 한다. 다만, 부득이한 사유로 60일 이내에 결정할 수 없을 때에는 그 기간이 끝나는 날의 다음 날부터 20일의 범위에서 결정기간을 한 차례만 연장할 수 있다.

10 손실보상금 지급 청구서를 받은 경찰청장, 해양경찰청장, 시·도경찰청장 또는 지방해양경찰청장은 손실보상심의위원회의 심의·의결에 따라 손실보상 여부 및 손실보상금액을 결정하되 손실보상 청구가 요건과 절차를 갖추지 못한 경우(다만, 그 잘못된 부분을 시정할 수 있는 경우는 제외한다) 그 청구를 각하하는 결정을 하여야 한다(제10조 제3항 제2호).

12 「경찰관 직무집행법」 제11조의2 제1항에 따른 손실보상을 청구할 수 있는 권리는 손실이 있음을 안 날부터 3년, 손실이 발생한 날부터 5년간 행사하지 아니하면 시효의 완성으로 소멸한다(제11조의2(손실보상) 제2항).

13 제1항에 따른 보상을 청구할 수 있는 권리는 손실이 있음을 안 날부터 3년, 손실이 발생한 날부터 5년간 행사하지 아니하면 시효의 완성으로 소멸한다(제11조의2 제2항).

15 경찰청장, 해양경찰청장, 시·도경찰청장 또는 지방해양경찰청장은 손실보상심의위원회의 심의·의결에 따라 보상금을 지급하고, 거짓 또는 부정한 방법으로 보상금을 받은 사람에 대하여는 해당 보상금을 환수하여야 한다(「경찰관 직무집행법」 제11조의2(손실보상) 제4항).

16 위원장이 부득이한 사유로 직무를 수행할 수 없는 때에는 위원장이 미리 지명한 위원이 그 직무를 대행한다(「경찰관 직무집행법 시행령」 제12조(위원장) 제3항).

18 제2항 본문에 따른 위원회의 위원은 다음 각 호의 어느 하나에 해당하는 사람 중에서 손실보상 결정권자가 위촉하거나 임명한다. 이 경우 위원의 과반수는 경찰관이 아닌 사람으로 해야 한다(동법 시행령 제11조 제3항).

> 1. 소속 경찰관
> 2. 판사·검사 또는 변호사로 5년 이상 근무한 사람
> 3. 「고등교육법」 제2조에 따른 학교에서 법학 또는 행정학을 가르치는 부교수 이상으로 5년 이상 재직한 사람
> 4. 경찰 업무와 손실보상에 관하여 학식과 경험이 풍부한 사람

정답

| 06. ○ | 07. ○ | 08. ○ | 09. × | 10. × | 11. ○ | 12. × | 13. × | 14. ○ | 15. × |
| 16. × | 17. ○ | 18. × | | | | | | | |

□□□ **19** 위원회의 위원장(이하 "보상위원장"이라 한다)은 위원 중에서 호선한다. ( )

□□□ **20** 보상위원장이 부득이한 사유로 직무를 수행할 수 없는 때에는 보상위원장이 미리 지명한 위원이 그 직무를 대행한다. ( )

□□□ **21** 보상금이 지급된 경우 손실보상심의위원회는 대통령령으로 정하는 바에 따라 국가경찰위원회 또는 해양경찰위원회에 심사자료와 결과를 보고하여야 한다. ( )

□□□ **22** 손실보상금이 지급된 경우 손실보상심의위원회는 국가경찰위원회 또는 해양경찰위원회에 심사자료와 결과를 반기별로 보고하여야 한다. 이 경우 국가경찰위원회 또는 해양경찰위원회는 손실보상의 적법성 및 적정성 확인을 위하여 필요한 자료의 제출을 요구할 수 있다. ( )

□□□ **23** 손실보상 결정권자는 손실보상심의위원회의 심의·의결에 따라 보상금을 지급하기로 결정한 경우, 결정일부터 10일 이내에 그 결정 내용을 통지해야 하며, 별도로 요청하는 방법이 없는 경우에는 보상금 지급 결정 통지서로 통지한다. ( )

□□□ **24** 손실보상 결정권자는 특별한 사유가 없으면 보상금을 지급하기로 결정한 날부터 30일 이내에 이를 지급하되, 지급방법은 그 보상금을 지급받을 사람이 지정하는 예금계좌(「우체국예금·보험에 관한 법률」에 따른 체신관서 또는 「은행법」에 따른 은행의 계좌를 말한다)에 입금하는 방법으로 한다. 다만, 부득이한 사유가 있는 경우에는 그 보상금을 지급받을 사람의 신청에 따라 현금으로 지급할 수 있다. ( )

□□□ **25** 손실보상금은 일시불로 지급하되, 예산 부족 등의 사유로 일시금으로 지급할 수 없는 특별한 사정이 있는 경우에는 청구인의 동의를 받아 분할하여 지급할 수 있다. ( )

□□□ **26** 경찰청장등은 「경찰관 직무집행법」 제11조의3 제2항에 따른 보상금심사위원회의 심사·의결에 따라 보상금을 지급하고, 거짓 또는 부정한 방법으로 보상금을 받은 사람에 대하여는 해당 보상금을 환수한다. ( )

□□□ **27** 경찰청장, 해양경찰청장, 시·도경찰청장, 지방해양경찰청장, 경찰서장 또는 해양경찰서장은 범인 검거와 관련하여 경찰 수사 활동에 협조한 사람 중 보상금 지급 대상자에 해당한다고 보상금심사위원회가 인정하는 사람에게 보상금을 지급할 수 있다. ( )

□□□ **28** 경찰청장, 해양경찰청장, 시·도경찰청장, 지방해양경찰청장, 경찰서장 또는 해양경찰서장은 보상금 지급사유가 발생한 경우에는 직권으로 또는 보상금을 지급받으려는 사람의 신청에 따라 소속 보상금심사위원회의 심사·의결을 거쳐 보상금을 지급한다. ( )

□□□ **29** 보상금심사위원회 위원의 과반수는 경찰관이 아닌 사람으로 해야 한다. ( )

□□□ **30** 경찰청장, 해양경찰청장, 시·도경찰청장, 지방해양경찰청장, 경찰서장 또는 해양경찰서장은 보상금심사위원회의 심사·의결에 따라 보상금을 지급하고, 거짓 또는 부정한 방법으로 보상금을 받은 사람에 대하여는 해당 보상금을 환수한다. ( )

☐☐☐ **31** 공로자 보상금의 최고액은 5억 원으로 하며, 구체적인 보상금 지급 기준은 경찰청장이 정하여 고시한다. ( )

☐☐☐ **32** 보상금심사위원회는 위원장 1명을 포함한 5명 이내의 위원으로 구성한다. ( )

☐☐☐ **33** 부정한 방법으로 공로자 보상금을 지급받은 사람이 보상금 환수 통지를 받은 경우, 보상금 환수통지일부터 30일 이내의 범위에서 경찰청장등이 정하는 기한까지 환수금액을 납부하지 아니한 때에는 국세강제징수의 예에 따라 징수할 수 있다. ( )

☐☐☐ **34** 국가경찰위원회 위원장은 경찰관이「경찰관 직무집행법」제2조(직무의 범위) 각 호에 따른 직무의 수행으로 인하여 민·형사상 책임과 관련된 소송을 수행할 경우 변호인 선임 등 소송 수행에 필요한 지원을 하여야 한다. ( )

☐☐☐ **35** 경찰청장과 해양경찰청장은 경찰관이「경찰관 직무집행법」제2조 각 호에 따른 직무의 수행으로 인하여 민·형사상 책임과 관련된 소송을 수행할 경우 변호인 선임 등 소송 수행에 필요한 지원을 할 수 있다. ( )

☐☐☐ **36** 「아동학대범죄의 처벌 등에 관한 특례법」에 따른 아동학대범죄가 행하여지려고 하거나 행하여지고 있어 타인의 생명·신체에 대한 위해 발생의 우려가 명백하고 긴급한 상황에서, 경찰관이 그 위해를 예방하거나 진압하기 위한 행위 또는 범인의 검거 과정에서 경찰관을 향한 직접적인 유형력 행사에 대응하는 행위를 하여 그로 인하여 타인에게 피해가 발생한 경우, 그 경찰관의 직무수행이 불가피한 것이고 필요한 최소한의 범위에서 이루어졌으며 해당 경찰관에게 고의 또는 중대한 과실이 없는 때에는 형을 감경하거나 면제한다. ( )

정답 & OX **풀이** ✏️

19 위원회의 위원장(이하 "보상위원장"이라 한다)은 제11조 제3항 제1호(소속 경찰관)에 따른 위원 중에서 손실보상 결정권자가 지명한 사람이 된다.

29 제2항에 따른 보상금심사위원회의 위원은 소속 경찰공무원 중에서 경찰청장등이 임명한다(경찰관 직무집행법 제11조의3 제4항).

33 법 제11조3 제6항에서 "대통령령으로 정한 기한"이란 제1항에 따른 통지일부터 40일 이내의 범위에서 경찰청장등이 정하는 기한을 말한다(시행령 제21조의2 제2항).

34 경찰청장과 해양경찰청장은 경찰관이「경찰관 직무집행법」제2조(직무의 범위) 각 호에 따른 직무의 수행으로 인하여 민·형사상 책임과 관련된 소송을 수행할 경우 변호인 선임 등 소송 수행에 필요한 지원을 할 수 있다(제11조의4).

36 해당 경찰관에게 고의 또는 중대한 과실이 없는 때에는 그 정상을 참작하여 **형을 감경하거나 면제할 수** 있다.

정답

| 19. × | 20. ○ | 21. ○ | 22. ○ | 23. ○ | 24. ○ | 25. ○ | 26. ○ | 27. ○ | 28. ○ |
| 29. × | 30. ○ | 31. ○ | 32. ○ | 33. × | 34. × | 35. ○ | 36. × | | |

□□□ **37** 「경찰관 직무집행법」 제11조의5에 따른 '직무 수행으로 인한 형의 감면'의 대상이 되는 범죄 :
「형법」 제2편 제24장 살인의 죄 (   )

□□□ **38** 「경찰관 직무집행법」 제11조의5에 따른 '직무 수행으로 인한 형의 감면'의 대상이 되는 범죄 :
「형법」 제2편 제32장 강간과 추행의 죄 중 강제추행에 관한 범죄 (   )

□□□ **39** 「경찰관 직무집행법」 제11조의5에 따른 '직무 수행으로 인한 형의 감면'의 대상이 되는 범죄 :
「아동학대범죄의 처벌 등에 관한 특례법」에 따른 아동학대범죄 (   )

□□□ **40** 「경찰관 직무집행법」 제11조의5에 따른 '직무 수행으로 인한 형의 감면'의 대상이 되는 범죄 :
「가정폭력범죄의 처벌 등에 관한 특례법」에 따른 가정폭력범죄 (   )

정답 & OX 풀이

38 「형법」 제2편 제32장 강간과 추행의 죄 중 강간에 관한 범죄이다.

40

> 다음 각 호의 범죄가 행하여지려고 하거나 행하여지고 있어 타인의 생명·신체에 대한 위해 발생의 우려가 명백하고 긴급한 상황에서, 경찰관이 그 위해를 예방하거나 진압하기 위한 행위 또는 범인의 검거 과정에서 경찰관을 향한 직접적인 유형력 행사에 대응하는 행위를 하여 그로 인하여 타인에게 피해가 발생한 경우, 그 경찰관의 직무수행이 불가피한 것이고 필요한 최소한의 범위에서 이루어졌으며 해당 경찰관에게 고의 또는 중대한 과실이 없는 때에는 그 정상을 참작하여 **형을 감경하거나 면제할 수 있다**(제11조의5).
> 1. 「형법」 제2편 제24장 살인의 죄, 제25장 상해와 폭행의 죄, 제32장 강간과 추행의 죄 중 강간에 관한 범죄, 제38장 절도와 강도의 죄 중 강도에 관한 범죄 및 이에 대하여 다른 법률에 따라 가중처벌하는 범죄
> 2. 「가정폭력범죄의 처벌 등에 관한 특례법」에 따른 가정폭력범죄, 「아동학대범죄의 처벌 등에 관한 특례법」에 따른 아동학대범죄

정답   37. ○   38. ×   39. ○   30. ○

핵심정리 OX Check

□□□ **01** 「행정절차법」상 의견제출기한에 따른 기한은 의견제출에 필요한 기간을 10일 이상으로 고려하여 정하여야 한다. ( )

□□□ **02** 다른 법령등에서 청문을 하도록 규정하고 있는 경우 「행정절차법」상 청문을 한다. ( )

□□□ **03** 해당 처분의 영향이 광범위하여 널리 의견을 수렴할 필요가 있다고 행정청이 인정하는 경우 「행정절차법」상 청문을 한다. ( )

□□□ **04** 법인이나 조합 등의 설립허가의 취소의 처분을 하는 경우 「행정절차법」상 청문을 한다. ( )

□□□ **05** 「행정절차법」상 행정청이 인허가 등의 취소처분을 하는 경우 공청회를 개최한다. ( )

□□□ **06** 「행정절차법」상 행정청은 다른 행정청의 응원을 받아 처리하는 것이 보다 능률적이고 경제적인 경우 다른 행정청에 행정응원을 요청할 수 있다. ( )

□□□ **07** 「행정절차법」상 행정응원을 요청받은 행정청은 행정응원으로 인하여 고유의 직무 수행이 현저히 지장받을 것으로 인정되는 명백한 이유가 있는 경우에는 응원을 거부할 수 있다. ( )

정답 & OX 풀이

03 행정청이 처분을 할 때 해당 처분의 영향이 광범위하여 널리 의견을 수렴할 필요가 있다고 행정청이 인정하는 경우에는 공청회를 개최한다(제22조 제2항).

05 행정청이 처분을 할 때 다음 각 호의 어느 하나에 해당하는 경우에는 청문을 한다(제22조 제1항).

> 1. 다른 법령등에서 청문을 하도록 규정하고 있는 경우
> 2. 행정청이 필요하다고 인정하는 경우
> 3. 다음 각 목의 처분을 하는 경우가. 인허가 등의 취소나. 신분·자격의 박탈다. 법인이나 조합 등의 설립허가의 취소

정답
01. ○   **02.** ○   **03.** ✕   **04.** ○   **05.** ✕   **06.** ○   **07.** ○

□□□ **08** 「행정절차법」상 행정응원을 위하여 파견된 직원은 다른 법령 등에 특별한 규정이 있는 경우를 제외하고는 원 소속 행정청의 지휘·감독을 받는다. ( )

□□□ **09** 「행정절차법」상 행정응원에 드는 비용은 응원을 요청한 행정청이 부담하며, 그 부담금액 및 부담방법은 응원을 요청한 행정청과 응원을 하는 행정청이 협의하여 결정한다. ( )

□□□ **10** 「행정절차법」상 행정청이 정당한 처리기간 내에 처리하지 아니하였을 때에도 신청인은 해당 행정청 또는 그 감독 행정청에 신속한 처리를 요청할 수 없다. ( )

□□□ **11** 「행정절차법」상 행정청에 처분을 구하는 신청은 구두 또는 문서로 하여야 한다. 다만, 다른 법령등에 특별한 규정이 있는 경우와 행정청이 미리 다른 방법을 정한 경우에는 그러하지 아니하다. ( )

□□□ **12** 이 법은 행정절차에 관한 공통적인 사항을 규정하여 국민의 행정 참여를 도모함으로써 행정의 공정성·투명성 및 신뢰성을 확보하고 국민의 권익을 보호함을 목적으로 한다. ( )

□□□ **13** 행정청의 관할이 분명하지 아니한 경우에는 해당 행정청을 공통으로 감독하는 상급 행정청이 그 관할을 결정하며, 공통으로 감독하는 상급 행정청이 없는 경우에는 각 상급 행정청이 협의하여 그 관할을 결정한다. ( )

□□□ **14** 송달은 우편 또는 정보통신망을 이용한 방법으로만 하되, 송달받을 자의 주소·거소·영업소·사무소 또는 전자우편주소로 한다. ( )

□□□ **15** 행정청이 처분을 할 때에는 다른 법령등에 특별한 규정이 있는 경우를 제외하고는 문서로 하여야 하며, 당사자등의 동의가 있거나 당사자가 전자문서로 처분을 신청한 경우에는 전자문서로 할 수 있다. ( )

□□□ **16** 행정청은 신청에 구비서류의 미비 등 흠이 있는 경우에는 보완에 필요한 상당한 기간을 정하여 지체 없이 신청인에게 보완을 요구하여야 한다. ( )

□□□ **17** 행정청은 당사자에게 의무를 부과하거나 권익을 제한하는 처분을 하는 경우에는 미리 당사자등에게 통지하여야 한다. 다만, 공공의 안전 또는 복리를 위하여 긴급히 처분을 할 필요가 있는 경우에는 통지하지 아니할 수 있다. ( )

□□□ **18** 행정청은 처분 후 2년 이내에 당사자등이 요청하는 경우에는 청문·공청회 또는 의견제출을 위하여 제출받은 서류나 그 밖의 물건을 반환할 수 있다. ( )

□□□ **19** 행정청은 청문·공청회 또는 의견제출을 거쳤을 때에는 신속히 처분하여 해당 처분이 지연되지 아니하도록 하여야 한다. ( )

정답 & OX 풀이

08 행정응원을 위하여 파견된 직원은 응원을 요청한 행정청의 지휘·감독을 받는다. 다만, 해당 직원의 복무에 관하여 다른 법령등에 특별한 규정이 있는 경우에는 그에 따른다(제8조 제5항).

10 행정청이 정당한 처리기간 내에 처리하지 아니하였을 때에는 신청인은 해당 행정청 또는 그 감독 행정청에 신속한 처리를 요청할 수 있다(제19조 제4항).

11 행정청에 처분을 구하는 신청은 문서로 하여야 한다. 다만, 다른 법령등에 특별한 규정이 있는 경우와 행정청이 미리 다른 방법을 정하여 공시한 경우에는 그러하지 아니하다(제17조 제1항).

14 송달은 우편, 교부 또는 정보통신망 이용 등의 방법으로 하되, 송달받을 자(대표자 또는 대리인을 포함한다. 이하 같다)의 주소·거소(居所)·영업소·사무소 또는 전자우편주소(이하 "주소등"이라 한다)로 한다. 다만, 송달받을 자가 동의하는 경우에는 그를 만나는 장소에서 송달할 수 있다(제14조 제1항).

18 행정청은 처분 후 1년 이내에 당사자등이 요청하는 경우에는 청문·공청회 또는 의견제출을 위하여 제출받은 서류나 그 밖의 물건을 반환하여야 한다(제22조 제6항).

정답
08. ✕ 09. ○ 10. ✕ 11. ✕ 12. ○ 13. ○ 14. ✕ 15. ○ 16. ○ 17. ○
18. ✕ 19. ○

테마 37 · 정보공개법, 개인정보 보호법

정보공개여부의 결정	공공기관은 제10조에 따라 정보공개의 청구를 받으면 그 청구를 받은 날부터 (　)일 이내에 공개여부를 결정하여야 한다.
이의신청	청구인이 정보공개와 관련한 공공기관의 비공개 결정 또는 부분 공개 결정에 대하여 불복이 있거나 정보공개 청구 후 (　)일이 경과하도록 정보공개 결정이 없는 때에는 공공기관으로부터 정보공개 여부의 결정 통지를 받은 날 또는 정보공개 청구 후 (　)일이 경과한 날부터 (　)일 이내에 해당 공공기관에 문서로 이의신청을 할 수 있다.
이의신청에 대한 결정	공공기관은 이의신청을 받은 날부터 (　)일 이내에 그 이의신청에 대하여 결정하고 그 결과를 청구인에게 지체 없이 문서로 통지하여야 한다.
제3자의 비공개 요청	제11조 제3항에 따라 공개청구된 사실을 통지받은 제3자는 통지받은 날부터 (　)일 이내에 해당 공공기관에 대하여 자신과 관련된 정보를 공개하지 아니할 것을 요청할 수 있다.
이의신청	비공개요청에도 불구하고 공공기관이 공개결정을 하는 경우 이의신청은 통지를 받은 날부터 (　)일 이내에 하여야 한다.
정보공개위원회	위원회는 성별을 고려하여 위원장과 부위원장 각 1명을 포함한 (　)명의 위원으로 구성한다.
정답	순서대로 10, 20, 20, 30, 7, 3, 7, 11

핵심정리 OX Check ✓

☐☐☐ **01** 「공공기관의 정보공개에 관한 법률」상 "정보"란 공공기관이 직무상 작성 또는 취득하여 관리하고 있는 문서(전자문서를 포함한다) 및 전자매체를 비롯한 모든 형태의 매체 등에 기록된 사항을 말한다. ( )

☐☐☐ **02** 경찰이 보유·관리하는 정보는 국민의 알권리 보장 등을 위하여 「공공기관의 정보공개에 관한 법률」에서 정하는 바에 따라 적극적으로 공개하는 것이 기본 원칙이다. = 공공기관이 보유·관리하는 정보는 국민의 알권리 보장 등을 위하여 이 법에서 정하는 바에 따라 적극적으로 공개하여야 한다. ( )

☐☐☐ **03** 정보공개의 청구권자는 대한민국 국적을 가진 국민으로 한정한다. ( )

☐☐☐ **04** 「공공기관의 정보공개에 관한 법률」상 정보의 공개를 청구하는 자는 해당 정보를 보유하거나 관리하고 있는 공공기관에 정보공개 청구서를 제출하거나 말로써 정보의 공개를 청구할 수 있다. ( )

☐☐☐ **05** 「공공기관의 정보공개에 관한 법률」상 정보의 공개를 청구하는 자는 해당 정보를 보유하거나 관리하고 있는 공공기관에 정보공개 청구서를 제출하여 정보의 공개를 청구할 수 있으나, 말로써 정보의 공개를 청구할 수 없다. ( )

□□□ **06** 공공기관은 정보공개의 청구를 받으면 그 청구를 받은 날부터 10일 이내에 공개 여부를 결정하여야 한다. ( )

□□□ **07** 「공공기관의 정보공개에 관한 법률」상 공공기관은 부득이한 사유로 「공공기관의 정보공개에 관한 법률」 제11조 제1항에 따른 기간 이내에 공개 여부를 결정할 수 없을 때에는 그 기간이 끝난 날부터 기산하여 10일의 범위에서 공개 여부 결정기간을 연장할 수 있다. 이 경우 공공기관은 연장된 사실과 연장 사유를 청구인에게 지체 없이 구두로 통지하여야 한다. ( )

□□□ **08** 「공공기관의 정보공개에 관한 법률」상 공공기관은 부득이한 사유로 법 제11조 제1항에 따른 기간 이내에 공개 여부를 결정할 수 없을 때에는 그 기간이 끝나는 날의 다음 날부터 기산(起算)하여 10일의 범위에서 공개 여부 결정기간을 연장할 수 있다. 이 경우 공공기관은 연장된 사실과 연장 사유를 청구인에게 지체 없이 문서로 통지하여야 한다. ( )

□□□ **09** 「공공기관의 정보공개에 관한 법률」상 공공기관은 부득이한 사유로 정보공개의 청구를 받은 날부터 10일 이내에 공개 여부를 결정할 수 없을 때에는 그 기간이 끝나는 날부터 기산(起算)하여 10일의 범위에서 공개 여부 결정기간을 연장할 수 있다. 이 경우 공공기관은 연장된 사실과 연장사유를 청구인에게 지체 없이 문서로 통지하여야 한다. ( )

□□□ **10** 「공공기관의 정보공개에 관한 법률」상 직무를 수행한 공무원의 성명·직위 등 「개인정보 보호법」 제2조 제1호에 따른 개인정보로서 공개될 경우 사생활의 비밀 또는 자유를 침해할 우려가 있다고 인정되는 정보는 공개하지 않을 수 있다. ( )

정답 & OX 풀이

02 공공기관의 정보공개에 관한 법률 제3조

03 모든 국민은 정보의 공개를 청구할 권리를 가진다(제5조 제1항). 외국인이 정보공개청구에 대하여는 대통령령으로 정한다(동조 제2항).

05 정보의 공개를 청구하는 자(이하 "청구인"이라 한다)는 해당 정보를 보유하거나 관리하고 있는 공공기관에 다음 각 호의 사항을 적은 정보공개 청구서를 제출하거나 말로써 정보의 공개를 청구할 수 있다(제10조 제1항).

07 공공기관은 부득이한 사유로 「공공기관의 정보공개에 관한 법률」 제11조 제1항에 따른 기간 이내에 공개 여부를 결정할 수 없을 때에는 그 기간이 끝나는 날의 다음 날부터 기산(起算)하여 10일의 범위에서 공개 여부 결정기간을 연장할 수 있다. 이 경우 공공기관은 연장된 사실과 연장 사유를 청구인에게 지체 없이 문서로 통지하여야 한다(제11조 제2항).

09 그 기간이 끝나는 날의 다음 날부터 기산(起算)하여(제11조 제2항)

10 직무를 수행한 공무원의 성명·직위 등은 비공개 대상 정보에서 제외된다.

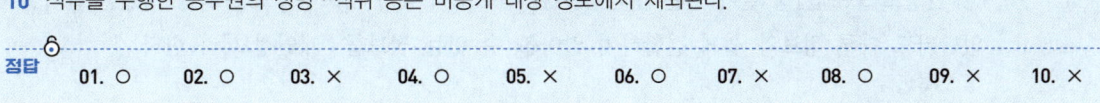

정답 　**01.** ○　　**02.** ○　　**03.** ×　　**04.** ○　　**05.** ×　　**06.** ○　　**07.** ×　　**08.** ○　　**09.** ×　　**10.** ×

□□□ **11** 「공공기관의 정보공개에 관한 법률」상 피의자신문조서 등 조서에 기재된 피의자 등의 인적사항 이외의 진술내용 역시 개인의 사생활의 비밀 또는 자유를 침해할 우려가 인정되는 경우에는 비공개대상정보에 해당한다. (　)

□□□ **12** 「공공기관의 정보공개에 관한 법률」상 수사기록 중 의견서, 보고문서, 메모, 법률검토 등은 그 실질적인 내용을 구체적으로 살펴 수사의 방법 및 절차 등이 공개됨으로써 수사기관의 직무수행을 현저히 곤란하게 한다고 인정할 만한 상당한 이유가 있어야만 비공개대상정보에 해당한다. (　)

□□□ **13** 「공공기관의 정보공개에 관한 법률」상 의사결정 과정에 있는 사항으로서 공개될 경우 업무의 공정한 수행에 현저한 지장을 초래한다고 인정할 만한 상당한 이유가 있는 정보는 공개하지 않을 수 있다. (　)

□□□ **14** 공개될 경우 국민의 생명·신체 및 재산의 보호에 현저한 지장을 초래할 우려가 있다고 인정되는 정보는 비공개 대상 정보에 해당된다. (　)

□□□ **15** 「공공기관의 정보공개에 관한 법률」상 공공기관은 비공개대상 정보에 해당하는 정보가 기간의 경과 등으로 인하여 비공개의 필요성이 없어진 경우에는 그 정보를 공개대상으로 하여야 한다. (　)

□□□ **16** 「공공기관의 정보공개에 관한 법률」상 공공기관은 전자적 형태로 보유·관리하는 정보에 대하여 청구인이 전자적 형태로 공개하여 줄 것을 요청하는 경우에는 그 정보의 성질상 현저히 곤란한 경우를 제외하고는 청구인의 요청에 따라야 한다. (　)

□□□ **17** 「공공기관의 정보공개에 관한 법률」상 정보의 공개 및 우송 등에 드는 비용은 실비의 범위에서 공공기관이 부담한다. (　)

□□□ **18** 「공공기관의 정보공개에 관한 법률」상 공공기관은 「공공기관의 정보공개에 관한 법률」 제11조에 따라 정보의 공개 결정을 한 경우에는, 청구인이 사본 또는 복제물의 교부를 원하는 경우에는 이를 교부하여야 한다. (　)

□□□ **19** 「공공기관의 정보공개에 관한 법률」상 청구인은 이의신청 절차를 거치지 아니하고 행정심판을 청구할 수 없다. (　)

□□□ **20** 「공공기관의 정보공개에 관한 법률」상 청구인이 공개청구한 정보가 비공개대상 정보에 해당하는 부분과 공개 가능한 부분이 혼합되어 있는 경우 공개청구의 취지에 어긋나지 아니하는 범위에서 두 부분을 분리할 수 있는 경우에는 비공개 대상 정보에 해당하는 부분을 제외하고 공개하여야 한다. (　)

□□□ **21** 「개인정보 보호법」상 살아 있는 개인에 관한 정보로서 해당 정보만으로는 특정 개인을 알아볼 수 없더라도 다른 정보와 쉽게 결합하여 알아볼 수 있는 정보를 "개인정보"라 한다. (　)

□□□ **22** 「개인정보 보호법」상 살아 있는 개인에 관한 정보로서 성명, 주민등록번호 및 영상 등을 통하여 개인을 알아볼 수 있는 정보는 "개인정보"에 해당한다. ( )

□□□ **23** 「개인정보 보호법」상 "익명처리"란 개인정보의 전부를 삭제하거나 일부를 대체하는 등의 방법으로 추가 정보가 없이는 특정 개인을 알아볼 수 없도록 처리하는 것을 말한다. ( )

□□□ **24** 「개인정보 보호법」상 개인정보의 일부를 삭제하거나 일부 또는 전부를 대체하는 등의 방법으로 추가 정보가 없이는 특정 개인을 알아볼 수 없도록 처리하는 것을 "가명처리"라 한다. ( )

□□□ **25** 「개인정보 보호법」상 "개인정보처리자"란 업무를 목적으로 개인정보파일을 운용하기 위하여 스스로 또는 다른 사람을 통하여 개인정보를 처리하는 공공기관, 법인, 단체 및 개인 등을 말한다. ( )

□□□ **26** 「개인정보 보호법」상 정보처리 기술을 활용하여 기존의 다양한 정보를 가공해서 만들어 낸 새로운 정보에 관한 독점적 권리를 가지는 사람을 "정보주체"라 한다. ( )

□□□ **27** 「개인정보 보호법」상 정보주체는 자신의 개인정보 처리와 관련하여 개인정보의 처리 정지, 정정·삭제 및 파기를 요구할 권리를 가진다. ( )

□□□ **28** 「개인정보 보호법」상 개인정보처리자는 법령상 의무를 준수하기 위하여 불가피한 경우에는 개인정보를 수집할 수 있으며 그 수집 목적의 범위에서 이용할 수 있다. ( )

□□□ **29** 「개인정보 보호법」상 개인정보처리자는 개인정보를 익명 또는 가명으로 처리하여도 개인정보 수집목적을 달성할 수 있는 경우 익명처리가 가능한 경우에는 익명에 의하여, 익명처리로 목적을 달성할 수 없는 경우에는 가명에 의하여 처리될 수 있도록 하여야 한다. ( )

□□□ **30** 개인정보처리자는 개인정보의 처리 목적을 명확하게 하여야 하고 그 목적에 필요한 범위에서 최소한의 개인정보만을 적법하고 정당하게 수집하여야 한다. ( )

정답 & OX 풀이

17 정보의 공개 및 우송 등에 드는 비용은 실비(實費)의 범위에서 청구인이 부담한다(제17조 제1항).

19 청구인은 제18조에 따른 이의신청 절차를 거치지 아니하고 행정심판을 청구할 수 있다(제19조 제2항).

23 "가명처리"란 개인정보의 일부를 삭제하거나 일부 또는 전부를 대체하는 등의 방법으로 추가 정보가 없이는 특정 개인을 알아볼 수 없도록 처리하는 것을 말한다

26 "정보주체"란 처리되는 정보에 의하여 알아볼 수 있는 사람으로서 그 정보의 주체가 되는 사람을 말한다(제2조 제3호).

정답

| 11. ○ | 12. ○ | 13. ○ | 14. ○ | 15. ○ | 16. ○ | 17. × | 18. ○ | 19. × | 20. ○ |
| 21. ○ | 22. ○ | 23. × | 24. ○ | 25. ○ | 26. × | 27. ○ | 28. ○ | 29. × | 30. ○ |

□□□ **31** 개인정보처리자는 개인정보의 처리 목적에 필요한 범위에서 개인정보의 완전성, 확장성 및 신속성이 보장되도록 하여야 한다. ( )

□□□ **32** 개인정보처리자는 개인정보의 처리 방법 및 종류 등에 따라 정보주체의 권리가 침해받을 가능성과 그 위험 정도를 고려하여 개인정보를 안전하게 관리하여야 한다. ( )

□□□ **33** 「개인정보 보호법」상 개인정보처리자는 통계작성, 과학적 연구, 공익적 기록보존 등을 위하여 가명정보를 처리하는 경우에 정보주체에게 이를 알리고 동의를 받아야 한다. ( )

□□□ **34** 「개인정보 보호법」상 일정한 공간에 설치되어 지속적 또는 주기적으로 사람 또는 사물의 영상 등을 촬영하거나 이를 유·무선망을 통하여 전송하는 장치로서 네트워크 카메라와 같은 장치를 "고정형 영상정보처리기기"라 한다. ( )

□□□ **35** 「개인정보 보호법」상 인명의 구조·구급 등을 위하여 필요한 경우로서 대통령령으로 정하는 경우에는 불특정 다수가 이용하는 목욕실, 탈의실 등 개인의 사생활을 현저히 침해할 우려가 있는 장소의 내부를 볼 수 있는 곳에서 이동형 영상정보처리기기로 사람 또는 그 사람과 관련된 사물의 영상을 촬영할 수 있다. ( )

정답 & OX 풀이

31 개인정보처리자는 개인정보의 처리 목적에 필요한 범위에서 개인정보의 정확성, 완전성 및 최신성이 보장되도록 하여야 한다(제3조 제3항).

33 개인정보처리자는 통계작성, 과학적 연구, 공익적 기록보존 등을 위하여 정보주체의 동의 없이 가명정보를 처리할 수 있다(제28조의2 제1항).

정답 31. ×   32. ○   33. ×   34. ○   35. ○

권리구제수단, 손해배상책임

핵심정리 OX Check

□□□ **01** 「행정기본법」상 행정청의 처분에 이의가 있는 당사자는 처분을 받은 날부터 30일 이내에 해당 행정청에 이의신청을 할 수 있다. ( )

□□□ **02** 「행정기본법」상 행정청은 이의신청을 받으면 부득이한 사유가 있는 경우를 제외하고는 그 이의신청을 받은 날부터 14일 이내에 그 이의신청에 대한 결과를 신청인에게 통지하여야 한다. ( )

□□□ **03** 「행정기본법」상 이의신청에 대한 결과를 통지받은 후 행정심판 또는 행정소송을 제기하려는 자는 그 결과를 통지받은 날부터 60일 이내에 행정심판 또는 행정소송을 제기하여야 한다. ( )

□□□ **04** 「행정기본법」상 이의신청을 한 경우에도 그 이의신청과 관계없이 「행정심판법」에 따른 행정심판 또는 「행정소송법」에 따른 행정소송을 제기할 수 있다. ( )

□□□ **05** 지방자치단체가 '교통할아버지 봉사활동 계획'을 수립한 후 관할 동장으로 하여금 '교통할아버지'를 선정하게 하여 어린이보호, 교통안내, 거리질서 확립 등의 공무를 위탁하여 집행하게 하던 중 '교통할아버지'로 선정된 노인이 위탁받은 업무 범위를 넘어 교차로 중앙에서 교통정리를 하다가 교통사고를 발생시킨 경우, 지방자치단체가 「국가배상법」제2조 소정의 배상책임을 부담한다. ( )

□□□ **06** 지방자치단체장이 설치하여 관할 지방경찰청장에게 관리권한이 위임된 교통신호기의 고장으로 인하여 교통사고가 발생한 경우, 지방자치단체뿐만 아니라 경찰관들의 봉급을 부담하는 국가도 손해배상책임이 인정된다. ( )

□□□ **07** 음주운전으로 적발된 주취운전자가 도로 밖으로 차량을 이동하겠다며 단속경찰관으로부터 보관 중이던 차량열쇠를 반환받아 몰래 차량을 운전하여 가던 중 사고를 일으킨 경우, 국가배상책임을 인정한다. ( )

정답 & OX 풀이

03 이의신청에 대한 결과를 통지받은 후 행정심판 또는 행정소송을 제기하려는 자는 그 결과를 통지받은 날부터 90일 이내에 행정심판 또는 행정소송을 제기할 수 있다(제36조 제4항).

정답   01. ○   02. ○   03. ×   04. ○   05. ○   06. ○   07. ○

☐☐☐ **08** 군인·군무원·경찰공무원 또는 예비군대원이 전투·훈련 등 직무 집행과 관련하여 전사·순직하거나 공상을 입은 경우, 유족이 다른 법령에 따라 재해보상금·유족연금·상이연금 등의 보상을 지급받을 수 있을 때에는 「국가배상법」 및 「민법」에 따른 손해배상 및 위자료를 청구할 수 없다. ( )

☐☐☐ **09** 시위진압이 불필요하거나 또는 불법시위의 태양 및 시위 장소의 상황 등에서 예측되는 피해 발생의 구체적 위험성의 내용에 비추어 시위진압의 계속 수행 내지 그 방법 등이 현저히 합리성을 결하였다면 경찰관의 직무집행이 법령에 위반한 것이라고 할 수 있다. ( )

☐☐☐ **10** 경찰관이 교통법규 등을 위반하고 도주하는 차량을 순찰차로 추적하는 직무를 집행하는 중에 그 도주차량의 주행에 의하여 제3자가 손해를 입었다고 하더라도 그 추적이 당해 직무 목적을 수행하는 데에 불필요하다거나 또는 도주차량의 도주의 태양 및 도로교통상황 등으로부터 예측되는 피해발생의 구체적 위험성의 유무 및 내용에 비추어 추적의 개시·계속 혹은 추적의 방법이 상당하지 않다는 등의 특별한 사정이 없는 한 그 추적행위를 위법하다고 할 수는 없다. ( )

☐☐☐ **11** 경찰관의 직무집행이 법령이 정한 요건과 절차에 따라 이루어진 것이라면 특별한 사정이 없는 한 이는 법령에 적합한 것이고 그 과정에서 개인의 권리가 침해되었다고 하여 그 법령적합성이 곧바로 부정되는 것은 아니다. ( )

☐☐☐ **12** 경찰관들의 시위진압에 대항하여 시위자들이 던진 화염병에 의하여 발생한 화재로 인하여 손해를 입은 주민이 국가를 상대로 국가배상을 청구한 경우에는 국가의 배상책임이 인정되지 않는다. ( )

☐☐☐ **13** 시위진압 과정에서 가해공무원인 전투경찰이 특정되지 않더라도 손해배상책임이 인정된다. ( )

☐☐☐ **14** 집회참가자들이 집회에서 사용할 조형물을 차량에 싣고 와 집회 장소 인근 도로에 정차한 후 내려 놓으려고 하자 경찰관이 「도로교통법」 위반을 이유로 조형물이 실린 채로 차량을 견인하려고 하였고 이에 집회참가자들이 스스로 차량을 옮기겠다고 하였음에도 경찰관이 위 차량을 견인한 행위는 「경찰관 직무집행법」 제6조에 따른 적법한 행위라고 평가할 수 없다. ( )

☐☐☐ **15** 경찰관의 부작위를 이유로 한 국가배상책임을 인정하기 위한 요건으로서의 '법령 위반'이란 형식적 의미의 법령에 명시적으로 공무원의 작위의무가 규정되어 있는데도 이를 위반하는 경우를 의미하며, 인권존중·권력남용금지·신의성실과 같이 공무원으로서 마땅히 지켜야 할 준칙이나 규범을 지키지 않고 위반한 경우는 포함하지 않는다. ( )

☐☐☐ **16** 국민의 생명·신체·재산 등을 보호하는 것을 본래의 사명으로 하는 국가는 형식적 의미의 법령에 근거가 없다면 경찰공무원에 대하여 위험을 배제할 작위의무를 인정할 수 없으므로, 경찰공무원의 부작위를 이유로 국가배상책임을 인정할 수 없다. ( )

□□□ **17** 국민의 생명, 신체 및 재산의 보호, 범죄의 예방·진압 및 수사, 기타 공공의 안녕과 질서유지 등의 직무를 수행하는 경찰은 「경찰관 직무집행법」, 「형사소송법」 등 관련 법령에서 부여한 여러 권한을 제반 상황에 대응하여 적절하게 행사하여 필요한 조치를 취할 수 있고, 그 권한은 일반적으로 경찰관의 전문적 판단에 기한 합리적인 재량에 위임되어 있지만, 경찰관에게 권한을 부여한 취지와 목적에 비추어 볼 때 구체적인 사정에 따라 경찰관이 그 권한을 행사하여 필요한 조치를 취하지 아니하는 것이 현저하게 불합리하다고 인정되는 경우에는 그러한 권한의 불행사는 직무상의 의무를 위반한 것이 되어 위법하게 된다. ( )

□□□ **18** 일반적으로 공무원이 직무를 집행함에 있어서 법령에 대한 해석이 그 문언 자체만으로는 명백하지 아니하여 여러 견해가 있을 수 있는 데다가 이에 대한 선례나 학설, 판례 등도 귀일된 바 없어 이의(異義)가 없을 수 없는 경우, 관계 국가공무원이 그 나름대로 신중을 다하여 합리적인 근거를 찾아 그 중 어느 한 견해를 따라 내린 해석이 후에 대법원이 내린 입장과 같지 않아 결과적으로 잘못된 해석에 돌아가고, 이에 따른 처리가 역시 결과적으로 위법하게 되어 그 법령의 부당집행이라는 결과를 가져오게 되었다고 하더라도 「국가배상법」상 공무원의 과실을 인정할 수는 없다. ( )

정답 & OX 풀이

08 다만, 군인·군무원·경찰공무원 또는 예비군대원이 전투·훈련 등 직무 집행과 관련하여 전사(戰死)·순직(殉職)하거나 공상(公傷)을 입은 경우에 본인이나 그 유족이 다른 법령에 따라 재해보상금·유족연금·상이연금 등의 보상을 지급받을 수 있을 때에는 이 법 및 「민법」에 따른 손해배상을 청구할 수 없다(제2조 제1항 단서). 제1항 단서에도 불구하고 전사하거나 순직한 군인·군무원·경찰공무원 또는 예비군대원의 유족은 자신의 정신적 고통에 대한 위자료를 청구할 수 있다(제2조 제3항).

15 '법령 위반'이란 엄격하게 형식적 의미의 법령에 명시적으로 공무원의 작위의무기 규정되어 있는데도 이를 위반하는 경우만을 의미하는 것은 아니고, 인권존중·권력남용금지·신의성실과 같이 공무원으로서 마땅히 지켜야 할 준칙이나 규범을 지키지 않고 위반한 경우를 포함하여 널리 객관적인 정당성이 없는 행위를 한 경우를 포함한다(대법원 2022.7.14. 2017다290538).

16 관련 공무원에 대하여 작위의무를 명하는 법령 규정이 없는 경우에도, 공무원의 부작위를 이유로 국가배상책임을 인정할 수 있다. 국민의 생명·신체·재산 등에 관하여 절박하고 중대한 위험상태가 발생하였거나 발생할 우려가 있어서 국민의 생명·신체·재산 등을 보호하는 것을 본래적 사명으로 하는 국가가 초법규적, 일차적으로 그 위험 배제에 나서지 않으면 국민의 생명·신체·재산 등을 보호할 수 없는 경우에는 형식적 의미의 법령에 근거가 없더라도 국가나 관련 공무원에 대하여 그러한 위험을 배제할 작위의무를 인정할 수 있다(대법원 2022.7.14. 2017다290538).

정답 08. ✕ 09. ○ 10. ○ 11. ○ 12. ○ 13. ○ 14. ○ 15. ✕ 16. ✕ 17. ○ 18. ○

□□□ **19** 국가공무원이 고의 또는 과실로 직무상 의무를 위반하였을 경우라고 하더라도 국가는 그러한 직무상의 의무 위반과 피해자가 입은 손해 사이에 상당인과관계가 인정되는 범위 내에서만 배상책임을 지는 것이고, 이 경우 상당인과관계가 인정되기 위하여는 공무원에게 부과된 직무상 의무의 내용이 단순히 공공 일반의 이익을 위한 것이거나 행정기관 내부의 질서를 규율하기 위한 것이 아니고 전적으로 또는 부수적으로 사회구성원 개인의 안전과 이익을 보호하기 위하여 설정된 것이어야 한다.   (   )

□□□ **20** 공무원에게 부과된 직무상 의무의 내용이 전적으로 또는 부수적으로 사회구성원 개인의 구체적 안전과 이익을 보호하기 위하여 설정된 것이라면, 공무원이 그와 같은 직무상 의무를 위반함으로써 개인이 입게 된 손해는 상당인과관계가 인정되는 범위 안에서 국가가 그에 대한 배상책임을 부담하여야 한다.   (   )

□□□ **21** 경찰공무원이 공무를 수행하는 과정에서 위법행위로 타인에게 손해를 가한 경우에 국가 등이 손해배상책임을 지는 것 외에 그 개인은 고의 또는 중과실이 있는 경우에는 손해배상책임을 진다.   (   )

□□□ **22** 경찰공무원의 중과실이란 공무원에게 통상 요구되는 정도의 상당한 주의를 하지 않더라도 약간의 주의를 한다면 손쉽게 위법·위해한 결과를 예견할 수 있는 경우임에도 만연히 이를 간과한 경우와 같이, 거의 고의에 가까운 현저한 주의를 결여한 상태를 의미한다.   (   )

□□□ **23** 경찰공무원이 직무를 수행함에 있어 경과실로 타인에게 손해를 입힌 경우에는 그로 인하여 발생한 손해에 대하여 경찰공무원 개인에게 배상책임을 부담시키지 아니하는 것은 공무원의 공무집행의 안정성을 확보하려는 데 있다.   (   )

□□□ **24** 「국가배상법」 제5조에 따라 도로나 하천은 물론 경찰견도 영조물에 포함된다.   (   )

□□□ **25** 외국인이 피해자인 경우 국가배상청구권은 해당 국가와 상호 보증이 있을 때에만 인정되므로, 그 상호 보증은 외국의 법령, 판례 및 관례 등에 의한 발생요건을 비교하여 인정되는 것이 아니라 반드시 당사국과의 조약이 체결되어 있어야 한다.   (   )

□□□ **26** 「국가배상법」상 생명·신체에 대한 침해와 물건의 멸실·훼손으로 인한 손해 외의 손해는 불법행위와 상당한 인과관계가 있는 범위에서 배상한다.   (   )

□□□ **27** 「국가배상법」상 국가나 지방자치단체에 대한 배상신청사건을 심의하기 위하여 행정안전부에 본부심의회를 둔다. 다만, 군인이나 군무원이 타인에게 입힌 손해에 대한 배상신청사건을 심의하기 위하여 국방부에 특별심의회를 둔다.   (   )

□□□ **28** 「국가배상법」상 결정서의 송달에 관하여는 「행정소송법」의 송달에 관한 규정을 준용한다.
                                                                              (   )

□□□ **29** 전투경찰순경은 「국가배상법」 제2조 제1항 단서에 따라 손해배상청구가 제한되는 군인·군무원·경찰공무원 또는 예비군대원에 해당한다. (　　)

□□□ **30** 경찰공무원이 전투·훈련 등 직무집행과 관련하여 순직한 경우에는 전투·훈련 또는 이에 준하는 직무집행뿐만 아니라 일반 직무집행에 관하여도 국가나 지방자치단체의 배상책임이 제한된다. (　　)

□□□ **31** 지방자치단체의 도로에 관한 설치·관리상 하자로 인하여 대형낙석이 교통정리를 위해 이동 중이던 순찰차를 덮쳐 경찰공무원이 사망한 경우, 「국가배상법」 제2조 제1항 단서의 면책조항은 '일반 직무집행'에 관하여는 지방자치단체의 배상책임을 제한하지 않으므로, 위 지방자치단체의 국가배상책임은 면책되지 아니한다. (　　)

□□□ **32** 「국가배상법」상 군인·군무원·경찰공무원 또는 예비군대원이 전투·훈련 등 직무 집행과 관련하여 전사·순직하거나 공상을 입은 경우에 본인이나 그 유족이 다른 법령에 따라 재해보상금·유족연금·상이연금 등의 보상을 지급받을 수 있을 때에도 「국가배상법」 및 「행정기본법」에 따른 손해배상을 청구할 수 있다. (　　)

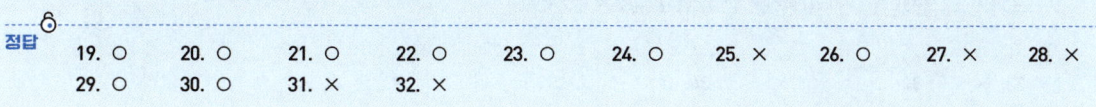

정답 & OX 풀이 ✎

25 상호보증은 외국의 법령, 판례 및 관례 등에 의하여 발생요건을 비교하여 인정되면 충분하고 반드시 당사국과의 조약이 체결되어 있을 필요는 없으며, 당해 외국에서 구체적으로 우리나라 국민에게 국가배상청구를 인정한 사례가 없더라도 실제로 인정될 것이라고 기대할 수 있는 상태이면 충분하다(대법원 2015.6.11. 2013다208388).

27 국가나 지방자치단체에 대한 배상신청사건을 심의하기 위하여 법무부에 본부심의회를 둔다. 다만, 군인이나 군무원이 타인에게 입힌 손해에 대한 배상신청사건을 심의하기 위하여 국방부에 특별심의회를 둔다(제10조 제1항).

28 심의회는 배상결정을 하면 그 결정을 한 날부터 1주일 이내에 그 결정정본(決定正本)을 신청인에게 송달하여야 한다(제14조 제1항). 제1항의 송달에 관하여는 「민사소송법」의 송달에 관한 규정을 준용한다(동조 제2항).

31 전투·훈련 또는 이에 준하는 직무집행뿐만 아니라 '일반 직무집행'에 관하여도 국가나 지방자치단체의 배상책임을 제한하는 것이라고 해석하여, 위 면책 주장을 받아들인 원심판단을 정당하다고 한 사례(대법원 2011.3.10. 2010다85942).

32 군인·군무원·경찰공무원 또는 예비군대원이 전투·훈련 등 직무 집행과 관련하여 전사(戰死)·순직(殉職)하거나 공상(公傷)을 입은 경우에 본인이나 그 유족이 다른 법령에 따라 재해보상금·유족연금·상이연금 등의 보상을 지급받을 수 있을 때에는 이 법 및 「민법」에 따른 손해배상을 청구할 수 없다(제2조 제1항 단서).

- - - - - - - -
정답 　19. ○　　20. ○　　21. ○　　22. ○　　23. ○　　24. ○　　25. ×　　26. ○　　27. ×　　28. ×
　　　　29. ○　　30. ○　　31. ×　　32. ×

□□□ **33** 공무원에게 부과된 직무상 의무의 내용이 사회구성원 개인의 안전과 이익을 보호하기 위하여 설정된 것이 아니고 전적으로 공공 일반의 이익을 위한 것이더라도, 공무원이 그와 같은 직무상 의무를 위반함으로 인하여 피해자가 입은 손해에 대하여는 상당인과관계가 인정되는 범위 내에서 국가가 배상책임을 진다. ( )

□□□ **34** 경찰관이 범인을 검거하면서 안면 부위를 향하여 가스총을 근접 발사하여 가스와 함께 발사된 고무마개가 범인의 눈에 맞아 실명한 경우 국가배상책임이 인정될 수 있다. ( )

□□□ **35** 경찰관이 음주운전 단속시 운전자의 요구에 따라 곧바로 채혈을 실시하지 않은 채 호흡측정기에 의한 음주측정을 하고 1시간 12분이 경과한 후에야 채혈을 하였다는 사정만으로는 위 행위가 법령에 위배된다거나 객관적 정당성을 상실하여 운전자가 음주운전 단속과정에서 받을 수 있는 권익이 현저하게 침해되었다고 단정하기 어렵다. ( )

□□□ **36** 경찰관에게 권한을 부여한 취지와 목적에 비추어 볼 때 구체적인 사정에 따라 경찰관이 그 권한을 행사하여 필요한 조치를 취하지 아니하는 것이 현저하게 불합리하다고 인정되는 경우에는 그러한 권한의 불행사는 직무상의 의무를 위반한 것이 되어 위법하게 된다. ( )

정답 & OX 풀이

33 공무원에게 부과된 직무상 의무의 내용이 단순히 공공 일반의 이익을 위한 것이거나 행정기관 내부의 질서를 규율하기 위한 것이 아니고 전적으로 또는 부수적으로 사회구성원 개인의 안전과 이익을 보호하기 위하여 설정된 것이라면, 공무원이 그와 같은 직무상 의무를 위반함으로 인하여 피해자가 입은 손해에 대하여는 상당인과관계가 인정되는 범위 내에서 국가가 배상책임을 진다(대법원 2017.11.9. 2017다228083).

정답 33. × 34. ○ 35. ○ 36. ○

핵심정리 OX Check

☐☐☐ **01** 행정청의 처분 또는 부작위에 대하여는 다른 법률에 특별한 규정이 있는 경우 외에는 이 법에 따라 행정심판을 청구할 수 있다. 다만, 대통령의 처분 또는 부작위에 대하여는 다른 법률에 특별한 규정이 있는 경우 외에는 행정심판을 청구할 수 없다. ( )

☐☐☐ **02** 심판청구는 처분의 효력이나 그 집행 또는 절차의 속행에 영향을 주지 아니한다. ( )

☐☐☐ **03** 행정심판의 재결은 행정심판위원회 또는 피청구인의 행정청이 심판청구서를 받은 날부터 60일 이내에 하여야 한다. 다만, 부득이한 사정이 있는 경우에는 위원장이 직권으로 60일을 연장할 수 있다. ( )

☐☐☐ **04** 「행정심판법」상 심판청구는 서면으로 하여야 하며, 심판청구서를 작성하여 피청구인 또는 행정심판위원회에 제출하여야 한다. ( )

☐☐☐ **05** 「행정심판법」상 시·도경찰청장의 처분 또는 부작위에 대한 행정심판의 청구에 대해서는 경찰청에 두는 행정심판위원회에서 심리·재결한다. ( )

☐☐☐ **06** 「행정심판법」상 행정심판위원회는 처분, 처분의 집행 또는 절차의 속행 때문에 중대한 손해가 생기는 것을 예방할 필요성이 긴급하다고 인정할 때에는 직권으로 또는 당사자의 신청에 의하여 처분의 효력, 처분의 집행 또는 절차의 속행의 전부 또는 일부의 정지를 결정할 수 있다. ( )

☐☐☐ **07** 「행정심판법」상 대통령의 처분 또는 부작위에 대하여는 다른 법률에서 행정심판을 청구할 수 있도록 정한 경우 외에는 행정심판을 청구할 수 없다. ( )

☐☐☐ **08** 「행정심판법」상 취소심판은 당사자의 신청에 대한 행정청의 위법 또는 부당한 거부처분이나 부작위에 대하여 일정한 처분을 하도록 하는 행정심판이다. ( )

정답 & OX 풀이

03 재결은 제23조에 따라 피청구인 또는 위원회가 심판청구서를 받은 날부터 60일 이내에 하여야 한다. 다만, 부득이한 사정이 있는 경우에는 위원장이 직권으로 30일을 연장할 수 있다(제45조 제1항).

05 시·도경찰청장의 처분 또는 부작위에 대한 행정심판의 청구에 대해서는 국민권익위원회에 두는 중앙행정심판위원회에서 심리·재결한다.

08 의무이행심판은 당사자의 신청에 대한 행정청의 위법 또는 부당한 거부처분이나 부작위에 대하여 일정한 처분을 하도록 하는 행정심판이다(제5조(행정심판의 종류) 제3호).

정답 **01.** ○　　**02.** ○　　**03.** ✕　　**04.** ○　　**05.** ✕　　**06.** ○　　**07.** ○　　**08.** ✕

□□□ **09** 「행정심판법」상 처분 또는 부작위에 대한 행정심판은 청구서를 제출하거나 말로써 청구할 수 있다.
( )

□□□ **10** 「행정심판법」상 중앙행정심판위원회는 위원장 1명을 포함하여 70명 이내의 위원으로 구성하되, 위원 중 상임위원은 4명 이내로 한다. ( )

□□□ **11** 「행정심판법」상 중앙행정심판위원회 위원장은 국민권익위원회의 부위원장 중 1명이 된다.
( )

□□□ **12** 「행정심판법」상 중앙행정심판위원회 상임위원의 임기는 2년으로 하며, 연임할 수 없다. ( )

□□□ **13** 「행정심판법」상 중앙행정심판위원회 비상임위원은 제7조 제4항 각 호의 어느 하나에 해당하는 사람 중에서 중앙행정심판위원회 위원장의 제청으로 국무총리가 성별을 고려하여 위촉한다.
( )

□□□ **14** 「행정심판법」상 중앙행정심판위원회 비상임위원의 임기는 2년으로 하되, 1차에 한하여 연임할 수 있다. ( )

□□□ **15** 「행정심판법」상 행정심판위원회는 심판청구가 이유가 있다고 인정하는 경우에도 이를 인용(認容)하는 것이 공공복리에 크게 위배된다고 인정하면 그 심판청구를 기각하는 재결을 하여야 한다.
( )

□□□ **16** 「행정심판법」상 재결은 서면으로 한다. ( )

□□□ **17** 「행정심판법」상 위원회는 심판청구가 이유가 없다고 인정하면 그 심판청구를 기각(棄却)한다.
( )

□□□ **18** 「행정심판법」상 위원회는 지체 없이 당사자에게 재결서의 등본을 송달하여야 하며, 재결서가 청구인에게 발송되었을 때에 그 효력이 생긴다. ( )

□□□ **19** 「행정심판법」상 재결의 기속력은 재결의 주문 및 그 전제가 된 요건사실의 인정과 판단, 즉 처분 등의 구체적 위법사유에 관한 판단에만 미친다고 할 것이고, 종전 처분이 재결에 의하여 취소되었다 하더라도 종전 처분시와는 다른 사유를 들어서 처분을 하는 것은 기속력에 저촉되지 않는다.
( )

□□□ **20** 「행정심판법」상 행정심판위원회는 심판청구가 이유가 있다고 인정하는 경우에도 이를 인용하는 것이 공공복리에 크게 위배된다고 인정하면 심판청구를 기각하는 재결을 할 수 있다. ( )

□□□ **21** 「행정심판법」상 사정재결은 인용재결의 일종이다. ( )

□□□ **22** 「행정심판법」상 무효등확인심판에서는 사정재결을 할 수 없다. ( )

□□□ **23** 「행정심판법」상 사정재결을 하는 경우 반드시 재결주문에 그 처분 또는 부작위가 위법하거나 부당하다는 것을 명시해야 한다. ( )

□□□ **24** 「행정심판법」상 사정재결 이후에도 행정심판의 대상인 처분등의 효력은 유지된다. ( )

□□□ **25** 행정심판위원회는 사정재결을 할 때에는 청구인에 대하여 상당한 구제방법을 취하거나 상당한 구제방법을 취할 것을 청구인과 피청구인에게 명한다. ( )

□□□ **26** 행정심판위원회는 무효등확인심판의 청구가 이유가 있다고 인정하면 처분의 효력 유무 또는 처분의 존재 여부를 확인한다. ( )

□□□ **27** 행정심판위원회는 의무이행심판의 청구가 이유가 있다고 인정하면 지체 없이 신청에 따른 처분을 하거나 처분을 할 것을 피청구인에게 명한다. ( )

정답 & OX 풀이

09 행정심판을 청구하려는 자는 제28조에 따라 심판청구서를 작성하여 피청구인이나 위원회에 제출하여야 한다(제23조(심판청구서의 제출) 제1항 전문).

12 「행정심판법」상 중앙행정심판위원회 상임위원의 임기는 3년으로 하며, 1차에 한하여 연임할 수 있다(제9조(위원의 임기 및 신분보장 등) 제2항).

14 비상임위원의 임기는 2년으로 하되, 2차에 한하여 연임할 수 있다(제9조 제3항 전단).

15 위원회는 심판청구가 이유가 있다고 인정하는 경우에도 이를 인용(認容)하는 것이 공공복리에 크게 위배된다고 인정하면 그 심판청구를 기각하는 재결을 할 수 있다(제44조(사정재결) 제1항 전문).

18 위원회는 지체 없이 당사자에게 재결서의 정본을 송달하여야 하며, 재결서가 청구인에게 송달되었을 때에 그 효력이 생긴다(제48조 제1항, 제2항).

19 재결의 기속력은 재결의 주문 및 그 전제가 된 요건사실의 인정과 판단, 즉 처분 등의 구체적 위법사유에 관한 판단에만 미친다고 할 것이고, 종전 처분이 재결에 의하여 취소되었다 하더라도 종전 처분시와는 다른 사유를 들어서 처분을 하는 것은 기속력에 저촉되지 않는다(대법원 2005.12.9. 2003두7705).

21 사정재결은 예외적 재결로서 기각재결의 일종이다. 행정심판위원회는 심판청구가 이유가 있다고 인정하는 경우에도 이를 인용(認容)하는 것이 공공복리에 크게 위배된다고 인정하면 그 심판청구를 기각하는 재결을 할 수 있다(행정심판법 제44조 제1항 전단).

22 사정재결에 관한 규정은 취소심판과 의무이행심판에만 적용하고, 무효등확인심판에는 적용하지 아니한다(행정심판법 제44조 제3항).

23 위원회는 재결의 주문(主文)에서 그 처분 또는 부작위가 위법하거나 부당하다는 것을 구체적으로 밝혀야 한다(행정심판법 제44조 제1항 후단).

24 기각재결이므로 행정심판의 대상인 처분등의 효력은 유지된다.

25 위원회는 제1항에 따른 재결을 할 때에는 청구인에 대하여 상당한 구제방법을 취하거나 상당한 구제방법을 취할 것을 피청구인에게 명할 수 있다(제44조 제2항).

정답
09. ×	10. ○	11. ○	12. ×	13. ○	14. ×	15. ×	16. ○	17. ○	18. ×
19. ○	20. ○	21. ×	22. ○	23. ○	24. ○	25. ×	26. ○	27. ○	

주관적 소송	항고소송	취소소송	처분등의 취소·변경
		무효등확인소송	처분등의 효력·존재
		부작위위법확인소송	부작위가 위법함을 확인
	당사자소송	공법상 법률관계에 관한 소송	
객관적 소송	민중소송	국가 또는 공공단체의 위법행위 시정	
	기관소송	국가 또는 공공단체 상호 간의 권한 다툼	

핵심정리 OX Check

□□□ **01** 「행정소송법」은 행정소송을 항고소송, 당사자소송, 민중소송, 기관소송으로 구분하고 있다.

( )

□□□ **02** 「행정심판법」은 행정심판의 종류로 취소심판, 무효등확인심판, 의무이행심판을 규정하고 있다.

( )

□□□ **03** 명예퇴직한 법관이 미지급 명예퇴직수당액에 대하여 가지는 권리는 명예퇴직수당 지급대상자 결정 절차를 거쳐 명예퇴직수당규칙에 의하여 확정된 공법상 법률관계에 관한 권리로서, 그 지급을 구하는 소송은 「행정소송법」의 항고소송에 해당하며, 그 법률관계의 당사자인 국가를 상대로 제기하여야 한다.

( )

□□□ **04** 국가 또는 공공단체의 기관이 법률에 위반되는 행위를 한 때에 직접 자기의 법률상 이익과 관계없이 그 시정을 구하기 위하여 제기하는 민중소송은 「행정소송법」상 항고소송에 해당한다.

( )

□□□ **05** 행정청의 처분등의 효력 유무 또는 존재여부를 확인하는 무효등 확인소송은 「행정소송법」상 항고소송에 해당한다.

( )

□□□ **06** 행정청의 부작위가 위법하다는 것을 확인하는 부작위위법확인소송은 「행정소송법」상 항고소송에 해당한다.

( )

□□□ **07** 행정청의 위법한 처분등을 취소 또는 변경하는 취소소송은 「행정소송법」상 항고소송에 해당한다.

( )

□□□ **08** 관할 경찰청장은 운전면허와 관련된 처분권한을 각 경찰서장에게 위임하였고, 이에 따라 A경찰서장은 자신의 명의로 甲에게 운전면허정지처분을 하였다면, 甲의 운전면허정지처분 취소소송의 피고적격자는 A경찰서장이 아니라 관할 경찰청장이다. ( )

□□□ **09** 혈중알콜농도 0.13%의 주취상태에서 차량을 운전하다가 적발된 乙에게 관할 경찰청장이 「도로교통법」에 의거 운전면허취소처분을 하였을 경우, 乙은 행정심판을 거치지 않고 바로 행정소송을 제기할 수 있다. ( )

□□□ **10** 경찰청장을 피고로 하여 취소소송을 제기하는 경우, 대법원 소재지를 관할하는 행정법원이 제1심 관할 법원으로 될 수 있다. ( )

□□□ **11** 항고소송 : 행정청의 처분등이나 부작위에 대하여 제기하는 소송 ( )

□□□ **12** 민중소송 : 국가 또는 공공단체의 기관이 법률에 위반되는 행위를 한 때에 직접 자기의 법률상 이익과 관계없이 그 시정을 구하기 위하여 제기하는 소송 ( )

□□□ **13** 당사자소송 : 행정청의 처분등을 원인으로 하는 법률관계에 관한 소송 그 밖에 공법상의 법률관계에 관한 소송으로서 그 법률관계의 한쪽 대표자를 피고로 하는 소송 ( )

정답 & OX 풀이 ✏

03 명예퇴직한 법관이 미지급 명예퇴직수당액에 대하여 가지는 권리는 명예퇴직수당 지급대상자 결정 절차를 거쳐 명예퇴직수당규칙에 의하여 확정된 공법상 법률관계에 관한 권리로서, 그 지급을 구하는 소송은 행정소송법의 당사자소송에 해당하며, 그 법률관계의 당사자인 국가를 상대로 제기하여야 한다(대법원 2016.5.24. 2013두14863).

04 민중소송은 항고소송에 해당하지 않는다. 항고소송에는 취소소송, 무효등 확인소송, 부작위위법확인소송이 있다.

08 권한 위임의 경우 수임청이 피고가 된다. 관할 경찰청장은 운전면허와 관련된 처분권한을 각 경찰서장에게 위임하였고, 이에 따라 A경찰서장은 자신의 명의로 甲에게 운전면허정지처분을 하였다면, 甲의 운전면허정지처분 취소소송의 피고적격자는 A경찰서장이다.

09 도로교통법상 처분(운전면허 취소처분)은 취소소송을 제기하기 위해 필수적으로 행정심판의 재결을 거쳐야 한다(도로교통법 제142조). 따라서 乙은 행정심판을 거치지 않고서 바로 행정소송을 제기할 수 없다.

13 당사자소송 : 행정청의 처분등을 원인으로 하는 법률관계에 관한 소송 그 밖에 공법상의 법률관계에 관한 소송으로서 그 법률관계의 한쪽 당사자를 피고로 하는 소송

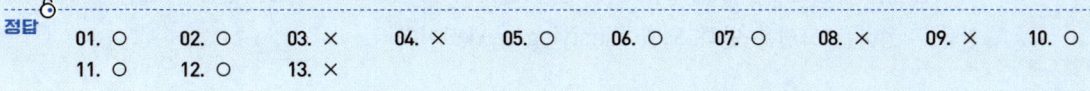

정답 01. ○ 02. ○ 03. × 04. × 05. ○ 06. ○ 07. ○ 08. × 09. × 10. ○
11. ○ 12. ○ 13. ×

경찰행정의 특수성, 정책결정

핵심정리 OX Check

☐☐☐ **01** 경찰행정의 특수성과 관련하여 경찰은 각종 위험의 제거를 그 주요 기능으로 하고 있고, 그 수단으로서 명령·강제 등 경찰권을 발동할 수 있으며 필요한 경우 실력행사를 위하여 무기와 장구를 휴대하는데 이러한 특성을 위험성이라 한다. ( )

☐☐☐ **02** 경찰행정의 특수성과 관련하여 경찰조직은 예측하기 어려운 다양한 사안에 대해 고도의 민첩성을 갖추고 타 부서 혹은 직원들과의 유기적인 공조체제를 갖추어 돌발적으로 발생하는 범죄사건과 사고에 즉시 대응하여 합리적인 방법으로 해결할 수 있도록 해야 하는데 이러한 특성을 조직성이라 한다. ( )

☐☐☐ **03** 경찰행정의 특수성과 관련하여 경찰 업무는 대부분 즉시 해결하지 못하면 그 피해의 회복이 영원히 불가능하거나 현저하게 어려운 경우가 많은 바, 돌발적으로 발생하는 경찰행정 수요에 즉시 대응하기 위해 기동장비 확보, 초동대처시간 단축을 위해 훈련을 해야 하는데 이러한 특성을 기동성이라 한다. ( )

☐☐☐ **04** 경찰행정의 특수성과 관련하여 경찰은 본질적으로 사회공공의 안녕과 질서를 유지하기 위하여 국민에게 명령·강제하는 권력작용의 특성을 보이는데 이러한 특성을 권력성이라 한다. ( )

☐☐☐ **05** 고립성: 경찰에 대한 존경심의 결여, 법집행에 대한 협조의 부족, 경찰업무에 대한 이해부족 등으로 시민들로부터 소외받게 되어 고립되는 특성을 갖는다. ( )

☐☐☐ **06** 보수성: 경찰은 헌법을 수호하여 공공의 안녕과 질서를 유지하는 것을 임무로 하기 때문에 변화를 추구하기보다는 현상유지적 특성을 가지고 있다. ( )

☐☐☐ **07** 조직성: 경찰은 사건·사고 발생 시 시급하게 해결해야 하고 기동성과 협동성을 발휘할 수 있도록 안정되고 능률적으로 조직되어야 하며, 계급체계를 갖추고 제복을 착용한다. ( )

☐☐☐ **08** 권력성: 경찰은 질서유지를 위해 법에 근거하여 일반인에게 일정한 사항을 지시·명령함으로써 시민 행동의 자유를 제한할 수 있다. ( )

☐☐☐ **09** 돌발성: 경찰업무는 대부분 즉시 해결하지 않으면 피해 회복이 불가능하거나 현저히 어려워지는 경우가 많다. 따라서 돌발적인 경찰행정 수요에 신속하게 대응하고, 초동대처시간을 단축시키기 위해 지속적이고 반복적인 훈련을 통한 대응능력 배양이 요구되고 있다. ( )

☐☐☐ **10** 정책결정자가 문제상황에 대해 완전한 정보를 갖고 있으며 고도의 합리성을 기반으로 최선의 대안을 결정하는 모델은 만족 모델(Satisfying model)이다. ( )

☐☐☐ **11** 엘리트 모델에 의하면 정책결정자는 고도의 합리성을 기반으로 최선의 대안을 결정한다.

( )

☐☐☐ **12** 사이버네틱스 모델은 설정된 목표를 달성하기 위해 정보분석과 환류과정을 통해 자신의 행동을 스스로 조정해 나간다고 가정한다. ( )

☐☐☐ **13** 혼합탐사 모델은 합리모델의 비현실성과 점증모델의 보수성을 극복하기 위한 모델로 기존의 정책을 바탕으로 이루어지는 점증주의 성향을 비판하면서, 새로운 정책을 내릴 때마다 정책방향도 다시 검토할 것을 주장한다. ( )

☐☐☐ **14** 관료정치 모델에 의하면 정책결정시 정치적 합리성을 기반으로 기존 정책의 문제점을 부분적으로 수정하거나 약간의 향상을 가져오는 결정을 한다. ( )

☐☐☐ **15** 정책결정이 일정한 규칙에 따라 이루어지는 것이 아니라 문제, 해결책, 선택기회, 참여자의 네 요소가 뒤죽박죽으로 움직이다가 어떤 계기로 만나게 될 때 이루어진다고 보는 정책결정모델은 카오스모델이다. ( )

☐☐☐ **16** 쓰레기통모델(Garbage Can Model) : 정책결정과정이 합리적이라는 가정이 부정된다. 정책결정상황이 불확실성과 심한 혼란상태에 놓여 있으며, 정상적인 권위구조와 결정규칙이 작동하지 않는다고 가정하였다. 문제의 흐름, 정책적 흐름, 정치적 흐름 등이 합치할 때 정책결정이 될 수 있다는 킹던(Kingdon)의 'Policy Window(정책의 창)' 모델의 배경이 되었다. ( )

정답 & OX 풀이 ✏️

02 돌발성이라 한다. 일반행정기관의 행정은 대부분 알려진 대상에 대해 어느 정도 예측이 가능한 업무를 수행하고 있다는 점에서 경찰행정의 돌발성과 차이가 있다.

09 기동성에 관한 설명이다. 경찰의 기동성은 질서유지와 범죄에 대한 대응에 있어 범인의 체포와 증거의 확보에도 결정적인 요인이 된다.

10 합리모형

11 합리(포괄) 모델

13 최적 모델

14 점증 모델

15 쓰레기통모델

정답

01. ○	02. ×	03. ○	04. ○	05. ○	06. ○	07. ○	08. ○	09. ×	10. ×
11. ×	12. ○	13. ×	14. ×	15. ×	16. ○				

조직편성원리

핵심정리 OX Check

□□□ **01** 계층제 원리 - 권한과 책임의 배분을 통해 신중한 업무처리가 가능하며, 수직적 분화와 집권화 현상이 나타나 구성원의 동기부여를 향상시킨다.　　　（　）

□□□ **02** '계층제'는 권한과 책임의 정도에 따라 직무를 등급화함으로써 상·하계층 간 직무상 지휘·감독 관계에 놓이게 하는 것을 말한다.　　　（　）

□□□ **03** 계층제의 원리 - 권한과 책임의 정도에 따라 직무를 계층화 함으로써 상·하 계층 간에 직무상 지휘·감독 관계에 있도록 한다.　　　（　）

□□□ **04** 계층제의 원리 - 권한 및 책임 한계가 명확하며 경찰행정의 능률성과 조직의 안정성을 확보할 수 있다.　　　（　）

□□□ **05** 계층제의 원리는 특정분야의 전문성 확보에 용이하며 업무의 세분화로 인해 시간과 경비가 절약 될 수 있다.　　　（　）

□□□ **06** 계층제의 원리는 지도와 감독을 통해서 행정의 질서와 통일성을 확보할 수 있다.　　　（　）

□□□ **07** 계층제의 원리는 조직의 경직화를 초래하여 새로운 기술이나 지식의 신속한 도입이 어렵다.　　　（　）

□□□ **08** 계층제는 조직의 경직화를 초래하여 환경변화에 대한 조직의 신축적 대응을 어렵게 한다.　　　（　）

□□□ **09** 계층제의 원리는 관리자의 공백 등을 대비하여 대리, 위임, 유고관리자 사전지정 등이 필요하다.　　　（　）

□□□ **10** 한 사람이 직접적으로 감독할 수 있는 부하의 수는 업무의 성질, 고용기술, 작업성과 기준에 달려 있으며, 모든 조직은 일반적으로 상관보다 부하가 더 많다. 이러한 이유 때문에 경찰 조직은 사다 리 모양보다는 피라미드 모양을 취하고 있다는 설명은 조직편성원리 중에서 계층제의 원리와 가 장 관계가 깊다.　　　（　）

□□□ **11** '통솔의 범위'는 한 사람의 상관이 효과적으로 감독할 수 있는 최대한의 부하의 수를 말한다.　　　（　）

□□□ **12** 통솔범위의 원리는 관리자의 능률적인 감독을 위해서는 통솔하는 대상의 범위를 적정하게 제한하 여야 한다는 것으로 관리의 효율성을 좌우하는 중요한 원리이다.　　　（　）

□□□ **13** 통솔범위의 원리는 조직의 목적을 수행하기 위하여 구성원의 임무를 권한과 책임에 따라 나누어 배치하고 상위로 갈수록 권한과 책임이 무거운 임무를 수행하도록 편성한다. (   )

□□□ **14** 부하의 능력 및 경험이 높아질수록 통솔범위가 넓어지고, 감독자의 능력 및 경험이 높아질수록 통솔범위가 넓어진다. (   )

□□□ **15** 통솔범위의 원리와 관련하여 업무의 종류가 동질적이고, 단순할수록 통솔범위는 넓어진다. (   )

□□□ **16** 업무의 종류가 전문적일수록 통솔범위는 넓어지고, 업무의 종류가 단순할수록 통솔범위는 좁아진다. (   )

□□□ **17** 통솔범위의 원리 - 업무의 종류가 단순할수록 통솔의 범위는 넓어지며, 계층의 수가 많아질수록 통솔의 범위가 좁아진다. (   )

□□□ **18** 통솔범위의 원리 - 업무의 종류가 단순할수록 통솔범위는 좁아지며 계층의 수가 많을수록 통솔범위는 넓어진다. (   )

□□□ **19** 통솔범위의 원리와 관련하여 교통기관이 발달할수록 통솔범위는 넓어진다. (   )

□□□ **20** 계층의 수가 많을수록 통솔범위는 좁아지고, 계층의 수가 적을수록 통솔범위는 넓어진다. (   )

정답 & OX 풀이

01 계층제 원리 - 권한과 책임의 배분을 통해 신중한 업무처리가 가능하지만, 계층제 원리의 무리한 적용에 따라 인간의 자아실현욕구나 성취욕구의 추구와의 조화가 어렵다.

05 특정분야의 전문성 확보에 용이하며 업무의 세분화로 인해 시간과 경비가 절약될 수 있다는 것은 분업(전문화)의 원리에 대한 설명이다.

09 명령통일의 원리

10 통솔범위의 원리

13 계층제의 원리

16 업무의 종류가 전문적일수록 통솔범위는 좁아지고, 업무의 종류가 단순할수록 통솔범위는 넓어진다.

18 업무의 종류가 단순할수록 통솔범위는 넓어지며 계층의 수가 많을수록 통솔범위는 좁아진다.

정답

01. ×	02. ○	03. ○	04. ○	05. ×	06. ○	07. ○	08. ○	09. ×	10. ×
11. ○	12. ○	13. ×	14. ○	15. ○	16. ×	17. ○	18. ×	19. ○	20. ○

□□□ **21** 조직의 규모가 클수록 통솔범위는 좁아지고, 조직의 규모가 작을수록 통솔범위는 넓어진다.

( )

□□□ **22** 통솔범위의 원리와 관련하여 조직규모가 작을수록 통솔범위는 작아진다. ( )

□□□ **23** 통솔범위의 원리에서 조직의 역사, 교통통신의 발달, 관리자의 리더십(Leadership), 부하의 능력 등은 통솔범위의 중요 요소이다. ( )

□□□ **24** 통솔범위의 원리는 직무를 책임과 난이도에 따라 상하로 나누어 배치하고 상하계층간에 명령복 종관계를 적용하는 조직편성원리로 상위로 갈수록 권한과 책임이 무거운 임무를 수행한다는 원 리이다. ( )

□□□ **25** 통솔범위의 원리는 조직의 경직화를 초래하여 환경변화에 따른 새로운 기술의 신속한 도입이 어 렵다. ( )

□□□ **26** 통솔범위의 원리 – 1인의 상관 또는 감독자가 직접 통솔할 수 있는 부하직원의 수를 의미하며, 무니(Mooney)는 이러한 통솔범위의 원리를 조직편성 제1의 원리라고 하였다. ( )

□□□ **27** 명령통일의 원리는 조직구성원 누구나 한 사람의 상관에게 보고하며 한 사람의 상관으로부터 명 령을 받아야 한다는 원리이다. ( )

□□□ **28** 조직의 집단적 노력을 질서있게 배열하는 과정으로 개별적인 활동을 전체적인 관점에서 통일하여 조직의 목표달성도를 높이려는 조직편성의 원리를 명령통일의 원리라고 한다. ( )

□□□ **29** 명령통일의 원리 – 업무수행의 혼선을 방지하여 신속한 의사결정을 하도록 한다. ( )

□□□ **30** 명령통일의 원리는 계층에 따라 의사결정의 검토가 이루어져 신중한 업무처리가 가능하다.

( )

□□□ **31** 명령통일의 원리는 부하들을 직접 감독하지 않는 참모 및 계선조직이 부하들에게 유익한 자문을 하는 것을 허용하지 않는다. ( )

□□□ **32** 분업의 원리 – 분업의 원리는 업무를 그 종류와 성질별로 구분하여 구성원에게 가능한 한 한가지 의 주된 업무를 분담시킴으로써 조직 관리상의 능률을 향상시키려는 것을 말한다. ( )

□□□ **33** 분업의 원리 – 업무의 전문화를 통해 업무습득에 걸리는 시간을 단축할 수 있지만 분업의 정도가 높아질수록 조직할거주의가 초래될 수 있다. ( )

□□□ **34** 전문화의 원리의 장점은 권한과 책임을 계층에 따라 분배하여 의사결정의 검토가 이루어져 신중 한 업무처리가 가능하다는 것이다. ( )

□□□ **35** 분업의 원리 – 가급적 한 사람에게 동일한 업무를 분담시킴으로써 특정 분야에 대한 업무의 전문 화 확보를 가능하게 한다. ( )

□□□ **36** 분업의 원리는 경과 제도를 통한 특정업무의 세분화 및 시간과 경비를 절약할 수 있다. ( )

□□□ **37** 업무를 그 종류와 성질별로 구분하여 구성원에게 가능한 한 한가지의 주된 업무를 부담시킴으로써 조직 관리상의 능률을 향상시키려는 원리는 구조조정의 문제와 깊은 관련성이 있다.
( )

□□□ **38** 한 사람이 수행할 수 있는 업무의 양과 시간에는 한계가 있고, 서로 다른 특성을 가진 업무를 한 사람이 맡아서 하는 것은 비효율적이라고 설명하는 조직편성의 원리에 따르면 업무에 대한 신속 결단과 결단내용의 지시가 단일한 명령계통이어야 한다. ( )

□□□ **39** 다수가 일을 함에 있어서 각자의 임무를 나누어서 분명하게 부과하고 협력을 하도록 하는 것으로, 인간능력의 한계를 극복하고 업무를 효율적으로 수행하기 위한 조직편성의 원리는 정형적·반복적 업무수행에 기인하여 작업에 대한 흥미 상실과 노동의 소외화나 인간기계화를 심화시키며, 부처간의 할거주의가 초래될 수 있다는 단점이 있다. ( )

□□□ **40** 할거주의는 조정과 통합의 원리를 실현시키는 필수적 요소이다. ( )

정답 & OX 풀이

22 조직규모가 클수록 통솔범위는 작아진다.

24 계층제의 원리는 직무를 책임과 난이도에 따라 상하로 나누어 배치하고 상하계층 간에 명령복종관계를 적용하는 조직편성원리로 상위로 갈수록 권한과 책임이 무거운 임무를 수행한다는 원리이다.

25 조직의 경직화를 초래하여 환경변화에 따른 새로운 기술의 신속한 도입이 어렵다는 점은 계층제의 단점이다.

26 통솔범위의 원리에서 통솔범위는 1인의 상관 또는 감독자가 직접 통솔할 수 있는 부하직원의 수를 의미하며, 무니(Mooney)는 조정과 통합의 원리를 조직편성 제1의 원리라고 하였다.

28 조정과 통합의 원리

30 계층제의 원리

34 계층제의 원리

37 분업의 원리 ≠ 통솔범위의 원리

38 분업의 원리 ≠ 명령통일의 원리

40 '할거주의'는 타기관 및 타부처에 대한 횡적인 조정과 협조를 어렵게 만드는 대표적인 요인으로 조정·통합의 원리에 의해 해결되어야 하는 문제점이다.

정답

21. ○	22. ×	23. ○	24. ×	25. ×	26. ×	27. ○	28. ×	29. ○	30. ×
31. ○	32. ○	33. ○	34. ×	35. ○	36. ○	37. ×	38. ×	39. ○	40. ×

☐☐☐ **41** '할거주의'는 타기관 및 타부처에 대한 횡적인 조정과 협조를 용이하게 만드는 대표적인 요인으로 조정·통합의 원리에 필수적인 요소이다. ( )

☐☐☐ **42** 조정과 통합의 원리 - 구성원의 노력과 행동을 질서있게 배열하고 통일시키는 작용을 함으로써 경찰행정의 목표를 효율적으로 달성할 수 있게 한다. ( )

☐☐☐ **43** 조정과 통합의 원리는 구조조정의 문제와 깊은 관련성이 있다. ( )

☐☐☐ **44** 조정과 통합의 원리는 조직편성 원리의 장단점을 조화롭게 승화시키는 원리로, 무니(Mooney)는 조정의 원리를 '제1의 원리'라고 하였다. ( )

☐☐☐ **45** 무니(J. Mooney)는 조정·통합의 원리를 조직의 제1원리이며 가장 최종적인 원리라고 하였다. ( )

☐☐☐ **46** 계층제의 원리에 의하면 계층이 많을수록 업무처리가 신속하고 계층 간의 갈등이 감소한다. ( )

☐☐☐ **47** 통솔범위의 원리에 의하면 계층의 수, 업무의 복잡성 및 조직규모의 크기와 통솔의 범위는 정비례 관계이다. ( )

☐☐☐ **48** 분업의 원리에 의하면 분업화가 안 될수록 조정과 통합이 어려워지며 할거주의를 초래할 수 있다. ( )

☐☐☐ **49** 조정과 통합의 원리에 의하면 조직의 조정과 통합은 집단적 노력을 질서 있게 배열하고 조직 및 구성원의 행동을 통일시키는 작용을 함으로써 경찰행정의 목표를 달성할 수 있게 한다. ( )

정답 & OX 풀이

41 '할거주의'는 부서 간의 이기주의를 가리키는 용어로 관료들이 자신들의 기관이나 부서의 이익만 생각하고 다른 기관이나 부서에 대한 배려가 없기 때문에 결과적으로 조정과 협조가 어려워지는 현상을 말한다.

43 통솔범위의 원리는 한 사람의 관리자가 조직의 구성원을 몇 명 정도나 관리·감독할 수 있는가의 문제로서 구조조정의 문제와 깊은 관련성이 있다.

46 계층제의 원리에 의하면 계층이 많을수록 업무처리가 지연되고 계층 간의 갈등이 증가한다.

47 통솔범위의 원리에 의하면 계층의 수, 업무의 복잡성 및 조직규모의 크기와 통솔의 범위는 반비례 관계이다.

48 분업의 원리에 의하면 분업화가 될수록 조정과 통합이 어려워지며 할거주의를 초래할 수 있다.

정답 **41.** × **42.** ○ **43.** × **44.** ○ **45.** ○ **46.** × **47.** × **48.** × **49.** ○

테마 43 인사관리

동기부여 이론

내용이론	① 사람들을 일하게 하는 '욕구란 과연 무엇인가'에 관심을 둔다. ② 매슬로(Maslow)의 욕구단계(욕구계층) 이론, 허즈버그(F. Herzberg)의 동기위생요인 이론, 맥그리거(McGregor)의 X이론·Y이론, 맥클랜드(MacClelland, 맥클리랜드)의 성취동기이론, 아지리스(Argyris)의 성숙·미성숙 이론, 샤인(E. Schein)의 복잡인 모형 등이 있다.
과정이론	① 자발적 동기부여가 어떠한 과정을 거쳐 이루어지는가에 초점을 둔다. ② 노력과 그 노력의 결과로 주어진 보상 사이의 개인 차이를 인지하면서 동기가 유발된다는 아담스(J. S. Adams)의 공정성(형평성) 이론, 동기유발은 보상에 대한 기대감에 의한다는 기대이론으로 브룸(V. Vroom)의 선호–기대이론, 포터(L. W. Porter)와 롤러(E. Lawler)의 업적·만족이론 등이 있다.

핵심정리 OX Check

□□□ **01** 엽관주의는 정치지도자의 국정지도력을 강화함으로써 공공정책의 실현을 용이하게 해준다.

( )

□□□ **02** 엽관주의는 행정의 안정성과 지속성을 확보하기 어렵다. ( )

□□□ **03** 실적주의는 정치적 중립에 집착하여 인사행정을 소극화·형식화시켰다. ( )

□□□ **04** 직위분류제는 일반행정가 양성에 유리하다. ( )

□□□ **05** 직위분류제는 부서 간의 횡적 협조에 용이하다. ( )

□□□ **06** 직위분류제는 인사배치의 신축성과 융통성을 확보할 수 있다. ( )

정답 & OX 풀이

04 계급제는 일반행정가 양성에 유리하다.
05 계급제는 부서 간의 횡적 협조에 용이하다.
06 계급제는 인사배치의 신축성과 융통성을 확보할 수 있다.

정답
01. ○   **02.** ○   **03.** ○   **04.** ×   **05.** ×   **06.** ×

□□□ **07** 직위분류제는 사람 중심 분류로서 계급제보다 인사배치의 신축성 측면에서 유리하다. (　　)

□□□ **08** 직무분석과 직무평가의 충실한 수행을 강조하는 것은 직위분류제이다. (　　)

□□□ **09** 계급제는 직업공무원제도 정착에 유리하다. (　　)

□□□ **10** 계급제와 직위분류제 양자는 양립할 수 없는 상호 배타적인 관계가 아니라 서로의 결함을 시정할 수 있는 상호 보완적인 관계이다. (　　)

□□□ **11** 계급제는 보수체계의 합리적 기준을 제시한다. (　　)

□□□ **12** 계급제는 '동일직무에 대한 동일보수의 원칙'을 확립함으로써 보수제도의 합리적 기준을 제시한다. (　　)

□□□ **13** 직위분류제는 계급제에 비해서 보수결정의 합리적인 기준을 제시하는 것이 장점이다. (　　)

□□□ **14** 계급제는 권한과 책임의 한계를 명확히 할 수 있다. (　　)

□□□ **15** 계급제는 공무원의 신분보장이 미약하여 행정의 안정성을 저해하기 쉽다. (　　)

□□□ **16** 우리나라의 공직분류는 계급제 위주에 직위분류제적 요소를 가미한 혼합 형태라고 할 수 있다. (　　)

□□□ **17** 직위분류제는 미국에서 실시된 후 다른 나라로 전파되었다. (　　)

□□□ **18** 계급제는 사람중심의 분류방법으로 널리 일반적 교양과 능력을 가진 사람을 채용하여 신분보장과 함께 장기간에 걸쳐 능력이 키워지므로 공무원이 보다 종합적이며 신축적인 대응역량을 가질 수 있다. (　　)

□□□ **19** 직위분류제는 공무원이 동일한 직무를 장기간 담당하게 되어 행정의 전문화에 유용하지만, 권한과 책임의 한계가 불명확하다. (　　)

□□□ **20** 계급제는 폐쇄형 충원방식으로 공무원에 대한 인사배치가 자유롭지 않으나, 직위분류제는 개방형 충원방식으로 공무원에 대한 인사배치가 자유롭다. (　　)

□□□ **21** 직위분류제는 계급제에 비해서 보수결정의 합리적인 기준을 제시할 수 있으며, 직무분석을 통해 부서 간, 기관 간 협조 및 조정이 용이하다. (　　)

□□□ **22** 직업공무원제도는 개방형 충원체제로 넓은 시야를 가진 유능한 인재의 등용 및 분야별 전문인력을 확보하는 데 용이하다. (　　)

□□□ **23** 직업공무원제도는 공무원의 일체감과 단결심 및 공직에 헌신하려는 정신을 강화하는 데 불리한 제도이다. (　　)

□□□ **24** 직업공무원제도는 연령제한이 필수적이나 직위분류제를 원칙으로 한다는 점에서 실적주의와 공
통점이 있다. ( )

□□□ **25** 직업공무원제도는 공무원들의 성실한 직무수행과 장기근속을 유도하기 위한 제도와 원칙들을 토
대로 한다. ( )

□□□ **26** 직업공무원제도는 신분보장, 정치적 중립, 자격이나 능력중시, 개방형 인력충원 방식의 선호라는
점에서 실적주의와 공통점을 가진다. ( )

□□□ **27** 직업공무원제도의 성공적 정착을 위해서는 공직에 대한 사회의 높은 평가가 필요하며 퇴직 후의
불안해소와 생계보장을 위해 적절한 연금제도가 확립되어야 한다. ( )

정답 & OX 풀이

07 계급제는 사람 중심 분류로서 직위분류제보다 인사배치의 신축성 측면에서 유리하다.

11 직위분류제는 보수체계의 합리적 기준을 제시한다.

12 직위분류제는 '동일직무에 대한 동일보수의 원칙'을 확립함으로써 보수제도의 합리적 기준을 제시한다.

14 직위분류제는 권한과 책임의 한계를 명확히 할 수 있다.

15 직위분류제는 공무원의 신분보장이 미약하여 행정의 안정성을 저해하기 쉽다.

19 직위분류제는 공무원이 동일한 직무를 장기간 담당하게 되어 행정의 전문화에 유용하며, 권한과 책임의 한계가 명확
하다.

20 계급제는 폐쇄형 충원방식으로 공무원에 대한 인사배치가 자유로우나, 직위분류제는 개방형 충원방식으로 공무원에
대한 인사배치가 자유롭지 않다.

21 직위분류제는 계급제에 비해서 보수결정의 합리적인 기준을 제시할 수 있으나, 부서 간, 기관 간 협조 및 조정이 곤란
하다.

22 계급제를 기반으로 하여 폐쇄형 충원체제로 넓은 시야를 가진 유능한 인재를 등용하는 데 용이하며, 분야별 전무인력을
확보하는 데 불리하다. 직위분류제를 가미하여 개방형 충원체제로 분야별 전문인력을 확보할 수 있다.

23 공무원의 일체감과 단결심 및 공직에 헌신하려는 정신을 강화하는 데 유리한 제도이다.

24 우수한 젊은 인재들을 공직에 유치하여 일생 동안 공무원으로 근무하도록 운영하는 인사제도라는 점에서 연령제한이
필요할 수 있으나 필수적이라고 보기는 어렵다. 또한 계급제가 직업공무원 제도의 근간이 된다는 점에서 직위분류제를
원칙으로 한 미국의 실적주의와 차이점이 있을 수 있다.

26 직업공무원제도는 신분보장, 자격이나 능력 중시라는 점에서 실적주의와 공통점을 가진다. 아울러 '현대적 의미의 직업
공무원 제도'는 정치적 중립이라는 점에서도 실적수의와 공통점을 가진다.

정답

07. ✕	08. ○	09. ○	10. ○	11. ✕	12. ✕	13. ○	14. ✕	15. ✕	16. ○
17. ○	18. ○	19. ✕	20. ✕	21. ✕	22. ✕	23. ✕	24. ✕	25. ○	26. ✕
27. ○									

□□□ **28** 직업공무원제도는 장기적인 발전가능성을 선발기준으로 삼고 있으며 직위분류제가 계급제보다 직업공무원제도의 정착에 더 유리하다. ( )

□□□ **29** 직업공무원제도는 행정의 안정성과 독립성 확보에 용이하며 외부환경 변화에 신속하게 대응한다는 장점이 있다. ( )

□□□ **30** 직업공무원제도는 공무원의 장기근속을 유도하므로 행정의 안정성과 계속성을 유지하는데 유리하다. ( )

□□□ **31** 직업공무원제도는 공무원이 환경변화에 민감하지 못하고 특권 집단화될 우려가 있다. ( )

□□□ **32** 직업공무원제도는 연령 등으로 대상을 제한하는 경우도 있어 공직임용의 기회균등이 제약될 수 있다. ( )

□□□ **33** 직업공무원제도는 강력한 신분보장으로 공무원에 대한 행정통제와 책임 확보가 용이하다. ( )

□□□ **34** 인간의 동기가 어떤 과정을 거쳐서 유발되는지에 초점을 두는 이론 : 아담스(Adams)의 공정성이론 ( )

□□□ **35** 인간의 동기가 어떤 과정을 거쳐서 유발되는지에 초점을 두는 이론 : 아지리스(Argyris)의 성숙-미성숙이론 ( )

□□□ **36** 동기부여이론 중 내용이론 : 매슬로우(Maslow)의 욕구단계이론 ( )

□□□ **37** 동기부여이론 중 내용이론 : 맥그리거(McGregor)의 X이론·Y이론 ( )

□□□ **38** 인간의 동기가 어떤 과정을 거쳐서 유발되는지에 초점을 두는 이론 : 포터&롤러(Poter & Lawler)의 업적만족이론 ( )

□□□ **39** 인간의 동기가 어떤 과정을 거쳐서 유발되는지에 초점을 두는 이론 : 브룸(Vroom)의 기대이론 ( )

□□□ **40** 경찰조직관리를 위한 동기부여이론 중 내용이론을 주창한 사람으로서 맥클랜드(McClelland), 허즈버그(Herzberg), 아담스(Adams), 매슬로우(Maslow)가 있다. ( )

□□□ **41** 동기부여이론 중 내용이론 : 포터와 롤러(Porter & Lawler)의 업적만족이론 ( )

□□□ **42** 동기부여이론 중 내용이론 : 허즈버그(Herzberg)의 욕구충족요인 이원론(동기위생이론) ( )

□□□ **43** 매슬로(Maslow)는 다원적 인간욕구의 존재를 인정하고 가장 기본적인 욕구는 생리적 욕구라고 하였다. ( )

□□□ **44** 브룸(Vroom)은 동기유발은 욕구충족이 아니라 과업에 대한 기대감, 수단성, 유의성에 의해 결정된다고 주장하였다. ( )

□□□ **45** 앨더퍼(Alderfer)는 매슬로의 욕구계층이론을 수정하여 생존욕구, 관계욕구, 성장욕구로 구분하였다. ( )

□□□ **46** 맥그리거(McGregor)는 전통적 조직이론의 인간관을 위생요인, 새로운 조직이론의 인간관을 동기요인으로 구분하였다. ( )

□□□ **47** 맥클리랜드(McClelland) − 개인마다 욕구의 계층은 차이가 있다고 보았으며 인간의 욕구를 성취욕구, 자아실현 욕구, 권력 욕구로 구분하였다. ( )

□□□ **48** 허즈버그(Herzberg) − 주어진 일에 대한 성취감, 주변의 인정, 승진 가능성 등은 동기(만족)요인으로, 열악한 근무환경, 낮은 보수 등은 위생요인으로 구분하였으며 두 요인은 상호 독립되어 있다고 보았다. ( )

□□□ **49** 아지리스(Argyris) : Y이론적 인간형은 부지런하고, 책임과 자율성 및 창의성을 발휘하기를 좋아하고, 스스로 통제와 발전이 가능하기 때문에 민주적이고 인간적인 동기유발 전략이 필요한 유형이다. ( )

□□□ **50** 허즈버그(Herzberg) : 인간의 개인적 성격과 성격의 성숙과정을 '미성숙에서 성숙으로'라고 보고, 관리자는 조직 구성원을 최대의 성숙상태로 실현시켜야 한다고 하였다. ( )

정답 & OX 풀이

28 직업공무원제도는 장기적인 발전가능성을 선발기준으로 삼고 있으며 계급제가 직위분류제보다 직업공무원제도의 정착에 더 유리하다.

29 직업공무원제도는 행정의 안정성과 독립성 확보에 용이한 장점이 있지만, 외부환경 변화에 신속하게 대응하지 못한다는 단점이 있다.

33 강력한 신분보장이 되는 장점이 있지만, 공무원에 대한 행정통제와 책임 확보가 곤란하다는 단점이 있다.

35 인간의 동기가 어떤 과정을 거쳐서 유발되는지에 초점을 두는 이론은 과정이론에 속한다. 아지리스(Argyris)의 성숙−미성숙이론은 내용이론에 해당한다.

40 아담스(J. S. Adams)의 공정성(형평성) 이론은 과정이론에 속한다.

41 포터와 롤러의 업적만족이론은 과정이론에 속한다.

46 맥그리거(McGregor)는 전통적 조직이론의 인간관을 X이론, 새로운 조직이론의 인간관을 Y이론으로 구분하였다.

47 개인마다 욕구의 계층은 차이가 있다고 보았으며 인간의 욕구를 성취 욕구, 친교 욕구, 권력 욕구로 구분하였다.

49 맥그리거(McGregor)

50 아지리스(Argyris)

정답

28. ×	29. ×	30. ○	31. ○	32. ○	33. ×	34. ○	35. ×	36. ○	37. ○
38. ○	39. ○	40. ×	41. ×	42. ○	43. ○	44. ○	45. ○	46. ×	47. ×
48. ○	49. ×	50. ×							

□□□ **51** 맥그리거(McGregor) − 인간의 욕구는 5단계의 계층으로 이루어지며 하위 욕구부터 상위 욕구로 발달한다고 보았다. ( )

□□□ **52** 맥그리거(McGregor) : 위생요인을 제거해주는 것은 불만을 줄여주는 소극적 효과일 뿐이기 때문에, 근무태도 변화에 단기적 영향을 주어 사기는 높여줄 수 있으나 생산성을 높여주지는 못한다. 만족요인이 충족되면 자기실현욕구를 자극하여, 적극적 만족을 유발하고 동기유발에 장기적 영향을 준다. ( )

□□□ **53** 매슬로우(Maslow) : 인간은 자신의 욕구를 충족시키기 위해서 노력하며 하위단계의 욕구가 충족되어야 다음 단계로 발전되는 순차적 특성을 갖는다. ( )

□□□ **54** 매슬로우(Maslow)의 욕구 5단계 이론과 관련하여 생리적 욕구, 안전의 욕구, 애정욕구(사회적 욕구), 존경의 욕구, 자아실현 욕구로 구분하였으며, 이러한 인간의 5가지 욕구는 한 단계의 욕구가 충족되어야 비로소 다음 단계의 욕구로 순차적·상향적으로 진행된다. ( )

□□□ **55** 매슬로우(Maslow)의 욕구 5단계 이론과 관련하여 생리적 욕구는 의·식·주 및 건강 등에 관한 것으로 신분보장, 연금제도 등을 통해 충족시켜 줄 수 있다. ( )

□□□ **56** 매슬로우(Maslow)의 욕구 5단계 이론과 관련하여 자아실현 욕구는 조직목표와 가장 조화되기 어려운 욕구이다. ( )

□□□ **57** 매슬로우(Maslow)의 욕구 5단계 이론과 관련하여 애정욕구(사회적 욕구)는 직원들의 불만·갈등을 평소 들어줄 수 있도록 상담창구 마련 등을 통해 충족시켜 줄 수 있다. ( )

□□□ **58** 앨더퍼(Alderfer) − 인간의 욕구를 계층화하여 생존(Existence) 욕구, 존경(Respect) 욕구, 성장(Growth) 욕구의 3단계로 구분하였다. ( )

□□□ **59** 매슬로우(Maslow)의 욕구단계이론에 의하면 인간의 욕구는 우선순위의 계층을 이루며 상위욕구로부터 하위욕구로 욕구를 추구한다고 한다. ( )

□□□ **60** 맥그리거(McGregor)의 X이론에 의하면 인간은 부지런하고 책임성과 자율성을 발휘하기를 좋아하므로 민주적이고 인간적인 동기유발전략이 필요하다고 한다. ( )

□□□ **61** 동기부여 과정이론에는 아담스(Adams)의 공정성이론, 브룸(Vroom)의 기대이론, 포터와 롤러(Porter & Lawler)의 업적만족이론 등이 있다. ( )

□□□ **62** 앨더퍼(Alderfer)는 매슬로우(Maslow)의 욕구단계이론을 수정하여 생존욕구, 존경욕구, 성장욕구로 구분하였다. ( )

정답 & OX 풀이

51 매슬로우(Maslow)에 따르면 인간의 욕구는 5단계의 계층으로 이루어지며 하위 욕구부터 상위 욕구로 발달한다고 보았다.

52 허즈버그(Herzberg)

55 생리적 욕구는 의·식·주 및 건강 등에 관한 것으로 적정한 보수, 휴양 등을 통해 충족시켜 줄 수 있다.

58 앨더퍼(Alderfer) − 인간의 욕구를 계층화하여 생존(Existence) 욕구, 관계(Relatedness) 욕구, 성장(Growth) 욕구의 3단계로 구분하였다.

59 매슬로우(Maslow)의 욕구단계이론에 의하면 인간의 욕구는 우선순위의 계층을 이루며 하위욕구로부터 상위욕구로 욕구를 추구한다고 한다.

60 맥그리거(McGregor)의 Y이론에 의하면 인간은 부지런하고 책임성과 자율성을 발휘하기를 좋아하므로 민주적이고 인간적인 농기뮤발선략이 삘뇨하나고 한나.

62 앨더퍼(Alderfer)는 매슬로우(Maslow)의 욕구단계이론을 수정하여 생존욕구, 관계욕구, 성장욕구로 구분하였다.

정답

51. ×	52. ×	53. ○	54. ○	55. ×	56. ○	57. ○	58. ×	59. ×	60. ×
61. ○	62. ×								

테마 44 예산관리

핵심정리 OX Check

☐☐☐ **01** 「국가재정법」상 각 중앙관서의 장은 매년 1월 31일까지 해당 회계연도부터 5회계연도 이상의 기간 동안의 신규사업 및 기획예산처장관이 정하는 주요 계속사업에 대한 중기사업계획서를 기획예산처장관에게 제출하여야 한다. ( )

☐☐☐ **02** 「국가재정법」상 경찰청장은 매년 1월 31일까지 해당 회계연도부터 5회계연도 이상의 기간 동안의 신규사업 및 경찰청장이 정하는 주요 계속사업에 대한 중기사업계획서를 기획예산처장관에게 제출하여야 한다. ( )

☐☐☐ **03** 「국가재정법」상 경찰청장은 매년 1월 31일까지 해당 회계연도부터 5회계연도 이상의 기간 동안의 신규사업 및 기획예산처장관이 정하는 주요 계속사업에 대한 중기사업계획서를 기획예산처장관에게 제출하여야 한다. ( )

☐☐☐ **04** 「국가재정법」상 기획예산처장관은 국무회의의 심의를 거쳐 대통령의 승인을 얻은 다음 연도의 예산안편성지침을 매년 3월 31일까지 경찰청장에게 통보하여야 한다. ( )

☐☐☐ **05** 「국가재정법」상 기획예산처장관은 국무회의의 심의를 거쳐 대통령의 승인을 얻은 다음 연도의 예산안편성지침을 매년 1월 31일까지 각 중앙관서의 장에게 통보하여야 한다. ( )

☐☐☐ **06** 「국가재정법」상 기획예산처장관은 각 중앙관서의 장에게 통보한 예산안편성지침을 국회 예산결산특별위원회에 보고하여야 한다. ( )

☐☐☐ **07** 「국가재정법」상 각 중앙관서의 장은 예산안편성지침에 따라 그 소관에 속하는 다음 연도의 세입세출예산·계속비·명시이월비 및 국고채무부담행위 요구서를 작성하여 매년 5월 31일까지 기획예산처장관에게 제출하여야 한다. ( )

☐☐☐ **08** 「국가재정법」상 경찰청장은 「국가재정법」 제29조의 규정에 따른 예산안편성지침에 따라 그 소관에 속하는 다음 연도의 세입세출예산·계속비·명시이월비 및 국고채무부담행위 요구서를 작성하여 매년 6월 30일까지 우선 행정안전부장관에게 제출하여야 한다. ( )

☐☐☐ **09** 「국가재정법」상 각 중앙관서의 장은 예산이 확정된 후 사업운영계획 및 이에 따른 세입세출예산·계속비와 국고채무부담행위를 포함한 예산배정요구서를 기획예산처장관에게 제출하여야 한다. ( )

☐☐☐ **10** 「국가재정법」상 각 중앙관서의 장은 제29조의 규정에 따른 예산안편성지침에 따라 그 소관에 속하는 당해 연도의 세입세출예산·계속비·명시이월비 및 국고채무부담행위 요구서를 작성하여 매년 3월 31일까지 기획예산처장관에게 제출하여야 한다. ( )

□□□ **11** 「국가재정법」상 기획예산처장관은 예산요구서에 따라 예산안을 편성하여 국회 심의를 거친 후 대통령의 승인을 얻어야 한다. (　　)

□□□ **12** 「국가재정법」상 정부는 제32조의 규정에 따라 대통령의 승인을 얻은 예산안을 회계연도 개시 120일 전까지 국회에 제출하여야 한다. (　　)

□□□ **13** 「국가재정법」상 경찰청장은 예산이 확정된 후 사업운영계획 및 이에 따른 세입세출예산·계속비와 국고채무 부담행위를 포함한 예산배정요구서를 기획예산처장관에게 제출하여야 한다. (　　)

□□□ **14** 「국가재정법」상 경찰청장은 예산이 확정된 후 예산배정요구서를 기획예산처장관에게 제출하여야 하고, 기획예산처장관은 제출된 예산배정요구서에 따라 분기별 예산배정계획을 작성하여 국무회의의 심의를 거친 후 대통령의 승인을 얻어야 한다. (　　)

□□□ **15** 「국가재정법」상 기획예산처장관은 각 중앙관서의 장에게 예산을 배정한 때에는 감사원에 통지하여야 한다. (　　)

□□□ **16** 「국가재정법」상 경찰청장은 세출예산이 정한 목적 외에 경비를 사용할 수 없다. (　　)

정답 & OX 풀이

02 경찰청장은 매년 1월 31일까지 해당 회계연도부터 5회계연도 이상의 기간 동안의 신규사업 및 기획예산처장관이 정하는 주요 계속사업에 대한 중기사업계획서를 기획예산처장관에게 제출하여야 한다(제28조).

05 기획예산처장관은 국무회의의 심의를 거쳐 대통령의 승인을 얻은 다음 연도의 예산안편성지침을 매년 3월 31일까지 각 중앙관서의 장에게 통보하여야 한다(제29조 제1항).

06 예산안변경성시심의 국회보고(제30조)

08 경찰청장은 「국가재정법」 제29조의 규정에 따른 예산안편성지침에 따라 그 소관에 속하는 다음 연도의 세입세출예산·계속비·명시이월비 및 국고채무부담행위 요구서를 작성하여 매년 5월 31일까지 기획예산처장관에게 제출하여야 한다(제31조).

10 각 중앙관서의 장은 제29조의 규정에 따른 예산안편성지침에 따라 그 소관에 속하는 다음 연도의 세입세출예산·계속비·명시이월비 및 국고채무부담행위 요구서를 작성하여 매년 5월 31일까지 기획예산처장관에게 제출하여야 한다.

11 기획예산처장관은 예산요구서에 따라 예산안을 편성하여 국무회의의 심의를 거친 후 대통령의 승인을 얻어야 한다(예산안의 편성(제32조)).

정답 01. ○　02. ×　03. ○　04. ○　05. ×　06. ○　07. ○　08. ×　09. ○　10. ×
11. ×　12. ○　13. ○　14. ○　15. ○　16. ○

☐☐☐ **17** 「국가재정법」상 각 중앙관서의 장은 예산의 목적범위 안에서 재원의 효율적 활용을 위하여 대통령령으로 정하는 바에 따라 국무회의의 심의를 거친 후 대통령의 승인을 얻어 각 세항 또는 목의 금액을 전용할 수 있다. ( )

☐☐☐ **18** 「국가재정법」상 각 중앙관서의 장은 「국가회계법」에서 정하는 바에 따라 회계연도마다 작성한 결산보고서를 다음 연도 2월 말일까지 재정경제부장관에게 제출하여야 한다. ( )

☐☐☐ **19** 「국가재정법」상 재정경제부장관은 「국가회계법」에서 정하는 바에 따라 회계연도마다 작성하여 대통령의 승인을 받은 국가결산보고서를 다음 연도 5월 20일까지 감사원에 제출하여야 한다. ( )

☐☐☐ **20** 「국가재정법」상 감사원은 제출된 국가결산보고서를 검사하고 그 보고서를 다음 연도 5월 20일까지 재정경제부장관에게 송부하여야 한다. ( )

☐☐☐ **21** 정부는 「국가재정법」에 따라 국가결산보고서를 다음 연도 5월 31일까지 국회에 제출하여야 한다. ( )

☐☐☐ **22** 준예산은 새로운 회계연도가 개시될 때까지 국회에서 예산안이 의결되지 못한 경우 예산안이 의결될 때까지 전년도 예산에 준하여 지출하는 예산이다. ( )

☐☐☐ **23** 품목별예산제도는 행정의 재량범위가 확대되어 예산유용 및 부정을 방지할 수 있다. ( )

☐☐☐ **24** 품목별예산제도는 정부지출 대상이 되는 물품, 품목 등을 기준으로 한 예산제도로서 예산의 남용이나 오용을 방지하는 데 도움이 된다. ( )

☐☐☐ **25** 품목별 예산제도는 일반 국민들이 정부사업에 대한 이해를 용이하게 하지만 인건비 등 경직성 경비적용에 어려움이 있다. ( )

☐☐☐ **26** 품목별 예산제도는 지출품목별 비용을 계산하여 예산을 배정하는 제도이다. ( )

☐☐☐ **27** 품목별 예산제도는 행정기관이 구체적으로 어떠한 항목에 지출하는가를 상세히 밝혀주는 예산제도이다. ( )

☐☐☐ **28** 품목별 예산제도는 예산 운영이 쉽고, 회계책임이 명확하다. ( )

☐☐☐ **29** 품목별 예산제도는 정부가 구입하는 물품보다 수행하는 업무에 중점을 두는 관리지향적 예산제도이다. ( )

☐☐☐ **30** 성과주의예산제도는 정부가 무슨 일을 하느냐에 중점을 두는 제도로 관리지향성을 지닌다. ( )

☐☐☐ **31** 성과주의예산제도는 국민이 정부의 활동과 목적을 이해하는 데 용이하나 단위원가를 산출하는 것이 곤란하다. ( )

□□□ **32** 계획예산의 핵심은 프로그램 예산형식을 따르는 것으로서, 기획(planning), 사업구조화(programming), 예산(budgeting)을 연계시킨 시스템적 예산제도이다. ( )

□□□ **33** 계획예산제도는 의사결정을 일관성 있게 합리화하려는 제도이지만 하향적(top- down)인 방식으로 집권화되어 있기 때문에 조직구성원들의 참여를 저해한다는 한계가 있다. ( )

□□□ **34** 자본예산제도는 기획(planning), 사업구조화(programming), 예산(budgeting)을 연계시킨 시스템적 예산제도이다. ( )

□□□ **35** 영기준예산제도는 모든 사업에 대한 근본적인 재평가를 실시하며 장기적인 계획에 중점을 둔다. ( )

□□□ **36** 영기준예산제도는 정부지출의 전체적인 성과파악이 곤란하고 예산운영의 신축성 부족 등이 단점으로 평가되고 있다. ( )

□□□ **37** 영기준 예산제도는 전년도 예산을 기준으로 하여 점증적으로 예산액을 결정하는 데서 생기는 폐단을 시정하려고 개발한 것이다. ( )

□□□ **38** 품목별 예산제도는 회계 집행내용과 책임이 명확하며, 인건비 등 경직성 경비에 적용이 용이하다. ( )

정답 & OX 풀이

17 각 중앙관서의 장은 예산의 목적범위 안에서 재원의 효율적 활용을 위하여 대통령령으로 정하는 바에 따라 기획예산처 장관의 승인을 얻어 각 세항 또는 목의 금액을 전용할 수 있다(제46조 제1항 전문).

19 재정경제부장관은 「국가회계법」에서 정하는 바에 따라 회계연도마다 작성하여 대통령의 승인을 받은 국가결산보고서를 다음 연도 4월 10일까지 감사원에 제출하여야 한다(제59조).

23 품목별예산제노는 행정의 재량범위가 축소되어 예산유용 및 부정을 방지할 수 있다.

25 성과주의 예산제도는 일반 국민들이 정부사업에 대한 이해를 용이하게 하지만 인건비 등 경직성 경비적용에 어려움이 있다.

29 성과주의 예산제도는 정부가 구입하는 물품보다 수행하는 업무에 중점을 두는 관리지향적 예산제도이다.

34 계획예산제도

35 영기준예산제도는 모든 사업에 대한 근본적인 재평가를 실시하며 단기적인 계획에 중점을 둔다.

36 품목별예산제도는 정부지출의 전체적인 성과파악이 곤란하고 예산운영의 신축성 부족 등이 단점으로 평가되고 있다.

정답

17. ×	18. ○	19. ×	20. ○	21. ○	22. ○	23. ×	24. ○	25. ×	26. ○
27. ○	28. ○	29. ×	30. ○	31. ○	32. ○	33. ○	34. ×	35. ×	36. ×
37. ○	38. ○								

□□□ **39** 성과주의 예산제도는 자원배분의 합리성과 예산집행의 신축성을 기할 수 있으며 국민의 입장에서 행정기관의 활동을 이해하기 쉽다. ( )

□□□ **40** 계획예산제도는 장기적인 기획과 단기적인 예산편성을 유기적으로 연결하여 자원배분의 일관성과 합리성을 도모한다. ( )

□□□ **41** 일몰법 예산제도는 행정부가 제정한 법령에 의하여 특정 사업이 일정 기간이 경과하면 의무적·자동적으로 폐지되게 하는 예산제도이며 행정부의 사업에 주로 사용된다. ( )

정답 & OX 풀이

41 일몰법 예산제도는 입법부가 제정한 법률에 의하여 특정 사업이 일정 기간이 경과하면 의무적·자동적으로 폐지되게 하는 예산제도이다.

정답 **39.** ○ **40.** ○ **41.** ×

핵심정리 OX Check

☐☐☐ **01** 「경찰장비관리규칙」상 집중무기고란 경찰탄약을 집중 보관 및 관리하기 위해 각 경찰기관에 설치된 시설을 말한다. ( )

☐☐☐ **02** 「경찰장비관리규칙」상 간이무기고란 경찰인력 및 경찰기관별 무기책정기준에 따라 배정된 개인화기와 공용화기를 집중보관·관리하기 위하여 각 경찰기관에 설치된 시설을 말한다. ( )

☐☐☐ **03** 「경찰장비관리규칙」상 간이무기고는 근무자가 24시간 상주하는 지구대, 파출소, 상황실 및 112타격대 등 경찰기관의 장이 필요하다고 인정하는 상당한 이유가 있는 장소에 설치할 수 있다. ( )

☐☐☐ **04** 「경찰장비관리규칙」상 지구대 등의 간이무기고의 경우는 소속 경찰관에 한하여 무기를 지급하되 감독자 입회(감독자가 없을 경우 반드시 타 선임 경찰관 입회)하에 무기탄약 입출고부에 기재한 뒤 입출고하여야 한다. 다만, 긴급상황 발생시 경찰서장의 사전허가를 받은 경우의 대여는 예외로 한다. ( )

☐☐☐ **05** 「경찰장비관리규칙」상 무기·탄약을 대여 받은 자는 그 무기를 휴대하고 근무하는 경우를 제외하고는 무기고에 보관하여야 하며, 근무 종료시에는 감독자 입회아래 무기탄약 입출고부에 기재한 뒤 즉시 입고하여야 한다. ( )

☐☐☐ **06** 「경찰장비관리규칙」상 집중무기·탄약고의 열쇠보관은 일과시간의 경우 무기 관리부서의 장이, 일과시간 후에는 당직 업무(청사방호) 책임자(상황관리관 등 당직근무자)가 한다. ( )

☐☐☐ **07** 「경찰장비관리규칙」상 무기·탄약고 비상벨은 상황실과 숙직실 등 초동조치 가능장소와 연결하고, 외곽에는 철조망 장치와 조명등 및 순찰함을 설치하여야 한다. ( )

정답 & OX 풀이

01 "탄약고"란 경찰탄약을 집중 보관하기 위하여 타용도의 사무실, 무기고 등과 분리 설치된 보관시설을 말한다(제112조 제3호).

02 집중무기고란 경찰인력 및 경찰기관별 무기책정기준에 따라 배정된 개인화기와 공용화기를 집중보관·관리하기 위하여 각 경찰기관에 설치된 시설을 말한다(제112조(정의) 제2호).

정답 **01.** ✕ **02.** ✕ **03.** ○ **04.** ○ **05.** ○ **06.** ○ **07.** ○

□□□ **08** 「경찰장비관리규칙」상 무기고와 탄약고는 견고하게 만들고 환기·방습장치와 방화시설 및 총가 시설 등이 완비되어야 한다. （　）

□□□ **09** 「경찰장비관리규칙」상 무기고와 탄약고의 환기통 등에는 손이 들어가지 않도록 쇠창살 시설을 하고, 출입문은 2중으로 하여 각 1개소 이상씩 자물쇠를 설치하여야 한다. （　）

□□□ **10** 「경찰장비관리규칙」상 탄약고는 무기고와 분리되어야 하며 가능한 본 청사와 격리된 독립 건물로 하여야 한다. （　）

□□□ **11** 「경찰장비관리규칙」상 탄약고 내에는 전기시설을 하여서는 아니 되며, 조명은 건전지 등으로 하고 방화시설을 완비하여야 한다. 단, 방폭설비를 갖춘 경우 전기시설을 설치할 수 있다. （　）

□□□ **12** 「경찰장비관리규칙」상 탄약고 내에는 전기시설을 하는 것이 원칙이나, 조명은 건전지 등으로 하고 방화시설을 완비하여야 한다. （　）

□□□ **13** 「경찰장비관리규칙」상 경찰기관의 장은 무기를 휴대한 자 중에서 형사사건의 수사 대상이 된 자가 있을 때에는 무기 소지 적격 심의위원회(이하 "심의위원회"라 한다)의 심의를 거쳐 대여한 무기·탄약을 회수할 수 있다. 다만, 심의위원회를 개최할 시간적 여유가 없거나 사고 방지 등을 위해 신속한 회수가 필요하다고 인정되는 경우에는 대여한 무기·탄약을 즉시 회수할 수 있으며, 회수한 날부터 7일 이내에 심의위원회를 개최하여 회수의 타당성을 심의하고 계속 회수 여부를 결정한다. （　）

□□□ **14** 「경찰장비관리규칙」상 무기 소지 적격 심의위원회는 위원장 1명을 포함하여 총 5명 이상 7명 이내의 위원으로 구성하되 민간위원 1명 이상이 위원으로 참여하여야 한다. （　）

□□□ **15** 무기소지 적격 심의위원회의 민간위원은 총포·도검·화약류 분야에 전문성을 갖춘 사람으로서 심의 대상자 소속 경찰기관의 장이 위촉하는 사람을 1명 이상 위촉해야 한다. （　）

□□□ **16** 무기소지 적격 심의위원회의 회의는 비공개로 한다. （　）

□□□ **17** 무기소지 적격 심의위원회는 무기·탄약 회수 대상자에 해당하는지 여부 및 회수의 해제 여부를 심의한다. （　）

□□□ **18** 무기소지 적격 심의위원회는 재적위원의 과반수의 출석으로 개의하며, 출석위원 과반수의 찬성으로 의결한다. （　）

□□□ **19** 「경찰장비관리규칙」상 경찰기관의 장은 무기를 휴대한 자 중에서 정신건강상 문제가 우려되어 치료가 필요한 자의 경우 대여한 무기·탄약을 즉시 회수해야 한다. （　）

□□□ **20** 「경찰장비관리규칙」상 경찰기관의 장은 무기를 휴대한 자 중에서 '정신건강상 문제가 우려되어 치료가 필요한 자'가 있을 때에는 즉시 대여한 무기·탄약을 회수하여야 한다. （　）

□□□ **21** 「경찰장비관리규칙」상 경찰기관의 장은 무기를 휴대한 자가 술자리 또는 연회장소에 출입할 경우 즉시 대여한 무기·탄약을 회수해야 한다. ( )

□□□ **22** 「경찰장비관리규칙」상 경찰기관의 장은 무기를 휴대한 자 중에서 형사사건의 수사 대상이 된 자가 있을 때에는 심의위원회의 심의를 거쳐 대여한 무기·탄약을 회수할 수 있다. ( )

□□□ **23** 「경찰장비관리규칙」상 경찰기관의 장은 무기를 휴대한 자 중에서 상사의 사무실을 출입할 경우에는 대여한 무기·탄약을 무기고에 보관하도록 해야 한다. ( )

□□□ **24** 「경찰장비관리규칙」상 경찰기관의 장은 무기를 휴대한 자 중에서 직무상의 비위 등으로 인하여 중징계 의결 요구된 자, 사의를 표명한 자, 경찰공무원 직무적성검사 결과 고위험군에 해당되는 자가 발생한 때에는 즉시 대여한 무기·탄약을 회수하여야 한다. ( )

□□□ **25** 경찰관이 권총을 휴대·사용하는 경우 1탄은 공포탄, 2탄 이하는 실탄을 장전한다. 다만, 대간첩작전, 살인·강도 등 중요범인이나 무기·흉기 등을 사용하는 범인의 체포 및 위해의 방호를 위하여 불가피한 경우에 1탄부터 실탄을 장전할 수 있다. ( )

정답 & OX 풀이 ✏️

12 탄약고 내에는 전기시설을 하여서는 아니 되며, 조명은 건전지 등으로 하고 방화시설을 완비하여야 한다. 단, 방폭설비를 갖춘 경우 전기시설을 설치할 수 있다(제115조 제7항).

15 민간위원 : 정신건강 분야에 관한 전문성을 갖춘 사람으로서 심의 대상자 소속 경찰기관의 장이 위촉하는 사람(제120조의2 제3항 제2호)

19 정신건강상 문제가 우려되어 치료가 필요한 자의 경우 임의회수 대상이 된다(제120조 제2항 제4호).

20 경찰기관의 장은 무기를 휴대한 자 중에서 '정신건강상 문제가 우려되어 치료가 필요한 자'가 있을 때에는 무기 소지 적격 심의위원회의 심의를 거쳐 대여한 무기·탄약을 회수할 수 있다(제120조 제2항 본문).

21 경찰기관의 장은 무기를 휴대한 자 중에서 술자리 또는 연회장소에 출입할 경우에는 대여한 무기·탄약을 무기고에 보관하도록 해야 한다(제120조 제4항 제1호).

24 경찰기관의 장은 무기를 휴대한 자 중에서 직무상의 비위 등으로 인하여 중징계 의결 요구된 자, 사의를 표명한 자가 발생한 때에는 즉시 대여한 무기·탄약을 회수하여야 한다(제120조 제1항). 경찰기관의 장은 무기를 휴대한 자 중에서 경찰공무원 직무적성검사 결과 고위험군에 해당되는 자가 있는 때에는 무기 소지 적격 심의위원회의 심의를 거쳐 대여한 무기·탄약을 회수할 수 있다(제120조 제2항 제1호).

정답

| 08. ○ | 09. ○ | 10. ○ | 11. ○ | 12. × | 13. ○ | 14. ○ | 15. × | 16. ○ | 17. ○ |
| 18. ○ | 19. × | 20. × | 21. × | 22. ○ | 23. ○ | 24. × | 25. ○ | | |

테마 46 문서 및 보안관리

✎ 보호지역 설정

제한구역	가. 전자교환기(통합장비)실, 정보통신실 나. 발간실 다. 송신 및 중계소, 정보통신관제센터 라. 시·도경찰청 항공대 마. 작전·경호·정보·안보업무 담당 부서 전역 바. 경찰청 과학수사분석과 과학수사자료관리계·법과학분석계(시·도경찰청은 과학수사계·과학수사대)
통제구역	가. 암호취급소 나. 정보보안기록실 다. 무기창·무기고 및 탄약고 라. 종합상황실·치안상황실 마. 암호장비관리실 바. 비밀발간실 사. 종합조회처리실 아. 통합증거물 보관실 자. 사건기록관·사건기록보관실

핵심정리 OX Check ✓

□□□ **01** 「행정업무의 운영 및 혁신에 관한 규정」상 '지시문서'란 훈령·지시·예규·일일명령 등 행정기관이 그 하급기관이나 소속 공무원에 대하여 일정한 사항을 지시하는 문서를 말한다.　(　)

□□□ **02** 「행정업무의 운영 및 혁신에 관한 규정」상 '공고문서'란 고시·공고 등 행정기관이 일정한 사항을 일반에게 알리는 문서를 말한다.　(　)

□□□ **03** 「행정업무의 운영 및 혁신에 관한 규정」상 '일반문서'란 민원인이 행정기관에 허가, 인가, 그 밖의 처분 등 특정한 행위를 요구하는 문서와 그에 대한 처리문서를 말한다.　(　)

□□□ **04** 「행정업무의 운영 및 혁신에 관한 규정」상 '법규문서'란 헌법·법률·대통령령·총리령·부령·조례·규칙 등에 관한 문서를 말한다.　(　)

□□□ **05** 「행정업무의 운영 및 혁신에 관한 규정」상 공문서는 결재권자가 해당 문서에 서명(전자이미지서명, 전자문자서명 및 행정전자서명을 포함한다)의 방식으로 결재함으로써 성립된다.　(　)

□□□ **06** 「행정업무의 운영 및 혁신에 관한 규정」상 공문서는 수신자에게 도달(전자문서의 경우는 수신자가 관리하거나 지정한 전자적 시스템 등에 입력되는 것을 말한다)됨으로써 효력을 발생한다. 다만, 공고문서의 경우 그 문서에서 효력발생 시기를 구체적으로 밝히고 있지 않으면 그 고시 또는 공고 등이 있은 날부터 5일이 경과한 때에 효력이 발생한다. ( )

□□□ **07** 「행정업무의 운영 및 혁신에 관한 규정」상 공문서는 「국어기본법」에 따른 어문규범에 맞게 한글로 작성하되, 뜻을 정확하게 전달하기 위하여 필요한 경우에는 괄호 안에 한자나 그 밖의 외국어를 함께 적을 수 있다. ( )

□□□ **08** 「행정업무의 운영 및 혁신에 관한 규정」상 공문서에는 음성정보나 영상정보 등이 수록되거나 연계된 바코드 등을 표기할 수 없다. ( )

□□□ **09** 「행정업무의 운영 및 혁신에 관한 규정」상 공문서의 기안은 전자문서로 하는 것을 원칙으로 한다. 다만, 업무의 성질상 전자문서로 기안하기 곤란하거나 그 밖의 특별한 사정이 있으면 그러하지 아니하다. ( )

□□□ **10** 「행정업무의 운영 및 혁신에 관한 규정」상 보조기관 또는 보좌기관이 결재권자의 결재 전에 기안문을 검토하는 경우에 그 내용과 다른 의견이 있으면 기안문을 직접 수정하거나 기안문 또는 별지에 그 의견을 표시하여야 한다. ( )

□□□ **11** 「행정업무의 운영 및 혁신에 관한 규정」상 보조기관 또는 보좌기관의 명의로 발신하는 공문서는 해당 행정기관의 장의 결재를 받아야 한다. ( )

□□□ **12** 「행정업무의 운영 및 혁신에 관한 규정」상 행정기관의 장은 업무의 내용에 따라 보조기관 또는 보좌기관이나 해당 업무를 담당하는 공무원으로 하여금 위임전결하게 할 수 있으며, 그 위임전결 사항은 해당 기관의 장이 훈령이나 지방자치단체의 규칙으로 정한다. ( )

정답 & OX 풀이 ✎

03 '민원문서'란 민원인이 행정기관에 허가, 인가, 그 밖의 처분 등 특정한 행위를 요구하는 문서와 그에 대한 처리문서를 말한다(제4조 제5호).

08 문서에는 음성정보나 영상정보 등이 수록되거나 연계된 바코드 등을 표기할 수 있다(제7조 제3항).

11 문서는 해당 행정기관의 장의 결재를 받아야 한다. 다만, 보조기관 또는 보좌기관의 명의로 발신하는 문서는 그 보조기관 또는 보좌기관의 결재를 받아야 한다(제10조 제1항, 제2항).

정답 | 01. ○ | 02. ○ | 03. × | 04. ○ | 05. ○ | 06. ○ | 07. ○ | 08. × | 09. ○ | 10. ○
11. × | 12. ○

□□□ **13** Ⅰ급비밀은 누설될 경우 국가안전보장에 막대한 지장을 끼칠 우려가 있는 비밀을 말한다.
( )

□□□ **14** 「보안업무규정」상 비밀은 그 중요성과 가치의 정도에 따라 구분되는데, 누설될 경우 대한민국과 외교관계가 단절되고 전쟁을 일으키며 국가의 방위계획·정보활동 및 국가방위에 반드시 필요한 과학과 기술의 개발을 위태롭게 하는 등의 우려가 있는 비밀은 'Ⅰ급 비밀'에 속한다. ( )

□□□ **15** 「보안업무규정」상 비밀은 그 중요성과 가치의 정도에 따라 구분하는데, 누설될 경우 국가안전보장에 막대한 지장을 끼칠 우려가 있는 비밀은 Ⅰ급비밀로 구분한다. ( )

□□□ **16** 「보안업무규정」상 비밀은 그 중요성과 가치의 정도에 따라 구분하며 누설될 경우 국가안전보장에 해를 끼칠 우려가 있는 비밀은 Ⅱ급 비밀에 해당한다. ( )

□□□ **17** 「보안업무규정」상 Ⅱ급 비밀은 누설될 경우 국가안전보장에 막대한 지장을 끼칠 우려가 있는 비밀을 말한다. ( )

□□□ **18** 「보안업무규정」 및 동 시행규칙상 누설되는 경우 국가안전보장에 손해를 끼칠 우려가 있는 비밀은 이를 Ⅲ급 비밀로 하며, Ⅱ급 비밀은 누설되는 경우 국가안전보장에 막대한 지장을 초래할 우려가 있는 비밀을 말한다. ( )

□□□ **19** 「보안업무규정」상 비밀은 해당 등급의 비밀취급 인가를 받은 사람만 취급할 수 있으며, 암호자재는 해당 등급의 비밀 소통용 암호자재취급 인가를 받은 사람만 취급할 수 있다. ( )

□□□ **20** 「보안업무규정」상 검찰총장, 국가정보원장, 경찰청장은 Ⅰ급 비밀 취급 인가권자와 Ⅰ급 및 Ⅱ급 비밀 소통용 암호자재 취급 인가권자에 해당한다. ( )

□□□ **21** 「경찰청 보안업무규정 시행세칙」상 모든 경찰공무원은 임용과 동시에 Ⅲ급 비밀취급 인가를 받은 것으로 본다. ( )

□□□ **22** 「경찰청 보안업무규정 시행세칙」상 치안정보 부서에 근무하는 경찰공무원은 보직 발령과 동시에 Ⅱ급 비밀취급 인가를 받은 것으로 본다. ( )

□□□ **23** 「보안업무규정」상 비밀은 적절히 보호할 수 있는 최저등급으로 분류하되, 과도하거나 과소하게 분류해서는 아니 된다. ( )

□□□ **24** 「보안업무규정」상 비밀은 적절히 보호할 수 있는 최고등급으로 분류하되, 과도하거나 과소하게 분류해서는 아니 된다. ( )

□□□ **25** Ⅰ급비밀은 반드시 금고에 보관하여야 하며, 다른 비밀과 혼합하여 보관하여서는 아니 된다.
( )

□□□ **26** 각급기관의 장은 비밀의 작성·분류·취급·유통 및 이관 등의 모든 과정에서 비밀이 누설되거나 유출되지 아니하도록 보안대책을 수립하여 시행할 수 있다. ( )

□□□ **27** 비밀의 보관용기 외부에는 비밀의 보관을 알리거나 나타내는 어떠한 표시도 해서는 아니 된다.
( )

□□□ **28** 「보안업무규정」상 각급기관의 장은 비밀 분류를 통일성 있고 적절하게 하기 위하여 세부 분류지침을 작성하여 시행하여야 하며 이 경우 세부 분류지침은 공개하는 것을 원칙으로 한다.
( )

□□□ **29** 「보안업무규정」상 각급기관의 장은 비밀의 작성·분류·접수·발송 및 취급 등에 필요한 모든 관리사항을 기록하기 위하여 비밀관리기록부를 작성하여 갖추어 두어야 한다. 다만, II급 이상 비밀관리기록부는 따로 작성하여 갖추어 두어야 한다. ( )

□□□ **30** 「보안업무규정」 및 동 시행규칙상 비밀열람기록전의 자료는 비밀과 함께 철하여 보관·활용하고, 비밀의 보호기간이 만료되면 비밀에서 분리한 후 각각 편철하여 5년간 보관해야 한다. ( )

정답 & OX 풀이 🖋

13 I급비밀 : 누설될 경우 대한민국과 외교관계가 단절되고 전쟁을 일으키며, 국가의 방위계획·정보활동 및 국가방위에 반드시 필요한 과학과 기술의 개발을 위태롭게 하는 등의 우려가 있는 비밀

15 비밀은 그 중요성과 가치의 정도에 따라 구분하는데, 누설될 경우 국가안전보장에 막대한 지장을 끼칠 우려가 있는 비밀은 II급비밀로 구분한다(제4조 제2호).

16 「보안업무규정」상 비밀은 그 중요성과 가치의 정도에 따라 구분하며 누설될 경우 국가안전보장에 해를 끼칠 우려가 있는 비밀은 III급 비밀에 해당한다.

20 경찰청장은 II급 및 III급 비밀 취급 인가권자와 III급 비밀 소통용 암호자재 취급 인가권자에 해당한다(제9조 비밀취급 인가권자 제2항).

24 비밀은 적절히 보호할 수 있는 최저등급으로 분류하되, 과도하거나 과소하게 분류해서는 아니 된다(제12조 제1항).

26 각급기관의 장은 비밀의 분류·취급·유통 및 이관 등의 모든 과정에서 비밀이 누설되거나 유출되지 아니하도록 보안대책을 수립하여 시행하여야 한다. 이 경우 비밀의 제목 등 해당 비밀의 내용을 유추할 수 있는 정보가 포함된 자료는 공개하지 않는다(보안업무규정 제5조).

28 각급기관의 장은 비밀 분류를 통일성 있고 적절하게 하기 위하여 세부 분류지침을 작성하여 시행하여야 하며 이 경우 세부 분류지침은 공개하지 않는다(제13조).

29 각급기관의 장은 비밀의 작성·분류·접수·발송 및 취급 등에 필요한 모든 관리사항을 기록하기 위하여 비밀관리기록부를 작성하여 갖추어 두어야 한다. 다만, I급 비밀관리기록부는 따로 작성하여 갖추어 두어야 하며, 암호자재는 암호자재 관리기록부로 관리한다(제22조(비밀관리기록부) 제1항).

정답

13. ×	14. ○	15. ×	16. ×	17. ○	18. ○	19. ○	20. ×	21. ○	22. ○
23. ○	24. ×	25. ○	26. ×	27. ○	28. ×	29. ×	30. ○		

□□□ **31** 「보안업무규정」상 비밀은 보관하고 있는 시설 밖으로 반출해서는 아니 된다. 다만, 공무상 반출이 필요할 때에는 소속 기관의 장의 승인을 받아야 한다. ( )

□□□ **32** 「보안업무규정」 및 동 시행규칙상 비밀취급 인가권자는 업무상 조정·감독을 받는 기업체나 단체에 소속된 사람에 대하여 소관 비밀을 계속적으로 취급하게 하여야 할 필요가 있을 때에는 미리 경찰청장과의 협의를 거쳐 해당하는 사람에게 Ⅱ급 이하의 비밀취급을 인가할 수 있다. ( )

□□□ **33** 「보안업무규정」상 비밀을 휴대하고 출장 중인 사람은 비밀을 안전하게 보호하기 위하여 국내 경찰기관 또는 재외공관에 보관을 위탁할 수 있으며, 위탁받은 기관은 그 비밀을 보관하여야 한다. ( )

□□□ **34** 「보안업무규정」상 각급기관의 장은 비밀문서의 접수·발송·복제·열람 및 반출 등의 통제에 필요한 규정을 따로 작성·운영할 수 있다. ( )

□□□ **35** 「보안업무규정」상 각급기관의 장은 연 2회 비밀 소유 현황을 조사하여 국가정보원장에게 통보하여야 한다. ( )

□□□ **36** 「보안업무규정」상 중앙행정기관등의 장은 국가안전보장을 위하여 국민에게 긴급히 알려야 할 필요가 있다고 판단될 때에는 그가 생산한 비밀을 「보안업무규정」 제3조의3에 따른 보안심사위원회의 심의를 거쳐 공개할 수 있다. 다만, Ⅰ급 비밀의 공개에 관하여는 국가정보원장과 미리 협의해야 한다. ( )

□□□ **37** 보호지역은 그 중요도에 따라 제한지역, 제한구역 및 통제구역으로 나눈다. ( )

□□□ **38** 「보안업무규정」과 「보안업무규정 시행규칙」상 보호지역 중 제한구역은 비인가자가 비밀, 주요시설 및 Ⅲ급 비밀 소통용 암호자재에 접근하는 것을 방지하기 위하여 안내를 받아 출입하여야 하는 구역을 말한다. ( )

□□□ **39** 「보안업무규정」에 따른 보호지역 중 작전·경호·정보·안보업무 담당부서 전역은 보호지역 중 비인가자가 비밀, 주요시설 및 Ⅲ급 비밀 소통용 암호자재에 접근하는 것을 방지하기 위하여 안내를 받아 출입하여야 하는 구역에 해당한다. ( )

□□□ **40** 「보안업무규정」에 따른 보호지역 중 무기고 및 탄약고는 보호지역 중 비인가자가 비밀, 주요시설 및 Ⅲ급 비밀 소통용 암호자재에 접근하는 것을 방지하기 위하여 안내를 받아 출입하여야 하는 구역에 해당한다. ( )

□□□ **41** 「보안업무규정」에 따른 보호지역 중 종합상황실은 보호지역 중 비인가자가 비밀, 주요시설 및 Ⅲ급 비밀 소통용 암호자재에 접근하는 것을 방지하기 위하여 안내를 받아 출입하여야 하는 구역에 해당한다. ( )

□□□ **42** 「보안업무규정」에 따른 보호지역 중 종합조회처리실은 보호지역 중 비인가자가 비밀, 주요시설 및 Ⅲ급 비밀 소통용 암호자재에 접근하는 것을 방지하기 위하여 안내를 받아 출입하여야 하는 구역에 해당한다. ( )

정답 & OX 풀이 🖊

32 비밀취급 인가권자는 업무상 조정·감독을 받는 기업체나 단체에 소속된 사람에 대하여 소관 비밀을 계속적으로 취급 하게 하여야 할 필요가 있을 때에는 미리 국가정보원장과의 협의를 거쳐 해당하는 사람에게 Ⅱ급 이하의 비밀취급을 인가할 수 있디(보안업무규정 시행규칙 제13조 제1항).

40~42 제한구역이 아니라 통제구역에 해당한다.

정답
31. ○	32. ✕	33. ○	34. ○	35. ○	36. ○	37. ○	38. ○	39. ○	40. ✕
41. ✕	42. ✕								

테마 47 경찰홍보

□□□ **01** 언론관계(Press Relations)는 인쇄매체, 유인물 등 각종 대중매체를 통하여 개인이나 단체의 긍정적인 점을 일방적으로 알리는 활동을 의미한다. （　）

□□□ **02** 대중매체관계(Media Relations)는 단순히 기자들의 질문에 응답만 하는 것이 아니라 신문·방송 등 대중매체와 긴밀한 협조관계를 구축하여 대중매체가 원하는 바를 충족시켜주는 것과 동시에 경찰의 긍정적인 측면을 널리 알리는 활동을 말한다. （　）

□□□ **03** G. Crandon은 경찰과 대중매체가 서로를 필요로 하기 때문에 둘 사이에는 공생관계가 발달한다고 주장하였다. （　）

□□□ **04** R. Mark는 경찰과 대중매체는 서로 연합하여 그 사회의 일탈에 대한 개념을 규정하며, 도덕성과 정의를 규정짓는 사회적 엘리트 집단을 구성한다. （　）

□□□ **05** R. Ericson은 경찰과 대중매체의 관계를 "단란하고 행복스럽지는 않지만, 오래 지속되는 결혼생활"에 비유하였다. （　）

□□□ **06** Public Relations(PR : 공공관계)는 지역사회 내의 각종 기관 및 주민들과 유기적인 연락 및 협조 체계를 구축하여 지역사회 각계 각층의 문제·요구·책임을 발견하고 지역사회의 문제해결과 적극적인 지역사회 프로그램을 위해 경찰과 지역사회가 공동으로 노력하는 것을 말한다. （　）

□□□ **07** 「언론중재 및 피해구제 등에 관한 법률」상 언론, 인터넷뉴스서비스 및 인터넷 멀티미디어 방송(이하 "언론등"이라 한다)은 타인의 생명, 자유, 신체, 건강, 명예, 사생활의 비밀과 자유, 초상, 성명, 음성, 대화, 저작물 및 사적 문서, 그 밖의 인격적 가치 등에 관한 권리를 침해하여서는 아니 된다. （　）

□□□ **08** 「언론중재 및 피해구제 등에 관한 법률」상 '정정보도'란 언론의 보도 내용의 전부 또는 일부가 진실하지 아니한 경우 이를 진실에 부합되게 고쳐서 보도하는 것을 말한다. （　）

□□□ **09** 「언론중재 및 피해구제 등에 관한 법률」상 사실적 주장에 관한 언론보도등이 진실하지 아니함으로 인하여 피해를 입은 자는 해당 언론보도등이 있음을 안 날부터 3개월 이내에 언론사, 인터넷뉴스서비스사업자 및 인터넷 멀티미디어 방송사업자에게 그 언론보도등의 내용에 관한 정정보도를 청구할 수 있다. 다만, 해당 언론보도등이 있은 후 6개월이 지났을 때에는 그러하지 아니하다. （　）

□□□ **10** 「언론중재 및 피해구제 등에 관한 법률」상 경찰관이 사실적 주장에 관한 언론보도가 진실하지 아니함으로 피해를 입은 경우 해당 언론보도가 있음을 안 날부터 3개월 이내에 해당 언론사 대표에게 서면으로 그 언론보도 내용에 관한 정정보도를 청구할 수 있다.　　　　　　　(　)

□□□ **11** 정정보도 청구는 언론사등의 대표자에게 서면으로 하여야 하며, 청구서에는 피해자의 성명·주소·전화번호 등의 연락처를 적고, 정정의 대상인 언론보도등의 내용 및 정정을 청구하는 이유와 청구하는 정정보도문을 명시하여야 한다. 다만, 인터넷신문 및 인터넷뉴스서비스의 언론보도등의 내용이 해당 인터넷 홈페이지를 통하여 계속 보도 중이거나 매개 중인 경우에는 그 내용의 정정을 함께 청구할 수 있다.　　　　　　　(　)

□□□ **12** 언론사등이 하는 정정보도에는 원래의 보도 내용을 정정하는 사실적 진술, 그 진술의 내용을 대표할 수 있는 제목과 이를 충분히 전달하는 데에 필요한 설명 또는 해명, 위법한 내용을 포함한다.　　　　　　　(　)

□□□ **13** 「언론중재 및 피해구제 등에 관한 법률」상 반론보도청구에는 언론사, 인터넷뉴스서비스사업자 및 인터넷 멀티미디어 방송사업자(이하 "언론사등"이라 한다)의 고의·과실이나 위법성을 필요로 하지 아니하며, 보도 내용의 진실여부와 상관없이 그 청구를 할 수 있다.　　　　　　　(　)

□□□ **14** 「언론중재 및 피해구제 등에 관한 법률」상 정정보도 청구를 받은 언론사 등의 대표자는 7일 이내에 그 수용여부에 대한 통지를 청구인에게 발송하여야 한다.　　　　　　　(　)

정답 & OX 풀이

01 협의의 홍보

04 R. Ericson

05 R. Mark

06 Police-Community Relations(PCR : 경찰과 지역사회관계) : 경찰과 지역사회관계는 지역사회 각계각층의 요구에 부응하는 경찰활동을 하는 동시에 경찰활동의 긍정적인 측면을 지역사회에 널리 알리는 종합적인 지역사회 홍보체계 관계를 말한다.

12 언론사등이 하는 정정보도에는 원래의 보도 내용을 정정하는 사실적 진술, 그 진술의 내용을 대표할 수 있는 제목과 이를 충분히 전달하는 데에 필요한 설명 또는 해명을 포함하되, 위법한 내용은 제외한다(제15조 제5항).

14 정정보도 청구를 받은 언론사 등의 대표자는 3일 이내에 그 수용여부에 대한 통지를 청구인에게 발송하여야 한다(제15조 제2항).

정답

01. ×	02. ○	03. ○	04. ×	05. ×	06. ×	07. ○	08. ○	09. ○	10. ○
11. ○	12. ×	13. ○	14. ×						

□□□ **15** 「언론중재 및 피해구제 등에 관한 법률」상 언론사등이 정정보도청구를 수용할 때에는 지체 없이 피해자 또는 그 대리인과 정정보도의 내용·크기 등에 관하여 협의한 후, 그 협의가 있은 날부터 7일 내에 정정보도문을 방송하거나 게재하여야 한다. 다만, 신문 및 잡지 등 정기간행물의 경우 이미 편집 및 제작이 완료되어 부득이할 때에는 게재하지 않을 수 있다. (　　)

□□□ **16** 청구된 정정보도의 내용이 명백히 위법한 내용인 경우에 언론사등은 정정보도 청구를 거부할 수 있다. (　　)

□□□ **17** 「언론중재 및 피해구제 등에 관한 법률」상 피해자가 정정보도청구권을 행사할 정당한 이익이 없는 경우에는 언론사등은 정정보도 청구를 거부할 수 있다. (　　)

□□□ **18** 「언론중재 및 피해구제 등에 관한 법률」상 피해자가 정정보도청구권을 행사할 정당한 이익이 없더라도 피해자 권리 보호를 위해 해당 언론사는 정정보도의 청구를 거부할 수 없다. (　　)

□□□ **19** 「언론중재 및 피해구제 등에 관한 법률」상 청구된 정정보도의 내용이 국가·지방자치단체 또는 공공단체의 공개회의와 법원의 공개재판절차의 사실보도에 관한 것인 경우에는 언론사 등은 정정보도 청구를 거부할 수 없다. (　　)

□□□ **20** 「언론중재 및 피해구제 등에 관한 법률」 제16조 제1항, 제2항에 따르면, 사실적 주장에 관한 언론보도등으로 인하여 피해를 입은 자는 그 보도 내용에 관한 반론보도를 언론사등에 청구할 수 있고, 이러한 청구에는 언론사등의 고의·과실이나 위법성을 필요로 하지 아니하며, 보도 내용의 진실 여부와 상관없이 그 청구를 할 수 있다. (　　)

□□□ **21** 「언론중재 및 피해구제 등에 관한 법률」상 언론등에 의하여 범죄혐의가 있거나 형사상의 조치를 받았다고 보도 또는 공표된 자는 그에 대한 형사절차가 무죄판결 또는 이와 동등한 형태로 종결되었을 때에는 그 사실을 안 날부터 3개월 이내에 언론사등에 이 사실에 관한 추후보도의 게재를 청구할 수 있다. (　　)

□□□ **22** 「언론중재 및 피해구제 등에 관한 법률」상 언론중재위원회는 40명 이상 90명 이내의 중재위원으로 구성하며, 중재위원은 문화체육관광부장관이 위촉한다. (　　)

□□□ **23** 「언론중재 및 피해구제 등에 관한 법률」상 언론중재위원회는 40명 이상 90명 이내의 중재위원으로 구성하며, 위원장 1명과 2명 이내의 부위원장 및 2명 이내의 감사를 두는데, 위원장·부위원장·감사 및 중재위원의 임기는 각각 3년으로 하며, 연임할 수 없다. (　　)

□□□ **24** 「언론중재 및 피해구제 등에 관한 법률」상 언론중재위원회에 위원장 1명과 2명 이내의 부위원장 및 3명의 감사를 두며, 각각 언론중재위원 중에서 호선(互選)한다. (　　)

□□□ **25** 「언론중재 및 피해구제 등에 관한 법률」 제19조 제3항에 따르면, 제2항의 출석요구를 받은 신청인이 2회에 걸쳐 출석하지 아니한 경우에는 조정신청을 취하한 것으로 보며, 피신청 언론사등이 2회에 걸쳐 출석하지 아니한 경우에는 조정신청 취지에 따라 정정보도등을 이행하기로 합의한 것으로 본다. ( )

정답 & OX 풀이

15 언론사등이 제1항의 청구를 수용할 때에는 지체 없이 피해자 또는 그 대리인과 정정보도의 내용·크기 등에 관하여 협의한 후, 그 청구를 받은 날부터 7일 내에 정정보도문을 방송하거나 게재(인터넷신문 및 인터넷뉴스서비스의 경우 제1항 단서에 따른 해당 언론보도등 내용의 정정을 포함한다)하여야 한다. 다만, 신문 및 잡지 등 정기간행물의 경우 이미 편집 및 제작이 완료되어 부득이할 때에는 다음 발행 호에 이를 게재하여야 한다(제15조 제3항).

18 피해자가 정정보도청구권을 행사할 정당한 이익이 없는 때에 해당 언론사는 정정보도의 청구를 거부할 수 있다(제15조 제4항 제1호).

19 청구된 정정보도의 내용이 국가·지방자치단체 또는 공공단체의 공개회의와 법원의 공개재판절차의 사실보도에 관한 것인 경우에는 언론사 등은 정정보도 청구를 거부할 수 있다. 제15조 제4항 제5호

23 언론중재위원회는 40명 이상 90명 이내의 중재위원으로 구성하며, 위원장 1명과 2명 이내의 부위원장 및 2명 이내의 감사를 두는데, 위원장·부위원장·감사 및 중재위원의 임기는 각각 3년으로 하며, 한 차례만 연임할 수 있다.

24 중재위원회에 위원장 1명과 2명 이내의 부위원장 및 2명 이내의 감사를 두며, 각각 중재위원 중에서 호선(互選)한다(제7조 제4항).

정답 15. × 16. ○ 17. ○ 18. × 19. × 20. ○ 21. ○ 22. ○ 23. × 24. ×
25. ○

핵심정리 OX Check

□□□ **01** 경찰통제의 기본요소 - 권한의 분산 : 경찰의 중앙조직과 지방조직 간의 권한 분산, 상위계급자와 하위계급자 간의 권한 분산 등이 필요하다. ( )

□□□ **02** 경찰통제의 기본요소 - 정보의 공개 : 경찰의 정보공개를 통해 행정기관의 투명성이 확보된다면 독선과 부패는 억제될 수 있다. ( )

□□□ **03** 경찰통제의 기본요소 - 인권의 보호 : 경찰활동은 특성상 국민의 인권과 직결되는 부분이 많기 때문에 인권침해를 방지해야 한다. ( )

□□□ **04** 경찰통제의 기본요소 - 참여의 보장 : 경찰은 국민에게 행정참여를 보장함으로써 행정의 공정성, 투명성 및 신뢰성을 확보해야 한다. ( )

□□□ **05** 민주적 통제 - 국가경찰위원회, 국민감사청구, 국가배상제도 ( )

□□□ **06** 사전통제 - 입법예고제, 국회의 예산심의권, 사법부의 사법심사 ( )

□□□ **07** 사후통제 - 행정심판, 국정 감사·조사권, 국회의 예산결산권 ( )

□□□ **08** 상급기관의 하급기관에 대한 감독권은 사후통제이며, 국회의 입법권·예산심의권은 사전통제이다. ( )

□□□ **09** 국회에 의한 입법통제 방식에는 사전통제 방식과 사후통제 방식이 존재한다. ( )

□□□ **10** 행정부에 의한 통제유형에는 중앙행정심판위원회에 의한 통제, 국정조사·감사권 등이 포함된다. ( )

□□□ **11** 국회는 입법권과 예산심의권을 통해 경찰을 사전 통제할 수 있다. ( )

□□□ **12** 대통령에 의한 통제, 감사원에 의한 통제, 국민권익위원회에 의한 통제, 중앙행정심판위원회에 의한 통제, 소청심사위원회에 의한 통제, 경찰청장에 대한 탄핵소추의결권에 의한 통제는 외부통제로서 사법통제에 해당한다. ( )

□□□ **13** 경찰서의 감찰·감사업무, 민원인의 고충 상담, 인권보호 상황을 확인·점검하는 감사관제(청문감사인권관)는 내부통제에 해당한다. ( )

□□□ **14** 국가경찰위원회는 심의·의결하는 권한을 가지고 있으므로 민주적 통제에 해당하고 내부통제에 해당된다. ( )

□□□ **15** 사법부에 의한 사법심사(행정소송) 및 국회에 의한 예산결산권, 국정감사권·조사권은 사전통제 에 해당된다. ( )

□□□ **16** 경찰통제의 유형 중 내부적 통제 - 청문감사인권관제도 ( )

□□□ **17** 경찰통제의 유형 중 내부적 통제 - 국가경찰위원회 ( )

□□□ **18** 경찰통제의 유형 중 내부적 통제 - 경찰청장의 훈령권 ( )

□□□ **19** 경찰통제의 유형 중 내부적 통제 - 국민권익위원회 ( )

□□□ **20** 경찰통제의 유형 중 내부적 통제 - 소청심사위원회 ( )

□□□ **21** 경찰통제의 유형 중 내부적 통제 - 국회의 입법권 ( )

□□□ **22** 외부통제 - 소청심사위원회, 행정소송, 훈령권 ( )

□□□ **23** 법원은 행정소송, 규칙심사를 통해 외부통제가 가능하다. ( )

정답 & OX 풀이

03 경찰통제의 필요성

05 국가경찰위원회, 국민감사청구는 민주적 통제에 해당하고, 국가배상제도는 사법적 통제에 해당한다.

06 입법예고제, 국회의 예산심의권은 사전통제에 해당하고, 사법부의 사법심사는 사후통제에 해당한다.

10 국회에 의한 통제유형에는 국정조사·감사권이 포함되고, 행정부에 의한 통제유형에는 중앙행정심판위원회에 의한 통제가 포함된다.

12 대통령에 의한 통제, 감사원에 의한 통제, 국민권익위원회에 의한 통제, 중앙행정심판위원회에 의한 통제, 소청심사위원회에 의한 통제는 외부통제로서 행정통제에 해당하고, 경찰청장에 대한 탄핵소추의결권에 의한 통제는 국회에 의한 외부통제로서 입법통제에 해당한다.

14 국가경찰위원회는 심의·의결하는 권한을 가지고 있으므로 민주적 통제에 해당하고 행정안전부에 설치되어 있으므로 외부통제에 해당된다.

15 사법부에 의한 사법심사(행정소송) 및 국회에 의한 예산결산권, 국정감사권·조사권은 사후통제에 해당된다.

17 외부적 통제

19 외부적 통제

20 외부적 통제

21 외부적 통제

22 소청심사위원회, 행정소송에 외부통제에 해당하고, 훈령권은 내부통제에 해당한다.

정답									
01. ○	02. ○	03. ×	04. ○	05. ×	06. ×	07. ○	08. ○	09. ○	10. ×
11. ○	12. ×	13. ○	14. ×	15. ×	16. ○	17. ×	18. ○	19. ×	20. ×
21. ×	22. ×	23. ○							

□□□ **24** 경찰은 감사관 제도를 통해 내부통제를 하고 있다. ( )

□□□ **25** 상급자의 하급자에 대한 직무명령권은 내부적 통제의 일환이다. ( )

□□□ **26** 경찰의 위법한 처분에 대한 행정소송제도는 사법통제로서 외부적 통제 장치이다. ( )

□□□ **27** 경찰은 국가경찰위원회라는 내부통제 조직을 가짐으로써 민주적 통제의 기반을 마련하였다.
( )

□□□ **28** 「행정절차법」에서 규정하고 있는 행정상 입법예고, 행정예고는 사전통제에 해당한다. ( )

□□□ **29** 대통령의 경찰청장 및 국가경찰위원회 위원 임명권은 외부통제에 해당한다. ( )

□□□ **30** 국회의 국정감사·조사권은 사전통제인 동시에 외부통제에 해당한다. ( )

□□□ **31** 감사원의 직무감찰은 사후통제인 동시에 외부통제에 해당한다. ( )

□□□ **32** 행정심판위원회는 경찰관청의 위법한 처분 및 대통령의 부작위에 대해서 심리하여 침해된 국민의
권리를 구제하고 경찰행정의 적정한 운영을 도모한다. ( )

□□□ **33** 시·도자치경찰위원회는 자치경찰사무 담당 경찰공무원에 대한 징계를 요구할 수 있다.
( )

□□□ **34** 국민권익위원회는 누구든지 경찰공무원 등의 부패행위를 알게 된 때에는 무기명으로 신고할 수
있도록 하고 있다. ( )

□□□ **35** 인사혁신처에 소청심사위원회를 설치하여, 경찰공무원이 징계처분, 그 밖에 그 의사에 반하는 불
리한 처분이나 부작위를 구제받을 수 있도록 하고 있다. ( )

□□□ **36** 국가인권위원회는 경찰기관 및 경찰공무원 등에 의한 인권침해행위 또는 차별행위에 대해 조사하
고 구제할 수 있다. ( )

□□□ **37** 감사원은 국회·법원 및 헌법재판소를 포함한 모든 국가기관 및 그에 소속한 공무원의 사무를 감
찰하여 비위를 적발하고 시정한다. ( )

□□□ **38** 「부패방지 및 국민권익위원회의 설치와 운영에 관한 법률」 및 동법 시행령에 따르면, 18세 이상의
국민은 경찰 등 공공기관의 사무처리가 법령위반 또는 부패행위로 인하여 공익을 현저히 해하는
경우, 100명 이상의 국민의 연서로 감사원에 감사를 청구할 수 있다. ( )

□□□ **39** 「부패방지 및 국민권익위원회의 설치와 운영에 관한 법률」상 신고를 하려는 자는 본인의 인적사
항과 신고취지 및 이유를 기재한 기명의 문서로써 하여야 하며, 신고대상과 부패행위의 증거 등을
함께 제시하여야 한다. ( )

□□□ **40** 「부패방지 및 국민권익위원회의 설치와 운영에 관한 법률」상 국민권익위원회는 접수된 신고사항에 대하여 신고자를 상대로 신고대상자의 인적사항, 신고의 경위 및 취지 등 신고내용의 특정에 필요한 사항을 확인하여야 한다. ( )

□□□ **41** 「부패방지 및 국민권익위원회의 설치와 운영에 관한 법률」상 공직자는 그 직무를 행함에 있어 다른 공직자가 부패행위를 한 사실을 알게 되었거나 부패행위를 강요 또는 제의받은 경우에는 지체 없이 이를 수사기관·감사원 또는 국민권익위원회에 신고하여야 한다. ( )

□□□ **42** 「부패방지 및 국민권익위원회의 설치와 운영에 관한 법률」상 조사기관은 신고를 이첩 또는 송부받은 날부터 60일 이내에 감사·수사 또는 조사를 종결하여야 한다. 다만, 정당한 사유가 있는 경우에는 그 기간을 연장할 수 있으며, 국민권익위원회에 그 연장사유 및 연장기간을 통보하여야 한다. ( )

정답 & OX 풀이

27 경찰은 국가경찰위원회라는 외부통제 조직을 계기로 해서 민주적 통제의 기반을 마련하였다.

30 국회의 국정감사·조사권은 사후통제인 동시에 외부통제에 해당한다.

32 대통령의 처분 또는 부작위에 대하여는 다른 법률에서 행정심판을 청구할 수 있도록 정한 경우 외에는 행정심판을 청구할 수 없다(제3조 제2항).

34 무기명 신고는 인정하지 않고 있다. 비실명 대리신고(부패방지 및 국민권익위원회의 설치와 운영에 관한 법률 제58조의2)는 신고자의 인적사항을 제출하되 비공개하는 기명신고이다. ※ 신고를 하려는 자는 자신의 인적사항을 밝히지 아니하고 변호사를 선임하여 신고를 대리하게 할 수 있다(제58조의2).

37 감사원은 「정부조직법」 및 그 밖의 법률에 따라 설치된 행정기관의 사무와 그에 소속한 공무원의 직무, 지방자치단체의 사무와 그에 소속한 지방공무원의 직무 등을 감찰한다. 다만, 감찰 대상의 공무원에서 국회·법원 및 헌법재판소에 소속한 공무원은 제외한다(감사원법 제24조 제1항, 제3항).

38 300명 이상의 국민의 연서로 감사원에 감사를 청구할 수 있다(「부패방지 및 국민권익위원회의 설치와 운영에 관한 법률」 제72조 제1항).

40 위원회는 접수된 신고사항에 대하여 신고자를 상대로 다음 각 호의 사항을 확인할 수 있다(제59조 제1항).

정답

24. ○	25. ○	26. ○	27. ×	28. ○	29. ○	30. ×	31. ○	32. ×	33. ○
34. ×	35. ○	36. ○	37. ×	38. ×	39. ○	40. ×	41. ○	42. ○	

테마 49 경찰 인권보호 규칙, 경찰 감찰 규칙, 경찰청 감사 규칙

핵심정리 OX Check ✓

☐☐☐ **01** 「경찰 인권보호 규칙」상 "경찰관등"이란 경찰청과 그 소속기관의 경찰공무원, 일반직공무원을 말한다(단, 무기계약근로자 및 기간제근로자는 제외한다). ( )

☐☐☐ **02** 「경찰 인권보호 규칙」상 '인권침해'란 경찰관등이 직무를 수행하는 과정에서 모든 사람에게 보장된 인권을 침해하는 것을 말한다. ( )

☐☐☐ **03** 「경찰 인권보호 규칙」상 경찰 활동 전반에 걸친 민주적 통제를 구현하여 경찰력 오·남용을 예방하고, 경찰 행정의 인권지향성을 높여 인권을 존중하는 경찰 활동을 정립하기 위해 시·도경찰청장 및 경찰서의 심의·의결기구로서 각각 시·도경찰청 인권위원회, 경찰서 인권위원회를 설치하여 운영한다. ( )

☐☐☐ **04** 「경찰 인권보호 규칙」상 경찰 활동 전반에 걸친 민주적 통제를 구현하여 경찰력 오·남용을 예방하고, 경찰 행정의 인권지향성을 높여 인권을 존중하는 경찰 활동을 정립하기 위해 경찰청장 및 시·도경찰청장의 자문기구로서 각각 경찰청 인권위원회, 시·도경찰청 인권위원회를 설치하여 운영한다. ( )

☐☐☐ **05** 「경찰 인권보호 규칙」상 경찰 활동 전반에 걸친 민주적 통제를 구현하여 경찰력 오·남용을 예방하고, 경찰 행정의 인권 지향성을 높여 인권을 존중하는 경찰 활동을 정립하기 위해 경찰청장 및 시·도경찰청장, 경찰서장의 자문기구로서 각각 경찰청 인권위원회, 시·도경찰청 인권위원회, 경찰서 인권위원회를 설치하여 운영한다. ( )

☐☐☐ **06** 경찰청 및 시·도경찰청 인권위원회는 인권과 관련되는 경찰의 제도·정책·관행의 개선을 명령할 수 있다. ( )

☐☐☐ **07** 「경찰 인권보호 규칙」상 인권위원회는 위원장 1명을 포함하여 7명 이상 15명 이하의 위원으로 구성한다. 이때, 특정 성별이 전체위원 수의 10분의 6을 초과하지 아니해야 한다. 위원장은 위원회에서 호선(互選)하며, 위원은 당연직 위원과 위촉 위원으로 구분한다. ( )

☐☐☐ **08** 「경찰 인권보호 규칙」상 위원회는 위원장 1명을 포함하여 7명 이상 13명 이하의 위원으로 구성한다. 이때, 특정 성별이 전체 위원 수의 10분의 6을 초과하지 아니해야 한다. ( )

☐☐☐ **09** 위원회의 당연직 위원은 경찰청은 감사관, 시·도경찰청은 청문감사인권담당관으로 한다. ( )

☐☐☐ **10** 「경찰 인권보호 규칙」상 인권위원회 당연직 위원은 경찰청은 청문감사인권담당관, 시·도경찰청은 감사관으로 한다. ( )

□□□ **11** 위원장과 위촉 위원의 임기는 위촉된 날로부터 2년으로 하며 위원장과 위촉 위원은 한 차례만 연임할 수 있다. ( )

□□□ **12** 회의에 출석한 위원에게는 예산의 범위 안에서 수당 또는 여비를 지급할 수 있다. ( )

□□□ **13** 「경찰 인권보호 규칙」상 경찰청 인권위원회와 시·도경찰청 인권위원회 각각의 위원장과 위촉 위원의 임기는 위촉된 날로부터 2년으로 하며 위원장의 직은 연임할 수 없고, 위촉 위원은 세 차례만 연임할 수 있다. ( )

□□□ **14** 「경찰 인권보호 규칙」상 위원장과 위촉 위원의 임기는 위촉된 날로부터 3년으로 하며 위원장의 직은 연임할 수 없고, 위촉 위원은 두 차례만 연임할 수 있다. ( )

정답 & OX 풀이

01 "경찰관등"이란 경찰청과 그 소속기관의 경찰공무원, 일반직공무원, 무기계약근로자 및 기간제근로자를 의미한다(제2조).

03 경찰 활동 전반에 걸친 민주적 통제를 구현하여 경찰력 오·남용을 예방하고, 경찰 행정의 인권지향성을 높여 인권을 존중하는 경찰 활동을 정립하기 위해 경찰청장 및 시·도경찰청장의 자문기구로서 각각 경찰청 인권위원회, 시·도경찰청 인권위원회를 설치하여 운영한다(제3조(설치)).

05 경찰서에는 인권위원회가 없다. 경찰 활동 전반에 걸친 민주적 통제를 구현하여 경찰력 오·남용을 예방하고, 경찰 행정의 인권 지향성을 높여 인권을 존중하는 경찰 활동을 정립하기 위해 경찰청장 및 시·도경찰청장의 자문기구로서 각각 경찰청 인권위원회, 시·도경찰청 인권위원회를 설치하여 운영한다(제3조).

06 경찰청 및 시·도경찰청 인권위원회는 인권과 관련되는 경찰의 제도·정책·관행의 개선에 대한 권고 또는 의견표명을 할 수 있다(제4조 제1호).

07 위원회는 위원장 1명을 포함하여 7명 이상 13명 이하의 위원으로 구성한다. 이때, 특정 성별이 전체위원 수의 10분의 6을 초과하지 아니해야 한다. 위원장은 위원회에서 호선(互選)하며, 위원은 당연직 위원과 위촉 위원으로 구분한다(제5조(구성) 제1항, 제2항).

10 당연직 위원은 경찰청은 감사관, 시·도경찰청은 청문감사인권담당관으로 한다(제5조 제3항).

11 위원장과 위촉 위원의 임기는 위촉된 날로부터 2년으로 하며 위원장의 직은 연임할 수 없고, 위촉 위원은 두 차례만 연임할 수 있다(제7조 제1항).

13 경찰청 인권위원회와 시·도경찰청 인권위원회 각각의 위원장과 위촉 위원의 임기는 위촉된 날로부터 2년으로 하며 위원장의 직은 연임할 수 없고, 위촉 위원은 두 차례만 연임할 수 있다(제7조 제1항).

14 위원장과 위촉 위원의 임기는 위촉된 날로부터 2년으로 하며 위원장이 직은 연임할 수 없고, 위촉 위원은 두 차례만 연임할 수 있다(제7조 제1항).

정답
| 01. × | 02. ○ | 03. × | 04. ○ | 05. × | 06. × | 07. × | 08. ○ | 09. ○ | 10. × |
| 11. × | 12. ○ | 13. × | 14. × | | | | | | |

☐☐☐ **15** 「경찰 인권보호 규칙」상 경찰의 직에 있거나 그 직에서 퇴직한 날부터 3년이 지나지 아니한 사람은 경찰청 인권위원회나 시·도경찰청 인권위원회의 위촉 위원이 될 수 없다.　　　(　　)

☐☐☐ **16** 「경찰 인권보호 규칙」상 인권위원회 위원은 경찰의 직에 있거나 그 직에서 퇴직한 날부터 3년이 지나지 아니한 사람이어야 한다.　　　(　　)

☐☐☐ **17** 「경찰 인권보호 규칙」상 인권위원회 위촉위원 중 「공직선거법」에 따라 실시하는 선거에 의하여 취임한 공무원이거나 그 직에서 퇴직한 날부터 5년이 지나지 아니한 사람은 결격사유에 해당한다.　　　(　　)

☐☐☐ **18** 「경찰 인권보호 규칙」상 경찰청장은 인권위원회의 위원이 특별한 사유 없이 연속적으로 임시회의에 2회 불참 등 직무를 태만히 한 경우 직권으로 위원을 해촉할 수 있다.　　　(　　)

☐☐☐ **19** 「경찰 인권보호 규칙」상 입건 전 조사·수사 중인 사건에 청탁 또는 경찰 인사에 관여하는 행위를 하거나 기타 직무 관련 비위사실이 있는 경우 청장은 위원회의 의견을 들어 위원을 해촉할 수 있다.　　　(　　)

☐☐☐ **20** 「경찰 인권보호 규칙」상 인권위원회의 회의는 정기회의와 임시회의로 구분하며, 재적위원 과반수의 출석으로 개의(開議)하고, 출석위원 과반수의 찬성으로 의결한다.　　　(　　)

☐☐☐ **21** 「경찰 인권보호 규칙」상 경찰청 및 그 소속기관의 장은 진정의 원인이 된 사실이 공소시효, 징계시효 및 민사상 시효 등이 모두 완성된 경우에 그 진정을 각하할 수 있다.　　　(　　)

☐☐☐ **22** 「경찰 인권보호 규칙」상 경찰청 인권위원회와 시·도경찰청 인권위원회의 정기회의는 각각 분기 1회 개최한다.　　　(　　)

☐☐☐ **23** 「경찰 인권보호 규칙」상 경찰청장은 국민의 인권보호와 증진을 위하여 경찰 인권정책 기본계획을 5년마다 수립해야 한다.　　　(　　)

☐☐☐ **24** 「경찰 인권보호 규칙」상 경찰청장은 국민의 인권보호와 증진을 위하여 경찰 인권정책 기본계획을 3년마다 수립해야 한다.　　　(　　)

☐☐☐ **25** 「경찰 인권보호 규칙」상 경찰청장은 경찰관등(경찰공무원으로 신규 임용될 사람을 포함한다)이 근무하는 동안 지속적·체계적으로 교육을 받을 수 있도록 3년 단위로 인권교육종합계획을 수립하여 시행하여야 한다.　　　(　　)

☐☐☐ **26** 「경찰 인권보호 규칙」상 경찰청장은 경찰관등(경찰공무원으로 신규 임용될 사람을 포함한다)이 근무하는 동안 지속적·체계적으로 교육을 받을 수 있도록 매년 단위로 인권교육종합계획을 수립하여 시행하여야 한다.　　　(　　)

□□□ **27** 「경찰 인권보호 규칙」상 간사(경찰청 인권보호담당관과 시·도경찰청 인권업무 담당 계장)는 반기 1회 이상 인권영향평가의 이행 여부를 점검하고, 이를 소속 위원회에 제출해야 한다. （　　）

□□□ **28** 「경찰 인권보호 규칙」상 인권보호담당관은 인권침해를 예방하고 제도를 개선하기 위해 연 1회 이상 인권 관련 정책 이행 실태, 인권교육 추진 현황, 경찰청과 소속기관의 청사 및 부속 시설 전반의 인권침해적 요소의 존재 여부를 진단하여야 한다. （　　）

□□□ **29** 「경찰 인권보호 규칙」상 인권보호담당관은 분기 1회 이상 인권영향평가의 이행 여부를 점검하고, 이를 경찰청 인권위원회에 제출하여야 한다. （　　）

□□□ **30** 참가인원, 내용, 동원 경력의 규모, 배치 장비 등을 고려하여 인권침해 가능성이 높다고 판단되는 집회 및 시위의 경우는 「경찰 인권보호 규칙」상 인권영향평가 실시 대상에 해당한다. （　　）

□□□ **31** 「경찰 인권보호 규칙」상 인권침해사건 조사담당자는 사건 조사 과정에서 진정인·피진정인 또는 참고인 등이 임의로 제출한 물건 중 사건 조사에 필요한 물건은 보관할 수 있다. （　　）

□□□ **32** 「경찰 인권보호 규칙」상 인권침해사건 조사담당자는 제출받은 물건에 사건번호와 표제, 제출자 성명, 물건 번호, 보관자 성명 등을 적은 표지를 붙인 후 봉투에 넣거나 포장하여 안전하게 보관하여야 한다. （　　）

정답 & OX 풀이

16 경찰의 직에 있거나 그 직에서 퇴직한 날부터 3년이 지나지 아니한 사람은 위촉 위원이 될 수 없다(제6조 제1항 제3호).

17 위촉위원 중 「공직선거법」에 따라 실시하는 선거에 의하여 취임한 공무원이거나 그 직에서 퇴직한 날부터 3년이 지나지 아니한 사람은 결격사유에 해당한다(제6조(위촉 위원의 결격사유) 제1항 제2호).

18 경찰청장은 위원회의 위원이 특별한 사유 없이 연속적으로 정기회의에 3회 불참 등 직무를 태만히 한 경우 위원회의 의견을 들어 위원을 해촉할 수 있다(제8조(위원의 해촉) 제3호).

22 경찰청 인권위원회와 시·도경찰청 인권위원회의 정기회의는 경찰청은 월 1회, 시·도경찰청은 분기 1회 개최한다(제11조 제2항).

24 경찰청장은 국민의 인권보호와 증진을 위하여 경찰 인권정책 기본계획을 5년마다 수립해야 한다(제18조 제1항).

26 경찰청장은 경찰관등(경찰공무원으로 신규 임용될 사람을 포함한다)이 근무하는 동안 지속적·체계적으로 교육을 받을 수 있도록 3년 단위로 인권교육종합계획을 수립하여 시행하여야 한다(제18조 제1항).

29 인권보호담당관은 반기 1회 이상 인권영향평가의 이행 여부를 점검하고, 이를 경찰청 인권위원회에 제출하여야 한다(「경찰 인권보호 규칙」 제24조).

정답

| 15. ○ | 16. × | 17. × | 18. × | 19. ○ | 20. ○ | 21. ○ | 22. × | 23. ○ | 24. × |
| 25. ○ | 26. × | 27. ○ | 28. ○ | 29. × | 30. ○ | 31. ○ | 32. ○ | | |

□□□ **33** 「경찰 인권보호 규칙」상 인권침해사건 진정인이 진정을 취소한 사건에서 진정인이 제출한 물건이 있는 경우에는 진정인이 요구하는 경우에 한하여 반환할 수 있다. ( )

□□□ **34** 「경찰 인권보호 규칙」상 인권침해사건 조사담당자는 사건을 조사하는 과정에서 동일한 사건에 대하여 경찰·검찰 등의 수사가 시작된 경우에는 사건 조사를 중지할 수 있다. 다만, 확인된 인권침해 사실에 대한 구제 절차는 계속하여 이행할 수 있다. ( )

□□□ **35** 「경찰 인권보호 규칙」상 조사담당자는 인권침해 사건을 조사하는 과정에서 감사원의 조사, 경찰·검찰 등 수사기관에서 조사 또는 수사가 개시된 경우에 해당하는 사유로 사건 조사를 진행할 수 없는 경우에는 조사를 중지할 수 없다. 다만, 확인된 인권침해 사실에 대한 구제 절차는 계속하여 이행할 수 있다. ( )

□□□ **36** 「경찰 인권보호 규칙」상 인권침해사건 조사절차에서 사건이 종결되어 더 이상 물건을 보관할 필요가 없는 경우, 조사담당자는 사건 조사 과정에서 진정인이 임의로 제출한 물건을 제출자가 요구하지 않더라도 반환할 수 있다. ( )

□□□ **37** 「경찰 인권보호 규칙」상 경찰청 인권위원회는 인권을 존중하는 경찰 활동을 정립하기 위해 설치된 국가경찰위원회 소속의 의결기구이다. ( )

□□□ **38** 「경찰 인권보호 규칙」상 위원장은 위원회에서 호선하며, 위원은 당연직 위원과 위촉위원으로 구분한다. ( )

□□□ **39** 「경찰 인권보호 규칙」상 당연직 위원은 경찰청과 시·도경찰청 모두 청문감사인권담당관으로 한다. ( )

□□□ **40** 「경찰 인권보호 규칙」상 위원장과 위촉 위원의 임기는 위촉된 날로부터 2년으로 하며 위원장의 직은 연임할 수 없고, 위촉 위원은 한 차례만 연임할 수 있다. ( )

□□□ **41** 「경찰 인권보호 규칙」상 위원회의 회의는 정기회의와 임시회의로 구분하며, 재적위원 과반수 출석으로 개의하고, 출석위원 과반수 찬성으로 의결한다. ( )

□□□ **42** 「경찰 인권보호 규칙」상 임시회의는 위원장이 필요하다고 인정하거나 청장 또는 재적위원 3인 이상이 소집을 요구하는 경우 위원장이 소집한다. ( )

□□□ **43** 「국가경찰과 자치경찰의 조직 및 운영에 관한 법률」에 따라 국가경찰위원회의 위원 중 1명은 인권문제에 관하여 전문적인 지식과 경험이 있는 사람이 임명될 수 있도록 노력해야 한다. ( )

□□□ **44** 「경찰 감찰 규칙」상 "감찰"이란 복무기강 확립과 경찰행정의 적정성을 확보하기 위해 경찰기관 또는 소속공무원의 제반업무와 활동 등을 조사·점검·확인하고 그 결과를 처리하는 감찰관의 직무활동을 말한다. ( )

□□□ **45** 「경찰 감찰 규칙」상 경찰기관의 장은 소속 감찰관에 대하여 감찰관 보직 후 3년마다 적격심사를
실시하여 인사에 반영하여야 한다.　　　　　　　　　　　　　　　　　　　　　　　　（　　　）

□□□ **46** 「경찰 감찰 규칙」상 감찰부서장은 소속 감찰관에 대하여 감찰관 보직 후 3년마다 적격심사를 실
시하여 인사에 반영하여야 한다.　　　　　　　　　　　　　　　　　　　　　　　　　（　　　）

□□□ **47** 「경찰 감찰 규칙」상 경찰기관의 장은 의무위반행위가 자주 발생하거나 그 발생 가능성이 높다고
인정되는 시기, 업무분야 및 경찰서 등에 대하여는 일정기간 동안 전반적인 조직관리 및 업무추
진 실태 등을 집중 점검할 수 있다.　　　　　　　　　　　　　　　　　　　　　　　（　　　）

□□□ **48** 「경찰 감찰 규칙」상 감찰관은 감찰관 본인이 의무위반행위로 인해 감찰대상이 된 때에는 당해 감
찰직무(감찰조사 및 감찰업무에 대한 지휘를 포함한다)에서 제척된다.　　　　　　　　（　　　）

정답 & OX 풀이 🔎

33 조사담당자는 제출자가 보관 중인 물건의 반환을 요구하는 경우에는 반환하여야 하며, 다음 각 호의 어느 하나에 해당
하는 경우에는 제출자가 요구하지 않더라도 반환할 수 있다(제32조 제4항).

> 1호. 진정인이 진정을 취소한 사건에서 진정인이 제출한 물건이 있는 경우
> 2호. 사건이 종결되어 더 이상 보관할 필요가 없는 경우
> 3호. 그 밖에 물건을 계속 보관하는 것이 적절하지 않은 경우

35 조사담당자는 인권침해 사건을 조사하는 과정에서 감사원의 조사, 경찰·검찰 등 수사기관에서 조사 또는 수사가 개시
된 경우에 해당하는 사유로 사건 조사를 진행할 수 없는 경우에는 조사를 중지할 수 있다. 다만, 확인된 인권침해 사실
에 대한 구제 절차는 계속하여 이행할 수 있다(제35조 제1항).

37 경찰 활동 전반에 걸친 민주적 통제를 구현하여 경찰력 오·남용을 예방하고, 경찰 행정의 인권지향성을 높여 인권을
존중하는 경찰 활동을 정립하기 위해 경찰청장 및 시·도경찰청장의 자문기구로서 각각 경찰청 인권위원회, 시·도경
찰청 인권위원회(이하 "위원회"라 한다)를 설치하여 운영한다(제3조).

39 당연직 위원은 경찰청은 감사관, 시·도경찰청은 청문감사인권담당관으로 한다(제5조 제3항).

40 위원장과 위촉 위원의 임기는 위촉된 날부터 2년으로 하며 위원장의 직은 연임할 수 없고, 위촉 위원은 두 차례만 연임
할 수 있다(제7조 제1항).

42 임시회의는 위원장이 필요하다고 인정하거나 청장 또는 재적위원 3분의 1 이상이 소집을 요구하는 경우 위원장이 소집
한다(제11조 제3항).

43 「국가경찰과 자치경찰의 조직 및 운영에 관한 법률」에 따라 자치경찰위원회의 위원 중 1명은 인권문제에 관하여 전문적
인 지식과 경험이 있는 사람이 임명될 수 있도록 노력해야 한다.

45 경찰기관의 장은 소속 감찰관에 대하여 감찰관 보직 후 2년마다 적격심사를 실시하여 인사에 반영하여야 한다(제8조
제1항).

46 경찰기관의 장은 2년마다 적격심사를 실시하여 인사에 반영하여야 한다.

정답
33. ×	34. ○	35. ×	36. ○	37. ×	38. ○	39. ×	40. ×	41. ○	42. ×
43. ×	44. ○	45. ×	46. ×	47. ○	48. ○				

□□□ **49** 「경찰 감찰 규칙」상 감찰부서장은 감찰정보의 구분 및 감찰활동 착수와 관련된 사항을 결정하기 위하여 감찰정보심의회를 설치·운영해야 한다. 감찰정보심의회는 위원장을 포함한 5명 이상 7명 이하의 위원으로 구성하며, 위원장은 감찰부서장이 되고 위원은 감찰부서장이 소속공무원 중에서 지명한다. ( )

□□□ **50** 「경찰 감찰 규칙」상 감찰관은 소속공무원의 의무위반사실에 대한 민원을 접수한 경우 접수일로부터 2개월 내에 신속히 처리하여야 하며 그 처리 기간을 연장할 수 없다. ( )

□□□ **51** 「경찰 감찰 규칙」상 감찰관은 민원사건을 접수한 경우 접수 후 매 1개월이 경과한 때와 감찰조사를 종결하였을 때에 민원인 또는 피해자에게 사건처리 진행상황을 통지하여야 한다. 다만, 진행상황에 대한 통지가 감찰조사에 지장을 주거나 피해자 또는 사건관계인의 명예와 권리를 부당히 침해할 우려가 있는 때에는 통지하지 않을 수 있다. ( )

□□□ **52** 「경찰감찰규칙」에서는 조사대상자가 영상녹화를 요청하는 경우에 감찰관이 재량적으로 판단할 수 있도록 하고 있다. ( )

□□□ **53** 「경찰 감찰 규칙」상 감찰처분심의회의 심의 사항 : 감찰관 제척·회피 및 기피 신청과 관련한 사항 ( )

□□□ **54** 「경찰 감찰 규칙」상 감찰처분심의회의 심의 사항 : 감찰결과에 대한 이의신청 처리와 관련한 사항 ( )

□□□ **55** 「경찰 감찰 규칙」상 감찰처분심의회의 심의 사항 : 감찰결과의 공개와 관련한 사항 ( )

□□□ **56** 「경찰 감찰 규칙」상 감찰처분심의회의 심의 사항 : 감찰결과 처리 및 양정과 관련한 사항 ( )

□□□ **57** 감찰관은 소속공무원의 의무위반사실에 대한 민원을 접수한 경우 접수일로부터 2개월 내에 신속히 처리하여야 한다. 다만, 부득이한 사유로 민원을 기한 내에 처리할 수 없을 때에는 소속 경찰기관의 감찰부서장에게 보고하여 그 처리 기간을 연장할 수 있다. ( )

□□□ **58** 감찰관은 감찰조사를 위해서 조사대상자의 출석을 요구할 때에는 조사기일 3일 전까지 출석요구서 또는 구두로 조사일시, 의무위반행위사실 요지 등을 통지하여야 한다. 다만, 사안이 급박한 경우 또는 조사대상자의 요청이 있는 경우에는 즉시 조사에 착수할 수 있다. ( )

□□□ **59** 감찰정보심의회는 위원장을 포함한 5명 이상 7명 이하의 위원으로 구성하며, 위원장은 감찰부서장이 되고 위원은 감찰부서장이 소속 공무원 중에서 지명한다. ( )

□□□ **60** 감찰관은 검찰·경찰, 그 밖의 수사기관으로부터 수사개시 통보를 받은 경우에는 징계의결요구권자의 결재를 받아 해당 기관으로부터 수사결과의 통보를 받을 때까지 감찰조사, 징계의결요구 등의 절차를 진행하지 아니 할 수 있다. ( )

□□□ **61** 「경찰청 감사 규칙」상 변상명령 : 감사결과 경미한 지적사항으로서 현지에서 즉시 시정·개선조치가 필요한 경우　　　　　(　)

□□□ **62** 「경찰청 감사 규칙」상 경고·주의 요구 : 감사결과 위법 또는 부당하다고 인정되는 사실이 있으나 그 정도가 징계 또는 문책사유에 이르지 아니할 정도로 경미하거나, 감사대상기관 또는 부서에 대한 제재가 필요한 경우　　　　　(　)

□□□ **63** 「경찰청 감사 규칙」상 시정 요구 : 감사결과 법령상·제도상 또는 행정상 모순이 있거나 그 밖에 개선할 사항이 있다고 인정되는 경우　　　　　(　)

□□□ **64** 「경찰청 감사 규칙」상 개선 요구 : 감사결과 문제점이 인정되는 사실이 있어 그 대안을 제시하고 감사대상기관의 장 등으로 하여금 개선방안을 마련하도록 할 필요가 있는 경우　　　　　(　)

정답 & OX 풀이✎

49 감찰부서장은 감찰정보의 구분 및 감찰활동 착수와 관련된 사항을 결정하기 위하여 감찰정보심의회를 설치·운영할 수 있다(제22조 제1항). 감찰정보심의회는 위원장을 포함한 3명 이상 5명 이하의 위원으로 구성하며, 위원장은 감찰부서장이 되고 위원은 감찰부서장이 소속공무원 중에서 지명한다(동조 제2항).

50 감찰관은 소속공무원의 의무위반사실에 대한 민원을 접수한 경우 접수일로부터 2개월 내에 신속히 처리하여야 한다. 다만, 부득이한 사유로 민원을 기한 내에 처리할 수 없을 때에는 소속 경찰기관의 감찰부서장에게 보고하여 그 처리기간을 연장할 수 있다(제35조 제1항 단서).

52 감찰관은 조사대상자가 영상녹화를 요청하는 경우에는 그 조사과정을 영상녹화하여야 한다(경찰 감찰 규칙 제30조 제1항)

53 감찰관 제척·회피와 관련한 사항은 해당하지 않는다.

> ※ 감찰부서장은 다음 각 호의 사항을 심의하기 위하여 감찰처분심의회(이하 "처분심의회"라고 한다)를 설치·운영할 수 있다(제37조 제1항).
> 1. 감찰결과 처리 및 양정과 관련한 사항
> 2. 감찰결과에 대한 이의신청 처리와 관련한 사항
> 3. 감찰결과의 공개와 관련한 사항
> 4. 감찰관 기피 신청과 관련한 사항

59 감찰정보심의회는 위원장을 포함한 3명 이상 5명 이하의 위원으로 구성하며, 위원장은 감찰부서장이 되고 위원은 감찰부서장이 소속 공무원 중에서 지명한다(제22조 제2항).

61 현지조치 : 감사결과 경미한 지적사항으로서 현지에서 즉시 시정·개선조치가 필요한 경우

63 개선 요구 : 감사결과 법령상·제도상 또는 행정상 모순이 있거나 그 밖에 개선할 사항이 있다고 인정되는 경우

64 권고 : 감사결과 문제점이 인정되는 사실이 있어 그 대안을 제시하고 감사대상기관의 장 등으로 하여금 개선방안을 마련하도록 할 필요가 있는 경우

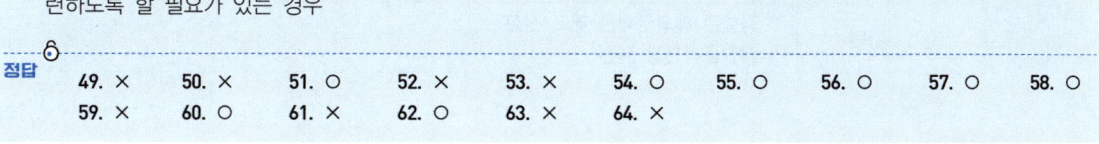

정답
| 49. × | 50. × | 51. ○ | 52. × | 53. × | 54. ○ | 55. ○ | 56. ○ | 57. ○ | 58. ○ |
| 59. × | 60. ○ | 61. × | 62. ○ | 63. × | 64. × | | | | |

경찰의 역사

역사적 구분	경찰기관	특징
개화기 (1894년~1910년)	경무청, 경부, 경시청	① (　)년 경무청관제직장 : 최초의 경찰조직법. 경무청을 신설, 그 장은 경무사 ② (　)년 행정경찰장정 : 최초의 경찰작용법. 프랑스「죄와형벌법전」의 영향을 받은 일본의 행정경찰규칙과 위경죄즉결례를 혼합 ③ (　)년 경부 신설 ④ (　)년 경무청(전국 관할) → (　)년 경무청(한성부 관할) ⑤ (　)년 경시청 ⑥ 경찰사무에 관한 취극서(1908년) → 재한국 외국인민에 대한 경찰에 대한 한일협정(1909년) → 한국사법 및 감옥사무 위탁에 관한 각서(1909년) → 한국경찰사무 위탁에 관한 각서(1910년)
정답		① 1894, ② 1894, ③ 1900, ④ 1902, 1905, ⑤ 1907
일제강점기 (1910년~1945년)	임시정부 경무국(경무과), 총독부 경무국	① (　)년 : 헌병경찰 → 보통경찰 ② 김구 선생 : 1919년 상하이에서 수립한 대한민국 임시정부의 초대 경무국장 ③ 나석주 의사 : 임시정부 경무국 경호원 및 의경대원으로 활동하였음. 1926년 12월 식민수탈의 심장인 식산은행과 동양척식회사에 폭탄을 투척 ④ 정치범처벌법(　), 치안유지법(　) : 일본에서 제정되어 국내에 적용
정답		① 1919, ④ 1919년, 1925년
미군정기 (1945년~1948년)	경무국 → 경무부	① 비경찰화 : 고등경찰, 경제경찰과 폐지, 위생경찰 이관 ② 정보경찰 신설 ③ 일제 치안입법 청산 : (　)년 정치범처벌법, 치안유지법, 예비검속법, (　)년 보안법 ④ 안맥결 총경 : (　)년 5월 미군정하 여자경찰간부 제1기로 임용되며 경찰에 투신 ⑤ (　)년 경무부 승격, (　)년 중앙경찰위원회(　)
정답		③ 1945, 1948, ④ 1946, ⑤ 1946, 1947, 6인

✎ **치안국, 치안본부 시대**

	(　)년	경찰병원 설치
치안국 시대	1950년	① 안종삼 서장 : 구례경찰서장으로 예비검속된 보도연맹원 전원을 방면 ② 문형순 경감 : 제주 4.3 사건과 관련하여 성산포경찰서장으로서 예비검속된 주민들을 방면
	1951년	차일혁 경무관 : 빨치산과의 전투 중에 지리산 화엄사 등의 고찰을 지켜냄. 문화경찰의 표상
	(　)년	① 차일혁 경무관 : 빨치산 남부군사령관 이현상 사살 ②「경찰관 직무집행법」제정. 해양경찰대 설치 ③ 철도경찰 업무 담당(1953년~1963년)
	(　)년	국립과학수사연구소 설치
	1962년	「청원경찰법」제정
	(　)년	① 경찰관 해외주재관 제도 신설 ② 경찰윤리헌장 제정

	( )년	① 최규식 경무관과 정종수 경사 : 1.21 무장공비 침투사건에서 청와대를 사수하고 순국. 호국경찰의 표상 ② 1.21 사태를 계기로 전투경찰대의 설치
	( )년	「경찰공무원법」 제정. 경정, 경장 2계급을 신설, 2급지 서장을 경감에서 경정으로 격상, 경과제도 도입
	정답	순서대로 1949, 1953, 1955, 1966, 1968, 1969
치안본부 시대	( )년	8월 15일 광복절 기념식장에서 영부인이 피격·사망한 사건이 발생 → 내부무 치안국을 치안본부로 격상
	( )년	소방업무를 민방위본부로 이관(치안국 소방과 → 민방위본부 소방국)
	1979. 12. 28.	경찰대학설치법 제정 공포(4년제 정규대학 설치를 내용으로) 1981년 경찰대학의 개교
	( )년	① 전남경찰국장 안병하 치안감, 목포경찰서장 이준규 총경 : 5.18 광주 민주화 운동에 대한 신군부의 무장 강경진압 방침을 거부 ② 새경찰신조 제정
	( )년	① 경찰 대공분실에서 발생한 박종철 고문치사 사건은 '6월 민주항쟁'의 도화선이 되었다. ② 6월 민주항쟁 이후 경찰 내부에서는 정치적 중립을 지키지 못한 과오를 반성하고 경찰 중립화를 요구하는 성명 발표 등 자성의 목소리가 나왔다.
	1990. 10. 13.	범죄와의 전쟁 선포
	정답	순서대로 1974, 1975, 1980, 1987

✎ 경찰청 시대

( )년	① 「경찰법」은 내무부 치안본부(치안국×)을 경찰청으로 개편하기 위하여 제정 ② 치안본부에서 경찰청으로 승격, 시·도 경찰국에서 지방경찰청으로 승격 ③ 행정안전부에 경찰위원회 설치 ④ 치안행정과 지방행정 간의 협조를 위하여 치안행정협의회를 설치 ⑤ 경찰헌장 제정	
( )년	해양경찰청을 해양수산부로 이관	
( )년	경찰서비스헌장 제정	
( )년	사이버테러대응센터 신설	
2005. 12. 30.	경찰병원을 책임운영기관에 추가	
( )년	① 제주도 자치경찰 출범. 제주특별자치도 '자치경찰단'이 창설 ② 경찰청 외사관리관을 외사국으로 확대 개편	
( )년	① 자치경찰제의 도입, 다양한 치안서비스 제공, 국민부담 경감 등을 위하여 2020년에 「경찰법」을 「국가경찰과 자치경찰이 조직 및 운영에 관한 법률」로 법제명을 변경하는 등 전부개정 ② 「국가경찰과 자치경찰의 조직 및 운영에 관한 법률」의 전면 개정에 따라 자치경찰제가 전국적으로 확대 ③ 시·도지사 소속으로 자치경찰위원회 설치 ④ 국가수사본부 신설	
2024년	「국가정보원법」 개정에 따라 국가정보원의 국가 안보 관련 수사업무가 경찰로 이관(대공수사권 이관)	
정답	순서대로 1991, 1996, 1998, 2000, 2006, 2021	

핵심정리 OX Check

□□□ **01** 고려시대 중앙에는 형부, 병부, 어사대, 금오위 등이 경찰업무를 수행하였고, 이 중 어사대는 관리의 비리를 규탄하고 풍속교정을 담당하는 등 풍속경찰의 임무를 수행하였다.   (   )

□□□ **02** 갑오개혁 이후부터 일제강점기까지 법령 중에서 「치안유지법」은 반정부·반체제운동을 막기 위해 1925년에 제정되었다.   (   )

□□□ **03** 미군정시기 예비검속법, 치안유지법 등이 폐지되는 등 법적 정비가 이루어졌다.   (   )

□□□ **04** 1945년 '법무국 검사에 관한 훈령 제3호'가 발령되어 '수사는 경찰, 기소는 검사' 체제가 도입되어 경찰의 독자적 수사권이 인정되었다.   (   )

□□□ **05** 1946년 경무국을 경무부로 승격시키고, 기존 경무국의 과(課)를 국(局)으로 승격시켰다. (   )

□□□ **06** '태평양미군총사령부포고 제1호'를 통해 미군정을 실시하였으며, 일제강점기 시대의 경찰 인력을 현직에서 청산함으로써 경찰의 인적 구성원을 대거 쇄신하였다.   (   )

□□□ **07** 미군정시기 경찰이 담당하였던 위생사무 등 행정경찰사무가 경찰관할에서 분리되는 비경찰화 작업이 진행되었다.   (   )

□□□ **08** 일제강점기 치안입법이 정리된 시기로 1945년 「보안법」이 폐지되었고, 1948년 「예비검속법」이 순차적으로 폐지되었다.   (   )

□□□ **09** 1946년 여자경찰제도가 신설되었다.   (   )

□□□ **10** 1947년 6인의 위원으로 구성된 중앙경찰위원회를 설치하였다.   (   )

□□□ **11** 미군정하에서는 조직법적, 작용법적 정비가 이루어지고 경찰제도의 개혁이 이루어져 경찰의 활동 영역이 확대되었다.   (   )

□□□ **12** 광복 이후 신규경찰 채용과정에서 일제 강점기 경찰경력자들이 다수 임용되었으나, 독립운동가 출신들도 상당히 많이 채용되었다.   (   )

□□□ **13** 의경대는 상해임시정부시기 운영된 경찰기구로서 교민사회의 안녕과 질서유지, 호구조사 등을 담당하였다.   (   )

□□□ **14** 3·1운동을 계기로 헌병경찰제도에서 보통경찰제도로 전환되었다.   (   )

□□□ **15** 여성경찰제도는 1946년에 도입되었고 여성경찰은 여성과 15세 미만 아동 대상 사건 등 풍속·소년·여성 보호 업무를 담당하였다.   (   )

□□□ **16** 상해시기 초대 경무국장인 백범 김구 선생이 지휘한 임시정부 경찰은 우리 역사상 최초 민주공화제 경찰로 정식예산은 편성되지 않았지만, 규정에 의해 소정의 월급이 지급되었다.　（　　）

□□□ **17** 미군정하의 경찰의 경우 1947년 7인으로 구성된 중앙경찰위원회가 법령 제157호로 설치되었다.　（　　）

□□□ **18** 임시정부경찰은 임시정부를 수호하고 일제 밀정을 방지하는 임무를 통해서, 임시정부의 항일투쟁을 수행하는 데 핵심적 역할을 수행하였다.　（　　）

□□□ **19** 우리나라에 근대적 의미의 경찰개념이 도입된 것은 갑오개혁 이후로 이 시기에 처음으로 경찰이라는 용어를 사용하였다.　（　　）

□□□ **20** 미군정 시기에는 광범위하게 이루어지던 행정경찰사무가 경찰의 관할에서 분리되는 비경찰화 작업이 진행되었다.　（　　）

□□□ **21** 1953년 「경찰관 직무집행법」이 제정되었으며, 국민의 생명·신체·재산의 보호라는 영·미법적 사고가 반영되었다.　（　　）

□□□ **22** 정부수립 이후 1991년 이전 경찰의 특징을 살펴보면, 전투경찰업무가 경찰의 업무 범위에 추가되었고 소방업무가 경찰의 업무 범위에서 배제되는 등 경찰활동의 영역에 변화가 있었다. （　　）

정답 & OX 풀이

06 미군정은 「태평양 미군 총사령부 포고 1호」를 통하여 군정의 실시와 구 관리의 현직유지가 포고되어 경찰의 인적 구성원에 대한 쇄신이 이루어지지 못했고, 일제시대의 경찰을 그대로 유지하였다. 또한 조선총독부 경무국과 지방의 도지사 밑의 경찰부가 그대로 답습되었다.

08 일제강점기 치안입법이 정리된 시기로 1945년 「정치범처벌법」, 「치안유지법」, 「예비검속법」이 폐지되었고, 1948년 「보안법」이 순차적으로 폐지되었다.

11 미군정하에서는 조직법적, 작용법적 정비가 이루어지고 경찰제도의 개혁이 이루어졌다. 조직법적 정비의 측면에서 비경찰화가 진행되면서 경찰의 활동영역이 축소되었다고 할 수 있다.

15 여성경찰제도는 1946년에 도입되었고 여성경찰은 여성과 14세 미만 아동 대상 사건 등 풍속·소년·여성 보호 업무를 담당하였다.

16 상해시기 초대 경무국장인 백범 김구 선생이 지휘한 임시정부 경찰은 우리 역사상 최초 민주공화제 경찰로 정식예산이 편성되었고, 규정에 의해 소정의 월급이 지급되었다.

17 미군정하의 경찰의 경우 1947년 6인으로 구성된 중앙경찰위원회가 법령 제157호로 설치되었다.

정답
01. ○　02. ○　03. ○　04. ○　05. ○　06. ×　07. ○　08. ×　09. ○　10. ○
11. ×　12. ○　13. ○　14. ○　15. ×　16. ×　17. ×　18. ○　19. ○　20. ○
21. ○　22. ○

□□□ **23** 구「경찰법」이「국가경찰과 자치경찰의 조직 및 운영에 관한 법률」로 개정됨에 따라 자치경찰사무를 관장하게 하기 위하여 특별시장·광역시장·특별자치시장·도지사·특별자치도지사 소속으로 시·도자치경찰위원회를 두었다. ( )

□□□ **24** 1919년 3·1운동을 계기로 헌병경찰제도에서 보통경찰제도로의 전환은 이루어졌으나, 일본에서 제정된「정치범처벌법」을 우리나라에 적용하는 등 일제의 탄압적 지배체제가 강화되었다. ( )

□□□ **25** 미군정기에 고등경찰제도가 폐지되었으며, 경찰에 정보업무를 담당하는 정보과와 경제사범단속을 위한 경제경찰이 신설되었다. ( )

□□□ **26** 1953년 경찰작용의 기본법인「경찰관 직무집행법」이 제정되어 경감 이상의 계급정년제가 도입되었고, 1969년「경찰공무원법」이 제정되어 경정 및 경장 계급이 신설되었다. ( )

□□□ **27** 대한민국 정부 수립 이후 1974년 내무부 치안국이 치안본부로 개편되었고, 2006년 제주특별자치도 '자치경찰단'이 창설되었다. ( )

□□□ **28** 수사절차 전반에 걸쳐 주관적인 시각으로 사건을 살펴보고 오류를 바로잡을 수 있도록 하기 위하여 일선 지구대 및 파출소에 '영장심사관', '수사심사관' 제도를 도입·운영한 바 있다. ( )

□□□ **29** 집회·시위에 대한 관점을 관리·통제에서 인권존중·소통으로 근본적으로 바꾸기 위해 스웨덴 집회·시위관리 정책을 벤치마킹한 '대화경찰관제'를 도입·시행하고 있다. ( )

□□□ **30** 국경을 초월하는 국제범죄에 능동적으로 대응하고 재외국민 보호를 위해 치안시스템 전수, 외국 경찰 초청연수, 치안인프라 구축사업 등을 내용으로 하는 치안한류 사업을 추진하고 있다. ( )

□□□ **31** 2020년 12월「국가정보원법」개정에 따라 국가정보원의 국가 안보 관련 수사업무가 2024년 1월 1일자로 경찰로 이관되었다. ( )

□□□ **32** 2000년 경찰청 사이버테러대응센터 신설 ( )

□□□ **33** 1991년 경찰서비스헌장 제정 ( )

□□□ **34** 2021년 국가수사본부 신설 ( )

□□□ **35** 1991년「경찰법」제정 ( )

□□□ **36** 1996년 제주특별자치도 자치경찰단 설치 ( )

□□□ **37** 광복 이후 미군정은 일제가 운용하던 비민주적 형사제도를 상당 부분 개선하고, 영미식 형사제도를 도입하기도 하였는데, 1945년 미군정 법무국 검사에 대한 훈령 제3호가 발령되어 수사는 경찰, 기소는 검사 체제가 도입되며 경찰의 독자적 수사권이 인정되었다. ( )

□□□ **38** 경찰작용에 관한 기본법으로서 「경찰관 직무집행법」은 정부수립 이후 1948년 제정되었다.
( )

□□□ **39** 경찰법이 제정될 때까지 경찰체제의 근거가 되는 법률은 「정부조직법」이었다. ( )

□□□ **40** 한국경찰 최초의 작용법은 행정경찰장정이고, 한국경찰 최초의 조직법은 경무청관제직장이다.
( )

□□□ **41** 1969년 「경찰공무원법」이 처음으로 제정되어 그동안 「국가공무원법」에 의거하던 경찰공무원을 특별법으로 규율하게 되었다. ( )

□□□ **42** 1953년 휴전 이후 전후 복구와 교통안정을 위하여 철도경찰대를 확대 운영하게 된다. ( )

□□□ **43** 1953년 「경찰관 직무집행법」이 제정되어 국민의 생명·신체·재산의 보호를 명문으로 규정하여 영미법적 사고가 반영되게 된다. ( )

□□□ **44** 1966년 자율적이고 적극적인 봉사자로서 경찰관이 갖추어야 할 '기본정신'과 실천하여야 할 윤리적인 '행동지표'를 제시하는 「경찰윤리헌장」이 제정된다. ( )

□□□ **45** 1969년 「경찰공무원법」이 제정되어 경찰관 직무에 있어서 직능별 전문화를 기하기 위한 경과제를 채택하였다. ( )

정답 & OX 풀이

24 1919년 3·1운동을 계기로 헌병경찰제도에서 보통경찰제도로의 전환은 이루어졌으나, 일본에서 제정된 「치안유지법」을 우리나라에 적용하는 등 일제의 탄압적 지배체제가 강화되었다.

25 미군정기에 고등경찰제도가 폐지되었으며, 경찰에 정보업무를 담당하는 정보과가 신설되었다. 경제사범단속을 위한 경제경찰은 다른 행정기관에 이관되었다.

26 1953년 경찰작용의 기본법인 「경찰관직무집행법」이 제정되었고, 1969년 「경찰공무원법」이 제정되어 경감 이상의 계급정년제가 도입되고 경정 및 경장 계급이 신설되었다.

28 수사절차 전반에 걸쳐 수사부서와 독립된 지위에서 객관적인 시각으로 사건을 살펴보고 오류를 바로잡을 수 있도록 하기 위하여 시·도경찰청, 일선 경찰서에 '수사심사(딤딩)관' 제도를 도입·운영한 바 있다.

33 1998년

36 2006년

38 경찰작용에 관한 기본법으로서 「경찰관 직무집행법」은 1953년에 제정되었다.

42 1953년 휴전 이후 전후 복구와 교통 안정을 위하여 철도경찰 업무를 치안국 경비과로 이관하게 되었다. 이후 철도경찰의 전문성 향상을 위해 철도특별사법경찰 조직이 1963년 교통부 법무관실 공안계로 출발하였고 현재 국토교통부 소속 철도경찰대가 운영되고 있다.

정답
23. O	24. ×	25. ×	26. ×	27. O	28. ×	29. O	30. O	31. O	32. O
33. ×	34. O	35. O	36. ×	37. O	38. ×	39. O	40. O	41. O	42. ×
43. O	44. O	45. O

□□□ **46** 자치경찰제의 도입, 다양한 치안서비스 제공, 국민부담 경감 등을 위하여 2020년에 「경찰법」을 「국가경찰과 자치경찰의 조직 및 운영에 관한 법률」로 법제명을 변경하는 등 전부개정하였다. ( )

□□□ **47** 「경찰법」은 내무부 치안국을 경찰청으로 개편하기 위하여 1991년에 제정하였다. ( )

□□□ **48** 「경찰공무원법」은 경찰직무의 특수성에 비추어 경찰질서의 확립과 경찰인사의 합리화를 위하여 기존 「국가공무원법」에 포함되어 있는 경찰인사에 관한 규정을 분리하여 별도로 독립된 법으로 1969년에 제정하였다. ( )

□□□ **49** 「경찰관 직무집행법」은 경찰관이 국민에 대한 생명·신체·재산의 보호, 범죄의 예방, 공안의 유지, 기타 법령집행등의 직무를 충실히 수행하도록 필요한 사항을 정하기 위하여 1953년에 제정하였다. ( )

□□□ **50** 1991년 경찰민주화 및 정치적 중립성 확보에 대한 국민적 열망을 반영하여 「경찰법」이 제정되었으며, 이를 통하여 정부수립 이후 최초로 독립적인 경찰기구가 만들어졌다. ( )

□□□ **51** 1991년 제정된 「경찰법」에 따라 기존보다 경찰의 독립성 및 경찰에 대한 민주적 통제가 강화되었으며 지방행정과의 연계를 위한 여건이 조성되었으나 경찰이 선거부처로부터 완전히 독립하지는 못하였다는 평가를 동시에 받는다. ( )

□□□ **52** 1991년 제정된 「경찰법」에 따라 경찰의 정치적 중립성 및 독립성 확보를 위하여 경찰청을 내무부의 외청으로 설치하였다. ( )

□□□ **53** 1991년 「경찰법」 제정 당시 분단국가로서 특수한 안보상황을 고려하여 보안경찰 업무는 국가안전기획부로 이양하였다. ( )

□□□ **54** 1991년 제정된 「경찰법」에 따라 경찰에 대한 민주적 통제를 위하여 경찰위원회 제도를 도입하였다. ( )

□□□ **55** 1991년 제정된 「경찰법」에 따라 치안행정과 지방행정 간의 협조를 위하여 치안행정협의회를 설치하였다. ( )

정답 & OX 풀이

47 「경찰법」은 내무부 치안본부를 경찰청으로 개편하기 위하여 1991년에 제정하였다.
53 분단국가로서 특수한 안보상황을 고려하여 보안경찰 업무를 경찰과 국가안전기획부가 담당하였다.

정답 46. ○ 47. ✕ 48. ○ 49. ○ 50. ○ 51. ○ 52. ○ 53. ✕ 54. ○ 55. ○

핵심정리 OX Check

□□□ **01** 백범 김구 선생은 1919년 상하이에 수립된 대한민국 임시정부의 초대 경무국장으로 취임 후 임시 정부 경찰을 지휘하며 임시정부의 성공적 정착에 이바지하였다. ( )

□□□ **02** 나석주 : 임시정부 경무국 경호원 및 의경대원으로 활동하면서 식민수탈의 심장인 식산은행과 동 양척식주식회사에 폭탄을 투척하였다. ( )

□□□ **03** 한국경찰사 주요 인물 중 1936년 임시정부 군자금 조달 혐의로 5개월간 구금된 인물은 도산 안창 호 선생의 조카딸인 안종삼이다. ( )

□□□ **04** 안종삼 총경 – 1950년 7월 24일 구례경찰서 서장으로서 경찰서에 구금 중이던 480명의 국민보도 연맹원들을 사살하라는 상부의 명령을 받았으나, 이를 거부하고 전원 석방함으로써 국가범죄의 비극적 살육을 막아냈다. ( )

□□□ **05** 이준규 서장은 보도연맹원들에 대한 총살명령이 내려오자 480명의 예비검속자 앞에서 "내가 죽더 라도 방면하겠으니 국가를 위해 충성해 달라"라는 연설 후 전원 방면하였다. ( )

□□□ **06** 안종삼 : 성산포경찰서장 재직 시, 계엄군으로부터 예비검속자들을 총살 집행 후 보고하라는 공문 을 받고, 그 공문에 직접 "부당함으로 불이행"이라 쓰고 지시를 거부하였다. 자신의 목숨이 위태로 울 수 있음에도 용기있는 결단으로 예비검속자들의 목숨을 구해냈다. ( )

정답 & OX 풀이

03 한국경찰사 주요 인물 중 1936년 임시정부 군자금 조달 혐의로 5개월간 구금된 인물은 도산 안창호 선생의 조카딸인 안맥결 총경이다.

05 구례경찰서 안종삼 서장은 1950년 7월 24일 전쟁발발로 예비검속된 보도연맹원들에 대한 총살 명령이 내려오자 480명의 예비검속지 앞에서 "내가 죽더라도 방면하겠으니 국가를 위해 충성해 달라."라고 연설한 후 전원을 방면하여 구명하였다.

06 문형순

정답 01. ○ 02. ○ 03. × 04. ○ 05. × 06. ×

□□□ **07** 이준규 : 5 · 18 광주 민주화운동 당시 전남지역 치안의 총책임자로서 무장 강경진압 방침이 내려
오자, '데모 저지에 임하는 경찰의 방침'(주동자 외는 연행 금지, 경찰봉 사용 유의, 절대 희생자가
발생하지 않도록 할 것 등)이라는 근무지침을 전파하여 시민과 경찰 양측의 안전을 우선시하고
인권에 유의한 집회 · 시위 관리를 강조하였다.   (   )

□□□ **08** 김해수 : 1946년 여자경찰간부 1기로 경찰에 투신하여 1952년 서울여자경찰서장에 취임하였다.
5 · 16군사정변 당시 군부로부터 정권에 합류를 권유받았으나, 민주주의를 부정한 군사정권에 협
력할 수 없다며 거부하고 경찰에서 퇴직하였다.   (   )

□□□ **09** 노종해 : 1950년 순경으로 임용, 1986년 총경으로 승진하였지만, 수사현장을 끝까지 지킨다는 의
지로 경찰서장 보직을 희망하지 않고 수사 · 형사과장으로만 재직하였다. MBC 드라마 수사반장
의 실제 모델이며, 1963년, 1968년, 1969년에 치안국의 포도왕(검거왕)으로 선정되었다. (   )

□□□ **10** 차일혁 경무관 – 일제 강점기에 항일투쟁을 하였고 6 · 25전쟁 기간 제18전투경찰대장으로 부임
하여 빨치산토벌작전에서 탁월한 전공을 세웠으며, 1954년 충주경찰서장으로서 충주직업청소년
학교를 설립하여 전쟁고아들에게 학교공부와 직업교육의 기회를 주었다.   (   )

□□□ **11** 박재표 경위 – 1956년 8월 13일 제2대 지방의원 선거 당시 정읍 소성지서에서 순경으로 근무하던
중 투표함을 바꿔치기 하는 부정선거를 목격하고 이를 기자회견을 통해 세상에 알리는 양심적 행
동을 하였다.   (   )

□□□ **12** 이준규 총경 – 1980년 5 · 18민주화운동 당시 목포 경찰서장으로서 시민과의 유혈충돌을 방지하
기 위해 보유 중인 총기들을 목포 인근에 위치한 섬으로 이동시켰고 신군부의 강경한 시위진압에
거부하는 등 시민을 보호하였다.   (   )

□□□ **13** 안맥결 – 성산포경찰서장 재직 시 계엄군의 예비검속자 총살 명령에 '부당함으로 불이행'한다고
거부하고 주민들을 방면함   (   )

□□□ **14** 최규식 – 5 · 18 광주 민주화운동 당시 무장 강경진압 방침이 내려오자 '분산되는 자는 너무 추적
하지 말 것, 부상자가 발생하지 않도록 할 것' 등을 지시하여 비례의 원칙에 입각한 경찰권 행사
및 인권보호를 강조함   (   )

□□□ **15** 정종수 – 임시정부 경무국 경호원 및 의경대원으로 활동하였고 1926년 12월 식민수탈의 심장인
식산은행과 동양척식회사에 폭탄을 투척함   (   )

□□□ **16** 나석주 – 구례경찰서장 재임 당시, 재판을 받지 않고 수감된 보도연맹원 480명을 방면하였으며,
'내가 만일 반역으로 몰려 죽는다면 나의 혼이 여러분 각자의 가슴에 들어가 지킬 것이니 새 사람
이 되어주십시오'라고 당부함   (   )

□□□ **17** 안병하 치안감은 5 · 18 광주 민주화운동 당시 전라남도 경찰국장으로서 전라남도 경찰들에게 '분
산되는 자는 너무 추적하지 말 것' 등을 지시하고, '연행과정에서 학생의 피해가 없도록 유의하라'
고 지시하여 호국정신에 입각한 경찰권 행사 및 시위대의 질서유지를 강조하였다.   (   )

□□□ **18** 문형순 경감은 1980년 5·18 광주 민주화운동 당시 비례의 원칙에 입각한 경찰권 행사 및 시위대의 인권보호를 강조하였다.　　　　　　　　　　　　　　　　　(　)

□□□ **19** 이준규 총경은 1957년 국립경찰전문학교 교수로 발령 받아 후배 경찰교육에 힘쓰다 1961년 5·16 군사정변이 일어나자 군사정권에 협력할 수 없다며 사표를 제출하였다.　　　(　)

□□□ **20** 미 해병 1사단에 배속된 한국경찰 '화랑부대' 1개 소대(기관총 부대)가 뛰어난 전공을 거둠으로써 미 해병의 극찬을 받았다. '화랑부대'는 미군으로부터 별도 정예훈련을 받고 부대단위로 편제된 경찰관 부대를 통칭하였다. 미군으로부터 인정받은 전투력을 바탕으로 수색·정찰임무 및 전투를 공동으로 수행하였다. 이 구국경찰활동은 장진호 전투이다.　　　　　　　　(　)

□□□ **21** 차일혁 : 구례 화엄사 등 문화재를 수호한 인물로 '보관문화훈장'을 수여 받음　　　(　)

□□□ **22** 김학재 : 1998년 강도강간 신고출동 현장에서 피의자로부터 좌측 흉부를 칼로 피습당한 상태에서도 격투를 벌여 범인검거 후 순직하였으며, 2018년 '경찰영웅'으로 선정됨　　　(　)

□□□ **23** 안종삼 : 예비검속 된 보도연맹원들에 대한 총살명령에 대해 '내가 죽더라도 방면하겠으니 국가를 위해 충성해 달라'고 말한 후 전원 방면함　　　　　　　　　　　　　　　(　)

□□□ **24** 최중락 : 1968년 무장공비 침투사건 당시 자하문검문소에서 무장공비를 온몸으로 막아내고 청와대를 사수하였으며, 호국경찰의 표상이 됨　　　　　　　　　　　　　(　)

정답 & OX 풀이

07 안병하
08 안맥결
09 최중락
13 문형순
14 안병하
15 나석수
16 안종삼
17 '연행과정에서 학생의 피해가 없도록 유의하라'고 지시하여 비례의 원칙에 입각한 경찰권 행사 및 시위대의 인권보호를 강조하였다.
18 안병하 치안감
19 안맥결 총경
24 최규식, 성종수 : 1968년 무장공비 침투사건 당시 지하문검문소에서 무장공비를 온몸으로 막아내고 청와대를 사수하였으며, 호국경찰의 표상이 됨

정답

07. ×	08. ×	09. ×	10. ○	11. ○	12. ○	13. ×	14. ×	15. ×	16. ×
17. ×	18. ×	19. ×	20. ○	21. ○	22. ○	23. ○	24. ×		

핵심정리 OX Check

□□□ **01** 영국의 「윈체스터법」에는 치안관(Constable)을 임명해서 각 도시에 야경제도를 조직하고 유지하는 책임을 갖도록 하는 내용이 포함되어 있다. ( )

□□□ **02** 1829년 근대경찰의 아버지로 불리는 로버트 필경(Sir Robert Peel)의 제의로 영국 최초의 근대 경찰조직인 수도경찰청이 창설되었다. = 영국에서는 로버트 필 경(Sir Robert Peel)의 제안으로 1829년 수도경찰청(Metropolitan Police Service)이 설립되었다. ( )

□□□ **03** 로버트 필 경(Sr. Robert Peel)이 경찰조직을 운영하기 위하여 제시한 기본적인 원칙(경찰개혁안 포함) : 경찰은 정부의 통제하에 있어야 한다. ( )

□□□ **04** 로버트 필 경(Sr. Robert Peel)이 경찰조직을 운영하기 위하여 제시한 기본적인 원칙(경찰개혁안 포함) : 범죄발생 사항은 반드시 전파되어야 한다. ( )

□□□ **05** 로버트 필 경(Sr. Robert Peel)이 경찰조직을 운영하기 위하여 제시한 기본적인 원칙(경찰개혁안 포함) : 단정한 외모가 시민의 존중을 산다. ( )

□□□ **06** 로버트 필 경(Sr. Robert Peel)이 경찰조직을 운영하기 위하여 제시한 기본적인 원칙(경찰개혁안 포함) : 경찰의 효율성은 항상 범죄나 무질서를 진압하는 가시적인 모습으로 판단하는 것이다. ( )

□□□ **07** 1964년 「경찰법」을 통해 내무부장관, 지방경찰위원회, 지방경찰청장을 중심으로 하는 경찰 3원 체제를 설정하였다. ( )

□□□ **08** 2002년 「경찰개혁법」이 제정되어 지방경찰위원회 및 지방경찰청장에 대한 내무부장관의 권한이 약화되었다. ( )

□□□ **09** 2011년 「경찰개혁 및 사회책임법」은 지역치안위원장, 지역치안평의회, 지방경찰청장, 내무부장관을 중심으로 하는 4원 체제로의 변화를 통해 자치경찰의 성격을 강화하였다. ( )

□□□ **10** 영국의 지방경찰은 2011년 「경찰개혁 및 사회책임법」 제정을 통해 기존의 3원 체제(지방경찰청장, 지방경찰위원회, 내무부장관)에서 4원 체제(지역치안위원장, 지역치안평의회, 지방경찰청장, 내무부장관)로 변화하면서 자치경찰의 성격이 약화되었다. ( )

□□□ **11** 영국의 국립범죄청(NCA)은 2013년 중대조직범죄청(SOCA)과 아동범죄대응센터(CEOPC)를 통합하여 출범하였다. ( )

□□□ **12** 미국에서 지나친 지방분권화와 정치적 영향으로 효과적인 범죄 대처가 불가능해지자 1835년에 최초의 주경찰로 펜실베니아 주경찰이 창설되었다. ( )

□□□ **13** 20세기 초 경찰개혁시대의 미국경찰은 지나친 분권화와 정치적 영향으로 정치와 경찰의 분리를 추진하였다. ( )

□□□ **14** 미국의 20세기 초 경찰개혁을 이끈 대표적 인물로 1인 순찰제의 효과성을 연구한 윌슨(O. W. Wilson)과 대학에 경찰 관련 교육과정을 개설한 어거스트 볼머(August Vollmer)가 있다. ( )

□□□ **15** 20세기 초 경찰개혁시대에 미국경찰 개혁을 이끈 대표적 인물로 볼머(August Vollmer), 윌슨(O. W. Wilson) 등이 있다. ( )

□□□ **16** 오거스트 볼머(August Vollmer)는 경찰관 선발을 지원하기 위해서 지능·정신병·신경학 검사를 도입했다. ( )

□□□ **17** 윌슨(O. W. Wilson)은 1인 순찰제의 효과성에 관한 체계적인 연구를 수행했다. ( )

정답 & OX 풀이

01 영국의 「윈체스터법」(1258년)에는 치안관(Constable)을 임명해서 각 도시에 야경제도를 조직하고 유지하는 책임을 갖도록 하는 내용이 포함되어 있다. 치안관(Constable)은 도시의 치안을 담당하는 무보수 명예직이었으며, 치안 판사의 지휘 아래 공동체의 안전을 유지하는 역할을 수행했다.

06 언제나 경찰의 효율성은 범죄와 무질서의 감소나 부재로 평가받는 것이지, 범죄나 무질서를 진압하는 가시적인 모습으로 평가받는 것은 이니라는 점을 명심해야 한다. 9가지 경찰활동의 원칙(9 Principle of Policing) 중 9번째

08 2002년 「경찰개혁법」이 제정되어 지방경찰위원회 및 지방경찰청장에 대한 내무부장관의 권한이 강화되었다.

10 영국의 지방경찰은 2011년 「경찰개혁 및 사회책임법」 제정을 통해 기존의 3원 체제(지방경찰청장, 지방경찰위원회, 내무부장관)에서 4원 체제(지역치안위원장, 지역치안평의회, 지방경찰청장, 내무부장관)로 변화하면서 자치경찰의 성격이 강화되었다.

12 미국에서 지나친 지방분권화와 정치적 영향으로 효과적인 범죄 대처가 불가능해지자 1835년에 최초의 주경찰로 텍사스주의에서 텍사스레인저(Texas Ranger)가 창설되었다. 이후 1865년 매사추세츠주의 지역경찰(District Police), 1905년 펜실베니아주 주경찰청(State Constabulary) 등이 등장하여 20세기 조에 이르러 점차 진제 주에서 주경찰을 보유히게 되었다.

정답

01. ○	02. ○	03. ○	04. ○	05. ○	06. ×	07. ○	08. ×	09. ○	10. ×
11. ○	12. ×	13. ○	14. ○	15. ○	16. ○	17. ○			

18 20세기 초 경찰개혁시대에 미국경찰은 시민과의 협력을 위해 도보순찰을 강조하였다. (　　)

19 20세기 초 경찰개혁시대에 미국 경찰은 전문직화를 추진·확립하였다. (　　)

20 위커샴 위원회(Wickersham Commission) 보고서에서는 경찰전문성 향상을 위해 경찰관 채용기준 강화, 임금 및 복지개선, 교육훈련 증대의 필요성이 제기되었다. (　　)

21 미국경찰에는 기본적으로 지방경찰, 주 경찰, 연방경찰이 존재하며, 이 중 광범위한 경찰권을 행사하여 법집행의 범위가 가장 넓은 것은 주 경찰이다. (　　)

22 미국에서는 중앙집권적인 경찰제도를 운영하고 있으며, 경찰조직은 일반적으로 연방, 주, 시·군 수준에 설치되어 있다. (　　)

23 미국은 경찰업무의 집행에 있어 범죄대응의 효율성보다는 인권보장에 중점을 두어 적법절차(Due Process of Law)를 강조하는데, 이는 연방대법원의 판결을 통해 확립되어 있다. (　　)

24 루즈벨트(F. D. Roosevelt) 대통령의 지시로 1903년 최초의 연방수사 기구가 재무부에 창설되었다. (　　)

25 미국의 연방수사국(FBI)은 2001년 9.11 테러 이후 테러예방과 수사에 많은 역량을 집중시키고 있다. (　　)

26 11세기경 프랑스의 앙리 1세는 파리의 치안을 유지하기 위해 법원과 경찰기능을 가진 프레보 (Prévôt)를 창설하였다. = 프랑스에서는 앙리 1세에 의해 법원과 경찰기능을 가진 프레보(Prevot) 가 도입되었다. (　　)

27 프랑스 군경찰은 군인의 신분으로 국방임무를 수행하면서, 행정경찰과 사법경찰의 기능을 수행한다. (　　)

28 프랑스에서는 수사의 주체가 수사판사 또는 검사이고, 국립경찰 소속 사법경찰뿐만 아니라 사법 경찰활동을 하는 군경찰도 수사판사 또는 검사의 수사지휘를 받아야 한다. (　　)

29 독일경찰은 1949년 「기본법」의 제정으로 대부분의 주(州)에서 주(州)단위 국가경찰제도를 채택하였다. (　　)

30 독일경찰은 연방차원에서는 각 주(州)가 경찰권을 가지고 있는 자치경찰이지만, 주(州)의 관점에서 본다면 주(州) 내무부장관을 정점으로 하는 주(州)단위의 국가경찰체제이다. (　　)

31 독일에서는 제2차 세계대전 이후 연합국에 의하여 협의의 행정경찰사무를 경찰로부터 분리하는 비(탈)경찰화가 추진되었다. (　　)

□□□ **32** 독일에서는 주별로 법률이 독자적으로 제정 · 운영되고 있어 주 경찰 중심으로 일반적 경찰권을 행사하나, 수사권에 있어서는 통일적 업무수행을 위해 연방(범죄)수사청이 주 소속 수사경찰을 지휘 · 감독한다. ( )

□□□ **33** 독일의 연방범죄수사청(BKA)은 연방헌법기관 요인들에 대한 신변경호도 담당한다. ( )

□□□ **34** 일본 경찰은 일반적으로 수사의 개시 · 진행권 및 종결권을 가지고 있으며, 검찰과 상호대등한 협력관계를 이룬다. ( )

□□□ **35** 일본에서는 1차적 수사기관인 경찰과 2차적 수사기관인 검사가 대등적 · 협력적 관계를 이루고 있다. ( )

□□□ **36** 일본의 사법경찰(직원)은 1차적 수사기관으로 인정받고 있어, 수사를 개시 · 진행 · 종결까지 독자적으로 한 이후 검사에게 송치하는 것이 원칙이다. ( )

□□□ **37** 한국의 국가수사본부는 고위공직자범죄등에 관한 수사를 독립적으로 수행하기 위하여 법무부장관 소속으로 설치되었다. ( )

정답 & OX 풀이

18 윌슨(O. W. Wilson)은 경찰의 조직구조, 순찰운용, 통신의 효율성을 통한 경찰업무의 혁신과 전문직화를 실시하였다. 순찰운용에서 순찰의 효율성을 위해 자동차를 이용한 순찰을 강조하였다.

21 지방경찰의 군 보안관(County Sheriff)은 범죄수사 및 순찰 등 모든 경찰권을 행사한다. 미국 정부는 주경찰기관이 지방경찰에 대한 통제를 확대하지 못하도록 주경찰의 규모 · 활동범위 등을 제한하고 있다.

22 미국에서는 지방분권적인 경찰제도를 운영하고 있으며, 경찰조직은 일반적으로 연방, 주, 시 · 군 수준에 설치되어 있다.

24 루즈벨트(F. D. Roosevelt) 대통령의 지시로 1908년 최초의 연방수사 기구가 법무부에 창설되었다. 처음에는 재무부 소속의 Secret Service 수사관이 연방범죄 수사도 담당하였으나, 1908년 법무부에 수사국이 생기고 1935년 기구 확대와 동시에 명칭이 연방수사국(FBI)으로 바뀌었다.

32 연방(범죄)수사청은 연방 관련 주요 사건만을 담당할 뿐 주 수사경찰에 대한 실질적 · 일반적 지휘 · 감독을 할 수 없다.

34 일본은 수사기관으로 검찰과 경찰이 있어 2원적 수사구조를 이루고 있으며 두 기관은 상호대등한 협력관계로 볼 수 있다. 다만, 일본의 경찰은 수사의 개시, 진행에 대한 권한과 체포, 압수 · 수색, 검증에 관한 영장 청구권을 독자적으로 지니지만, 수사에 대한 종결 권한과 구속영장 청구권은 검찰에게만 있다.

36 독자적 수사 종결권은 사법경찰에게 없다. 일본의 사법경찰(직원)은 1차적 수사기관으로 인정받고 있어, 수사를 개시 · 진행까지 독자적으로 한 이후 검사에게 송치하는 것이 원칙이다.

37 국가수사본부는 「형사소송법」에 따른 경찰의 수사를 수행하기 위하여 경찰청에 설치되었나, 한국의 고위공직자범죄수사처는 고위공직자범죄등에 관한 수사를 독립적으로 수행하기 위하여 설치된 기관이다.

정답

18. ×	19. ○	20. ○	21. ×	22. ×	23. ○	24. ×	25. ○	26. ○	27. ○
28. ○	29. ○	30. ○	31. ○	32. ×	33. ○	34. ×	35. ○	36. ×	37. ×

테마 53 범죄원인론

사회구조 원인	사회과정 원인
범죄 원인을 사회구조(경제적 불평등, 정치적 권력 등)에서 찾는 이론이다.	범죄 원인을 사회과정(사회화 과정)에서 찾는 이론이다.

① 사회해체이론
② 문화적 전파이론
③ 아노미이론, 긴장이론
④ 마르크스주의
⑤ 하위문화이론
⑥ 문화갈등이론
	① 사회학습이론
	   차별적 접촉, 차별적 동일시, 차별적 강화이론
	② 사회통제이론
	   사회적 유대이론, 견제이론, 동조성전념 이론
	③ 사회반응이론 : 낙인이론
	※ 중화기술이론은 사회통제이론(범죄학) 또는 사회학습이론
	   (경찰실무)으로 견해가 나뉠 수 있다.

핵심정리 OX Check

□□□ **01** 초기 화이트칼라범죄를 정의한 학자는 서덜랜드(Sutherland)이다. (　　)

□□□ **02** 화이트칼라범죄는 직업활동과 관련하여 높은 지위를 가지고 있는 사람에 의해 저질러지는 범죄이다. (　　)

□□□ **03** 일반적으로 살인·강도·강간범죄는 화이트칼라범죄로 분류된다. (　　)

□□□ **04** 화이트칼라범죄는 상류계층의 경제범죄에 대한 사회적 심각성을 연구하는 과정에서 등장한 개념이다. (　　)

□□□ **05** 화이트칼라범죄(white-collar crimes)란 사회적 지위가 높은 사람이 주로 직업 및 업무 수행의 과정에서 범하는 범죄를 의미한다. (　　)

□□□ **06** 증오범죄(hate crimes)란 인종, 종교, 장애, 성별 등에 대한 범죄자의 편견이 범행의 전체 또는 일부 동기가 되어 발생하는 범죄를 의미한다. (　　)

□□□ **07** 피해자 없는 범죄(victimless crimes)란 전통적인 범죄와 마찬가지로 피해자와 가해자의 관계가 명확하여 피해자를 특정하기 어려운 범죄를 의미한다. (　　)

□□□ **08** 사이버범죄(cyber crimes)란 사이버공간을 범행의 수단·대상·발생장소로 하는 범죄행위로 비대면성, 익명성, 피해의 광범위성 등의 특성이 있는 범죄를 의미한다. (　　)

□□□ **09** 고전주의 범죄학의 억제이론(Deterrence Theory)은 베카리아(Beccaria)와 벤담(Bentham)의 주장에 근거한다. (　　)

□□□ **10** 억제이론의 기본전제는 인간이 자유의지를 가지고 합리적인 판단에 의해 행동한다는 것이다. 이를 기반으로 한 처벌은 계량된 처벌의 고통과 범죄로 인한 이익 사이의 함수관계로 설명된다. ( )

□□□ **11** 억제이론은 처벌의 확실성, 처벌의 엄격성, 처벌의 신중성을 핵심적인 내용으로 한다. ( )

□□□ **12** 사람들을 '잠재적 범죄자'로 간주하고 사회적 결속과 유대의 약화로 인해 비행이 발생한다고 주장하는 이론은 사회학적 범죄학 이론 중에서 사회구조원인론에 해당한다. ( )

□□□ **13** 하류계층 청소년들은 '지위좌절'이라는 갈등의 형태를 경험하면서 중류계층의 가치관에 대한 적대적 반응을 갖게 되고, 목표달성의 어려움을 극복하기 위해 자신들만의 하위문화를 만들게 된다고 주장하는 이론은 사회학적 범죄학 이론 중에서 사회구조원인론에 해당한다. ( )

□□□ **14** 사회규범의 붕괴로 무규범 상태가 되고 이러한 무규범 상태에서 범죄가 발생한다고 주장하는 이론은 사회학적 범죄학 이론 중에서 사회구조원인론에 해당한다. ( )

□□□ **15** 산업화 및 도시화 과정에서 그 지역의 사회조직이 극도로 해체되었기 때문에 범죄와 비행이 발생한다고 주장하는 이론은 사회학적 범죄학 이론 중에서 사회구조원인론에 해당한다. ( )

정답 & OX 풀이

03 기업 및 경제범죄, 환경 범죄, 공무원 범죄 등이 대표적인 화이트칼라 범죄이다. 최근에 자주 발생하는 조세범죄, 신용카드 범죄 또는 정부나 기업에서의 횡령 범죄 등도 이에 속한다. 화이트칼라 범죄는 피해가 상당하고 해악성이 크지만, 가해자가 살인·강도·강간범죄 등 일반 범죄를 범하는 것과 달리 죄의식을 느끼지 않는 경우가 많다.

07 피해자 없는 범죄(victimless crimes)란 전통적인 범죄와 달리 피해자와 가해자의 관계가 명확하지 않아 피해자를 특정하기 어려운 범죄를 의미한다. 성매매, 약물남용 등 피해자와 가해자가 동일인인 범죄로 개인범죄가 있을 수 있고, 공정거래법 위반, 허위광고, 환경 범죄 등 피해자가 불특정 다수인 범죄로 기업범죄가 있을 수 있다.

11 억제이론(Deterrence Theory)은 범죄통제를 위해서는 처벌의 확실성, 신속성, 임격성이 요구되며 이 중 처벌의 확실성이 가장 중요하다고 본다.

12 사람들을 '잠재적 범죄자'로 간주하고 사회적 결속과 유대의 약화로 인해 비행이 발생한다고 주장하는 이론은 사회유대이론이다. 사회유대이론은 사회통제이론에 해당하며, 사회통제이론은 사회과정원인론에 해당하므로 사회구조원인론으로 분류할 수 없다.

13 하위문화이론

14 아노미이론

15 사회해체이론

정답

| 01. ○ | 02. ○ | 03. × | 04. ○ | 05. ○ | 06. ○ | 07. × | 08. ○ | 09. ○ | 10. ○ |
| 11. × | 12. × | 13. ○ | 14. ○ | 15. ○ | | | | | |

□□□ **16** 아노미이론은 특정 지역에서의 범죄가 다른 지역에 비해서 많이 발생하는 이유를 규명하고자 하였으며, 연구결과 전이지역(transitional zone)은 타 지역에 비해 범죄율이 상대적으로 높게 나타났다. ( )

□□□ **17** 쇼와 맥케이(Shaw & Mckay)는 전이지역(transitional zone)에 대하여 '낮은 경제적 지위', '민족적 동질성', '거주 불안정성'을 중요한 3요소로 제시하였으며, 이로 인해 지역 주민은 서로를 모르기 때문에 공동체 의식이 발달하지 못하고 사회적 통제가 약화된다고 보았다. ( )

□□□ **18** 시카고학파인 쇼(Shaw)와 맥케이(McKay)가 수행한 연구의 결과에 따르면 지역 거주민의 인종과 민족이 바뀌었을 때 해당 지역의 범죄율도 함께 변했다. ( )

□□□ **19** 시카고학파인 쇼(Shaw)와 맥케이(McKay)가 수행한 연구의 결과에 따르면 시카고 시(市)의 전이지대(transition zone)에서 범죄율이 가장 높게 나타났다. ( )

□□□ **20** 시카고학파인 쇼(Shaw)와 맥케이(McKay)가 수행한 연구의 결과에 따르면 새로운 이민자가 지속적으로 유입되면서 지역사회의 사회해체 상태가 초래되었다. ( )

□□□ **21** 시카고학파인 쇼(Shaw)와 맥케이(McKay)가 수행한 연구의 결과에 따르면 범죄지역에서는 전통적 규범과 가치가 주민들의 행동을 제대로 통제하지 못했다. ( )

□□□ **22** 뒤르켐(Durkheim)은 사회규범이 붕괴되어 규범에 대한 억제력이 상실된 상태를 아노미(Anomie)라고 하고 이러한 무규범상태에서 범죄가 발생한다고 주장하였다. ( )

□□□ **23** 글레이저(Glaser)는 차별적 동일시이론을 통해 범죄의 원인이 개인이 아닌 사회구조의 변화에 있다고 설명하였다. ( )

□□□ **24** 탄넨바움(Tannenbaum)은 낙인이론을 통해 범죄자라는 낙인이 어떠한 결과를 낳는가에 관심을 가졌다. ( )

□□□ **25** 코헨(Cohen)은 목표와 수단이 괴리된 하류계층 청소년들이 중산층에 대한 저항으로 비행을 저지르며 목표달성의 어려움을 극복하기 위해 자신들의 하위문화를 만들게 된다고 주장하였다. ( )

□□□ **26** 사이크스와 맛짜(Sykes & Matza)의 중화기술이론은 사회구조원인론 중에서도 사회학습이론에 해당하는 중화기술이론은 인간에게 내면화되어 있는 합법적 규범이나 가치관을 중화시킴으로써 범죄에 이르게 된다는 이론을 말한다. ( )

□□□ **27** 친구에게 돈을 빌려주었는데 돈을 갚지 않자 벌을 받아야 하는 사람이라고 정당화하며 폭력을 행사한 경우 중화기술이론 중에서 '피해자의 부정'에 해당한다. ( )

□□□ **28** 돈을 훔친 자신의 행위에 대해 "그들은 돈이 많으니 괜찮아"라고 합리화하는 것은 중화기술이론 중에서 '피해의 부정'에 해당한다. ( )

□□□ **29** 중화기술이론은 비행청소년이 범행 전후를 기준으로 언제 중화를 하는지 설명이 어렵고, 설령 비행행위 이전에 중화를 한다고 주장하여도 이후 비행으로 나아가는 청소년과 그렇지 않은 청소년 간의 개인적 차이를 설명하지 못한다는 비판이 제기되고 있다. ( )

□□□ **30** 무관용 경찰활동(Zero Tolerance Policing)은 사소한 무질서에 관대하게 대응했던 전통적 경찰활동의 전략을 계승하였다. ( )

□□□ **31** 무관용 경찰활동은 1990년대 뉴욕에서 본격적으로 시행되었다. ( )

□□□ **32** 무관용 경찰활동은 윌슨(Wilson)과 켈링(Kelling)의 '깨어진 창 이론'에 기초하였다. ( )

□□□ **33** 무관용 경찰활동에 대하여 경미한 비행자에 대한 무관용 개입은 낙인효과를 유발할 수 있다는 비판이 있다. ( )

□□□ **34** 무관용 경찰활동은 범죄해결에 집중하는 전통적 경찰활동의 전략을 계승하였다. ( )

□□□ **35** 무관용 경찰활동은 일선 경찰관들의 재량권 수준이 낮다. ( )

정답 & OX 풀이

16 쇼와 맥케이(Shaw & Mckay)의 사회해체이론

17 민족적 이질성

18 빈민지역에서 비행적 전통과 가치관이 사회통제를 약화시켜서 일탈이 야기되며 이러한 지역은 구성원이 바뀌더라도 비행발생률은 감소하지 않는다고 한다.

23 글레이저(Glaser)는 차별적 동일시이론을 통해 범죄의 원인이 사회구조의 변화가 아닌 개인의 동일시 대상의 차이에 있다고 설명하여 범죄의 원인을 개인의 사회화 과정의 차이에서 찾고 있다. 그는 청소년들이 영화의 주인공을 모방하고 자신과 동일시하면서 범죄를 모방한다고 보았다. 글레이저(Glaser)의 차별적 동일시이론은 사회과적원인 이론 중에서도 사회학습이론에 해당한다.

26 중화기술이론은 사회과정원인론에 속한다. 그중에서도 사회학습이론 또는 사회통제이론에 해당한다고 하여 견해가 나뉘어 있다. 중화기술이론은 인간에게 내면화되어 있는 합법적 규범이나 가치관을 중화시킴으로써 범죄에 이르게 된다는 이론을 말한다.

30 직접적인 피해자가 없는 사소한 무질서 행위에 대해 경찰의 강경한 대응(Zero Tolerance)을 강조하므로 범죄해결에 집중하는 전통적 경찰활동의 전략과 다르다.

34 직접적인 피해자가 없는 사소한 무질서 행위에 대해 경찰의 강경한 대응(Zero Tolerance)을 강조하므로 범죄해결에 집중하는 전통적 경찰활동의 전략과 다르다.

정답									
16. ×	17. ×	18. ×	19. ○	20. ○	21. ○	22. ○	23. ×	24. ○	25. ○
26. ×	27. ○	28. ○	29. ○	30. ×	31. ○	32. ○	33. ○	34. ×	35. ○

□□□ **36** A경찰서는 관내에서 폭행으로 적발된 청소년을 형사입건하는 대신, 학교전담경찰관이 외부 전문 가와 함께 3일 동안 다양한 활동으로 구성된 선도프로그램을 제공함으로써 해당 청소년에게 스스 로 잘못을 뉘우치고 장차 지역사회로 다시 통합될 수 있는 기회를 제공하였다. 이 경찰활동의 근 거가 되는 범죄원인이론은 일반긴장이론이다. ( )

□□□ **37** 톤리와 패링턴(Tonry & Farrington)의 구분에 따른 범죄예방전략 유형 중 지역사회 기반 범죄예 방: 경찰서의 여성청소년 담당부서에서 운영하고 있는 학교전담경찰관(SPO)은 학교에 배치되어 학교폭력예방교육 등 학교폭력 관련 예방과 가해학생 선도 등 사후관리 역할을 담당하고, 학대예 방경찰관(APO)은 미취학 혹은 장기결석 아동에 대해 점검하고 학대피해 우려가 높은 아동에 대 해 지속적으로 모니터링을 실시함으로써 아동학대의 위험성을 감소시키고 아동의 안전 등을 확인 하는 역할을 담당하고 있다. ( )

□□□ **38** 톤리와 패링턴(Tonry & Farrington)의 구분에 따른 범죄예방전략 유형 중 법집행을 통한 범죄예 방: 여성 1인 가구 밀집지역에 대한 경찰순찰을 확대함으로써 공식적 감시기능을 강화하거나 혹 은 아파트 입구 현관문에 반사경을 부착함으로써 출입자의 익명성을 감소시켜 범행에 수반되는 발각 위험을 증대하기 위한 조치를 취하고 있다. ( )

□□□ **39** 톤리와 패링턴(Tonry & Farrington)의 구분에 따른 범죄예방전략 유형 중 상황적 범죄예방: 위 법행위에 대한 단속을 강화하는 무관용 경찰활동을 지향함으로써 처벌의 확실성을 높여 범죄를 억제하고자 노력하고 있다. ( )

□□□ **40** 일상활동이론(Routine Activity Theory), 합리적 선택이론(Rational Choice Theory), 범죄패턴이 론(Crime Pattern Theory) 등은 상황적 범죄예방(Situational Crime Prevention)의 중요한 이론적 배경이 되고 있다. ( )

□□□ **41** 특별예방이론이 잠재적 범죄자인 일반인에 대한 형벌의 예방 기능을 강조한 것이라면, 일반예방 이론은 형벌을 구체적인 범죄자 개인에 대한 영향력의 행사라고 보고, 범죄자를 교화함으로써 재 범하지 않도록 하는 것이다. ( )

□□□ **42** 깨진 유리창 이론에 따르면 사소한 무질서라도 그대로 방치할 경우 주민들의 범죄에 대한 두려움 이 증가하거나 범죄와 무질서가 더욱 심각해질 수 있다고 보기 때문에 낙인효과를 최소화하기 위 한 무관용 경찰활동이 필요하다. ( )

□□□ **43** 코헨(Cohen)과 펠슨(Felson)의 일상활동이론에서는 동기가 부여된 잠재적 범죄자, 범행의 기술, 보호자(감시자)의 부재를 범행발생의 3요소로 하고 있다. ( )

□□□ **44** 일상활동이론에 의하면 범죄자가 범행을 결정하는 데 고려하는 4가지 요소(VIVA 모델)에는 대상 의 가치(Value), 이동의 용이성(Inertia), 가시성(Visibility), 보호자의 부재(Absence)가 있다. ( )

□□□ **45** 상황적 범죄예방이론의 경우 범죄를 예방하는 장치 또는 수단을 통해 범죄 기회를 줄여도, 풍선효과에 따라 범죄가 다른 곳으로 전이되어 결국 전체 범죄는 감소하지 않는다는 비판이 제기된다. ( )

□□□ **46** 샘슨 등(Sampson et al.)이 주장한 집합효율성이론은 공식적 사회통제, 즉 경찰 등 법집행기관의 중요성을 간과하고 있다는 한계가 있다. ( )

□□□ **47** 범죄예방에 질병의 예방과 치료의 개념을 도입하여 소개한 브랜팅햄(P. J. Brantingham)과 파우스트(F. L. Faust)는 범죄예방을 1차적 범죄예방, 2차적 범죄예방, 3차적 범죄예방으로나누고 있다. 1차적 범죄예방은 일반대중, 2차적 범죄예방은 범죄우범자나 집단, 그리고 3차적 범죄예방은 범죄자가 주요 대상이라고 할 수 있다. ( )

□□□ **48** 브랜팅햄(P. J. Brantingham)과 파우스트(F. L. Faust)의 3가지 범죄예방 접근법 중 상습범 대책을 수립하거나 재범을 방지하는 전략은 범죄자를 대상으로 한다. ( )

□□□ **49** 브랜팅햄(P. J. Brantingham)과 파우스트(F. L. Faust)의 3가지 범죄예방 접근법 중 잠재적 범죄자를 초기에 발견하여 개입하는 전략은 범죄자를 대상으로 한다. ( )

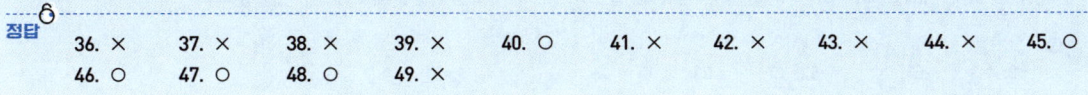

정답 & OX 풀이 ✎

36 A경찰서가 비행청소년을 형사입건하는 대신, 선도프로그램을 제공하여 지역사회로 다시 통합될 수 있는 기회를 제공한 것은 낙인이론에 근거한 것이다.

37 발달적 범죄예방

38 상황적 범죄예방

39 무관용 경찰활동

41 일반예방이론이 잠재적 범죄자인 일반인에 대한 형벌의 예방 기능을 강조한 것이라면, 특별예방이론은 형벌을 구체적인 범죄자 개인에 대한 영향력의 행사라고 보고, 범죄자를 교화함으로써 재범하지 않도록 하는 것이다.

42 깨진 유리창 이론에 따르면 사소한 무질서라도 그대로 방치할 경우 주민들의 범죄에 대한 두려움이 증가하거나 범죄와 무질서가 더욱 심각해질 수 있다고 보기 때문에 무관용 경찰활동이 필요하다. 다만, 낙인효과를 유발할 수 있다는 단점이 있다.

43 코헨(Cohen)과 펠슨(Felson)의 일상활동이론에서는 동기가 부여된 잠재적 범죄자, 범행의 대상, 보호자(감시자)의 부재를 범행발생의 3요소로 하고 있다.

44 일상활동이론에 의하면 범죄자가 범행을 결정하는 데 고려하는 4가지 요소(VIVA 모델)에는 대상의 가치(Value), 이동의 용이성(Inertia), 가시성(Visibility), 접근성(Access)이 있다.

49 우범자

정답

| 36. × | 37. × | 38. × | 39. × | 40. ○ | 41. × | 42. × | 43. × | 44. × | 45. ○ |
| 46. ○ | 47. ○ | 48. ○ | 49. × | | | | | | |

□□□ **50** 브랜팅햄(P. J. Brantingham)과 파우스트(F. L. Faust)의 3가지 범죄예방 접근법 중 물리적·사회적 환경 중에서 범죄의 기회를 제공하는 원인 또는 조건을 찾아 개입하는 전략은 우범자를 대상으로 한다. ( )

□□□ **51** 브랜팅햄(P. J. Brantingham)과 파우스트(F. L. Faust)의 3가지 범죄예방 접근법 중 지역사회 교정프로그램은 우범자를 대상으로 한다. ( )

□□□ **52** 브랜팅햄(P. J. Brantingham)과 파우스트(F. L. Faust)의 3가지 범죄예방 접근법 중 CCTV·비상벨 설치는 일반대중을 대상으로 한다. ( )

□□□ **53** 브랜팅햄(Brantingham)과 파우스트(Faust)의 2차적 범죄예방은 범죄자들이 더 이상 범죄를 저지르지 못하도록 상습범 대책 및 재범억제를 지향하는 범죄예방 전략을 말하며, 교화·개선·전환제도에 중점을 둔다. ( )

정답 & OX 풀이

50 일반대중

51 범죄자

53 브랜팅햄(Brantingham)과 파우스트(Faust)의 3차적 범죄예방은 범죄자들이 더 이상 범죄를 저지르지 못하도록 상습범 대책 및 재범억제를 지향하는 범죄예방 전략을 말하며, 교화·개선·전환제도에 중점을 둔다.

정답 50. × 51. × 52. ○ 53. ×

테마 54 범죄피해자와 범죄예방 환경설계

핵심정리 OX Check

□□□ **01** 멘델존(Mendelsohn)의 피해자 유형 분류 중 동반자살 피해자는 가해자와 같은 정도의 책임이 있는 피해자에 해당한다. ( )

□□□ **02** 멘델존(Mendelsohn)의 피해자 유형 분류 중 부모에게 살해된 패륜아는 가해자와 같은 정도의 책임이 있는 피해자에 해당한다. ( )

□□□ **03** 멘델존(Mendelsohn)의 피해자 유형 분류 중 자살미수 피해자는 가해자보다 더 책임이 있는 피해자에 해당한다. ( )

□□□ **04** 멘델존(Mendelsohn)의 피해자 유형 분류 중 촉탁살인에 의한 피살자는 가해자보다 더 책임이 있는 피해자에 해당한다. ( )

□□□ **05** 「범죄피해자 보호법」상 '범죄피해자'란 타인의 범죄행위로 피해를 당한 사람과 그 배우자, 직계친족 및 형제자매를 말한다. 다만, 배우자의 경우 사실상의 혼인관계는 제외한다. ( )

□□□ **06** "범죄피해자"란 타인의 범죄행위로 피해를 당한 사람과 그 배우자(사실상의 혼인관계를 포함한다), 직계친족 및 형제자매를 말한다. ( )

□□□ **07** 「범죄피해자 보호법」상 범죄피해 방지 및 범죄피해자 구조 활동으로 피해를 당한 사람도 범죄피해자로 본다. ( )

정답 & OX 풀이

02 가해자보다 더 책임이 있는 피해자

03 가해자와 같은 정도의 책임이 있는 피해자

04 가해자와 같은 정도의 책임이 있는 피해자

05 "범죄피해자"란 타인의 범죄행위로 피해를 당한 사람과 그 배우자(사실상의 혼인관계를 포함한다), 직계친족 및 형제자매를 말한다(제3조 제1항 제1호).

정답 **01.** ○   **02.** ×   **03.** ×   **04.** ×   **05.** ×   **06.** ○   **07.** ○

□□□ **08** 「범죄피해자 보호법」상 "범죄피해자 보호·지원"이란 복지 증진을 제외한 범죄피해자의 손실 복구, 정당한 권리 행사에 기여하는 행위를 말한다. 다만, 수사·변호 또는 재판에 부당한 영향을 미치는 행위는 포함되지 아니한다. ( )

□□□ **09** 「범죄피해자 보호법」상 범죄피해자는 범죄피해 상황에서 빨리 벗어나 인간의 존엄성을 보장받을 권리가 있다. ( )

□□□ **10** 「범죄피해자 보호법」상 국민은 범죄피해자의 명예와 사생활의 평온을 해치지 아니하도록 유의하여야 하고, 국가 및 지방자치단체가 실시하는 범죄피해자를 위한 정책의 수립과 추진에 최대한 협력하여야 한다. ( )

□□□ **11** 「범죄피해자 보호법」상 국가는 범죄피해자가 해당 사건과 관련하여 수사담당자와 상담하거나 재판절차에 참여하여 진술하는 등 형사절차상의 권리를 행사할 수 있도록 보장하여야 한다. ( )

□□□ **12** 「범죄피해자 보호법」상 국가는 범죄피해자가 요청하면 가해자에 대한 수사 결과, 공판기일, 재판 결과, 형 집행 및 보호관찰 집행 상황 등 형사절차 관련 정보를 대통령령으로 정하는 바에 따라 제공할 수 있다. ( )

□□□ **13** 「범죄피해자 보호법」상 국가 및 지방자치단체는 범죄피해자가 형사소송절차에서 한 진술이나 증언과 관련하여 보복을 당할 우려가 있는 등 범죄피해자를 보호할 필요가 있을 경우에는 적절한 조치를 마련하여야 한다. ( )

□□□ **14** 구조금은 유족구조금·장해구조금 및 중상해구조금으로 구분한다. ( )

□□□ **15** 범죄행위 당시 구조피해자와 가해자 사이가 4촌 이내의 친족인 경우에는 구조금을 지급하지 아니한다. ( )

□□□ **16** 구조피해자가 과도한 폭행·협박 또는 중대한 모욕 등 해당 범죄행위를 유발하는 행위를 한 때에는 구조금의 일부를 지급하지 아니한다. ( )

□□□ **17** 「범죄피해자 보호법」상 국가는 구조피해자나 유족이 해당 구조대상 범죄피해를 원인으로 하여 손해배상을 받았으면 그 범위에서 구조금을 지급하지 아니한다. ( )

□□□ **18** 「범죄피해자 보호법」은 외국인이 구조피해자이거나 유족인 경우에는 해당 국가의 상호보증이 있는 경우에만 적용한다. ( )

□□□ **19** 구조금을 받으려는 사람은 법무부령으로 정하는 바에 따라 그 주소지, 거주지 또는 범죄 발생지를 관할하는 지구심의회에 신청하여야 한다. ( )

□□□ **20** 「범죄피해자 보호법」상 구조금을 받을 권리는 그 구조결정이 해당신청인에게 발송된 날부터 1년간 행사하지 아니하면 시효로 인하여 소멸된다. ( )

□□□ **21** 뉴먼(Newman)은 방어공간의 4가지 구성요소로 영역성, 자연적 감시, 이미지, 환경을 제시하였다.
= 뉴먼(Newman)이 주장한 방어공간이론은 영역성, 감시, 이미지, 입지조건(환경)을 구성요소로
하고 있다. ( )

□□□ **22** 지역의 외관이 다른 지역과 고립되어 있지 않고, 보호되고 있으며, 주민의 적극적 행동의지를 보여
주는 것은 뉴먼(1972)의 방어공간의 구성요소 중 영역성이다. ( )

정답 & OX 풀이 ✎

08 "범죄피해자 보호·지원"이란 범죄피해자의 손실 복구, 정당한 권리 행사 및 복지 증진에 기여하는 행위를 말한다. 다만, 수사·변호 또는 재판에 부당한 영향을 미치는 행위는 포함되지 아니한다(제3조 제1항 제2호).

16 구조피해자가 과도한 폭행·협박 또는 중대한 모욕 등 해당 범죄행위를 유발하는 행위를 한 때에는 구조금을 지급하지 아니한다(제19조 제3항).

> 제19조(구조금을 지급하지 아니할 수 있는 경우) ③ 구조피해자가 다음 각 호의 어느 하나에 해당하는 행위를 한 때에는 구조금을 지급하지 아니한다.
> 1. 해당 범죄행위를 교사 또는 방조하는 행위
> 2. 과도한 폭행·협박 또는 중대한 모욕 등 해당 범죄행위를 유발하는 행위
> 3. 해당 범죄행위와 관련하여 현저하게 부정한 행위
> 4. 해당 범죄행위를 용인하는 행위
> 5. 집단적 또는 상습적으로 불법행위를 행할 우려가 있는 조직에 속하는 행위(다만, 그 조직에 속하고 있는 것이 해당 범죄피해를 당한 것과 관련이 없다고 인정되는 경우는 제외한다)
> 6. 범죄행위에 대한 보복으로 가해자 또는 그 친족이나 그 밖에 가해자와 밀접한 관계가 있는 사람의 생명을 해치거나 신체를 중대하게 침해하는 행위
> ④ 구조피해자가 다음 각 호의 어느 하나에 해당하는 행위를 한 때에는 구조금의 일부를 지급하지 아니한다.
> 1. 폭행·협박 또는 모욕 등 해당 범죄행위를 유발하는 행위
> 2. 해당 범죄피해의 발생 또는 증대에 가공(加功)한 부주의한 행위 또는 부적절한 행위

18 구조피해자 또는 그 유족이 외국인인 때에는 다음 각 호의 어느 하나에 해당하는 경우에만 이 법을 적용한다(제23조).

> 1. 해당 국가의 상호 보증이 있는 경우
> 2. 해당 외국인이 구조대상 범죄피해 발생 당시 대한민국 국민의 배우자이거나 대한민국 국민과 혼인관계(사실상의 혼인관계를 포함한다)에서 출생한 자녀를 양육하고 있는 자로서 다음 각 목의 어느 하나에 해당하는 체류자격을 가지고 있는 경우
> 가. 「출입국관리법」 제10조 제2호의 영주자격
> 나. 「출입국관리법」 제10조의2 제1항 제2호의 장기체류자격으로서 법무부령으로 정하는 체류자격

20 구조금을 받을 권리는 그 구조결정이 해당 신청인에게 송달된 날부터 2년간 행사하지 아니하면 시효로 인하여 소멸된다(제31조(소멸시효)).

22 이미지이다. 지역의 외관이 다른 지역과 고립되어 있지 않고, 보호되고 있으며, 주민의 적극적 행동의지를 보여준다.

정답

| 08. × | 09. ○ | 10. ○ | 11. ○ | 12. ○ | 13. ○ | 14. ○ | 15. ○ | 16. × | 17. ○ |
| 18. × | 19. ○ | 20. × | 21. ○ | 22. × | | | | | |

□□□ **23** 지역에 대한 소유의식은 일상적이지 않은 일이 있을 때 주민으로 하여금 행동을 취하도록 자극하는 것은 뉴먼(1972)의 방어공간의 구성요소 중 이미지이다. ( )

□□□ **24** 특별한 장치의 도움 없이 실내와 실외의 활동을 관찰할 수 있는 능력은 뉴먼(1972)의 방어공간의 구성요소 중 자연적 감시이다. ( )

□□□ **25** 환경설계를 통한 범죄예방(CPTED) 전략은 제프리(C. R. Jeffery)의 범죄통제모델 3가지 중 범죄 억제모델에 해당한다. ( )

□□□ **26** 환경설계를 통한 범죄예방(CPTED : Crime Prevention Through Environmental Design)은 물리적 환경설계 또는 재설계를 통해 범죄기회를 차단하고 시민의 범죄에 대한 불안을 감소시키는 전략이다. ( )

□□□ **27** CPTED는 주거 및 도시지역의 물리적 환경설계 또는 재설계를 통해 범죄기회를 감소시키고자 하는 기법이다. ( )

□□□ **28** 환경설계를 통한 범죄예방(CPTED)은 근본적이고 효과적인 범죄예방을 위한 방안으로 물리적 환경설계 또는 재설계를 통해 범죄 기회를 차단하는 것이 핵심이다. ( )

□□□ **29** 환경설계를 통한 범죄예방(CPTED)에 관한 설명 중 '자연적 감시(natural surveillance)'는 건축물이나 시설물의 설계 시 가시권을 확보하여 외부침입에 대한 감시기능을 확대함으로써 범죄행위 발견 가능성을 증가시켜 범죄의 기회를 감소시킬 수 있다는 원리이다. ( )

□□□ **30** 건축물이나 시설물의 설계 시 가시권의 최대 확보, 외부침입에 대한 감시기능을 확대하여 범죄행위의 발견 가능성은 증가시키고 범죄기회는 감소시킬 수 있다는 원리를 자연적 감시라고 하며, 이에 대한 종류로는 조명, 조경, 가시권 확대를 위한 건물의 배치 등이 있다. ( )

□□□ **31** 환경설계를 통한 범죄예방(CPTED)에 관한 설명 중 '영역성 강화(territorial reinforcement)'는 사적공간에 대한 경계 표시로 주민들의 책임의식과 소유의식을 증대함으로써 사적공간에 대한 관리권과 권리를 강화시키는 원리이다. ( )

□□□ **32** 범죄예방 환경설계(CPTED : Crime Prevention Through Environmental Design)에 관한 설명 중 영역성(Territoriality) 전략의 물리적 디자인은 사용자들이 소유권과 점유권의 개념을 발전시키고 잠재적 범죄자들은 영역성의 영향을 인지하게 되어 정당한 사용자들의 권리와 재산권에 대한 관념을 강화하는 개념이다. ( )

□□□ **33** 범죄예방 환경설계(CPTED : Crime Prevention Through Environmental Design)에 관한 설명 중 접근통제(Access control) 전략의 주요 기능은 보행로, 조경 등을 통해 일정 공간으로 유도함과 동시에 허가받지 않은 사람들의 진·출입을 차단하여 목표물로의 접근을 막고 대상물의 강화를 통해 범죄자에게 심리적 부담과 위험을 인지시키는 것이다. ( )

□□□ **34** CPTED의 기본원리 중 자연적 접근통제는 일정한 지역에 접근하는 사람들을 정해진 공간으로 유도하거나 외부인의 출입을 통제하도록 설계함으로써 접근에 대한 심리적 부담을 증대시켜 범죄를 예방하려는 원리이다. ( )

□□□ **35** 환경설계를 통한 범죄예방(CPTED)의 기본원리 중 '활동의 활성화'는 주민들이 모여서 상호의견을 교환하고 유대감을 증대할 수 있는 공공장소를 설치하여 이를 이용하도록 함으로써, '거리의 눈'에 의한 자연적인 감시와 접근통제의 기능을 확대하는 것이다. 놀이터와 공원의 설치, 벤치·정자의 위치 및 활용성에 대한 설계를 예로 들 수 있다. ( )

□□□ **36** 처음 설계된 대로 혹은 개선한 의도대로 기능을 지속적으로 유지하도록 관리함으로써 범죄예방을 위한 환경설계의 장기적이고 지속적인 효과를 유지하는 원리를 유지관리라고 하며, 이에 대한 종류로는 청결유지, 파손의 즉시보수, 조명의 관리 등이 있다. ( )

□□□ **37** 범죄예방 환경설계(CPTED : Crime Prevention Through Environmental Design)에 관한 설명 중 자연적 감시(Natural surveillance) 전략은 공공장소의 활발한 사용을 유도하여 일상활동의 활성화를 위해 거리에 더 많은 눈(more eyes)을 통해 자연스러운 감시 기능을 강화하여 범죄 위험을 감소시키고 주민들의 안전감을 향상시키는 것이다. ( )

□□□ **38** 범죄예방 환경설계(CPTED : Crime Prevention Through Environmental Design)에 관한 설명 중 유지관리(Maintenance) 전략은 어떤 시설물이나 공공장소를 처음 디자인하거나 이를 개선한 의도대로 범죄예방 기능을 지속적으로 발휘하도록 하여, 공간을 의도한 목적에 맞게 지속적으로 사용하도록 하는 것이다. ( )

□□□ **39** 환경설계를 통한 범죄예방(CPTED)의 기본원리 중 '영역성의 강화'는 일정한 지역에 접근하는 사람들을 정해진 공간으로 유도하거나 외부인의 출입을 통제하도록 설계함으로써, 접근에 대한 심리적 부담을 증대시켜 범죄를 예방하는 것이다. 출입구의 최소화, 통행로의 설계, 울타리 및 표지판의 설치를 예로 들 수 있다. ( )

정답 & OX 풀이 ✍

23 영역성이다. 지역에 대한 소유의식은 일상적이지 않은 일이 있을 때 주민으로 하여금 행동을 취하도록 자극한다.
25 환경설계를 통한 범죄예방(CPTED) 전략은 제프리(C. R. Jeffery)의 범죄통제모델 3가지 중 범죄예방모델에 해당한다.
37 활동의 활성화 전략
39 '자연적 접근통제'는 일정한 지역에 접근하는 사람들을 정해진 공간으로 유도하거나 외부인의 출입을 통제하도록 설계함으로써, 접근에 대한 심리적 부담을 증대시켜 범죄를 예방하는 것이다. 출입구의 최소화, 통행로의 설계를 예로 들 수 있다. 울타리 및 표지판의 설치는 '영역성의 강화'에 관한 사례이다.

정답

| 23. × | 24. ○ | 25. × | 26. ○ | 27. ○ | 28. ○ | 29. ○ | 30. ○ | 31. ○ | 32. ○ |
| 33. ○ | 34. ○ | 35. ○ | 36. ○ | 37. × | 38. ○ | 39. × | | | |

□□□ **40** 환경설계를 통한 범죄예방(CPTED)의 기본원리 중 '유지관리'는 시설물이나 공공장소의 기능을 처음 설계되거나 개선한 의도대로 지속적으로 이용될 수 있도록 관리함으로써, 범죄예방을 위한 환경설계의 장기적이고 지속적 효과를 유지하는 것이다. 청결유지, 파손의 즉시 보수, 체육시설의 접근성 및 이용의 증대를 예로 들 수 있다. ( )

□□□ **41** 환경설계를 통한 범죄예방(CPTED)의 기본원리 중 '자연적 접근통제'는 건축물이나 시설물의 설계 시 가시권을 최대한 확보하고 외부 침입에 대한 감시기능을 확대함으로써, 범죄 발각 위험을 증가시키고 범행 기회를 감소시키는 것이다. 가시권 확대를 위한 건물의 배치, 조명 및 조경 설치를 예로 들 수 있다. ( )

□□□ **42** 환경설계를 통한 범죄예방(CPTED)에 관한 설명 중 '유지·관리(maintenance and management)'는 차단기, 방범창, 잠금장치의 파손을 수리하지 않고 유지하는 원리이다. ( )

□□□ **43** CPTED의 기본원리 중 자연적 감시는 사적 공간에 대한 경계를 제거하여 주민들의 책임의식과 소유의식을 감소시킴으로써 사적공간에 대한 관리권을 약화시키는 원리이다. ( )

□□□ **44** 지역사회의 설계 시 주민들이 모여서 상호의견을 교환하고 유대감을 증대할 수 있는 공공장소를 설치하고 이용하도록 함으로써 '거리의 눈'을 활용한 자연적 감시와 접근통제의 기능을 확대하는 원리를 활동의 활성화(활용성의 증대)라고 하며, 이에 대한 종류로는 놀이터·공원의 설치, 벤치·정자의 위치 및 활용성에 대한 설계, 통행로의 설계 등이 있다. ( )

□□□ **45** 사적 공간에 대한 경계를 표시하여 주민들의 책임의식과 소유의식을 증대함으로써 사적 공간에 대한 관리권과 권리를 강화시키고, 외부인들에게는 침입에 대한 불법사실을 인식시켜 범죄기회를 차단하는 원리를 자연적 접근통제라고 하며, 이에 대한 종류로는 방범창, 출입구의 최소화 등이 있다. ( )

정답 & OX 풀이

40 체육시설의 접근성 및 이용의 증대는 활동의 활성화에 관한 사례이다.
41 '자연적 감시'에 관한 설명이다.
42 '유지·관리(maintenance and management)'는 차단기, 방범창, 잠금장치의 파손을 즉시 수리하고 유지하는 원리이다.
43 CPTED의 기본원리 중 영역성의 강화는 사적 공간에 대한 경계를 표시하여 주민들의 책임의식과 소유의식을 증대시킴으로써 사적공간에 대한 관리권을 강화시키는 원리이다.
44 통행로의 설계는 자연적 접근통제의 사례에 속한다.
45 사적 공간에 대한 경계를 표시하여 주민들의 책임의식과 소유의식을 증대함으로써 사적 공간에 대한 관리권과 권리를 강화시키고, 외부인들에게는 침입에 대한 불법사실을 인식시켜 범죄기회를 차단하는 원리를 영역성의 강화라고 하고, 이에 대한 종류로는 울타리(펜스)의 설치, 사적·공적공간의 구분이 있다. 방범창, 출입구의 최소화 등은 자연적 접근통제의 사례에 속한다.

정답 40. × 41. × 42. × 43. × 44. × 45. ×

핵심정리 OX Check

□□□ **01** '지역사회경찰활동'(Community Policing)은 범죄가 자주 발생하는 지점에 경찰력을 집중적으로 배치하여 범죄예방효과를 극대화하는 데 중점을 둔다. ( )

□□□ **02** '지역사회경찰활동'(Community Policing)의 목적과 우선순위를 결정할 때 시민의 참여가 중요하다. ( )

□□□ **03** '지역사회경찰활동'(Community Policing)은 사후적 대응보다 사전적 예방 중심의 경찰활동 전개에 주력한다. ( )

□□□ **04** '지역사회경찰활동'(Community Policing)에서 경찰은 지역사회 내 지방자치단체, 학교 등 공적 주체들은 물론 시민단체 등 사적 주체들과도 파트너십을 형성할 필요가 있다. ( )

□□□ **05** 지역사회 경찰활동(COP)은 경찰과 시민 모두 지역문제 해결을 위한 치안주체로서 인정하고 협력을 강조한다. ( )

□□□ **06** 지역사회 경찰활동(COP)은 업무평가의 주요한 척도는 사전예방을 강조한 범죄나 무질서의 감소율이다. ( )

□□□ **07** 지역사회 경찰활동(COP)은 프로그램으로는 전략지향적 경찰활동(Strategy Oriented Policing : SOP), 이웃지향적 경찰활동(Neighborhood Oriented Policing : NOP) 등이 있다. ( )

□□□ **08** 지역사회 경찰활동(COP)은 범죄신고에 대한 출동소요시간을 바탕으로 효과성을 평가한다. ( )

□□□ **09** 경찰은 누구인가? - 전통적 경찰활동의 관점에서는 법집행을 주로 책임지는 정부기관이라고 답변할 것이며, 지역사회 경찰활동의 관점에서는 경찰이 시민이고 시민이 경찰이라고 답변할 것이다. ( )

정답 & OX 풀이

01 전통적 경찰활동은 경찰활동의 주체를 경찰기관으로 한정하고, 지역사회경찰활동은 경찰과 시민 모두 지역문제 해결을 위한 치안주체로서 인정하고 협력을 강조한다. 범죄가 자주 발생하는 지점에 경찰력을 집중적으로 배치하여 범죄예방 효과를 극대화하는 데 중점을 두는 활동은 범죄다발지역 경찰활동이다.

08 전통적 경찰활동에 관한 설명이다.

정답

| 01. × | 02. ○ | 03. ○ | 04. ○ | 05. ○ | 06. ○ | 07. ○ | 08. × | 09. ○ |

□□□ **10** 언론 접촉 부서의 역할은 무엇인가? – 전통적 경찰활동의 관점에서는 현장경찰관들에 대한 비판적 여론을 차단하는 것이라고 답변할 것이며, 지역사회 경찰활동의 관점에서는 지역사회와의 원활한 소통창구라고 답변할 것이다.　　　　　　　　　　　　　　（　　）

□□□ **11** 경찰의 효과성은 무엇이 결정하는가? – 전통적 경찰활동의 관점에서는 경찰의 대응시간이라고 답변할 것이며, 지역사회 경찰활동의 관점에서는 시민의 협조라고 답변할 것이다.　　（　　）

□□□ **12** 가장 중요한 정보란 무엇인가? – 전통적 경찰활동의 관점에서는 범죄자 정보(개인 또는 집단의 활동사항 관련 정보)라고 답변할 것이며, 지역사회 경찰활동의 관점에서는 범죄사건 정보(특정 범죄사건 또는 일련의 범죄사건 관련 정보)라고 답변할 것이다.　　　　　　　　（　　）

□□□ **13** 지역사회 경찰활동은 지역사회에서 발생하는 범죄와 무질서보다 체포율과 적발 건수가 얼마나 감소하였는지가 업무평가의 기준이 된다.　　　　　　　　　　　　　　（　　）

□□□ **14** 지역사회 경찰활동에서 경찰의 역할은 폭넓은 지역문제를 해결하는 것이다.　　（　　）

□□□ **15** 지역사회 경찰활동은 범죄 및 무질서에 대한 문제를 해결함에 있어서 경찰과 지역사회 양자를 참여시키는 협력관계를 중요하게 여긴다.　　　　　　　　　　　　　　（　　）

□□□ **16** 지역사회 경찰활동은 지역사회와의 협력, 경찰조직의 분권화 등을 중요하게 여긴다.　（　　）

□□□ **17** 지역사회 경찰활동 프로그램에는 경찰과 주민 사이에 의사소통을 강화하는 이웃지향적 경찰활동이 있다.　　　　　　　　　　　　　　　　　　　　　　　　　　　（　　）

□□□ **18** 지역사회 경찰활동의 효과성은 신고에 대한 경찰의 출동시간으로 결정하며, 능률성은 체포율과 적발건수로 결정한다.　　　　　　　　　　　　　　　　　　　　　　　（　　）

□□□ **19** 지역중심적 경찰활동(COP : Community Oriented Policing) – 지역사회에서의 전반적인 삶의 질 향상을 목표로, 지역사회와 경찰 사이의 새로운 관계를 증진시키는 조직적인 전략원리를 말한다.　　　　　　　　　　　　　　　　　　　　　　　　　　　　　（　　）

□□□ **20** 지역중심 경찰활동(community-oriented policing)은 경찰이 지역사회 구성원과 함께 지역이 당면한 문제를 확인하고 우선순위를 정하여 해결하고자 노력하는 것을 의미한다.　　（　　）

□□□ **21** 지역중심적 경찰활동(Community Oriented Policing) – 경찰과 지역사회가 협력하여 길거리 범죄, 물리적 무질서 등을 확인하고 해결함으로써 주민들의 삶의 질을 개선하고자 노력한다.（　　）

□□□ **22** 지역중심 경찰활동과 문제지향적 경찰활동(problem-oriented policing)은 병행되어 실시될 때 효과성이 제고된다.　　　　　　　　　　　　　　　　　　　　　　　　　（　　）

□□□ **23** '지역사회 경찰활동'은 이미 발생한 범죄를 사후 진압 및 검거하는 역할에서 벗어나 사전적 예방과 지역사회 문제를 해결하는 문제해결자로서의 경찰 역할을 강조한다.　　　　（　　）

□□□ **24** 무관용 경찰활동(zero tolerance policing)은 지역사회 문제해결을 위해 SARA모형이 강조되는데, 이 모형은 조사(Scanning) − 분석(Analysis) − 대응(Response) − 평가(Assessment)로 진행된다.
( )

□□□ **25** 사건지향적 경찰활동은 범죄를 감소시키기 위해서 범죄의 정보와 분석기법을 통합한 법집행 위주의 경찰활동을 말하며, 범죄의 분석 등을 통해 정보에 입각한 범죄다발지역에 대한 강력한 순찰 등이 있다.
( )

□□□ **26** 전략지향적 경찰활동은 전통적 경찰활동 및 절차들을 이용하여 범죄요소나 무질서의 원인을 제거하고 효과적으로 범죄를 진압·통제하려는 경찰활동을 말하며 지역사회 참여가 경찰임무의 중요한 측면이라 인식한다.
( )

□□□ **27** '전략 지향적 경찰활동'은 전통적 관행과 절차를 배제하여 범죄 요인이나 사회 무질서의 원인을 제거하기 위해 경찰자원을 재분배하고 범죄나 무질서를 예방하는 경찰활동을 말한다. ( )

□□□ **28** 관용중심적 경찰활동(Tolerance Oriented Policing) − 소규모 지역공동체 모임의 활성화를 통해 상호감시를 증대하고 단속 중심의 경찰활동을 전개함으로써 범죄에 대응하는 전략을 추진한다.
( )

정답 & OX 풀이

12 전통적 경찰활동의 관점에서는 범죄사건 정보(특정 범죄사건 또는 일련의 범죄사건 관련 정보), 지역사회 경찰활동의 관점에서는 범죄자 정보(개인 또는 집단의 활동사항 관련 정보)

13 지역사회 경찰활동은 체포율과 적발 건수보다 지역사회에서 발생하는 범죄와 무질서가 얼마나 감소하였는지가 업무평가의 기준이 된다.

18 전통적 경찰활동의 효과성은 신고에 대한 경찰의 출동시간으로 결정하며, 능률성은 체포율과 적발건수로 결정한다.

24 문제지향적 경찰활동

25 정보 기반(주도) 경찰활동

27 '전략 지향적 경찰활동'은 전통적 경찰활동 및 절차들을 이용하여 범죄 요인이나 사회 무질서의 원인을 제거하기 위해 경찰자원을 재분배하고 범죄나 무질서를 예방하는 경찰활동을 말한다.

28 소규모 지역공동체 모임의 활성화를 통해 상호감시를 증대하는 전략은 이웃감시를 통한 범죄예방에 해당하며, 단속 중심의 경찰활동을 전개함으로써 범죄에 대응하는 전략은 무관용 경찰활동(Zero Tolerance Policing)에 해당한다.

정답
| 10. ○ | 11. ○ | 12. × | 13. × | 14. ○ | 15. ○ | 16. ○ | 17. ○ | 18. × | 19. ○ |
| 20. ○ | 21. ○ | 22. ○ | 23. ○ | 24. × | 25. × | 26. ○ | 27. × | 28. × | |

□□□ **29** 전략지향적 경찰활동(SOP)은 치안유지를 위한 각 기관들의 정보 취합과 활용 그리고 지역사회 참여를 업무 처리 방식의 틀로 사용하고, 사건 분석을 위해 지리정보시스템을 활용하여 분석기법 을 사용한 법집행 위주의 경찰활동이다. ( )

□□□ **30** 전략지향적 경찰활동(SOP : Strategic Oriented Policing) – 확인된 문제에 대한 전략적 대응을 위해 경찰자원을 배분하고, 전통적인 경찰활동과 절차를 통해 범죄적 요소나 사회무질서의 원인 을 효과적으로 제거하는 경찰활동을 말한다. ( )

□□□ **31** 지역사회 경찰활동 프로그램 중 이웃 지향적 경찰활동(Neighborhood-oriented Policing)은 확인 된 문제에 대응하기 위해 전략적으로 경찰인력과 자원을 배치하여 범죄나 무질서에 대한 예방을 강조한다. ( )

□□□ **32** 지역사회 경찰활동 프로그램 중 이웃 지향적 경찰활동(Neighborhood-oriented Policing)은 시민 의 서비스 요청에 반응하는 경찰활동의 반응적 기능, 경찰관들이 확인된 범죄문제에 대해 조직화 된 순찰전략을 개발·기획하는 사전적 기능과 범죄와 무질서 문제를 확인하고 알려주기 위한 경 찰과 시민 사이의 적극적인 협력적 기능을 연결하고자 시도한다. ( )

□□□ **33** 지역사회 경찰활동 프로그램 중 이웃 지향적 경찰활동(Neighborhood-oriented Policing)은 범죄 자의 활동과 조직범죄집단·중범죄자 등에 대한 관리·예방등에 초점을 두며 증가되는 범죄를 감 소시키기 위해 범죄정보를 통합한 법집행 위주의 경찰활동을 강조한다. ( )

□□□ **34** 지역사회 경찰활동 프로그램 중 이웃 지향적 경찰활동(Neighborhood-oriented Policing)은 형법 에 지나치게 의존하는 것 대신에 문제해결에 대한 합리적·분석적 접근법을 강조한다. ( )

□□□ **35** 이웃지향적 경찰활동(NOP : Neighborhood Oriented Policing) – 지역사회경찰활동을 위하여 경 찰과 주민의 의사소통라인을 개설하려는 모든 프로그램을 말한다. ( )

□□□ **36** 이웃지향적 경찰활동은 경찰과 주민 사이의 의사소통 라인을 개설하는 모든 프로그램을 말하고 거주자들에게 지역에 관한 정보를 제공하며, 주민들은 민간순찰을 실시한다. ( )

□□□ **37** '이웃 지향적 경찰활동'은 범죄 발생 원인에 대해 비공식적 사회통제의 약화 및 경제적 궁핍이 소외를 정당화하기 때문이라고 보아, 경찰과 주민과의 의사소통 라인을 개방하고 서로를 위해 감 시하는 민간순찰을 강조한다. ( )

□□□ **38** 이웃지향적 경찰활동(Neighborhood Oriented Policing) – 경찰과 주민의 의사소통을 활성화하고 주민들에 의한 순찰을 실시하는 등 지역사회에 기초를 둔 범죄예방 활동 등을 위해 노력한다. ( )

□□□ **39** 이웃지향적 경찰활동(NOP)은 경찰과 지역주민 사이에 좋은 관계를 유지하고 경찰활동을 널리 지 역주민에게 이해시키고, 범죄예방활동에 지역주민을 적극적으로 참여시켜 협력해 주도록 하는 경 찰활동을 말한다. ( )

□□□ **40** 문제지향적 경찰활동(Problem Oriented Policing) - 경찰과 지역사회가 전통적인 경찰업무로 해결할 수 없거나 그것의 해결을 위하여 특별히 관심을 필요로 하는 사안들에 있어서 그 상황에 맞는 대안을 개발하기 위해 노력하는 활동에 주력한다. ( )

□□□ **41** 문제지향적 경찰활동은 지역문제들에 대한 효과적인 대응 전략들을 고려하면서, 필요시에는 경찰과 지역사회의 협력 전략에 보다 높은 가치를 부여한다. ( )

□□□ **42** 문제지향적 경찰활동은 경찰활동이 단순한 법집행자의 역할에서 지역사회 범죄문제의 근원적 원인을 확인하고 해결하는 역할로 전환될 것을 추구하며 지역사회 문제 해결을 위해 조사(Scanning) - 분석(Analysis) - 대응(Response) - 평가(Assessment)로 진행되는 문제해결 단계를 제시한다. ( )

□□□ **43** 문제지향적 경찰활동(POP)은 반복된 사건을 야기하는 근본적인 원인을 해결해야 한다고 주장하며, 현장 경찰관에게 자유재량을 부여하고, 범죄분석자료를 제공, 대중정보와 비평을 적극적으로 수용한다. ( )

□□□ **44** 문제해결과정인 'SARA 모형' 중 조사단계(Scanning)는 지역에서 반복적으로 발생하고 있는 문제를 파악하는 데에서 출발하여 문제라고 여겨지는 개인과 관련된 사건을 분류하고, 정확하고 유용한 용어를 활용하여 이러한 문제를 조사한다. ( )

□□□ **45** 에크와 스펠만(Eck & Spelman)은 경찰관서에서 문제지향경찰활동을 지역문제의 해결에 보다 쉽게 적용할 수 있도록 4단계의 문제해결과정(이른바 SARA 모델)을 제시하였다. ( )

□□□ **46** 문제해결과정인 'SARA 모형' 중 분석단계(Analysis)는 지역사회와 경찰이 협력하는 등의 방법으로 문제의 원인을 파악하고, 분석하는 단계이다. ( )

□□□ **47** 문제해결과정인 'SARA 모형' 중 대응단계(Response)는 경찰이 보유한 자원과 역량만으로는 한계가 있기 때문에 경찰관은 지역사회 내의 여러 다른 기관들과 협력을 통한 대응방안을 추구한다. ( )

정답 & OX 풀이

29 정보기반 경찰활동(Intelligence Led Policing)
31 전략지향적 경찰활동
33 정보기반 경찰활동
34 문제지향적 경찰활동
39 경찰과 지역사회 관계(PCR)

정답

29. ×	30. ○	31. ×	32. ○	33. ×	34. ×	35. ○	36. ○	37. ○	38. ○
39. ×	40. ○	41. ○	42. ○	43. ○	44. ○	45. ○	46. ○	47. ○	

□□□ **48** 문제해결과정인 'SARA 모형' 중 평가단계(Assessment)는 대응의 적절성을 평가하며, 효과평가
와 결과평가의 두 단계로 이루어진다. ( )

□□□ **49** 문제해결과정인 'SARA 모형' 중 조사단계(scanning)는 일반적으로 지역사회에서 일회적으로 발
생하지만 대중의 이목을 집중시키는 심각한 중대범죄 사건을 우선적으로 조사대상화하는 데에서
출발한다. ( )

□□□ **50** 문제해결과정인 'SARA 모형' 중 분석단계(analysis)에서는 각종 통계자료 등 수집된 자료를 활용
하여 심층적인 분석을 실시하며, 당면 문제의 성격을 정확하게 파악하기 위해 문제분석 삼각모형
(problem analysis triangle)을 유용한 분석도구로 활용할 수 있다. ( )

□□□ **51** 문제해결과정인 'SARA 모형' 중 대응단계(response)에서는 경찰이 보유한 자원과 역량만으로는
한계가 있으므로 지역사회 내의 여러 다른 기관들과의 협력을 통한 대응방안을 추구하며, 상황적
범죄예방에서 제시하는 25가지 범죄예방기술을 적용해 볼 수도 있다. ( )

□□□ **52** 문제해결과정인 'SARA 모형' 중 평가단계(assessment)는 과정평가와 효과평가의 두 단계로 구성
되며, 이전 문제해결과정에의 환류를 통해 각 단계가 지속적인 순환과정으로 작동할 수 있도록
한다는 점에서 중요한 의미를 가진다. ( )

□□□ **53** 문제지향적 경찰활동(POP : Problem Oriented Policing) - 지역조직은 거주자들에게 지역에 관
한 정보를 제공하며 경찰과 협동하여 범죄를 억제하는 기능을 수행한다. ( )

□□□ **54** 문제 지향적 경찰활동의 목표는 특정한 문제들을 해결하기 위해서 경찰과 지역사회가 함께 노력
하고 적절한 대응방안을 개발함으로써, 문제해결에 대한 특별한 관심을 이끌어내는 것이다.
( )

□□□ **55** 정보 주도적 경찰활동은 범죄자의 활동, 조직범죄집단, 중범죄자 등에 관한 관리, 예방 등에 초점
을 두고, 증가하는 범죄를 감소시키기 위해 범죄정보를 통합한 법집행 위주의 경찰활동을 말한다.
( )

□□□ **56** '정보기반 경찰활동'은 경찰의 효과성 향상을 위한 전략으로 범죄자 정보 및 분석기법을 활용한
법집행 위주의 경찰활동을 말한다. ( )

□□□ **57** 증거기반 경찰활동(evidence-based policing)은 경찰정책과 의사결정에 있어서 과학적·의학적
증거에 기반하여 증거의 개발, 검토, 활용을 위해 경찰관 및 직원이 연구기관과 함께 활동하는 접
근방법이다. ( )

□□□ **58** 순찰은 노선에 따라 정선순찰, 난선순찰, 요점순찰, 구역순찰 등으로 구분할 수 있다. ( )

□□□ **59** 캔자스(Kansas)시 예방순찰실험의 경우 도보순찰을 증가시켜도 실제 범죄는 감소하지 않아 도보
순찰과 범죄율의 연관성에 대해 부정하는 결과가 도출되었다. ( )

☐☐☐ **60** 플린트(Flint)시 도보순찰실험의 경우 도보순찰을 증가시켜도 실제 범죄는 감소하지 않았으나 오히려 시민들은 안전하다고 느꼈다. ( )

☐☐☐ **61** 해일(C. D. Hale)과 워커(S. Walker)는 순찰의 기능에 대민서비스 제공을 공통적으로 포함시켰다. ( )

☐☐☐ **62** 뉴왁(Newark)시의 도보순찰실험에서는 도보순찰 경찰관들의 태도에는 변화가 없는 것으로 밝혀졌으나, 주민들의 범죄에 대한 두려움 감소와 경찰에 대한 우호적인 태도 형성에는 긍정적인 영향을 미치는 것으로 나타났다. ( )

☐☐☐ **63** 캔자스(Kansas)시 예방순찰실험을 통해 차량순찰 수준을 증가하여도 범죄는 감소하지 않았고, 시민의 안전감에도 영향을 미치지 않는 것으로 나타났다. ( )

☐☐☐ **64** 난선순찰은 불규칙적으로 이루어지기 때문에, 범죄자의 경찰 순찰에 대한 예측을 교란하여 범죄예방 효과를 증대할 수 있다는 장점이 있다. ( )

☐☐☐ **65** 워커(Walker)는 범죄의 억제, 공공 안전감의 증진, 대민서비스 제공 등을 순찰의 기능으로 제시하고 있다. ( )

정답 & OX 풀이

48 과정평가와 효과평가의 두 단계로 이루어진다.
49 조사단계(scanning)는 일반시민과 경찰에 고민거리가 되는 재발성 문제를 확인하는 단계이다.
53 이웃지향적 경찰활동(NOP)에 관한 설명이다.
58 순찰은 노선에 따라 정선순찰(정해진 노선을 지정된 시간에 규칙적으로 순찰), 난선순찰(임의로 순찰지역이나 노선을 선정하여 불규칙적으로 순찰), 요점순찰(중요지점에 순찰함을 설치하고 그 요점과 요점 사이에 난선순찰을 실시), 구역순찰(개인별 담당구역을 지정하여 요점순찰을 자율적으로 실시) 등으로 구분할 수 있다.
59 캔자스(Kansas)시 예방순찰실험의 경우 차량순찰을 증가시켜도 실제 범죄는 감소하지 않아 차량순찰과 범죄율의 연관성에 대해 부정하는 결과가 도출되었다.
62 뉴왁(Newark)시의 도보순찰 실험(Newark Foot Patrol Experiment, 1978)은 미국 뉴저지주의 뉴왁시에서 실시된 실험으로 도보순찰이 범죄율, 주민 불안감, 그리고 경찰관의 태도에 미치는 영향을 분석한 것이다. 뉴왁 실험에서는 도보순찰을 수행한 경찰관들 스스로도 명확한 태도 변화를 경험하였음이 보고되었다. 태도 변화의 구체적 내용으로 지역사회에 대한 친밀감 증가, 경찰 업무에 대한 인식 변화, 스트레스와 소외감 감소를 들 수 있다.

정답
48. × 49. × 50. ○ 51. ○ 52. ○ 53. × 54. ○ 55. ○ 56. ○ 57. ○
58. ○ 59. × 60. ○ 61. ○ 62. × 63. ○ 64. ○ 65. ○

대응코드 분류		지령	현장출동
code 0	이강현실전	1개 이상의 출동요소 처리 지령	최우선 출동
code 1	생신위임현		중요 업무에 지장을 초래하지 않는 범위 내 출동
code 2	생신잠방		
code 3	즉조불수전		당일 근무시간 내 출동
code 4	긴민상	출동요소에 지령하지 않고 자체 종결, 통보 처리	

✎ **112신고의 기록 · 보존 등**

( )년	112신고 접수 및 처리와 관련된 112시스템 입력자료 (코드 0 · 코드 1 · 코드 2로 분류한 자료)
( )년	범죄 수사를 위해 기록의 보존이 필요한 경우 등 경찰청장등이 필요하다고 인정하는 경우 연장 기간
( )년	다만, 단순 민원 · 상담 등 경찰청장이 정하는 경미한 내용의 112신고 (코드 3 · 코드 4로 분류한 자료)
( )년	연장 기간
( )개월	112신고 접수 및 처리와 관련된 녹음 · 녹화자료
( )개월	연장 기간
정답	순서대로 3, 2, 1, 1, 3, 3

핵심정리 OX Check ✓

□□□ **01** 「112신고의 운영 및 처리에 관한 법률」과 같은 법 시행령상 경찰청장, 시 · 도경찰청장 및 경찰서장(이하 "경찰청장등"이라 한다)은 112신고를 받으면 「경찰관 직무집행법」 제2조에 따른 경찰사무의 구분이나 현장 출동이 필요한 지역의 관할의 관계를 고려하여 해당 112신고를 신속하게 접수하여 처리하여야 한다.   (   )

□□□ **02** 「112신고의 운영 및 처리에 관한 법률」과 동법 시행령상 경찰청장등은 112치안종합상황실에서 출동 현장의 상황 등을 실시간으로 확인하고 지휘하기 위한 목적으로 경찰관이 영상촬영장치를 착용 또는 휴대하도록 하여 출동 현장을 촬영할 수 있다.   (   )

□□□ **03** 「112신고의 운영 및 처리에 관한 법률」과 동법 시행령상 경찰청장등은 112신고를 처리할 때 112치안종합상황실에서 출동 현장의 상황을 실시간으로 확인하고 지휘하기 위한 목적으로 무인비행장치에 영상촬영장치를 설치하여 출동 현장을 촬영할 수 있다.   (   )

☐☐☐ **04** 「112신고의 운영 및 처리에 관한 법률」과 동법 시행령상 출동 현장을 촬영할 때에는 불빛, 소리, 안내판, 안내서면, 안내방송 또는 그 밖에 이에 준하는 수단이나 방법으로 출동 현장에 있는 사람이 촬영 사실을 쉽게 알 수 있도록 표시하고 알려야 한다. ( )

☐☐☐ **05** 「112신고의 운영 및 처리에 관한 법률」과 동법 시행령상 경찰청장등은 출동 현장 촬영 사실을 표시하거나 알리기 어려운 경우에는 경찰청 홈페이지에 촬영 사실을 사후 공지하는 방법으로 알려야 한다. ( )

☐☐☐ **06** 「112신고의 운영 및 처리에 관한 법률」과 동법 시행령상 출동 현장을 촬영하여 수집된 영상정보의 보관기간은 촬영일부터 1년으로 한다. 다만, 범죄 수사를 위해 영상정보의 보관이 필요한 경우 등 경찰청장등이 필요하다고 인정하는 경우에는 1년의 범위에서 보관기간을 연장할 수 있다. ( )

☐☐☐ **07** 경찰청장등은 「112신고의 운영 및 처리에 관한 법률」 제11조 제1항에 따라 경찰차량 또는 무인비행장치에 영상촬영장치를 설치하거나 경찰관이 영상촬영장치를 착용 또는 휴대하도록 하여 출동 현장을 촬영할 수 있다. 이에 따라 수집된 영상정보의 보관기간은 촬영일부터 30일로 한다. 다만, 범죄 수사를 위해 영상정보의 보관이 필요한 경우 등 경찰청장등이 필요하다고 인정하는 경우에는 30일의 범위에서 보관기간을 연장할 수 있다. ( )

☐☐☐ **08** 「112신고의 운영 및 처리에 관한 법률」과 동법 시행령상 112신고 현장에 출동하여 필요한 조치를 한 경찰관은 해당 112신고와 관련하여 범죄의 혐의가 있다고 인정할 만한 상당한 이유가 있어 계속 수사할 필요가 있는 경우 지체 없이 해당 수사기관에 인계하여야 한다. ( )

정답 & OX 풀이

01 경찰청장등은 112신고를 받으면 「국가경찰과 자치경찰의 조직 및 운영에 관한 법률」 제4조 제1항에 따른 경찰사무의 구분이나 현장 출동이 필요한 지역의 관할에 관계없이 해당 112신고를 신속하게 접수하여 처리하여야 한다(112신고의 운영 및 처리에 관한 법률 제7조 제1항).

03 경찰청장등은 법 제11조 제1항에 따라 경찰차량 또는 무인비행장치에 영상촬영장치를 설치하거나 경찰관이 영상촬영장치를 착용 또는 휴대하도록 하여 출동 현장을 촬영할 수 있다(동법 시행령 제5조 제1항).

05 경찰청장등은 제2항에 따른 방법으로 촬영 사실을 표시하거나 알리기 어려운 경우에는 개인정보 보호위원회가 구축하는 인터넷 사이트에 촬영 사실을 미리 공지하는 방법으로 알릴 수 있다(제5조 제3항).

06 제1항에 따라 수집된 영상정보의 보관기간은 촬영일부터 30일로 한다. 다만, 범죄 수사를 위해 영상정보의 보관이 필요한 경우 등 경찰청장등이 필요하다고 인정하는 경우에는 30일의 범위에서 보관기간을 연장할 수 있다(제5조 제4항).

정답 01. × 02. ○ 03. ○ 04. ○ 05. × 06. × 07. ○ 08. ○

□□□ **09** 「112신고의 운영 및 처리에 관한 법률」과 동법 시행령상 경찰관은 112신고를 처리하는 과정에서 재난·재해, 범죄 또는 그 밖의 위급한 상황이 발생하여 사람의 생명·신체를 위험하게 할 것으로 인정할 때에는 일정한 구역을 정하여 그 구역에 있는 사람에게 그 구역 밖으로 피난할 것을 명할 수 있다. ( )

□□□ **10** 「112신고의 운영 및 처리에 관한 법률」과 동법 시행령상 112신고 접수 및 처리와 관련된 녹음·녹화자료의 보존기간은 3개월이다. 다만, 범죄 수사를 위해 기록의 보존이 필요한 경우 등 경찰청장 등이 필요하다고 인정하는 경우에는 3개월의 범위에서 그 보존기간을 연장할 수 있다. ( )

□□□ **11** 「112치안종합상황실 운영 및 신고처리 규칙」상 112신고는 현장출동이 필요한 지역의 관할 112치안종합상황실에서 접수한다. ( )

□□□ **12** 「112신고의 운영 및 처리에 관한 법률」과 같은 법 시행령상 경찰청장등은 112신고를 처리하는 과정에서 재난·재해, 범죄 또는 그 밖의 위급한 상황이 발생하여 사람의 생명·신체를 위험하게 할 것으로 인정할 때에는 일정한 구역을 정하여 그 구역에 있는 사람에게 그 구역 밖으로 피난할 것을 명할 수 있다. ( )

□□□ **13** 「112신고의 운영 및 처리에 관한 법률」과 같은 법 시행령상 112치안종합상황실은 경찰청, 시·도경찰청 및 경찰서에 설치한다. ( )

□□□ **14** 「112신고의 운영 및 처리에 관한 법률」과 같은 법 시행령상 112신고 접수 및 처리와 관련된 112시스템 입력자료는 3년간 보존한다. 다만, 단순 민원·상담 등 경찰청장이 정하는 경미한 내용의 112신고의 경우에는 1년으로 한다. ( )

□□□ **15** 「112치안종합상황실 운영 및 신고처리 규칙」상 "출동 경찰관"이란 112치안종합상황실의 지령을 받아 현장에 출동하여 112신고를 조치하는 경찰관과 112근무요원을 말한다. ( )

□□□ **16** 「112치안종합상황실 운영 및 신고처리 규칙」상 경찰청장은 112신고 내용의 긴급성과 출동 필요성 등을 고려하여 강력범죄 현행범인 등 실시간 전파가 필요한 경우에는 112신고 대응 코드(code)를 코드 1 신고로 분류한다. ( )

□□□ **17** 「112치안종합상황실 운영 및 신고처리 규칙」상 112근무요원은 112신고가 완전하게 수신되지 않는 경우와 같이 정확한 신고내용을 파악하기 힘든 경우라도 신속한 처리를 위해 우선 임의의 112신고 대응 코드를 부여할 수 있다. ( )

□□□ **18** 「112치안종합상황실 운영 및 신고처리 규칙」상 112근무요원은 접수한 신고의 내용이 코드 3 신고의 유형에 해당하는 경우에는 출동 경찰관에게 지령하지 않고 자체 종결하거나, 담당 부서 또는 112신고 관계 기관에 신고내용을 통보하여 처리하도록 조치해야 한다. ( )

□□□ **19** 「112치안종합상황실 운영 및 신고처리 규칙」상 즉각적인 현장조치는 불필요하나 수사, 전문상담 등이 필요한 경우는 112신고의 분류 중 코드 3 신고로 분류한다. ( )

□□□ **20** 「112치안종합상황실 운영 및 신고처리 규칙」상 경찰관서 방문 등 112신고 외의 방법으로 범죄나 각종 사건·사고 등 위급한 상황이 발생하였거나 발생할 것이 예상된다는 신고를 접수한 경찰관은 소속 경찰관서의 112시스템에 신고내용을 입력해야 한다. ( )

□□□ **21** 「112치안종합상황실 운영 및 신고처리 규칙」상 출동 경찰관은 112신고 대응 코드를 변경할 만한 사실을 추가로 확인한 경우 이미 분류된 112신고 대응 코드를 다른 112신고 대응 코드로 변경할 수 있다. ( )

□□□ **22** 「112치안종합상황실 운영 및 신고처리 규칙」상 112근무요원은 현장에 출동하였으나 사건 내용을 확인할 수 없으며, 사건이 실제 발생하였다는 사실도 확인되지 않는 경우 112신고처리를 종결할 수 없다. ( )

□□□ **23** 「112치안종합상황실 운영 및 신고처리 규칙」상 112신고의 처리와 관련하여 출동 경찰관은 현장 상황이 급박하여 신속한 현장 조치가 필요한 경우 우선 조치 후 보고할 수 있다. ( )

□□□ **24** 「112치안종합상황실 운영 및 신고처리 규칙」상 112근무요원은 접수한 신고의 내용이 코드 4 신고의 유형에 해당하는 경우에는 출동 경찰관에게 지령하지 않고 자체 종결하거나, 담당 부서 또는 112신고 관계 기관에 신고내용을 통보하여 처리하도록 조치해야 한다. ( )

정답 & OX 풀이

09 경찰청장등은 112신고를 처리하는 과정에서 재난·재해, 범죄 또는 그 밖의 위급한 상황이 발생하여 사람의 생명·신체를 위험하게 할 것으로 인정할 때에는 일정한 구역을 정하여 그 구역에 있는 사람에게 그 구역 밖으로 피난할 것을 명할 수 있다(112신고의 운영 및 처리에 관한 법률 제8조 제4항).

11 112신고는 법 제7조 제1항에 따라 현장출동이 필요한 지역의 관할과 관계없이 신고를 받은 경찰관서에서 신속하게 접수한다(제6조 제1항).

15 "출동 경찰관"이란 112치안종합상황실의 지령을 받아 현장에 출동하여 112신고를 조치하는 경찰관을 말한다(제2조 제5호).
※ "112근무요원"은 112치안종합상황실 근무요원을 말한다(제3조 제7호).

16 경찰청장은 112신고 내용의 긴급성과 출동 필요성 등을 고려하여 강력범죄 현행범인 등 실시간 전파가 필요한 경우에는 112신고 대응 코드(code)를 코드 0 신고로 분류한다(제7조 제1항 제1호).

18 112근무요원은 접수한 신고의 내용이 코드 4 신고의 유형에 해당하는 경우에는 출동 경찰관에게 지령하지 않고 자체 종결하거나, 담당 부서 또는 112신고 관계 기관에 신고내용을 통보하여 처리하도록 조치해야 한다(제8조 제2항).

22 112근무요원은 현장에 출동하였으나 사건 내용을 확인할 수 없으며, 사건이 실제 발생하였다는 사실도 확인되지 않는 경우 112신고처리를 종결할 수 있다(제16조 제4호).

정답
| 09. × | 10. ○ | 11. × | 12. ○ | 13. ○ | 14. ○ | 15. × | 16. × | 17. ○ | 18. × |
| 19. ○ | 20. ○ | 21. ○ | 22. × | 23. ○ | 24. ○ | | | | |

□□□ **25** 「112치안종합상황실 운영 및 신고처리 규칙」상 112근무요원의 근무기간은 1년 이상으로 하며, 경찰청장은 112근무요원의 전문성 제고를 위해 112근무요원 전문인증제를 운영할 수 있다.　　　　(　)

□□□ **26** 「112치안종합상황실 운영 및 신고처리 규칙」상 112신고 접수·처리자료의 보존기간과 관련하여 112시스템 입력자료는 112신고 대응 코드 0·코드 1·코드 2로 분류한 자료는 3년간, 코드 3·코드 4로 분류한 자료는 1년간 보존하고, 녹음·녹화자료는 3개월간 보존한다.　　(　)

□□□ **27** 「112치안종합상황실 운영 및 신고처리 규칙」상 112신고 접수·처리자료의 보존기간과 관련하여 녹음·녹화자료는 2개월간 보존한다.　　　　(　)

정답 & OX 풀이

25 112근무요원의 근무기간은 2년 이상으로 하며, 경찰청장은 112근무요원의 전문성 제고를 위해 112근무요원 전문인증제를 운영할 수 있다(제25조 제1항, 제2항).
27 112신고 접수·처리자료의 보존기간과 관련하여 녹음·녹화자료는 3개월간 보존한다(제20조 제1항 제2호).

정답　　25. ✕　　26. ○　　27. ✕

✎ 경비업 분류

시설경비업무	경비를 필요로 하는 시설 및 장소(이하 "경비대상시설"이라 한다)에서의 도난·화재 그 밖의 혼잡 등으로 인한 위험발생을 방지하는 업무
호송경비업무	운반 중에 있는 현금·유가증권·귀금속·상품 그 밖의 물건에 대하여 도난·화재 등 위험발생을 방지하는 업무
신변보호업무	사람의 생명이나 신체(재산×)에 대한 위해의 발생을 방지하고 그 신변을 보호하는 업무
기계경비업무	경비대상시설에 설치한 기기에 의하여 감지·송신된 정보를 그 경비대상시설 외(내×)의 장소에 설치한 관제시설의 기기로 수신하여 도난·화재 등 위험발생을 방지하는 업무
특수경비업무	공항(항공기를 포함한다) 등 대통령령이 정하는 국가중요시설(이하 "국가중요시설"이라 한다)의 경비 및 도난·화재 그 밖의 위험발생을 방지하는 업무 ※ (항공기 제외×)
혼잡·교통유도경비업무	치안상황에 효과적으로 대응하기 위하여 지역경찰 도로에 접속한 공사현장 및 사람과 차량의 통행에 위험이 있는 장소 또는 도로를 점유하는 행사장 등에서 교통사고나 그 밖의 혼잡 등으로 인한 위험발생을 방지하는 업무

핵심정리 OX Check

☐☐☐ **01** 「지역경찰의 조직 및 운영에 관한 규칙」상 "지역경찰관서"란 「국가경찰과 자치경찰의 조직 및 운영에 관한 법률」 제30조 제3항 및 「경찰청과 그 소속기관 직제」 제43조에 규정된 지구대, 파출소 및 치안센터를 말한다. ( )

☐☐☐ **02** 「지역경찰의 조직 및 운영에 관한 규칙」상 경찰청장은 인구, 면적, 행정구역, 교통·지리적 여건, 각종 사건사고 발생 등을 고려하여 경찰서의 관할구역을 나누어 지역경찰관서를 설치한다. ( )

정답 & OX 풀이

01 "지역경찰관서"란 「국가경찰과 자치경찰의 조직 및 운영에 관한 법률」 제30조 제3항 및 「경찰청과 그 소속기관 직제」 제43조에 규정된 지구대, 파출소를 말한다.

02 시·도경찰청장은 인구, 면적, 행정구역, 교통·지리적 여건, 각종 사건사고 발생 등을 고려하여 경찰서의 관할구역을 나누어 지역경찰관서를 설치한다(제4조(설치 및 폐지) 제1항).

정답 **01.** × **02.** ×

□□□ **03** 「지역경찰의 조직 및 운영에 관한 규칙」상 시·도경찰청장은 인구, 면적, 행정구역, 교통·지리적 여건, 각종 사건사고 발생 등을 고려하여 경찰서의 관할구역을 나누어 지역경찰관서를 설치한다.
( )

□□□ **04** 「지역경찰의 조직 및 운영에 관한 규칙」상 순찰팀은 범죄예방 순찰, 각종 사건사고에 대한 초동조치 등 현장 치안활동을 담당한다. ( )

□□□ **05** 「지역경찰의 조직 및 운영에 관한 규칙」 제23조는 "행정근무를 지정받은 지역경찰은 지역경찰관서 및 치안센터 내에서 방문민원 및 각종 신고사건의 접수 및 처리업무를 수행한다."라고 규정하고 있다. ( )

□□□ **06** 「지역경찰의 조직 및 운영에 관한 규칙」상 경찰서장이 정하는 사항으로 치안센터 관할구역의 크기, 순찰팀의 수, 치안센터 전담근무자의 근무형태 및 근무시간, 관리팀 및 순찰팀의 인원이 있다.
( )

□□□ **07** 「지역경찰의 조직 및 운영에 관한 규칙」상 지역경찰관서장은 지역경찰관서의 운영에 관하여 총괄 지휘·감독한다. ( )

□□□ **08** 「지역경찰의 조직 및 운영에 관한 규칙」상 지역경찰관서장은 관내 치안상황의 분석 및 대책을 수립하고 소속 지역경찰의 근무와 관련된 제반사항에 대해 지휘 및 감독한다. ( )

□□□ **09** 「지역경찰의 조직 및 운영에 관한 규칙」상 순찰팀장은 관리팀원에게 행정근무를 지정하고, 순찰팀원에게 상황 또는 순찰근무 지정하는 것을 원칙으로 하되, 필요한 경우에는 다른 근무를 지정하거나 병행하여 수행하도록 지정할 수 있다. ( )

□□□ **10** 「지역경찰의 조직 및 운영에 관한 규칙」상 상황근무를 지정받은 지역경찰은 문서의 접수 및 처리와 중요 사건·사고 발생 시 보고·전파 업무를 수행한다. ( )

□□□ **11** 「지역경찰의 조직 및 운영에 관한 규칙」상 대기근무를 지정받은 지역경찰은 지정된 장소에서 휴식을 취하되, 무전기를 청취하며 10분 이내 출동이 가능한 상태를 유지하여야 한다. ( )

□□□ **12** 「지역경찰의 조직 및 운영에 관한 규칙」상 지역경찰은 근무 중 주요사항을 근무일지(을지)에 기재하여야 하고 근무일지는 5년간 보관한다. ( )

□□□ **13** 「지역경찰의 조직 및 운영에 관한 규칙」상 관리팀원 및 순찰팀원에 대한 일일근무 지정 및 지휘·감독과 관내 중요 사건 발생시 현장 지휘는 순찰팀장의 직무이다. ( )

□□□ **14** 「지역경찰의 조직 및 운영에 관한 규칙」상 직주일체형 치안센터에 배치된 근무자는 근무 종료 후(휴무일 포함)에도 관할구역 내에 위치하며 지역경찰관서와 연락체계를 유지하여야 한다.
( )

□□□ **15** 「지역경찰의 조직 및 운영에 관한 규칙」상 상황근무를 지정받은 지역경찰은 지역경찰관서 및 치안센터 내에서 방문민원 및 각종 신고사건의 접수 및 처리를 수행한다. ( )

□□□ **16** 「지역경찰의 조직 및 운영에 관한 규칙」상 지역경찰 동원은 근무자 동원을 원칙으로 하되, 불가피한 경우에 한하여 비번자, 휴무자 순으로 동원할 수 있다. ( )

□□□ **17** 「지역경찰의 조직 및 운영에 관한 규칙」상 지역경찰관리자는 신고출동태세 유지 등을 위해 필요한 경우에는 휴게 및 식사시간도 기타 근무로 지정할 수 있다. ( )

□□□ **18** 「지역경찰의 조직 및 운영에 관한 규칙」상 상황근무를 지정받은 지역경찰은 지역경찰관서 및 치안센터 내에서 요보호자 또는 피의자에 대한 보호·감시, 방문민원 및 각종 신고사건의 접수 및 처리 등의 업무를 수행한다. ( )

□□□ **19** 「경비업법」상 '시설경비업무'란 경비를 필요로 하는 시설 및 장소(이하 "경비대상시설" 이라 한다)에서의 도난·화재 그 밖의 혼잡 등으로 인한 위험발생을 방지하는 업무를 말한다. ( )

□□□ **20** 「경비업법」상 '호송경비업무'란 운반중에 있는 현금·유가증권·귀금속·상품 그 밖의 물건에 대하여 도난·화재 등 위험발생을 방지하는 업무를 말한다. ( )

정답 & **OX** 풀이✎

05 「지역경찰의 조직 및 운영에 관한 규칙」 제24조는 "상황근무를 지정받은 지역경찰은 지역경찰관서 및 치안센터 내에서 방문민원 및 각종 신고사건의 접수 및 처리업무를 수행한다."라고 규정하고 있다.

06 순찰팀의 수는 지역 치안수요 및 인력여건 등을 고려하여 시·도경찰청장이 결정한다(제6조 제2항).

07 경찰서장: 지역경찰관서의 운영에 관하여 총괄 지휘·감독(제9조)

10 문서의 접수 및 처리는 행정근무를 지정받은 지역경찰이 수행한다.

12 지역경찰은 근무 중 주요사항을 근무일지(을지)에 기재하여야 하고 근무일지는 3년간 보관한다.

14 직주일체형 치안센터에 배치된 근무자는 근무 종료 후에도 관할구역 내에 위치하며 지역경찰관서와 연락체계를 유지하여야 한다. 다만, 휴무일은 제외한다(제18조 제3항).

17 지역경찰관리사는 신고출동태세 유지 등을 위해 필요한 경우에는 휴게 및 식사시간도 대기 근무로 지정할 수 있다(제29조(일일근무 지정) 제6항).

정답

03. ○	04. ○	05. ×	06. ×	07. ×	08. ○	09. ○	10. ×	11. ○	12. ×
13. ○	14. ×	15. ○	16. ○	17. ×	18. ○	19. ○	20. ○		

□□□ **21** 「경비업법」상 '신변보호업무'란 사람의 생명・신체・재산에 대한 위해의 발생을 방지하고 그 신변을 보호하는 업무를 말한다. ( )

□□□ **22** 「경비업법」상 '기계경비업무'란 경비대상시설에 설치한 기기에 의하여 감지・송신된 정보를 그 경비대상시설외의 장소에 설치한 관제시설의 기기로 수신하여 도난・화재 등 위험발생을 방지하는 업무를 말한다. ( )

□□□ **23** 「경비업법」상 주주총회와 관련하여 이해대립이 있어 다툼이 있는 장소, 100명 이상의 사람이 모이는 국제・문화・예술・체육 행사장, 「행정대집행법」에 따라 대집행을 하는 장소는 집단민원현장에 해당한다. ( )

□□□ **24** 「경비업법」상 경비업을 영위하고자 하는 법인은 도급받아 행하고자 하는 경비업무를 특정하여 그 법인의 주사무소의 소재지를 관할하는 시・도경찰청장의 허가를 받아야 한다. ( )

□□□ **25** 「경비업법」상 금고 이상의 형의 선고유예를 받고 그 유예기간 중에 있는 자는 경비지도사의 결격사유에 해당한다. ( )

□□□ **26** 「경비업법」상 경비업의 허가를 받으려는 법인이 갖추어야 할 요건 중 시설경비업무의 경비인력 요건은 경비원 10명 이상 및 경비지도사 1명 이상이다. ( )

정답 & OX 풀이

21 '신변보호업무'란 사람의 생명・신체에 대한 위해의 발생을 방지하고 그 신변을 보호하는 업무를 말한다.
25 금고 이상의 형의 집행유예를 받고 그 유예기간 중에 있는 자가 경비지도사의 결격사유에 해당한다(제10조 제1항 제4호).

정답   21. ✕   22. ○   23. ○   24. ○   25. ✕   26. ○

생활질서경찰

✎ 통고처분 절차

범칙행위	범칙자	범칙금 통고	즉결심판 청구
제3조 제1항, 제2항 위반행위	범칙행위를 한 자	범칙자에게 서면으로 통고	납부기간(10일 + 20일) 안에 범칙금 미납
	상습, 구류, 18세 미만, 피해자 있는 경우 제외	거부, 주거 또는 신원 불확실, 통고처분이 어려운 사람 제외	

핵심정리 OX Check ✅

☐☐☐ **01** 「풍속영업의 규제에 관한 법률」상 풍속영업을 하는 자 및 대통령령으로 정하는 종사자가 풍속영업을 하는 장소에서 하여서는 아니 되는 행위 : 「성매매알선 등 행위의 처벌에 관한 법률」 제2조 제1항 제2호에 따른 성매매알선등행위 ( )

☐☐☐ **02** 「풍속영업의 규제에 관한 법률」상 풍속영업을 하는 자 및 대통령령으로 정하는 종사자가 풍속영업을 하는 장소에서 하여서는 아니 되는 행위 : 음란행위를 하게 하거나 이를 알선 또는 제공하는 행위 ( )

☐☐☐ **03** 「풍속영업의 규제에 관한 법률」상 풍속영업을 하는 자 및 대통령령으로 정하는 종사자가 풍속영업을 하는 장소에서 하여서는 아니 되는 행위 : 음란한 문서·도화·영화·음반·비디오물, 그 밖의 음란한 물건에 대한 제작·반포·판매 및 이를 알선하는 행위 ( )

정답 & OX 풀이 ✅

03 풍속영업을 하는 재(허가나 인가를 받지 아니하거나 등록이나 신고를 하지 아니하고 풍속영업을 하는 자를 포함한다. 이하 "풍속영업자"라 한다) 및 대통령령으로 정하는 종사자는 풍속영업을 하는 장소(이하 "풍속영업소"라 한다)에서 다음 각 호의 행위를 하여서는 아니 된다(제3조).

> 1. 「성매매알선 등 행위의 처벌에 관한 법률」 제2조 제1항 제2호에 따른 성매매알선등행위
> 2. 음란행위를 하게 하거나 이를 알선 또는 제공하는 행위
> 3. 음란한 문서·도화(圖畵)·영화·음반·비디오물, 그 밖의 음란한 물건에 대한 다음 각 목의 행위
>   가. 반포(頒布)·판매·대여하거나 이를 하게 하는 행위
>   나. 관람·열람하게 하는 행위
>   다. 반포·판매·대여·관람·열람의 목적으로 진열하거나 보관하는 행위
> 4. 도박이나 그 밖의 사행(射倖)행위를 하게 하는 행위

정답
　01. ○　　02. ○　　03. ✕

□□□ 04 「풍속영업의 규제에 관한 법률」상 풍속영업을 하는 자 및 대통령령으로 정하는 종사자가 풍속영업을 하는 장소에서 하여서는 아니 되는 행위 : 도박이나 그 밖의 사행행위를 하게 하는 행위
( )

□□□ 05 「경범죄 처벌법」상 인터넷 중고거래 사이트를 통해 비대면으로 웃돈을 받고 유명 가수의 콘서트 티켓을 되판 사람은 이 법상 암표매매로 처벌된다.
( )

□□□ 06 「경범죄 처벌법」상 있지 아니한 범죄나 재해 사실을 공무원에게 거짓으로 신고한 사람은 주거가 분명하여도 현행범으로 체포할 수 있다.
( )

□□□ 07 「경범죄 처벌법」상 피해자가 있는 범칙행위를 한 사람은 범칙자에 해당하지 아니한다. ( )

□□□ 08 「경범죄 처벌법」상 주거 또는 신원이 확실하지 아니한 사람에게는 통고처분을 하지 아니한다.
( )

□□□ 09 「경범죄 처벌법」상 출판물의 부당게재 등 – 올바르지 아니한 이익을 얻을 목적으로 다른 사람 또는 단체의 사업이나 사사로운 일에 관하여 신문, 잡지, 그 밖의 출판물에 어떤 사항을 싣거나 싣지 아니할 것을 약속하고 돈이나 물건을 받은 사람은 10만 원 이하의 벌금, 구류 또는 과료의 형으로 처벌한다.
( )

□□□ 10 「경범죄 처벌법」상 거짓 광고 – 여러 사람에게 물품을 팔거나 나누어 주거나 일을 해주면서 다른 사람을 속이거나 잘못 알게 할 만한 사실을 들어 광고한 사람은 20만 원 이하의 벌금, 구류 또는 과료의 형으로 처벌한다.
( )

□□□ 11 「경범죄 처벌법」상 업무방해 – 못된 장난 등으로 다른 사람, 단체 또는 공무수행 중인 자의 업무를 방해한 사람은 10만 원 이하의 벌금, 구류 또는 과료의 형으로 처벌한다. ( )

□□□ 12 「경범죄 처벌법」상 암표매매 – 흥행장, 경기장, 역, 나루터, 정류장, 그 밖에 정하여진 요금을 받고 입장시키거나 승차 또는 승선시키는 곳에서 웃돈을 받고 입장권・승차권 또는 승선권을 다른 사람에게 되판 사람은 10만 원 이하의 벌금, 구류 또는 과료의 형으로 처벌한다. ( )

□□□ 13 「경범죄 처벌법」상 경범죄를 짓도록 시키거나 도와준 사람은 죄를 지은 사람에 준하여 처벌한다.
( )

□□□ 14 「경범죄 처벌법」상 범칙행위를 상습적으로 하는 사람은 범칙자에 해당하지 아니한다. ( )

□□□ 15 「경범죄 처벌법」상 음주소란, 지속적 괴롭힘, 거짓 인적사항을 사용한 사람은 10만 원 이하의 벌금, 구류 또는 과료의 형으로 처벌한다.
( )

□□□ 16 「경범죄 처벌법」상 술에 취한 채로 관공서에서 몹시 거친 말과 행동으로 주정하거나 시끄럽게 한 사람은 100만 원 이하의 벌금, 구류 또는 과료의 형으로 처벌한다.
( )

□□□ **17** 「경범죄 처벌법」상 여러 사람에게 물품을 팔거나 나누어 주거나 일을 해주면서 다른 사람을 속이거나 잘못 알게 할 만한 사실을 들어 광고한 사람은 20만 원 이하의 벌금, 구류 또는 과료의 형으로 처벌한다. ( )

□□□ **18** 「경범죄 처벌법」 제8조 제1항에 따른 납부기간에 범칙금을 납부하지 아니한 사람은 납부 기간의 마지막 날의 다음 날부터 30일 이내에 통고받은 범칙금에 그 금액의 100분의 30을 더한 금액을 납부하여야 한다. ( )

□□□ **19** 「경범죄 처벌법」상 해양경찰서장을 제외한 경찰서장, 제주특별자치도지사 또는 철도특별사법경찰대장은 범칙자로 인정되는 사람에 대하여 그 이유를 명백히 나타낸 서면으로 범칙금을 부과하고 이를 납부할 것을 통고할 수 있다. ( )

□□□ **20** 「경범죄 처벌법」상 범칙금 납부 기한 내 범칙금을 납부하지 않아 즉결심판이 청구된 피고인이 통고받은 범칙금에 그 금액의 100분의 50을 더한 금액을 납부하고 그 증명서류를 즉결심판 선고 전까지 제출하였을 때에는 경찰청장, 해양경찰청장, 제주특별자치도지사는 그 피고인에 대한 즉결심판 청구를 취소할 수 있다. ( )

정답 & OX 풀이

05 인터넷 암표매매는 경범죄 처벌법이 적용될 수 없다. 경범죄 처벌법상의 암표매매는 "흥행장, 경기장, 역, 나루터, 정류장, 그 밖에 정하여진 요금을 받고 입장시키거나 승차 또는 승선시키는 곳에서 웃돈을 받고 입장권·승차권 또는 승선권을 다른 사람에게 되판 사람"으로서 현실적인 장소에 한정되고 있으므로 인터넷 사이트는 장소에 해당하지 않아 유추해석 금지의 원칙에 따라 인터넷 암표매매는 경범죄 처벌법을 적용할 수 없다.

09 20만 원 이하의 벌금, 구류 또는 과료의 형으로 처벌한다.

11 20만 원 이하의 벌금, 구류 또는 과료의 형으로 처벌한다.

12 20만 원 이하의 벌금, 구류 또는 과료의 형으로 처벌한다.

16 술에 취한 채로 관공서에서 몹시 거친 말과 행동으로 주정하거나 시끄럽게 한 사람은 60만 원 이하의 벌금, 구류 또는 과료의 형으로 처벌한다(제3조 제3항).

18 「경범죄 처벌법」 제8조 제1항에 따른 납부기간에 범칙금을 납부하지 아니한 사람은 납부 기간의 마지막 날의 다음 날부터 20일 이내에 통고받은 범칙금에 그 금액의 100분의 20을 더한 금액을 납부하여야 한다(제8조 제2항).

19 경찰서장, 해양경찰서장, 제주특별자치도지사 또는 철도특별사법경찰대장은 범칙자로 인정되는 사람에 대하여 그 이유를 명백히 나타낸 서면으로 범칙금을 부과하고 이를 납부할 것을 통고할 수 있다(제7조 제1항 본문).

20 범칙금 납부 기한 내 범칙금을 납부하지 않아 즉결심판이 청구된 피고인이 통고받은 범칙금에 그 금액의 100분의 50을 더한 금액을 납부하고 그 증명서류를 즉결심판 선고 전까지 제출하였을 때에는 경찰서장, 해양경찰서장, 제주특별자치도지사는 그 피고인에 대한 즉결심판 청구를 취소하여야 한다(제9조 제2항).

정답
04. ○	05. ×	06. ○	07. ○	08. ○	09. ×	10. ○	11. ×	12. ×	13. ○
14. ○	15. ○	16. ×	17. ○	18. ×	19. ×	20. ×			

□□□ **21** 「경범죄 처벌법」상 범칙행위를 한 사람이라도 18세 미만인 경우에는 범칙자에 해당하지 않는다. ( )

□□□ **22** 「경범죄 처벌법」상 주거지에서 음악 소리를 크게 내거나 큰 소리로 떠들어 이웃을 시끄럽게 하는 행위는 「경범죄 처벌법」상 '인근소란 등'에 해당한다. ( )

□□□ **23** 「경범죄 처벌법」상 '관공서에서의 주취소란'과 '거짓신고'의 법정형으로 볼 때, 두 경범죄의 경우에는 「형사소송법」 제214조(경미사건과 현행범인의 체포)에 해당되지 않아 범인의 주거가 분명하더라도 현행범인 체포가 가능하다. ( )

□□□ **24** 「경범죄 처벌법」상 '폭행 등 예비'와 '거짓 광고'는 10만 원 이하의 벌금, 구류 또는 과료의 형으로 처벌한다. ( )

□□□ **25** 화약류를 운반하려는 사람은 행정안전부령으로 정하는 바에 따라 도착지를 관할하는 경찰서장에게 신고하여야 한다. 다만, 대통령령으로 정하는 수량 이하의 화약류를 운반하는 경우에는 그러하지 아니하다. ( )

□□□ **26** 화약류를 폐기하려는 자는 행정안전부령으로 정하는 바에 따라 그 폐기하려는 곳을 관할하는 경찰서장에게 신고하여야 한다. 다만, 제조업자가 제조과정에서 생긴 화약류를 그 제조소 안에서 폐기하는 경우에는 그러하지 아니하다. ( )

□□□ **27** 금고 이상의 실형을 선고받고 그 집행이 끝나거나 집행을 받지 아니하기로 확정된 후 3년이 지나지 아니한 자는 총포·도검·화약류·분사기·전자충격기·석궁 제조업의 허가를 받을 수 없다. ( )

□□□ **28** 총포·도검·화약류·분사기·전자충격기·석궁의 판매업을 하려는 자는 판매소마다 행정안전부령으로 정하는 바에 따라 판매소의 소재지를 관할하는 시·도경찰청장의 허가를 받아야 한다. ( )

□□□ **29** 「총포·도검·화약류 등의 안전관리에 관한 법률」 및 동법 시행령상 총포·도검·화약류·분사기·전자충격기·석궁 소지자의 결격사유: 20세 미만인 사람(다만, 대한체육회장이나 특별시·광역시·특별자치시·도 또는 특별자치도의 체육회장이 추천한 선수 또는 후보자가 사격경기용 총을 소지하려는 경우는 제외한다) ( )

□□□ **30** 「총포·도검·화약류 등의 안전관리에 관한 법률」 및 동법 시행령상 총포·도검·화약류·분사기·전자충격기·석궁 소지자의 결격사유: 치매, 조현병, 조현정동장애, 양극성 정동장애(조울병), 재발성 우울장애 등의 정신질환 또는 정신 발육지연, 뇌전증 등으로 인하여 총포의 안전한 사용을 확신할 수 없다고 해당 분야 전문의가 인정하는 사람 ( )

□□□ **31** 「총포·도검·화약류 등의 안전관리에 관한 법률」 및 동법 시행령상 총포·도검·화약류·분사기·전자충격기·석궁 소지자의 결격사유: 금고 이상의 실형을 선고받고 그 집행이 끝나거나(집행이 끝난 것으로 보는 경우를 포함한다) 면제된 날부터 5년이 지나지 아니한 사람 ( )

□□□ **32** 「총포·도검·화약류 등의 안전관리에 관한 법률」 및 동법 시행령상 총포·도검·화약류·분사기·전자충격기·석궁 소지자의 결격사유: 파산선고를 받고 복권되지 아니한 사람   (   )

정답 & OX 풀이

24 '폭행 등 예비'는 10만 원 이하의 벌금, 구류 또는 과료의 형으로 처벌하고 '거짓 광고'는 20만 원 이하의 벌금, 구류 또는 과료의 형으로 처벌한다(제3조 제1항, 제2항).

25 화약류를 운반하려는 사람은 행정안전부령으로 정하는 바에 따라 발송지를 관할하는 경찰서장에게 신고하여야 한다. 나만, 내동령령으로 정하는 수량 이히의 화약류를 운반하는 경우에는 그러하지 아니하다(제26조 제1항).

32 파산선고를 받고 복권되지 아니한 사람은 제조업자의 결격사유에 해당한다.

정답

21. ○	22. ○	23. ○	24. ×	25. ×	26. ○	27. ○	28. ○	29. ○	30. ○
31. ○	32. ×								

핵심정리 OX Check ✔

□□□ **01** 「실종아동등의 보호 및 지원에 관한 법률」상 "아동등"이란 실종 당시 18세 미만인 아동, 「장애인 복지법」 제2조의 장애인 중 지적장애인, 자폐성장애인 또는 정신장애인, 「치매관리법」 제2조 제2 호의 치매환자를 말한다. ( )

□□□ **02** 「실종아동등 및 가출인 업무처리 규칙」상 가출인은 실종 당시 보호자로부터 이탈된 18세 이상의 사람을 말한다. ( )

□□□ **03** 「실종아동등의 보호 및 지원에 관한 법률」상 "실종아동등"이란 약취·유인 또는 유기되거나 사고 를 당하거나 길을 잃는 등의 사유로 인하여 보호자로부터 이탈된 아동등을 말한다. 다만, 가출한 경우는 제외한다. ( )

□□□ **04** 「실종아동등 및 가출인 업무처리 규칙」상 찾는 실종아동등은 보호자가 찾고 있는 실종아동등을 말한다. ( )

□□□ **05** 「실종아동등 및 가출인 업무처리 규칙」상 보호실종아동등은 보호자가 확인되지 않아 경찰관이 보 호하고 있는 실종아동등을 말한다. ( )

□□□ **06** 「실종아동등의 보호 및 지원에 관한 법률」상 "보호자"란 친권자, 후견인이나 그 밖에 다른 법률에 따라 아동등을 보호하거나 부양할 의무가 있는 사람을 말한다. 다만, 동법 제2조 제4호의 보호시설 의 장 또는 종사자는 제외한다. ( )

□□□ **07** 「실종아동등의 보호 및 지원에 관한 법률」상 "보호시설"이란 「사회복지사업법」 제2조 제4호에 따 른 사회복지시설 및 인가·신고 등이 없이 아동등을 보호하는 시설로서 사회복지시설에 준하는 시설을 말한다. ( )

□□□ **08** 「실종아동등 및 가출인 업무처리 규칙」상 '장기실종아동등'이라 함은 보호자로부터 이탈한지 48시 간이 경과한 후에도 발견되지 않은 '찾는실종아동등'을 말한다. ( )

□□□ **09** 「실종아동등 및 가출인 업무처리 규칙」상 '장기실종아동등'이란 보호자로부터 신고를 접수한 지 48시간이 경과한 후에도 발견되지 않은 찾는실종아동등을 말한다. ( )

□□□ **10** 「실종아동등의 보호 및 지원에 관한 법률」상 경찰관서의 장은 실종아동등(범죄로 인한 경우 제외) 의 조속한 발견을 위하여 「위치정보의 보호 및 이용 등에 관한 법률」에 따른 개인위치정보사업자 에게 실종아동등의 위치 확인에 필요한 개인위치정보등의 제공을 요청할 수 있다. ( )

☐☐☐ **11** 「실종아동등 및 가출인 업무처리 규칙」상 경찰관서의 장은 실종아동등의 발생 신고를 접수하면 24시간 이내에 수색 또는 수사의 실시여부를 결정하여야 한다. ( )

☐☐☐ **12** 「실종아동등 및 가출인 업무처리 규칙」상 발견된 18세 미만 아동 및 가출인의 경우, 실종아동등 프로파일링시스템에 등록된 자료는 수배 해제 후로부터 10년간 보관한다. ( )

☐☐☐ **13** 「실종아동등 및 가출인 업무처리 규칙」상 '발견지'는 실종아동등 또는 가출인을 발견하여 보호 중인 장소를 말하며, 발견한 장소와 보호 중인 장소가 서로 다른 경우에는 발견한 장소를 말한다. ( )

☐☐☐ **14** 「실종아동등 및 가출인 업무처리 규칙」상 발견지는 실종아동등 또는 가출인을 발견하여 보호 중인 장소를 말하며, 발견한 장소와 보호 중인 장소가 서로 다른 경우에는 보호 중인 장소를 말한다. ( )

☐☐☐ **15** 「실종아동등 및 가출인 업무처리 규칙」상 경찰관서의 장은 실종아동등 또는 가출인에 대한 신고를 접수한 후, 신고대상자가 수사기관으로부터 지명수배 또는 지명통보된 사람에 해당하는 경우에는 신고 내용을 실종아동등 프로파일링시스템에 입력하지 않을 수 있다. ( )

☐☐☐ **16** 「실종아동등 및 가출인 업무처리 규칙」상 실종아동등 프로파일링시스템에 등록된 미발견자의 자료는 소재 발견 시까지 보관한다. ( )

정답 & OX 풀이 ✏️

02 "가출인"이란 신고 당시 보호자로부터 이탈된 만 18세 이상의 사람을 말한다(실종아동등 및 가출인 업무처리 규칙 제2조 제6호).

03 "실종아동등"이란 약취(略取)·유인(誘引) 또는 유기(遺棄)되거나 사고를 당하거나 가출하거나 길을 잃는 등의 사유로 보호자로부터 이탈(離脫)된 아동등을 말한다(제2조 제2호).

08 '장기실종아동등'이라 함은 보호자로부터 신고를 접수한 지 48시간이 경과한 후에도 발견되지 않은 '찾는실종아동등'을 말한다(「실종아동등 및 가출인 업무처리 규칙」 제2조).

11 경찰관서의 장은 실종아동등의 발생 신고를 접수하면 지체 없이 수색 또는 수사의 실시여부를 결정하여야 한다(「실종아동등 및 가출인 업무처리 규칙」 제9조 제1항).

12 발견된 18세 미만 아동 및 가출인의 경우, 실종아동등 프로파일링시스템에 등록된 자료는 수배 해제 후로부터 5년간 보관한다(「실종아동등 및 가출인 업무처리 규칙」 제7조 제3항 제1호).

13 「실종아동등 및 가출인 업무처리 규칙」상 '발견지'는 실종아동등 또는 가출인을 발견하여 보호 중인 장소를 말하며, 발견한 장소와 보호 중인 장소가 서로 다른 경우에는 보호 중인 장소를 말한다.

정답

01. ○	02. ×	03. ×	04. ○	05. ○	06. ○	07. ○	08. ×	09. ○	10. ○
11. ×	12. ×	13. ×	14. ○	15. ○	16. ○				

□□□ **17** 「실종아동등 및 가출인 업무처리 규칙」상 경찰관서의 장은 실종아동등에 대하여 「실종아동등 및 가출인 업무처리 규칙」 제18조에 따른 현장 탐문 및 수색 후, 그 결과를 즉시 보호자에게 통보하여야 한다. 이후에는 실종아동등 프로파일링시스템에 등록한 날로부터 1개월까지는 15일에 1회, 1개월이 경과한 후부터는 분기별 1회 보호자에게 추적 진행사항을 통보한다.　　　（　　）

□□□ **18** 「실종아동등의 보호 및 지원에 관한 법률」상 「사회복지사업법」 제14조에 따른 사회복지전담공무원은 그 직무를 수행하면서 실종아동등임을 알게 되었을 때에는 「실종아동등의 보호 및 지원에 관한 법률」 제3조 제2항 제1호에 따라 경찰청장이 구축하여 운영하는 신고체계로 지체 없이 신고하여야 한다.　　　（　　）

□□□ **19** 「실종아동등의 보호 및 지원에 관한 법률」상 경찰청장은 실종아동등의 조속한 발견과 복귀를 위하여 아동등의 보호자가 신청하는 경우 아동등의 지문 및 얼굴 등에 관한 정보를 「실종아동등의 보호 및 지원에 관한 법률」 제8조의2에 따른 정보시스템에 등록하고 아동등의 보호자에게 사전신고증을 발급할 수 있다.　　　（　　）

□□□ **20** 「실종아동등의 보호 및 지원에 관한 법률」상 경찰청장은 실종아동등의 발견을 위하여 실종아동등을 찾고자 하는 가족으로부터 유전자검사대상물을 채취할 수 있다.　　　（　　）

□□□ **21** 「실종아동등의 보호 및 지원에 관한 법률」상 경찰관서의 장과 경찰관서에 종사하거나 종사하였던 자는 실종아동등을 찾기 위한 목적으로 제공받은 개인위치정보등을 실종아동등을 찾기 위한 목적 외의 용도로 이용하여서는 아니 되며, 경찰관서의 장은 목적을 달성하였을 때에는 1년간 보관하여야 한다.　　　（　　）

정답 & OX 풀이

21 경찰관서의 장과 경찰관서에 종사하거나 종사하였던 자는 실종아동등을 찾기 위한 목적으로 제공받은 개인위치정보등을 실종아동등을 찾기 위한 목적 외의 용도로 이용하여서는 아니 되며, 경찰관서의 장은 목적을 달성하였을 때에는 지체 없이 파기하여야 한다(제9조 제4항).

정답　17. ○　18. ○　19. ○　20. ○　21. ✕

피의자 유치 및 호송, 가정폭력 및 아동학대 수사

🖉 가정폭력사건 처리

경찰	검사	법원

응급조치(의무)
1. 제지, 분리, 수사
2. 상담소 또는 보호시설 인도(피해자 동의)
3. 의료기관 인도
4. 임시조치 신청권 고지
5. 피해자보호명령 또는 신변안전조치 청구권 고지
	① 임시조치 청구
	  1. 퇴거·격리
	  2. 100m 이내 접근 금지
	  3. 전기통신이용 접근 금지
	② 임시조치 위반, 재발 우려
	  5. 유치장, 구치소 유치
		임시조치 결정
		1. 퇴거·격리
		2. 100m 이내 접근 금지
		3. 전기통신이용 접근 금지
		4. 요양소 위탁
		5. 유치장, 구치소 유치
		6. 상담소 등 상담위탁

① 긴급임시조치(재량)
  1. 퇴거·격리
  2. 100m 이내 접근 금지
  3. 전기통신이용 접근 금지
② 긴급임시조치 후 지체 없이 임시 조치 신청(의무)
	긴급임시조치 후 48시간 이내 임시조치 청구	

🖉 아동학대사건 처리

경찰	검사	법원

① 응급조치(의무)
  1. 제지
  2. 격리
  3. 보호시설 인도(피해아동의 의견 존중)
  4. 의료기관 인도
  5. 연고자 등에게 인도
② 응급조치 후 임시조치 청구 신청(의무)
	① 임시조치 청구(검사 → 법원)
	② 응급조치 후 72시간 이내 임시조치 청구
		임시조치 결정
		1. 퇴거·격리
		2. 100m 이내 접근 금지
		3. 전기통신이용 접근 금지
		4. 친권 제한·정지
		5. 상담·교육 위탁
		6. 요양시설 위탁
		7. 구치소 유치

① 긴급임시조치(재량)
  1. 퇴거·격리
  2. 100m 이내 접근 금지
  3. 전기통신이용 접근 금지
② 긴급임시조치 후 임시조치 청구 신청(의무)
	긴급임시조치 후 48시간 이내 임시조치 청구	

핵심정리 OX Check

□□□ **01** 「피의자 유치 및 호송규칙」상 외표검사란 죄질이 경미하고 동작과 언행에 특이사항이 없으며 위험물 등을 은닉하고 있지 않다고 판단되는 유치인에 대하여는 신체 등의 외부를 눈으로 확인하고 손으로 가볍게 두드려 만져 검사하는 것을 말한다. ( )

□□□ **02** 「피의자 유치 및 호송규칙」상 동시에 2명 이상의 피의자를 입감시킬 때에는 경위 이상 경찰관이 입회하여 순차적으로 입감시켜야 한다. ( )

□□□ **03** 「피의자 유치 및 호송규칙」상 신체 등의 검사는 동성의 유치인보호관이 실시하여야 한다. 다만, 여성유치인보호관이 없을 경우에는 미리 지정하여 신체 등의 검사방법을 교양 받은 여성경찰관으로 하여금 대신하게 할 수 있다. ( )

□□□ **04** 「피의자 유치 및 호송규칙」상 호송은 원칙적으로 일출전 또는 일몰 후에 할 수 없다. ( )

□□□ **05** 「가정폭력범죄의 처벌 등에 관한 특례법」상 가정폭력범죄의 형사처벌 절차에 관한 특례를 정하고 가정폭력범죄를 범한 사람에 대하여 환경의 조정과 성행(性行)의 교정을 위한 보호처분을 함으로써 가정폭력범죄로 파괴된 가정의 평화와 안정을 회복하고 건강한 가정을 가꾸며 피해자와 가족 구성원의 인권을 보호함을 목적으로 한다. ( )

□□□ **06** 「가정폭력범죄의 처벌 등에 관한 특례법」상 "가정구성원"이란 배우자(사실상 혼인관계에 있는 사람은 제외한다) 또는 배우자였던 사람을 의미한다. ( )

□□□ **07** 「가정폭력범죄의 처벌 등에 관한 특례법」상 "가정폭력행위자"는 가정폭력범죄를 범한 사람만을 의미하고 가정구성원인 공범은 포함되지 않는다. ( )

□□□ **08** 「가정폭력범죄의 처벌 등에 관한 특례법」상 "가정폭력"이란 가정구성원 사이의 신체적, 정신적 피해를 수반하는 행위를 말하며, 재산상 피해를 수반하는 행위는 "가정폭력"에 해당하지 않는다. ( )

□□□ **09** 「가정폭력범죄의 처벌 등에 관한 특례법」상 甲의 배우자였던 乙이 甲에게 폭행을 당한 것을 이유로 112종합상황실에 가정폭력으로 신고하여 순찰 중이던 경찰관이 출동한 경우, 그 경찰관은 해당 사건에 대해 가정폭력범죄 사건으로 처리할 수 없다. ( )

□□□ **10** 甲의 아버지가 甲의 명예를 훼손한 경우 「가정폭력범죄의 처벌 등에 관한 특례법」상 가정폭력범죄에 해당한다. ( )

□□□ **11** 乙의 계모였던 사람이 乙의 재물을 손괴한 경우 「가정폭력범죄의 처벌 등에 관한 특례법」상 가정폭력범죄에 해당한다. ( )

□□□ **12** 丙과 같이 사는 사촌동생이 丙을 약취유인한 경우 「가정폭력범죄의 처벌 등에 관한 특례법」상 가정폭력범죄에 해당한다. ( )

□□□ **13** 丁이 이혼한 전 부인을 강간한 경우 「가정폭력범죄의 처벌 등에 관한 특례법」상 가정폭력범죄에 해당한다.　　　　　　　　　　　　　　　　　　　　　　　　　　　　　　　　　(　)

□□□ **14** 「가정폭력범죄의 처벌 등에 관한 특례법」상 피해자 또는 그 법정대리인은 가정폭력행위자를 고소할 수 있고, 피해자의 법정대리인이 가정폭력행위자인 경우 또는 가정폭력행위자와 공동으로 가정폭력범죄를 범한 경우에는 피해자의 친족이 고소할 수 있다.　　　　　　　　　　　　(　)

□□□ **15** 「가정폭력범죄의 처벌 등에 관한 특례법」상 피해자에게 고소할 법정대리인이나 친족이 없는 경우에 이해관계인이 신청하면 검사는 10일 이내에 고소할 수 있는 사람을 지정하여야 한다.
　　　　　　　　　　　　　　　　　　　　　　　　　　　　　　　　　　　　　　　(　)

□□□ **16** 「가정폭력범죄의 처벌 등에 관한 특례법」상 진행 중인 가정폭력범죄에 대하여 신고를 받은 사법경찰관리는 즉시 현장에 나가서 폭력행위의 제지, 가정폭력행위자·피해자의 분리, 현행범인의 체포 등 범죄수사, 피해자를 가정폭력 관련 상담소 또는 보호시설로 인도(피해자가 동의한 경우만 해당), 긴급치료가 필요한 피해자를 의료기관으로 인도, 폭력행위 재발 시 제8조에 따라 임시조치를 신청할 수 있음을 통보, 제55조의2에 따른 피해자보호명령 또는 신변안전조치를 청구할 수 있음을 고지해야 한다.　　　　　　　　　　　　　　　　　　　　　　　　　　　　　　　(　)

정답 & OX 풀이

02 피의자를 유치장에 입감시키거나 출감시킬 때에는 유치인보호 주무자가 발부하는 별지 제2호서식의 피의자 입감·출감 지휘서에 의하여야 하며 동시에 3명 이상의 피의자를 입감시킬 때에는 경위 이상 경찰관이 입회하여 순차적으로 입감시켜야 한다(제7조 제1항).

06 "가정구성원"이란 다음 각 목의 어느 하나에 해당하는 사람을 말한다.

> 가. 배우자(사실상 혼인관계에 있는 사람을 포함한다. 이하 같다) 또는 배우자였던 사람
> 나. 자기 또는 배우자와 직계존비속관계(사실상의 양친자관계를 포함한다. 이하 같다)에 있거나 있었던 사람
> 다. 계부모와 사녀의 관계 또는 직모(嫡母)와 시지(庶子)의 관계에 있거나 있었던 사람
> 라. 동거하는 친족

07 "가정폭력행위자"란 가정폭력범죄를 범한 사람 및 가정구성원인 공범을 말한다(제2조 제4호).

08 "가정폭력"이란 가정구성원 사이의 신체적, 정신적 또는 재산상 피해를 수반하는 행위를 말한다(제2조 제1호).

09 배우자였던 사람은 가정구성원에 해당하고, 폭행죄는 가정폭력범죄에 해당하므로 가정폭력범죄 사건으로 처리할 수 있다(제2조 제2호, 제3호).

12 丙과 같이 사는 사촌동생은 동거하는 진속에 해낭하여 '가정구성원'은 및지민, 丙을 약취·유인한 행위는 '가정폭력범죄'에 해당하지 않는다(제2조).

정답

01. ○	02. ×	03. ○	04. ○	05. ○	06. ×	07. ×	08. ×	09. ×	10. ○
11. ○	12. ×	13. ○	14. ○	15. ○	16. ○				

□□□ **17** 「가정폭력범죄의 처벌 등에 관한 특례법」상 사법경찰관은 가정폭력범죄에 대한 응급조치에도 불구하고 가정폭력범죄가 재발될 우려가 있고, 긴급을 요하여 법원의 임시조치 결정을 받을 수 없을 때에는 직권 또는 피해자나 그 법정대리인의 신청에 의하여 긴급임시조치를 할 수 있다.
( )

□□□ **18** 「가정폭력범죄의 처벌 등에 관한 특례법」상 국가경찰관서의 유치장 또는 구치소에의 유치는 「가정폭력범죄의 처벌 등에 관한 특례법」상 가정폭력범죄에 대해 사법경찰관이 취할 수 있는 긴급임시조치에 해당한다.
( )

□□□ **19** 「가정폭력범죄의 처벌 등에 관한 특례법」상 피해자 또는 가정구성원이나 그 주거·직장 등에서 100미터 이내의 접근금지는 「가정폭력범죄의 처벌 등에 관한 특례법」상 가정폭력범죄에 대해 사법경찰관이 취할 수 있는 긴급임시조치에 해당한다.
( )

□□□ **20** 「가정폭력범죄의 처벌 등에 관한 특례법」상 피해자 또는 가정구성원의 주거 또는 점유하는 방실로부터의 퇴거 등 격리는 「가정폭력범죄의 처벌 등에 관한 특례법」상 가정폭력범죄에 대해 사법경찰관이 취할 수 있는 긴급임시조치에 해당한다.
( )

□□□ **21** 「가정폭력범죄의 처벌 등에 관한 특례법」상 피해자 또는 가정구성원에 대한 「전기통신기본법」 제2조 제1호의 전기통신을 이용한 접근금지는 「가정폭력범죄의 처벌 등에 관한 특례법」상 가정폭력범죄에 대해 사법경찰관이 취할 수 있는 긴급임시조치에 해당한다.
( )

□□□ **22** 「가정폭력범죄의 처벌 등에 관한 특례법」상 사법경찰관이 긴급임시조치를 한 때에는 지체 없이 검사에게 임시조치를 신청하고, 신청받은 검사는 법원에 임시조치를 청구하여야 한다. 이 경우 임시조치의 청구는 응급조치를 한 때부터 48시간 이내에 청구하여야 한다.
( )

□□□ **23** 「가정폭력범죄의 처벌 등에 관한 특례법」상 검사는 가정폭력범죄로서 사건의 성질·동기 및 결과, 가정폭력행위자의 성행 등을 고려하여 이 법에 따른 보호처분을 하는 것이 적절하다고 인정하는 경우에는 가정보호사건으로 처리할 수 있다. 이 경우 검사는 피해자의 의사를 존중하여야 한다.
( )

□□□ **24** 「가정폭력범죄의 처벌 등에 관한 특례법」상 법원은 가정폭력행위자에 대하여 유죄판결(선고유예는 제외한다)을 선고하거나 약식명령을 고지하는 경우에는 200시간의 범위에서 재범예방에 필요한 수강명령(「보호관찰 등에 관한 법률」에 따른 수강명령을 말한다)을 병과할 수 있다. 이 경우 수강명령은 형의 집행을 유예할 경우에는 그 집행유예기간이 종료된 다음날부터 6개월 이내에 집행한다.
( )

□□□ **25** 「아동학대범죄의 처벌 등에 관한 특례법」상 "아동학대행위자"란 아동학대범죄를 범한 사람 및 그 공범을 말하고, "피해아동"이란 아동학대범죄로 인하여 직접적으로 피해를 입은 아동을 말한다.
( )

□□□ **26** 「아동학대범죄의 처벌 등에 관한 특례법」상 아동학대범죄 신고를 접수한 사법경찰관리나 아동학대전담공무원은 지체 없이 아동학대범죄의 현장에 출동하여야 한다. 이 경우 수사기관의 장이나 시·도지사 또는 시장·군수·구청장은 서로 동행하여 줄 것을 요청할 수 있으며, 그 요청을 받은 수사기관의 장이나 시·도지사 또는 시장·군수·구청장은 정당한 사유가 없으면 사법경찰관리나 아동학대전담공무원이 아동학대범죄 현장에 동행하도록 조치하여야 한다.   (   )

□□□ **27** 「아동학대범죄의 처벌 등에 관한 특례법」상 사법경찰관리 또는 아동학대전담공무원이 응급조치를 한 경우에는 즉시 응급조치결과보고서를 작성하여야 한다. 이 경우 사법 경찰관리가 응급조치를 한 경우에는 관할 경찰관서의 장이 시·도지사 또는 시장·군수·구청장에게, 아동학대전담공무원이 응급조치를 한 경우에는 소속 시·도지사 또는 시장·군수·구청장이 관할 경찰관서의 장에게 작성된 응급조치결과보고서를 10일 이내에 송부하여야 한다.   (   )

□□□ **28** 「아동학대범죄의 처벌 등에 관한 특례법」상 "아동학대행위자를 피해아동등으로부터 격리"하는 응급조치는 72시간을 넘을 수 없다. 다만, 본문의 기간에 공휴일이나 토요일이 포함되는 경우로서 피해아동등의 보호를 위하여 필요하다고 인정되는 경우에는 48시간의 범위에서 그 기간을 연장할 수 있다.   (   )

□□□ **29** 「아동학대범죄의 처벌 등에 관한 특례법」상 아동학대범죄 신고를 접수한 사법경찰관리는 아동학대범죄가 행하여지고 있는 것으로 신고된 현장 또는 피해아동을 보호하기 위하여 필요한 장소에 출입하여 아동 또는 아동학대행위자 등 관계인에 대하여 조사를 하거나 질문을 할 수 있다. 이 경우 사법경찰관리는 피해아동의 보호 및 「아동복지법」 제22조의4의 사례관리계획에 따른 사례관리를 위한 범위에서만 아동학대행위자 등 관계인에 대하여 조사해야 한다.   (   )

정답 & OX 풀이 🖋

18 국가경찰관서의 유치장 또는 구치소에의 유치는 임시조치에 해당한다(제29조 제1항 제5호).

22 사법경찰관이 긴급임시조치를 한 때에는 지체 없이 검사에게 임시조치를 신청하고, 신청받은 검사는 법원에 임시조치를 청구하여야 한다. 이 경우 임시조치의 청구는 긴급임시조치를 한 때부터 48시간 이내에 청구하여야 한다(제8조의3 제1항).

24 수강명령 또는 이수명령은 형의 집행을 유예할 경우에는 그 집행유예기간 내에, 징역형의 실형을 선고할 경우에는 형기 내에, 벌금형을 선고하거나 약식명령을 고지할 경우에는 형 확정일부터 6개월 이내에 각각 집행한다(제3조의2 제4항).

27 응급조치결과보고서를 지체 없이 송부하여야 한다(제12조 제5항).

29 아동학대범죄 신고를 접수한 사법경찰관리나 아동학대전담공무원은 아동학대범죄가 행하여지고 있는 것으로 신고된 현장 또는 피해아동을 보호하기 위하여 필요한 장소에 출입하여 아동 또는 아동학대행위자 등 관계인에 대하여 조사를 하거나 질문을 할 수 있다. 다만, 아동학대전담공무원은 피해아동의 보호 및 「아동복지법」 제22조의4의 사례관리계획에 따른 사례관리를 위한 범위에서만 아동학대행위자 등 관계인에 대하여 조사 또는 질문을 할 수 있다(제11조 제2항).

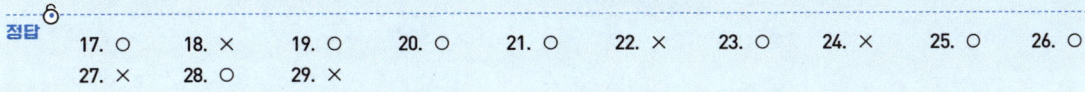

정답 17. ○   18. ×   19. ○   20. ○   21. ○   22. ×   23. ○   24. ×   25. ○   26. ○
         27. ×   28. ○   29. ×

□□□ **30** 「아동학대범죄의 처벌 등에 관한 특례법」상 피해아동에게 고소할 법정대리인이나 친족이 없는 경우에 이해관계인이 신청하면 검사는 20일 이내에 고소할 수 있는 사람을 지정하여야 한다.　　　（　　　）

□□□ **31** 피해아동등 또는 가정구성원의 주거로부터 퇴거 등 격리는 「아동학대범죄의 처벌 등에 관한 특례법」상 사법경찰관의 긴급임시조치에 해당한다.　　　（　　　）

□□□ **32** 경찰관서의 유치장 또는 구치소에의 유치는 「아동학대범죄의 처벌 등에 관한 특례법」상 사법경찰관의 긴급임시조치에 해당한다.　　　（　　　）

□□□ **33** 피해아동등 또는 가정구성원의 주거, 학교 또는 보호시설 등에서 100미터 이내의 접근 금지는 「아동학대범죄의 처벌 등에 관한 특례법」상 사법경찰관의 긴급임시조치에 해당한다.　（　　　）

□□□ **34** 피해아동등 또는 가정구성원에 대한 「전기통신기본법」 제2조 제1호의 전기통신을 이용한 접근 금지는 「아동학대범죄의 처벌 등에 관한 특례법」상 사법경찰관의 긴급임시조치에 해당한다.　　　（　　　）

□□□ **35** 「아동학대범죄의 처벌 등에 관한 특례법」상 사법경찰관은 아동학대행위자에 대한 긴급임시조치를 한 경우에는 즉시 긴급임시조치결정서를 작성하여야 하고, 그 내용을 시·도지사 또는 시장·군수·구청장에게 지체 없이 통지하여야 한다.　　　（　　　）

□□□ **36** 「아동학대범죄의 처벌 등에 관한 특례법」상 아동학대범죄 신고를 접수한 사법경찰관리나 아동학대전담공무원이 동행하여 현장출동하지 아니한 경우, 수사기관의 장이나 시·도지사 또는 시장·군수·구청장은 현장출동에 따른 조사 등의 결과를 서로에게 통지할 수 있다.　　　（　　　）

□□□ **37** 「아동학대범죄의 처벌 등에 관한 특례법」상 사법경찰관은 피해아동 등에 대한 응급조치에도 불구하고, 아동학대범죄가 재발될 우려가 있고 긴급을 요하여 법원의 임시조치 결정을 받을 수 없을 때에는 직권으로 아동학대행위자에 대한 긴급임시조치를 할 수 있다.　　　（　　　）

□□□ **38** 「아동학대범죄의 처벌 등에 관한 특례법」상 법원은 아동학대행위자에 대하여 유죄판결(선고유예를 포함한다)을 선고하면서 200시간의 범위에서 재범예방에 필요한 수강명령 또는 아동학대 치료프로그램의 이수명령을 병과할 수 있다.　　　（　　　）

□□□ **39** 「아동학대범죄의 처벌 등에 관한 특례법」상 검사는 아동학대범죄사건의 증인이 피고인 또는 그 밖의 사람으로부터 생명·신체에 해를 입거나 입을 염려가 있다고 인정될 때에는 관할 경찰서장에게 증인의 신변안전을 위하여 필요한 조치를 할 것을 요청하여야 한다.　　　（　　　）

□□□ **40** 「아동학대범죄의 처벌 등에 관한 특례법」상 판사가 아동학대범죄의 원활한 조사·심리 또는 피해
아동등의 보호를 위하여 필요하다고 인정하는 경우에는 결정으로 아동학대행위자에게 경찰관서
의 유치장 또는 구치소에 유치하는 조치를 할 수 있다. ( )

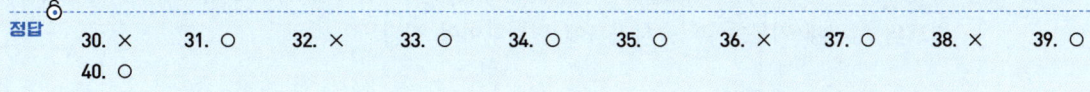

정답 & OX 풀이 ✏️

30 피해아동에게 고소할 법정대리인이나 친족이 없는 경우에 이해관계인이 신청하면 검사는 10일 이내에 고소할 수 있는 사람을 지정하여야 한다(제10조의4 제3항).

32 경찰관서의 유치장 또는 구치소에의 유치는 임시조치에 해당한다.

36 아동학대범죄 신고를 접수한 사법경찰관리나 아동학대전담공무원이 동행하여 현장출동하지 아니한 경우, 수사기관의 장이나 시·도지사 또는 시장·군수·구청장은 현장출동에 따른 조사 등의 결과를 서로에게 통지하여야 한다(제11조 제7항).

38 유죄판결(선고유예는 제외한다)

정답
30. ×	31. ○	32. ×	33. ○	34. ○	35. ○	36. ×	37. ○	38. ×	39. ○
40. ○									

🖊 스토킹 처리

경찰	검사	법원
응급조치 1. 제지, 중단 통보, 처벌 경고 2. 분리 및 범죄수사 3. 긴급응급조치 및 잠정조치 요청 안내 4. 상담소 또는 보호시설 인도(피해자등이 동의한 경우)	잠정조치 청구 1. 스토킹범죄 중단 서면 경고 2. 100m 이내 접근 금지 3. 전기통신이용 접근 금지 4. 유치장 또는 구치소 유치	잠정조치 결정 1. 스토킹범죄 중단 서면 경고 2. 100m 이내 접근 금지(3개월, 2회 연장) 3. 전기통신이용 접근 금지(위와 같음) 4. 위치추적 전자장치 부착(위와 같음) 5. 유치장 또는 구치소 유치(1개월, 연장 불가)
① 긴급응급조치(재량) 　1. 100m 이내 접근 금지 　2. 전기통신이용 접근 금지 ※ 1개월 이내 ② 긴급응급조치에 대한 사후승인 신청(의무)	긴급응급조치 후 48시간 이내 사후승인 청구	긴급응급조치 사후 승인

핵심정리 OX Check ✔

☐☐☐ **01** 「성폭력범죄의 처벌 등에 관한 특례법」상 사법경찰관은 19세미만피해자등의 진술 내용과 조사 과정을 영상녹화장치로 녹화(녹음이 포함된 것을 말한다)하고, 그 영상녹화물을 보존하여야 한다. 　　　　　　　　　　　　　　　　　　　　　　　　　　　　　　　　　　　　　　(　)

☐☐☐ **02** 「성폭력범죄의 처벌 등에 관한 특례법」상 촬영한 영상물에 수록된 피해자의 진술은 공판준비기일 또는 공판기일에 조사과정에 동석하였던 신뢰관계에 있는 자의 진술에 의하여 그 성립의 진정함이 인정된 때에는 증거로 할 수 있다. 　　　　　　　　　　　　　　　　　　　　(　)

☐☐☐ **03** 「성폭력범죄의 처벌 등에 관한 특례법」상 사법경찰관은 영상녹화를 마쳤을 때에는 지체 없이 피해자 또는 변호사 앞에서 봉인하고 피해자로 하여금 기명날인 또는 서명하게 하여야 한다. 　　　　　　　　　　　　　　　　　　　　　　　　　　　　　　　　　　　　　　(　)

☐☐☐ **04** 「성폭력범죄의 처벌 등에 관한 특례법」상 사법경찰관은 피해자가 녹화장소에 도착한 시각, 녹화를 시작하고 마친 시각, 그 밖에 녹화과정의 진행경과를 확인하기 위하여 필요한 사항을 조서 또는 별도의 서면에 기록한 후 수사기록에 편철하여야 한다. 　　　　　　　　　　　　　(　)

□□□ **05** 「성폭력범죄의 처벌 등에 관한 특례법」상 등록대상자는 등록대상 성범죄의 유죄판결이나 약식명령 또는 공개명령이 확정된 날부터 30일 이내에 성명, 주민등록번호, 주소 및 실제거주지, 직업 및 직장 등의 소재지, 연락처, 신체정보, 소유차량의 등록번호 등 기본신상정보를 자신의 주소지를 관할하는 경찰관서의 장에게 제출하여야 한다. ( )

□□□ **06** 「성폭력범죄의 처벌 등에 관한 특례법」상 등록대상자는 제출한 기본신상정보가 변경된 경우에는 그 사유와 변경내용을 변경사유가 발생한 날부터 20일 이내에 자신의 주소지를 관할하는 경찰관서의 장에게 제출하여야 한다. ( )

□□□ **07** 「성폭력범죄의 처벌 등에 관한 특례법」상 등록대상자에 대한 기본신상정보를 법무부장관에게 송달할 때에 관할경찰관서의 장은 등록대상자에 대한 「형의 실효 등에 관한 법률」에 따른 범죄경력자료를 함께 송달하여야 한다. ( )

□□□ **08** 「특정중대범죄 피의자 등 신상정보 공개에 관한 법률」상 검사와 사법경찰관은 이 법상 신상정보 공개 요건을 모두 갖춘 특정중대범죄사건의 피의자의 얼굴, 성명 및 나이를 공개할 수 있다. 다만, 피의자가 미성년자인 경우에는 공개하지 아니할 수 있다. ( )

□□□ **09** 「특정중대범죄 피의자 등 신상정보 공개에 관한 법률」상 특정중대범죄사건의 피의자 신상에 관한 정보공개의 요건으로 피의자가 미성년자에 해당하지 아니할 것, 국민의 알권리 보장, 피의자의 재범방지 및 범죄예방 등 오로지 공공의 이익을 위하여 필요할 것, 범행수단이 잔인하고 중대한 피해가 발생하였을 것(제2조 특정중대범죄 중에서 제3호부터 제6호까지의 죄에 한정한다), 피의자가 그 죄를 범하였다고 믿을 만한 충분한 의심이 있을 것을 들 수 있다. ( )

□□□ **10** 「특정중대범죄 피의자 등 신상정보 공개에 관한 법률」상 검사와 사법경찰관은 이 법상 신상정보 공개를 결정할 때에는 범죄의 중대성, 범행 후 정황, 피해자 보호 필요성, 피해자(피해자가 사망한 경우 피해자의 유족을 포함한다)의 의사 등을 종합적으로 고려하여야 한다. ( )

정답 & OX 풀이

02 피고인의 공정한 재판을 받을 권리를 침해한다고 하여 헌법재판소로부터 헌법불합치 결정을 받은 규정이다. ※ 우리 사회에서 미성년 피해자의 2차 피해를 방지하는 것이 중요한 공익에 해당함에는 의문의 여지가 없다. 그러나 심판대상조항으로 인한 피고인의 방어권 제한의 중대성과 미성년 피해자의 2차 피해를 방지할 수 있는 여러 조화적인 대안들이 존재함을 고려할 때, 심판대상조항이 달성하려는 공익이 제한되는 피고인의 사익보다 우월하다고 쉽게 단정하기는 어렵다. 따라서 심판대상조항은 과잉금지원칙을 위반하여 공정한 재판을 받을 권리를 침해한다(헌재 2021. 12. 23. 2018헌바524).

08 피의자가 미성년자인 경우에는 공개하지 아니한다(제4조 제1항).

09 피의자가 그 죄를 범하였다고 믿을 만한 충분한 증거가 있을 것

정답
01. ○   02. ×   03. ○   04. ○   05. ○   06. ○   07. ○   08. ×   09. ×   10. ○

□□□ **11** 「특정중대범죄 피의자 등 신상정보 공개에 관한 법률」상 법무부장관은 이 법상 신상정보 공개 여부에 관한 사항을 심의하기 위하여 신상정보공개심의위원회를 둘 수 있다. (　　)

□□□ **12** 「특정중대범죄 피의자 등 신상정보 공개에 관한 법률」상 수사 및 재판 단계에서 신상정보의 공개에 대하여는 다른 법률의 규정이 있는 경우 그 법률에 따른다. (　　)

□□□ **13** 「특정중대범죄 피의자 등 신상정보 공개에 관한 법률」상 검사는 이 법상 신상정보 공개요건을 모두 갖춘 특정중대범죄사건의 피의자에 대하여 법원에 신상정보 공개를 청구할 수 있다. 다만, 피의자가 미성년자인 경우에는 제외한다. (　　)

□□□ **14** 「특정중대범죄 피의자 등 신상정보 공개에 관한 법률」상 검사와 사법경찰관은 피의자의 얼굴을 공개하기 위하여 필요한 경우 피의자를 식별할 수 있도록 피의자의 얼굴을 촬영할 수 있다. 이 경우 신상정보공개심의위원회에서 피의자의 의견을 청취해야 한다. (　　)

□□□ **15** 「특정중대범죄 피의자 등 신상정보 공개에 관한 법률」상 검사와 사법경찰관은 피의자에게 신상정보 공개를 통지한 날부터 5일 이상의 유예기간을 두고 신상정보를 공개하여야 한다. 다만, 피의자가 신상정보 공개 결정에 대하여 서면으로 이의 없음을 표시한 때에는 유예기간을 두지 아니할 수 있다. (　　)

□□□ **16** 「특정중대범죄 피의자 등 신상정보 공개에 관한 법률」상 신상정보를 공개하는 피의자의 얼굴은 특별한 사정이 없으면 공개 결정일 전후 30일 이내의 모습으로 한다. 이 경우 검사와 사법경찰관은 다른 법령에 따라 적법하게 수집·보관하고 있는 사진, 영상물 등이 있는 때에는 이를 활용하여 공개할 수 있다. (　　)

□□□ **17** 「아동·청소년의 성보호에 관한 법률」상 "아동·청소년"이란 19세 미만의 사람을 말한다. (　　)

□□□ **18** 「아동·청소년의 성보호에 관한 법률」상 위계(僞計) 또는 위력으로써 아동·청소년을 추행한 자에 대한 미수범 처벌규정을 두고 있다. (　　)

□□□ **19** 「아동·청소년의 성보호에 관한 법률」상 아동·청소년성착취물을 제작한 자에 대한 미수범 처벌규정이 있다. (　　)

□□□ **20** 「아동·청소년의 성보호에 관한 법률」상 아동·청소년의 성을 사는 행위를 한 자에 대한 미수범 처벌규정이 있다. (　　)

□□□ **21** 「아동·청소년의 성보호에 관한 법률」상 폭행 또는 협박으로 아동·청소년을 강간할 목적으로 예비 또는 음모한 자에 대한 처벌규정이 있다. (　　)

□□□ **22** 「아동·청소년의 성보호에 관한 법률」상 13세 미만의 사람에 대하여 강간죄를 범한 경우에는 공소시효를 적용하지 않는다. (　　)

□□□ **23** 「아동·청소년의 성보호에 관한 법률」상 사법경찰관리는 19세 이상의 사람이 성적 착취를 목적으로 정보통신망을 통하여 아동·청소년에게 성적 욕망이나 수치심 또는 혐오감을 유발할 수 있는 대화를 지속적 또는 반복적으로 하거나 그러한 대화에 지속적 또는 반복적으로 참여시키는 행위를 한 범죄에 대하여 신분을 비공개하고 범인으로 추정되는 자들에게 접근하여 범죄행위의 증거 및 자료 등을 수집할 수 있다. (   )

□□□ **24** 「아동·청소년의 성보호에 관한 법률」상 사법경찰관리가 디지털 성범죄에 대한 신분위장수사를 할 때 신분을 위장하기 위한 문서, 도화 및 전자기록 등의 작성, 변경 또는 행사는 가능하지만, 아동·청소년성착취물을 소지, 판매 또는 광고할 수 없다. (   )

□□□ **25** 「아동·청소년의 성보호에 관한 법률」상 사법경찰관리는 「아동·청소년의 성보호에 관한 법률」 제11조 및 제15조의2의 죄, 아동·청소년에 대한 「성폭력범죄의 처벌 등에 관한 특례법」 제14조 제2항 및 제3항의 죄에 해당하는 '디지털 성범죄'에 대하여 신분을 비공개하고 범죄현장(정보통신망 포함) 또는 범인으로 추정되는 자들에게 접근하여 범죄행위의 증거 및 자료 등을 수집할 수 있다. (   )

정답 & OX 풀이 ✏

11 검찰총장 및 경찰청장은 제4조에 따른 신상정보 공개 여부에 관한 사항을 심의하기 위하여 신상정보공개심의위원회를 둘 수 있다.

12 다른 법률의 규정에도 불구하고 이 법을 우선 적용한다(제3조).

13 검사는 특정중대범죄사건 피의자의 신상정보를 공개할 수 있다. 다만 피의자가 미성년자인 경우에는 공개하지 아니한다.

14 피의자의 얼굴을 촬영할 수 있다. 이 경우 피의자는 이에 따라야 한다(제4조 제5항).

20 아동·청소년의 성을 사는 행위를 한 자에 대해서는 미수범 처벌규정이 없다.

미수 처벌	미수 처벌하지 않음
제7조(아동·청소년에 대한 강간·강제추행 등) 제11조(아동·청소년성착취물의 제작·배포 등) ① 아동·청소년성착취물을 제작·수입 또는 수출한 자 제12조(아동·청소년 매매행위) 제14조(아동·청소년에 대한 강요행위 등) ①② 　1. 폭행이나 협박으로 아동·청소년으로 하여금 아동·청소년의 성을 사는 행위의 상대방이 되게 한 자 　4. 영업으로 아동·청소년을 아동·청소년의 성을 사는 행위의 상대방이 되도록 유인·권유한 자	제11조(아동·청소년성착취물의제작·배포 등) ②③④⑤ 제13조(아동·청소년의 성을 사는 행위 등) 제14조(아동·청소년에 대한 강요행위 등) ③ 아동·청소년의 성을 사는 행위의 상대방이 되도록 유인·권유한 자

24 신분위장수사의 방법으로 신분을 위장하기 위한 문서, 도화 및 전자기록 등의 작성, 변경 또는 행사, 위장 신분을 사용한 계약·거래, 아동·청소년성착취물 또는 「성폭력범죄의 처벌 등에 관한 특례법」 제14조 제2항의 촬영물 또는 복제물(복제물의 복제물을 포함한다)의 소지, 판매 또는 광고를 할 수 있다.

정답
11. ×	12. ×	13. ×	14. ×	15. ○	16. ○	17. ○	18. ○	19. ○	20. ×
21. ○	22. ○	23. ○	24. ×	25. ○					

□□□ **26** 「아동·청소년의 성보호에 관한 법률」상 사법경찰관리가 신분비공개수사를 진행하고자 할 때에는 사전에 상급 경찰관서 수사부서의 장의 승인을 받아야 한다. 이 경우 그 수사기간은 1개월을 초과할 수 없다. ( )

□□□ **27** 「아동·청소년의 성보호에 관한 법률」상 사법경찰관리는 신분위장수사를 하려는 경우에는 검사에게 신분위장수사에 대한 허가를 신청하고, 검사는 법원에 그 허가를 청구한다. 다만 신분위장수사 절차를 거칠 수 없는 긴급을 요하는 때에는 동법 제25조의2 제2항의 요건을 구비하고 법원의 허가 없이 신분위장수사를 할 수 있다. 이 경우, 사법경찰관리는 신분위장수사 개시 후 지체 없이 검사에게 허가를 신청하여야 하고, 48시간 이내에 법원의 허가를 받지 못한 때에는 즉시 신분위장 수사를 중지하여야 한다. ( )

□□□ **28** 「아동·청소년의 성보호에 관한 법률」상 국가수사본부장은 신분비공개수사가 종료된 즉시 대통령령으로 정하는 바에 따라 국가경찰위원회에 수사 관련 자료를 보고하여야 하며, 국가수사본부장은 대통령령으로 정하는 바에 따라 국회 소관 상임위원회에 신분비공개수사 관련 자료를 반기별로 보고하여야 한다. ( )

□□□ **29** 「스토킹범죄의 처벌 등에 관한 법률」상 '스토킹범죄'란 지속적 또는 반복적으로 스토킹행위를 하는 것을 말한다. ( )

□□□ **30** 「스토킹범죄의 처벌 등에 관한 법률」상 사법경찰관리는 진행 중인 스토킹행위에 대하여 신고를 받은 경우 즉시 현장에 나가 스토킹 행위의 제지, 스토킹행위자와 피해자 분리, 유치장 또는 구치소에의 유치 등의 조치를 할 수 있다. ( )

□□□ **31** 사법경찰관은 스토킹행위 신고와 관련하여 스토킹행위가 지속적 또는 반복적으로 행하여질 우려가 있고 스토킹범죄의 예방을 위하여 긴급을 요하는 경우 스토킹행위자에게 직권으로 긴급응급조치를 할 수 있다. ( )

□□□ **32** 사법경찰관은 긴급응급조치가 있었던 때부터 48시간 이내에 검사에게 해당 긴급응급조치에 대한 사후승인을 지방법원 판사에게 청구하여 줄 것을 신청하여야 한다. ( )

□□□ **33** 사법경찰관은 검사가 긴급응급조치에 대한 사후승인을 청구하지 아니하거나 지방법원 판사가 검사의 청구에 대하여 사후승인을 하지 아니한 때에는 즉시 그 긴급응급조치를 취소하여야 한다. ( )

□□□ **34** 스토킹행위의 상대방등이나 그 법정대리인은 긴급응급조치가 있은 후 스토킹행위의 상대방등이 주거등을 옮긴 경우에는 사법경찰관에게 긴급응급조치의 변경을 신청할 수 있다. ( )

□□□ **35** 「스토킹범죄의 처벌 등에 관한 법률」상 사법경찰관은 긴급응급조치를 하였을 때에는 지체 없이 검사에게 해당 긴급응급조치에 대한 사후승인을 지방법원 판사에게 청구하여 줄 것을 신청하여야 하며, 신청을 받은 검사는 긴급응급조치가 있었던 때부터 48시간 이내에 지방법원 판사에게 해당 긴급응급조치에 대한 사후승인을 청구한다. ( )

□□□ **36** 「스토킹범죄의 처벌 등에 관한 법률」상 긴급응급조치기간은 1개월을 초과할 수 없다. (   )

□□□ **37** 「스토킹범죄의 처벌 등에 관한 법률」상 검사는 스토킹범죄가 재발될 우려가 있다고 인정하면 직권 또는 사법경찰관의 신청에 따라 법원에 스토킹행위자에 대한 잠정조치를 청구할 수 있다.
(   )

□□□ **38** 「스토킹범죄의 처벌 등에 관한 법률」상 법원은 스토킹범죄의 원활한 조사·심리 또는 피해자 보호를 위하여 필요하다고 인정하는 경우에는 결정으로 스토킹행위자에게 피해자 또는 그의 동거인, 가족에 대한 「전기통신기본법」 제2조 제1호의 전기통신을 이용한 접근 금지조치를 할 수 있다.
(   )

□□□ **39** 「스토킹범죄의 처벌 등에 관한 법률」상 피해자 또는 그의 동거인, 가족이나 그 주거 등으로부터 100미터 이내의 접근을 금지하는 잠정조치를 이행하지 아니한 사람은 2년 이하의 징역 또는 2천만원 이하의 벌금에 처한다고 규정되어 있다. (   )

□□□ **40** 「스토킹범죄의 처벌 등에 관한 법률」상 법원이 스토킹행위자에게 국가경찰관서의 유치장 또는 구치소에의 유치의 잠정조치를 하는 경우 그 기간은 1개월을 초과할 수 없다. 다만, 법원은 피해자의 보호를 위하여 그 기간을 연장할 필요가 있다고 인정하는 경우에는 결정으로 두 차례에 한정하여 각 1개월의 범위에서 연장할 수 있다. (   )

정답 & OX 풀이

26 그 수사기간은 3개월을 초과할 수 없다.

30 사법경찰관리는 진행 중인 스토킹행위에 대하여 신고를 받은 경우 즉시 현장에 나가 스토킹 행위의 제지, 스토킹행위자와 피해자 분리 조치를 하여야 하지만, 유치장 또는 구치소에의 유치 등의 조치는 할 수 없다. 국가경찰관서의 유치장 또는 구치소에의 유치 등은 법원이 하는 잠정조치에 해당한다.

32 사법경찰관은 긴급응급조치를 하였을 때에는 지체 없이 검사에게 해당 긴급응급조치에 대한 사후승인을 지방법원 판사에게 청구하여 줄 것을 신청하여야 한다(제5조 제1항). 제1항의 신청을 받은 검사는 긴급응급조치가 있었던 때부터 48시간 이내에 지방법원 판사에게 해당 긴급응급조치에 대한 사후승인을 청구한다(동조 제2항).

40 법원은 스토킹범죄의 원활한 조사·심리 또는 피해자 보호를 위하여 잠정조치가 필요하다고 인정하는 경우에는 결정으로 스토킹행위자를 경찰관서의 유치장 또는 구치소에 1개월을 초과하지 않는 범위에서 유치할 수 있다(제9조 제1항 제4호). 그러나 유치장 또는 구치소 유치에 대해서는 연장할 수 없다(제5항 참고). ※ 제1항 제2호·제3호(접근 금지) 및 제3호의2(위치추적 전자장치의 부착)에 따른 잠정조치기간은 3개월, 같은 항 제4호(국가경찰관서의 유치장 또는 구치소에의 유치)에 따른 잠정조치기간은 1개월을 초과할 수 없다. 다만, 법원은 피해자의 보호를 위하여 그 기간을 연장할 필요가 있다고 인정하는 경우에는 결정으로 제1항 제2호·제3호 및 제3호의2에 따른 잠정조치에 대하여 두 차례에 한정하여 각 3개월의 범위에서 연장할 수 있다.

잠정조치	기간	연장 여부
접근 금지	3개월	2회 연장, 각 3개월
전자장치 부착	3개월	2회 연장, 각 3개월
유치	1개월	연장 불가

정답

26. ×	27. ○	28. ○	29. ○	30. ×	31. ○	32. ×	33. ○	34. ○	35. ○
36. ○	37. ○	38. ○	39. ○	40. ×					

☐☐☐ **41** 「스토킹범죄의 처벌 등에 관한 법률」상 법원은 스토킹범죄의 원활한 조사·심리 또는 피해자 보호를 위하여 잠정조치가 필요하다고 인정하는 경우에는 결정으로 스토킹행위자를 경찰관서의 유치장 또는 구치소에 1개월을 초과하지 않는 범위에서 유치할 수 있다. 다만 법원은 피해자의 보호를 위하여 그 기간을 연장할 필요가 있다고 인정하는 경우에는 결정으로 2개월의 범위에서 연장할 수 있다. ( )

☐☐☐ **42** 국가경찰관서의 유치장 또는 구치소에의 유치, 스토킹행위자와 피해자 등의 분리 및 범죄수사, 피해자 또는 그의 동거인, 가족이나 그 주거 등으로부터 100미터 이내의 접근 금지는 「스토킹범죄의 처벌 등에 관한 법률」상 잠정조치에 해당한다. ( )

☐☐☐ **43** 스토킹 피해 관련 상담소 또는 보호시설로의 피해자 등 인도(피해자 등이 동의한 경우만 해당한다), 피해자 또는 그의 동거인, 가족에 대한 「전기통신기본법」 제2조 제1호의 전기통신을 이용한 접근 금지는 「스토킹범죄의 처벌 등에 관한 법률」상 잠정조치에 해당한다. ( )

☐☐☐ **44** 「스토킹범죄의 처벌 등에 관한 법률」상 사법경찰관은 스토킹행위 신고와 관련하여 스토킹행위가 지속적 또는 반복적으로 행하여질 우려가 있고 스토킹범죄의 예방을 위하여 긴급을 요하는 경우, 스토킹행위자에게 직권으로 또는 스토킹행위의 상대방이나 그 법정대리인 또는 스토킹행위를 신고한 사람의 요청에 의하여, 스토킹행위의 상대방등이나 그 주거등으로부터 100미터 이내의 접근 금지, 스토킹행위의 상대방등에 대한 「전기통신기본법」 제2조 제1호의 전기통신을 이용한 접근 금지 등의 조치를 할 수 있다. ( )

☐☐☐ **45** 「스토킹범죄의 처벌 등에 관한 법률」상 스토킹범죄를 저지른 사람은 3년 이하의 징역 또는 3천만 원 이하의 벌금에 처한다. ( )

☐☐☐ **46** 「스토킹범죄의 처벌 등에 관한 법률」상 흉기 또는 그 밖의 위험한 물건을 휴대하거나 이용하여 스토킹범죄를 저지른 사람은 5년 이하의 징역 또는 5천만 원 이하의 벌금에 처한다. ( )

☐☐☐ **47** 「마약류 관리에 관한 법률」 제2조에 따르면 '원료물질'이란 마약류가 아닌 물질 중 마약 또는 향정신성의약품의 제조에 사용되는 물질로서 대통령령으로 정하는 것을 말한다. ( )

☐☐☐ **48** 「마약류 관리에 관한 법률」상 '대마' : 대마초와 그 수지(樹脂) ( )

☐☐☐ **49** 「마약류 관리에 관한 법률」상 '대마' : 대마초와 그 수지(樹脂)와 동일한 화학적 합성품으로서 대통령령으로 정하는 것 ( )

☐☐☐ **50** 「마약류 관리에 관한 법률」상 '대마' : 대마초 또는 그 수지를 원료로 하여 제조된 모든 제품 ( )

☐☐☐ **51** 「마약류 관리에 관한 법률」상 '대마' : 대마초의 종자(種子)·뿌리 및 성숙한 대마초의 줄기 ( )

□□□ **52** GHB는 사용 후 통상적으로 15분 후에 효과가 발현되고 그 효과는 3시간 정도 지속되며 무색, 무취, 무미의 액체로 유럽 등지에서 데이트 강간약물로도 불린다. ( )

□□□ **53** 「마약류 관리에 관한 법률 및 동법 시행령」상 카리소프로돌(S정)은 진해거담제로서 의사의 처방이 있으면 약국에서 구입 가능하고, 도취감과 환각작용을 느끼기 위해 사용량의 수십 배를 남용하는 경우도 있다. 청소년들이 소주에 타서 마시기도 하여 흔히 '정글주스'라고도 불린다. ( )

□□□ **54** 향정신성의약품 중 LSD의 특징 : 근육강화 호르몬 분비효과가 있으며, 소다수 등에 타서 타인에게 복용하게 하여 성범죄 등에 악용한다. ( )

□□□ **55** 향정신성의약품 중 LSD의 특징 : 곡물의 곰팡이, 보리 맥각에서 추출한 물질을 인공적으로 합성시켜 만들어낸 것으로 무색·무취·무미하다. ( )

□□□ **56** 향정신성의약품 중 LSD의 특징 : 미량을 우편, 종이 등의 표면에 묻혔다가 뜯어서 입에 넣는 방법으로 복용하기도 한다. ( )

□□□ **57** 향정신성의약품 중 LSD의 특징 : 강한 중추신경 억제성 진해작용이 있으며 코데인 대용으로 시판되고 있다. ( )

□□□ **58** 향정신성의약품 중 LSD의 특징 : 일부 남용자들은 실제로 사용하지 않는데도 환각현상을 경험하는 '플래쉬백 현상'을 일으키기도 한다. ( )

□□□ **59** 프로포폴은 페놀계 화합물로 흔히 수면마취제라고 불리는 정맥마취제로서 수면내시경 등에 사용되나, 환각제 대용으로 오남용되는 사례가 있으며, 정신적 의존성을 유발하기도 하여 향정신성의약품으로 지정되어 관리되고 있다. ( )

정답 & OX 풀이

41 잠정조치의 기간
42 스토킹행위자와 피해자 등의 분리 및 범죄수사는 응급조치에 해당한다.
43 상담소 또는 보호시설로의 피해자 등 인도는 응급조치에 해당한다.
51 대마초[칸나비스 사티바 엘(Cannabis sativa L)을 말한다. 이하 같다]의 종자(種子)·뿌리 및 성숙한 대마초의 줄기와 그 제품은 대마에서 제외한다(제2조 제4호).
52 GHB는 짠맛의 액체
53 덱스트로메트로판(러미나)
54 GHB에 관한 설명
57 덱스트로메트로판(러미나)에 관한 설명

정답
41. × 42. × 43. × 44. ○ 45. ○ 46. ○ 47. ○ 48. ○ 49. ○ 50. ○
51. × 52. × 53. × 54. × 55. ○ 56. ○ 57. × 58. ○ 59. ○

□□□ **60** 「마약류 관리에 관한 법률 및 동법 시행령」상 프로포폴은 골격근 이완의 효과가 있는 근골격계 질환 치료제이며, 과다복용 시 인사불성, 혼수쇼크, 호흡저하, 사망에까지 이를 수 있다. (   )

□□□ **61** 「마약류 관리에 관한 법률 및 동법 시행령」상 LSD는 곡물의 곰팡이, 보리 맥각에서 추출·합성한 무색·무취·무미의 매우 강력한 환각제로, 내성은 있으나 금단증상은 일으키지 않는다고 알려져 있다. (   )

□□□ **62** 「마약류 관리에 관한 법률 및 동법 시행령」상 덱스트로메트로판(러미나)는 페놀계 화합물로 흔히 수면마취제라고 불리는 정맥마취제로서 수면내시경검사 마취 등에 사용되고, 환각제 대용으로 오남용되는 사례가 있으며, 정신적 의존성을 유발하기도 한다. (   )

□□□ **63** 펜터민(Phentermine) : 알약의 모양이 나비모양처럼 생겼다고 하여, 일명 '나비약'이라고 불리는 마약성 식욕억제제의 성분이다. 중추신경을 흥분시켜서 식욕을 사라지게 하여 체중감량의 효과가 있다. 다량을 복용하거나 장기 복용하면 환청, 환각, 망상, 중독 등의 부작용이 있다. 「마약류 관리에 관한 법률」 제2조 제3호 라목에 해당하는 향정신성의약품이다. (   )

□□□ **64** 「마약류 관리에 관한 법률」상 동공확대, 심박동 및 혈압상승, 수전증, 오한 등의 증상을 나타내고, 내성이나 심리적 의존성이 있지만 금단현상은 일으키지 않는다고 알려져 있는 향정신성의약품은 옥시코돈(Oxycodone)이다. (   )

정답 & OX 풀이

60 카리소프로돌(S정)

62 프로포폴

64 LSD에 관한 설명이다. 옥시코돈(Oxycodone)은 반합성마약에 해당한다.

정답 60. ×   61. ○   62. ×   63. ○   64. ×

핵심정리 OX Check ✓

□□□ **01** 「도로교통법」상 보도란 연석선, 안전표시나 그와 비슷한 인공구조물로 경계를 표시하여 보행자 (유모차와 보행보조용 의자차 제외)가 통행할 수 있도록 한 도로의 부분을 말한다. ( )

□□□ **02** 「도로교통법」상 길가장자리구역이란 보도와 차도의 구분되지 않은 도로에서 보행자의 안전을 확보하기 위하여 안전표지 등으로 경계를 표시한 도로의 가장자리 부분을 말한다. ( )

□□□ **03** 「도로교통법」상 자동차란 철길이나 가설된 선을 이용하지 아니하고 원동기를 사용하여 운전되는 차로서 승용자동차, 승합자동차, 화물자동차, 특수자동차, 이륜자동차, 원동기장치자전거와 건설기계를 말한다. ( )

□□□ **04** 「도로교통법 시행규칙」 '별표2'에서 규정하는 '차량신호등' 중, 원형등화인 녹색의 등화 : 비보호좌회전표지 또는 비보호좌회전표시가 있는 곳에서는 좌회전할 수 있다. ( )

□□□ **05** 「도로교통법 시행규칙」 '별표2'에서 규정하는 '차량신호등' 중, 원형등화인 황색등화의 점멸 : 차마는 다른 교통 또는 안전표지의 표시에 주의하면서 진행할 수 있다. ( )

□□□ **06** 「도로교통법 시행규칙」 '별표2'에서 규정하는 '차량신호등' 중, 원형등화인 황색의 등화 : 차마는 정지선이 있거나 횡단보도가 있을 때에는 그 직전이나 교차로의 직전에 정지하여야 하며, 이미 교차로에 차마의 일부라도 진입한 경우에는 신속히 교차로 밖으로 진행하여야 한다. ( )

정답 & OX 풀이 ✓

01 보행자(유모차, 보행보조용 의자차, 노약자용 보행기 등 행정안전부령으로 정하는 기구·장치를 이용하여 통행하는 사람 및 제21호의3에 따른 실외이동로봇을 포함한다. 이하 같다)

03 자동차란 철길이나 가설된 선을 이용하지 아니하고 원동기를 사용하여 운전되는 차로서 승용자동차, 승합자동차, 화물자동차, 특수자동차, 이륜자동차(배기량 125cc 초과), 「건설기계관리법」 제26조에 따른 자동차인 건설기계를 말한다. 원동기장치자전거는 자동차가 아니고, 모든 건설기계가 자동차가 되는 것은 아니다.

정답 **01.** ✕ **02.** ○ **03.** ✕ **04.** ○ **05.** ○ **06.** ○

□□□ **07** 「도로교통법 시행규칙」 '별표2'에서 규정하는 '차량신호등' 중, 원형등화인 적색등화의 점멸 : 차마는 정지선이나 횡단보도가 있을 때에는 그 직전이나 교차로의 직전에 서행하여 다른 교통에 주의하면서 진행할 수 있다. ( )

□□□ **08** 「도로교통법」상 경찰청장은 교통사고의 위험으로부터 어린이를 보호하기 위하여 필요하다고 인정하는 경우에는 「유아교육법」제2조에 따른 유치원의 주변도로 가운데 일정 구간을 어린이 보호구역으로 지정하여 자동차등과 노면전차의 통행속도를 시속 30킬로미터 이내로 제한할 수 있다. ( )

□□□ **09** 「도로교통법」상 시장등은 고속도로의 원활한 소통을 위하여 특히 필요한 경우에는 고속도로에 전용차로를 설치할 수 있다. ( )

□□□ **10** 「도로교통법」제26조(교통정리가 없는 교차로에서의 양보운전)과 관련하여 교통정리를 하고 있지 아니하는 교차로에 들어가려고 하는 차의 운전자는 이미 교차로에 들어가 있는 다른 차가 있을 때에는 그 차에 진로를 양보하여야 한다. ( )

□□□ **11** 「도로교통법」제26조(교통정리가 없는 교차로에서의 양보운전)과 관련하여 교통정리를 하고 있지 아니하는 교차로에 들어가려고 하는 차의 운전자는 그 차가 통행하고 있는 도로의 폭보다 교차하는 도로의 폭이 넓은 경우에는 서행하여야 하며, 폭이 넓은 도로로부터 교차로에 들어가려고 하는 다른 차가 있을 때에는 그 차에 진로를 양보하여야 한다. ( )

□□□ **12** 「도로교통법」제26조(교통정리가 없는 교차로에서의 양보운전)과 관련하여 교통정리를 하고 있지 아니하는 교차로에 동시에 들어가려고 하는 차의 운전자는 좌측도로의 차에 진로를 양보하여야 한다. ( )

□□□ **13** 「도로교통법」제26조(교통정리가 없는 교차로에서의 양보운전)과 관련하여 교통정리를 하고 있지 아니하는 교차로에서 좌회전하려고 하는 차의 운전자는 그 교차로에서 직진하거나 우회전하려는 다른 차가 있을 때에는 그 차에 진로를 양보하여야 한다. ( )

□□□ **14** 「도로교통법」상 "정차"란 운전자가 5분을 초과하지 아니하고 차를 정지시키는 것으로서 주차 외의 정지 상태를 말한다. ( )

□□□ **15** 「도로교통법」제32조(정차 및 주차의 금지)에 규정된 장소에 터널 안 및 다리 위, 교차로의 가장자리나 도로의 모퉁이로부터 5미터 이내인 곳, 시장등이 제12조 제1항에 따라 지정한 어린이 보호구역이 있다. ( )

□□□ **16** 「도로교통법」제32조(정차 및 주차의 금지)에 규정된 장소에 교차로·횡단보도·건널목이나 보도와 차도가 구분된 도로의 보도(「주차장법」에 따라 차도와 보도에 걸쳐서 설치된 노상주차장은 제외한다), 도로공사를 하고 있는 경우에는 그 공사 구역의 양쪽 가장자리로부터 5미터 이내인 곳이 있다. ( )

□□□ **17** 「도로교통법」상 모든 차의 운전자는 예외 없이 터널 안에 차를 주차해서는 아니 된다. (   )

정답 & OX 풀이✏

07 일시정지한 후 다른 교통에 주의하면서 진행할 수 있다.

08 시장등은

09 경찰청장은

12 교통정리를 하고 있지 아니하는 교차로에 동시에 들어가려고 하는 차의 운전자는 우측도로의 차에 진로를 양보하여야 한다(제26조 제3항).

15~16 모든 차의 운전자는 다음 각 호의 어느 하나에 해당하는 곳에 차를 주차해서는 아니 된다(제33조(주차금지의 장소)).

> 1. 터널 안 및 다리 위
> 2. 다음 각 목의 곳으로부터 5미터 이내인 곳
>   가. 도로공사를 하고 있는 경우에는 그 공사 구역의 양쪽 가장자리
>   나. 「다중이용업소의 안전관리에 관한 특별법」에 따른 다중이용업소의 영업장이 속한 건축물로 소방본부장의 요청에 의하여 시·도경찰청장이 지정한 곳
> 3. 시·도경찰청장이 도로에서의 위험을 방지하고 교통의 안전과 원활한 소통을 확보하기 위하여 필요하다고 인정하여 지정한 곳

17 제30조(긴급자동차에 대한 특례) 긴급자동차에 대하여는 다음 각 호의 사항을 적용하지 아니한다. 다만, 제4호부터 제12호까지의 사항은 긴급자동차 중 제2조 제22호 가목부터 다목까지의 자동차와 대통령령으로 정하는 경찰용 자동차에 대해서만 적용하지 아니한다.

> 1. 제17조에 따른 자동차등의 속도 제한. 다만, 제17조에 따라 긴급자동차에 대하여 속도를 제한한 경우에는 같은 조의 규정을 적용한다.
> 2. 제22조에 따른 앞지르기의 금지
> 3. 제23조에 따른 끼어들기의 금지
> 4. 제5조에 따른 신호위반
> 5. 제13조 제1항에 따른 보도침범
> 6. 제13조 제3항에 따른 중앙선 침범
> 7. 제18조에 따른 횡단 등의 금지
> 8. 제19조에 따른 안전거리 확보 등
> 9. 제21조 제1항에 따른 앞지르기 방법 등
> 10. 제32조에 따른 정차 및 주차의 금지
> 11. 제33조에 따른 주차금지(※ 제1호 터널 안 및 다리 위)
> 12. 제66조에 따른 고장 등의 조치

정답

| 07. × | 08. × | 09. × | 10. ○ | 11. ○ | 12. × | 13. ○ | 14. ○ | 15. × | 16. × |
| 17. × |

☐☐☐ **18** 「도로교통법」상 긴급자동차에 대하여는 동법 제23조에 따른 끼어들기의 금지를 적용하지 아니한다.
( )

☐☐☐ **19** 「도로교통법」 및 동법 시행령상 자동차를 사용하는 사람 또는 기관 등의 신청에 의하여 시·도경
찰청장이 지정하는 긴급자동차 : 경찰용 자동차 중 범죄수사, 교통단속, 그 밖의 긴급한 경찰업무
수행에 사용되는 자동차
( )

☐☐☐ **20** 「도로교통법」 및 동법 시행령상 자동차를 사용하는 사람 또는 기관 등의 신청에 의하여 시·도경
찰청장이 지정하는 긴급자동차 : 민방위업무를 수행하는 기관에서 긴급예방을 위한 출동에 사용
되는 자동차
( )

☐☐☐ **21** 「도로교통법」 및 동법 시행령상 자동차를 사용하는 사람 또는 기관 등의 신청에 의하여 시·도경
찰청장이 지정하는 긴급자동차 : 도로관리를 위하여 사용되는 자동차 중 운행이 제한되는 자동차
를 단속하기 위하여 사용되는 자동차
( )

☐☐☐ **22** 「도로교통법」 및 동법 시행령상 자동차를 사용하는 사람 또는 기관 등의 신청에 의하여 시·도경
찰청장이 지정하는 긴급자동차 : 교도소의 자동차 중 수용자의 호송·경비를 위하여 사용되는 자
동차
( )

☐☐☐ **23** 「도로교통법」 및 동법 시행령상 자동차를 사용하는 사람 또는 기관 등의 신청에 의하여 시·도경
찰청장이 지정하는 긴급자동차 : 국내외 요인에 대한 경호업무 수행에 공무로 사용되는 자동차
( )

☐☐☐ **24** 「도로교통법」 및 「도로교통법 시행령」상 도로공사를 하고 있는 경우에 그 공사 구역의 양쪽 가장
자리로부터 5미터 이내인 곳은 주차금지 장소에 해당한다.
( )

☐☐☐ **25** 「도로교통법」 및 같은 법 시행령상 자전거 운전자는 안전표지로 통행이 허용된 경우를 제외하고
는 2대 이상이 나란히 차도를 통행하여서는 아니 된다.
( )

☐☐☐ **26** 「도로교통법」 및 같은 법 시행령상 술에 취한 상태에서 자전거를 운전했을 경우의 범칙금은 3만
원이며, 술에 취한 상태에 있다고 인정할 만한 상당한 이유가 있는 자전거 운전자가 경찰공무원의
호흡조사 측정에 불응한 경우의 범칙금은 10만 원에 해당된다.
( )

☐☐☐ **27** 「도로교통법」 및 같은 법 시행령상 자전거 운전자는 길가장자리구역(안전표지로 자전거등의 통행
을 금지한 구간은 제외한다)을 통행할 수 있다. 이 경우 자전거 운전자는 보행자의 통행에 방해가
될 때에는 서행하거나 일시정지하여야 한다.
( )

☐☐☐ **28** 「도로교통법」 및 같은 법 시행령상 자전거 운전자는 서행하거나 정지한 다른 차를 앞지르려면 앞
차의 좌측으로만 통행하여야 한다. 이 경우 자전거 운전자는 정지한 차에서 승차하거나 하차하는
사람의 안전에 유의하여 서행하거나 필요한 경우 일시정지하여야 한다.
( )

□□□ **29** 「도로교통법」상 물로 입 안을 헹굴 기회를 달라는 피고인의 요구를 무시한 채 호흡측정기로 측정한 혈중알코올 농도 수치가 0.05%로 나타난 사안에서, 피고인이 당시 혈중알코올 농도 0.05% 이상의 술에 취한 상태에서 운전하였다고 단정할 수 없다. ( )

□□□ **30** 「도로교통법」상 어린이의 보호자는 어린이가 행정안전부령으로 정하는 인명보호 장구를 착용한 경우를 제외하고 도로에서 개인형 이동장치를 운전하게 하여서는 아니 된다. ( )

□□□ **31** 「도로교통법」상 모범운전자란 동법에 따라 무사고운전자 또는 유공운전자의 표시장을 받거나 2년 이상 사업용 자동차 운전에 종사하면서 교통사고를 일으킨 전력이 없는 사람으로서 시·도경찰청장이 정하는 바에 따라 선발되어 교통안전 봉사활동에 종사하는 사람을 말한다. ( )

□□□ **32** 「도로교통법」상 모든 차의 운전자는 어린이나 영유아를 태우고 있다는 표시를 한 상태로 도로를 통행하는 어린이통학버스를 앞지르지 못한다. ( )

정답 & OX 풀이

19 「도로교통법」(이하 "법"이라 한다) 제2조 제22호 라목에서 "대통령령으로 정하는 자동차"란 긴급한 용도로 사용되는 다음 각 호의 어느 하나에 해당하는 자동차를 말한다. 다만, 제6호부터 제11호까지의 자동차는 이를 사용하는 사람 또는 기관 등의 신청에 의하여 시·도경찰청장이 지정하는 경우로 한정한다(제2조 제1항).

> 6. 전기사업, 가스사업, 그 밖의 공익사업을 하는 기관에서 위험 방지를 위한 응급작업에 사용되는 자동차
> 7. <u>민방위업무를 수행하는 기관에서 긴급예방 또는 복구를 위한 출동에 사용되는 자동차</u>
> 8. <u>도로관리를 위하여 사용되는 자동차 중 도로상의 위험을 방지하기 위한 응급작업에 사용되거나 운행이 제한되는 자동차를 단속하기 위하여 사용되는 자동차</u>
> 9. 전신·전화의 수리공사 등 응급작업에 사용되는 자동차
> 10. 긴급한 우편물의 운송에 사용되는 자동차
> 11. 전파감시업무에 사용되는 자동차

22~23 대통령령으로 정하는 법정긴급자동차에 해당한다.

28 모든 차의 운전자는 다른 차를 앞지르려면 앞차의 좌측으로 통행하여야 한다(제21조 제1항). 자전거등의 운전자는 서행하거나 정지한 다른 차를 앞지르려면 제1항에도 불구하고 앞차의 우측으로 통행할 수 있다. 이 경우 자전거 운전자는 정지한 차에서 승차하거나 하차하는 사람의 안전에 유의하여 서행하거나 필요한 경우 일시정지하여야 한다.

30 어린이의 보호자는 도로에서 어린이가 개인형 이동장치를 운전하게 하여서는 아니 된다(제11조 제4항). 어린이의 보호자는 도로에서 어린이가 자전거를 타거나 행정안전부령으로 정하는 위험성이 큰 움직이는 놀이기구를 타는 경우에는 어린이의 안전을 위하여 행정안전부령으로 정하는 인명보호 징구(裝具)를 착용하도록 하여야 한다(제11조 제3항).

31 경찰청장이 정하는 바에 따라 선발되어 교통안전 봉사활동에 종사하는 사람을 말한다.

정답

18. ○	19. ×	20. ○	21. ○	22. ×	23. ×	24. ○	25. ○	26. ○	27. ○
28. ×	29. ○	30. ×	31. ×	32. ○				

□□□ **33** 「어린이·노인 및 장애인 보호구역의 지정 및 관리에 관한 규칙」상 시·도경찰청장이나 경찰서장은 「도로교통법」제12조 제1항 또는 제12조의2 제1항에 따라 보호구역에서 구간별·시간대별로 도시지역의 간선도로를 일방통행로로 지정·운영할 수 있다. ( )

□□□ **34** 「도로교통법 시행령」상 어린이 통학버스는 교통사고로 인한 피해를 전액 배상할 수 있도록 「보험업법」에 따른 보험 또는 「여객자동차 운수사업법」에 따른 공제조합에 가입되어 있어야 한다. ( )

□□□ **35** 「어린이·노인 및 장애인 보호구역의 지정 및 관리에 관한 규칙」상 시장등은 조사 결과 보호구역으로 지정·관리할 필요가 인정되는 경우에 관할 시·도경찰청장 또는 경찰서장과 협의하여 해당 보호구역 지정대상 시설 또는 장소의 주(主) 출입문을 중심으로 반경 300미터 이내의 도로 중 일정구간을 보호구역으로 지정하나, 해당 지역의 교통여건 및 효과성 등을 면밀히 검토하여 필요한 경우에 보호구역 지정대상 시설 또는 장소의 주 출입문을 중심으로 반경 500미터 이내의 도로에 대해서도 보호구역으로 지정할 수 있다. ( )

□□□ **36** 「도로교통법」및 동법 시행규칙상 자율주행시스템을 사용하여 도로에서 차마 또는 노면전차를 그 본래의 사용방법에 따라 사용하는 것은 「도로교통법」상 운전의 개념에 포함된다. ( )

□□□ **37** 「도로교통법」및 동법 시행규칙상 부분 자율주행시스템은 지정된 조건에서 자동차를 운행하되 작동한계상황 등 필요한 경우 운전자의 개입을 요구하는 자율주행시스템을 말한다. ( )

□□□ **38** 「도로교통법」및 동법 시행규칙상 완전 자율주행시스템을 갖춘 자동차의 운전자는 자율주행시스템의 직접 운전 요구에 지체 없이 대응하여 조향장치, 제동장치 및 그 밖의 장치를 직접 조작하여 운전하여야 한다. ( )

□□□ **39** 「도로교통법」및 동법 시행규칙상 운전자가 자율주행시스템을 사용하여 운전하는 경우에는 자동차가 정지하고 있거나, 각종 범죄 및 재해 신고 등 긴급한 필요가 있는 경우가 아니라고 하더라도 휴대용 전화를 사용할 수 있다. ( )

□□□ **40** 「도로교통법」상 누구든지 술에 취한 상태에서 자동차등(「건설기계관리법」제26조 제1항 단서에 따른 건설기계 외의 건설기계를 포함), 노면전차 또는 자전거를 운전하여서는 아니 된다. ( )

□□□ **41** 「도로교통법」상 경찰공무원은 교통의 안전과 위험방지를 위하여 필요하다고 인정하는 경우에는 운전자가 술에 취하였는지를 호흡조사로 측정할 수 있으며, 이 경우 운전자는 경찰공무원의 측정에 응하여야 한다. ( )

□□□ **42** 「도로교통법」상 운전이 금지되는 술에 취한 상태의 기준은 운전자의 혈중알코올농도가 0.03퍼센트 이상인 경우로 한다. ( )

□□□ **43** 「도로교통법」상 개인형 이동장치의 운전자는 대통령령으로 정하는 승차정원을 초과하여 동승자를 태우고 개인형 이동장치를 운전하여서는 아니 된다. ( )

□□□ **44** 「도로교통법」상 도로가 아닌 곳에서 술에 취한 상태에서의 운전은 음주운전으로는 처벌할 수 있지만 운전면허의 정지 또는 취소처분을 부과할 수는 없다. （　）

□□□ **45** 개인형 이동장치를 타고 신호위반, 중앙선 침범과 진로변경 금지 위반행위를 연달아 하여 다른 사람에게 위협 또는 위해를 가할 뿐 아니라 교통상의 위험을 발생하게 한 운전자에 대해 난폭운전으로 처벌할 수 있다. （　）

□□□ **46** 운전면허 취소사유에 해당하는 음주운전을 적발한 경찰관의 소속 경찰서장이 사무착오로 위반자에게 운전면허정지처분을 한 상태에서 위반자의 주소지 관할 지방경찰청장이 위반자에게 운전면허취소처분을 한 것은 선행처분에 대한 당사자의 신뢰 및 법적 안정성을 저해하는 것으로서 허용될 수 없다. （　）

□□□ **47** 250cc 오토바이의 운전은 제1종 대형면허나 보통면허와는 아무런 관련이 없는 것이므로 이를 음주운전한 사유만 가지고서는 그 운전자가 보유하고 있는 제1종 대형면허나 보통면허까지 취소할 수는 없다. （　）

□□□ **48** 경찰관이 술에 취한 상태에서 자동차를 운전한 것으로 보이는 피고인을 「경찰관 직무집행법」에 따른 보호조치 대상자로 보아 경찰관서로 데려온 직후 음주측정을 요구하였는데 피고인이 불응하여 음주측정불응죄로 기소된 사안에서, 위법한 보호조치 상태를 이용하여 음주측정 요구가 이루어졌다는 등의 특별한 사정이 없는 한 피고인의 행위는 음주측정불응죄에 해당한다. （　）

정답 & OX 풀이

33 이면도로(도시지역에 있어서 간선도로가 아닌 도로로서 일반의 교통에 사용되는 도로를 말한다)를 일방통행로로 지정·운영

38 행정안전부령으로 정하는 완전 자율주행시스템에 해당하지 아니하는 자율주행시스템을 갖춘 자동차의 운전자는 자율주행시스템의 직접 운전 요구에 지체 없이 대응하여 조향장치, 제동장치 및 그 밖의 장치를 직접 조작하여 운전하여야 한다(도로교통법 제56조의2 제1항). 완전 자율주행시스템은 모든 영역에서 운전자의 개입 없이 자동차를 운행하는 자율주행시스템을 말한다(동법 시행규칙 제111조 제3호).

43 행정안전부령으로 정하는 승차정원(제50조 제10항)

44 도로교통법상 통행규칙이나 벌칙은 도로를 전제로 함이 원칙이다. 무면허운전 등의 행정처분(면허정지, 취소 등)은 도로교통법상 도로에서 운전한 경우에만 적용한다.

45 자동차등(개인형 이동장치는 제외한다)

47 이륜자동차를 음주운전한 사유만 가지고서는 제1종 대형면허나 보통면허의 취소나 정지를 할 수 없다(대법원 1992.9.22. 91누8289).

정답

| 33. × | 34. ○ | 35. ○ | 36. ○ | 37. ○ | 38. × | 39. ○ | 40. ○ | 41. ○ | 42. ○ |
| 43. × | 44. ○ | 45. × | 46. ○ | 47. ○ | 48. ○ |

☐☐☐ **49** 술에 취해 자동차 안에서 잠을 자다가 추위를 느껴 히터를 가동시키기 위하여 시동을 걸었고, 실수로 자동차의 제동장치 등을 건드렸거나 처음 주차할 때 안전조치를 제대로 취하지 아니한 탓으로 원동기의 추진력에 의하여 자동차가 약간 경사진 길을 따라 앞으로 움직여 피해자의 차량 옆면을 충격하게 된 경우는 자동차의 운전에 해당한다. ( )

☐☐☐ **50** 음주측정 요구 당시 운전자가 술에 취한 상태에서 자동차를 운전하였다고 인정할 만한 상당한 이유가 있었으며, 음주운전 종료 후 별도의 음주 사실이 없었음이 증명된 경우, 경찰관이 음주 및 음주운전 종료로부터 약 5시간 후 집에서 자고 있는 피고인을 연행하여 음주측정을 요구한 데에 대하여 피고인이 불응하였다면, 「도로교통법」상의 음주측정불응죄가 성립한다. ( )

☐☐☐ **51** 특별한 이유 없이 호흡측정기에 의한 측정에 불응하는 운전자에게 경찰공무원이 혈액채취에 의한 측정방법이 있음을 고지하고 그 선택 여부를 물어야 할 의무는 없다. ( )

☐☐☐ **52** 운전자가 경찰공무원으로부터 음주측정을 요구받고 호흡측정기에 숨을 내쉬는 시늉만 하는 등 형식적으로 음주측정에 응하였을 뿐 경찰공무원의 거듭된 요구에도 불구하고 호흡측정기에 음주측정수치가 나타날 정도로 숨을 제대로 불어넣지 아니하였다면 이는 실질적으로 음주측정에 불응한 것과 다를 바 없다. ( )

☐☐☐ **53** 음주운전과 관련한 도로교통법 위반죄의 범죄수사를 위하여 미성년자인 피의자의 혈액채취가 필요한 경우에도 피의자에게 의사능력이 있다면 피의자 본인만이 혈액채취에 관한 유효한 동의를 할 수 있고, 피의자에게 의사능력이 없는 경우 명문의 규정이 없더라도 법정대리인이 피의자를 대리하여 동의할 수 있다. ( )

☐☐☐ **54** 특별한 이유 없이 호흡측정기에 의한 측정에 불응하는 운전자에게 경찰공무원이 혈액채취에 의한 측정방법이 있음을 고지하고 그 선택 여부를 물어야 할 의무가 있다고는 할 수 없다. ( )

☐☐☐ **55** 제2종 보통면허만을 취득한 자가 운전할 경우, 화물자동차(적재중량 3톤), 승합자동차(승차정원 8명), 특수자동차(총중량 4톤)를 운전하면 모두 무면허운전이 아니다. ( )

☐☐☐ **56** 「도로교통법」 및 관련 법령에는 연습운전면허를 발급받은 사람이 본인에게 귀책사유(歸責事由)가 없는 경우 등 대통령령으로 정하는 경우를 제외하고, 운전 중 고의 또는 과실로 교통사고를 일으키거나 「도로교통법」이나 동법에 따른 명령 또는 처분을 위반한 경우에 시·도경찰청장은 연습운전면허를 취소하여야 한다고 규정하고 있으므로, 연습운전면허를 받은 사람이 운전을 함에 있어 주행연습 외의 목적으로 운전하여서는 아니된다는 준수사항을 지키지 않았다고 하더라도 무면허운전으로 처벌할 수는 없다. ( )

☐☐☐ **57** 경찰서장은 범칙자의 성명이나 주소가 확실하지 아니한 경우 이유를 분명하게 밝힌 범칙금 납부 통고서로 범칙금을 낼 것을 통고할 수 있다. ( )

☐☐☐ **58** 경찰서장의 통고처분은 항고소송의 대상이 되는 행정처분에 해당한다. ( )

□□□ **59** 「도로교통법」은 범칙금 납부통고서를 받은 사람이 그 범칙금을 낸 경우 범칙행위에 대하여 다시 벌받지 아니한다고 규정하고 있는바, 이는 범칙금의 납부에 확정재판의 효력에 준하는 효력을 인정하는 취지로 해석하여야 한다. (   )

□□□ **60** 같은 일시, 장소에서 이루어진 안전운전의무 위반의 범칙행위와 중앙선을 침범한 과실로 사고를 일으켜 피해자에게 부상을 입혀 「교통사고처리 특례법」을 위반한 경우, 안전운전의무를 불이행하였음을 이유로 통고처분에 따른 범칙금을 납부하였음에도 「교통사고처리 특례법」 위반죄로 처벌하는 것은 이중처벌에 해당하므로 허용되지 아니한다. (   )

□□□ **61** 「도로교통법」 제39조 제4항을 위반하여 자동차의 화물이 떨어지지 아니하도록 필요한 조치를 하지 아니하고 운전한 경우는 「교통사고처리 특례법」 제3조 제2항(처벌의 특례) 단서 각 호에 해당한다. (   )

□□□ **62** 「도로교통법」 제17조 제1항 또는 제2항에 따른 제한속도를 시속 10킬로미터 초과하여 운전한 경우는 「교통사고처리 특례법」 제3조 제2항(처벌의 특례) 단서 각 호에 해당한다. (   )

정답 & OX 풀이

49 이를 두고 피고인이 자동차를 운전하였다고 할 수는 없다.

53 피의자에게 의사능력이 없는 경우에도 명문의 규정이 없는 이상 법정대리인이 피의자를 대리하여 동의할 수는 없다(대법원 2014.11.13. 2013도1228).

55 제2종 보통면허만을 취득한 자는 「도로교통법 시행규칙」 [별표18]에 따라 총중량 3.5톤 이하의 특수자동차(구난차등은 제외한다)를 운전할 수 있으므로, 총중량 4톤의 특수자동차 운전은 무면허운전이 된다.

56 준수사항을 지키지 않은 것에 대하여 연습운전면허의 취소 등 제재를 가할 수 있음은 별론으로 하고 그 운전을 무면허운전이라고 보아 처벌할 수는 없다(대법원 2015.6.24. 2013도15031).

57 경찰서장은 성명이나 주소가 확실하지 아니한 사람에게는 범칙금 납부통고서로 범칙금을 낼 것을 통고할 수 없다(도로교통법 제163조 제1항).

58 경찰서장의 통고처분은 즉결심판 절차가 예정되어 있으므로 항고소송의 대상이 되는 행정처분에 해당하지 않는다.
※ 도로교통법 제118조에서 규정하는 경찰서장의 통고처분은 행정소송(항고소송)의 대상이 되는 행정처분이 아니므로 그 처분의 취소를 구하는 소송은 부적법하고, 도로교통법상의 통고처분을 받은 자가 그 처분에 대하여 이의가 있는 경우에는 통고처분에 따른 범칙금의 납부를 이행하지 아니함으로써 경찰서장의 즉결심판청구에 의하여 법원의 심판을 받을 수 있게 될 뿐이다(대법원 1995.6.29. 95누4674).

60 안전운전의무를 불이행하였음을 이유로 통고처분에 따른 범칙금을 납부하였음에도 「교통사고처리 특례법」 위반죄로 처벌하는 것이 이중처벌에 해당한다고 볼 수 없다.

62 제한속도 20킬로미터 초과

정답 49. × 50. ○ 51. ○ 52. ○ 53. × 54. ○ 55. × 56. ○ 57. × 58. ×
59. ○ 60. × 61. ○ 62. ×

□□□ **63** 「도로교통법」 제13조 제3항을 위반하여 중앙선을 침범하거나 같은 법 제62조를 위반하여 횡단, 유턴 또는 후진한 경우는 「교통사고처리 특례법」 제3조 제2항(처벌의 특례) 단서 각 호에 해당한다. ( )

□□□ **64** 「도로교통법」 제24조에 따른 철길건널목 통과방법을 위반하여 운전한 경우는 「교통사고처리 특례법」 제3조 제2항(처벌의 특례) 단서 각 호에 해당한다. ( )

□□□ **65** 「교통사고처리 특례법」 제2조 제2호는 '교통사고'란 차의 교통으로 인하여 사람을 사상하거나 물건을 손괴하는 것을 말한다고 규정하고 있는데, 여기서 '차의 교통'은 차량을 운전하는 행위 및 그와 동일하게 평가할 수 있을 정도로 밀접하게 관련된 행위를 모두 포함한다. ( )

□□□ **66** 음주운전 신고를 받고 출동한 경찰관이 만취한 상태로 시동이 걸린 차량 운전석에 앉아 있는 甲을 발견하고 음주측정을 위해 하차를 요구하는 것만으로는 「도로교통법」 제44조 제2항이 정한 음주측정에 관한 직무에 착수하였다고 할 수 없다. ( )

□□□ **67** 술에 취한 乙이 자동차 안에서 잠을 자다가 추위를 느껴 히터를 가동시키기 위하여 시동을 걸었고, 실수로 기어 등 자동차의 발진에 필요한 장치를 건드려 원동기의 추진력에 의하여 자동차가 움직이거나 또는 불안전한 주차상태나 도로여건 등으로 인하여 자동차가 움직이게 된 경우는 자동차의 운전에 해당하지 아니한다. ( )

□□□ **68** 모든 차의 운전자는 보행자보다 먼저 횡단보행자용 신호기가 설치되지 않은 횡단보도에 진입한 경우에도, 보행자의 횡단을 방해하지 않거나 통행에 위험을 초래하지 않을 상황이 아니고서는, 차를 일시정지하는 등으로 보행자의 통행이 방해되지 않도록 할 의무가 있다. ( )

□□□ **69** 운전자가 음주운전으로 교통사고를 야기한 후, 차에서 내려 피해자(진단 3주)에게 '왜 와서 들이받냐'라는 말을 하고, 교통사고 조사를 위해 경찰서에 가자는 경찰관의 지시에 순순히 응하여 순찰차에 스스로 탑승하여 경찰서까지 갔을 뿐 아니라 경찰서에서 조사받으면서 사고 당시 상황에 대한 자신의 주장을 정확하게 진술하였다면, 비록 경찰관이 작성한 주취운전자 정황진술보고서에는 '언행상태'란에 '발음 약간 부정확', '보행상태'란에 '비틀거림이 없음', '운전자 혈색'란에 '안면 홍조 및 눈 충혈'이라고 기재되어 있다고 하더라도 음주로 인한 특정범죄 가중처벌 등에 관한 법률 위반(위험운전치사상)이 아니라 도로교통법 위반(음주운전)으로 처벌해야 한다. ( )

정답 & OX 풀이

66 도로교통법 제44조 제2항이 정한 음주측정에 관한 직무에 착수하였다고 할 것이다(대법원 2020.8.20. 2020도7193).

69 이 사건 사고 당시 피고인이 '음주의 영향으로 정상적인 운전이 곤란한 상태'에 있었다고 단정하기 어렵다. 따라서 음주로 인한 특정범죄 가중처벌 등에 관한 법률 위반(위험운전치사상)이 아니라 도로교통법 위반(음주운전)으로 처벌해야 한다(대법원 2018.1.25. 2017도15519).

정답 **63.** ○ **64.** ○ **65.** ○ **66.** × **67.** ○ **68.** ○ **69.** ○

갑호 비상	가. 비상근무 갑호가 발령된 때에는 연가를 중지하고 가용경력 100%까지 동원할 수 있다. 나. 지휘관(지구대장, 파출소장은 지휘관에 준한다. 이하 같다)과 참모는 정착 근무를 원칙으로 한다.
을호 비상	가. 비상근무 을호가 발령된 때에는 연가를 중지하고 가용경력 50%까지 동원할 수 있다. 나. 지휘관과 참모는 정위치 근무를 원칙으로 한다.
병호 비상	가. 비상근무 병호가 발령된 때에는 부득이한 경우를 제외하고는 연가를 억제하고 가용경력 30%까지 동원할 수 있다. 나. 지휘관과 참모는 정위치 근무 또는 지휘선상 위치 근무 원칙으로 한다.
경계 강화	가. 별도의 경력동원 없이 특정분야의 근무를 강화한다. 나. 경찰관 등은 비상연락체계를 유지하고 경찰작전부대는 상황발생 시 즉각 출동이 가능하도록 출동대기태세를 유지한다. 다. 지휘관과 참모는 지휘선상 위치 근무를 원칙으로 한다.
작전준비태세 (작전비상시 적용)	가. 별도의 경력동원 없이 경찰관서 지휘관 및 참모의 비상연락망을 구축하고 신속한 응소체제를 유지한다. 나. 경찰작전부대는 상황발생 시 즉각 출동이 가능하도록 출동태세 점검을 실시한다. 다. 유관기관과의 긴밀한 연락체계를 유지하고, 필요시 작전상황반을 유지한다.

핵심정리 OX Check

□□□ **01** 경비경찰 활동은 경비사태에 대해 기한을 정하여 진압할 수 없고 즉시 출동하여 신속하게 조기대응해야 한다는 점에서 즉시적(즉응적) 활동이다. ( )

□□□ **02** 경비경찰 활동은 현재의 질서상태를 유지하는 것에 가치를 두는 현상유지적 활동으로 정태적이고 소극적인 특성을 가지나 질서유지를 통해 새로운 변화와 발전을 보장하기 위한 동태적이고 적극적인 특성은 갖지 않는다. ( )

□□□ **03** 경비경찰 활동은 경비사태가 발생한 후의 진압뿐만 이니라 특정한 사태가 발생하기 전의 경계·예방의 역할을 수행한다는 점에서 복합기능적 활동이다. ( )

정답 & OX 풀이

02 현재의 질서상태를 유지하는 것에 가치를 두는 현상유지적 활동 수행의 특성을 가진다. 질서유지 작용은 정태적이고 소극적인 질서유지가 아니라, 새로운 변화와 발전을 보장하기 위한 동태적이고 적극적인 특성을 갖는 질서유지이다.

정답
    01. ○   **02.** ×   **03.** ○

☐☐☐ **04** 경비경찰 활동은 경비사태가 발생할 때 조직적이고 집단적인 대응이 요구되므로 조직적 부대 활동에 중점을 둔 체계적인 부대편성과 관리 및 운영이 필요하다. ( )

☐☐☐ **05** 경비경찰활동은 하향적 명령체계가 확보되어야 하므로 부대원의 재량은 상대적으로 적고, 활동의 결과에 대해서는 지휘관이 책임을 지는 것이 일반적이다. ( )

☐☐☐ **06** 경비경찰 활동은 현재의 질서상태를 보존하는 것에 중점을 두는 현상유지적 활동 수행의 특성을 가진다. ( )

☐☐☐ **07** 경비수단의 종류 중 체포는 상대방의 신체를 구속하는 강제처분이며 직접적 실력행사로서 「경찰관 직무집행법」에 근거를 두고 있다. ( )

☐☐☐ **08** 경비경찰의 경비수단 중 경고와 제지는 간접적 실력행사로서 「경찰관 직무직행법」에 근거를 두고 있다. ( )

☐☐☐ **09** 경비경찰 경비수단의 원칙 중 위치의 원칙이란 사태 진압 시의 실력행사에 있어서 가장 유리한 지형·지물·위치 등을 확보하여 작전수행이나 진압을 용이하게 한다는 원칙이다. ( )

☐☐☐ **10** 경비경찰 경비수단의 원칙 중 균형의 원칙이란 주력부대와 예비대를 적절하게 활용하여 한정된 경력으로 최대의 효과를 얻도록 해야 한다는 원칙이다. ( )

☐☐☐ **11** 경비경찰 경비수단의 원칙 중 안전의 원칙이란 작전 때의 변수 발생은 사회적으로 큰 파장을 미칠 수 있으므로 사고 없는 안전한 진압을 실시해야 한다는 원칙이다. ( )

☐☐☐ **12** 경비경찰 조직운영의 원칙 중 치안협력성 원칙 : 경비경찰이 업무수행과정에서 국민의 협력을 구해야 하고, 국민이 스스로 협조를 할 때 효과적인 업무수행이 가능하다. ( )

☐☐☐ **13** 경비경찰 조직운영의 원칙 중 지휘관단일성 원칙 : 지시는 한 사람에 의해서 행해져야 하고, 보고도 한 사람을 통해서 이루어져야 한다. ( )

☐☐☐ **14** 경비경찰 조직운영의 원칙 중 부대단위활동 원칙 : 부대에는 지휘관, 직원 및 대원, 지휘권과 장비가 편성되며 임무수행을 위한 보급지원체제를 갖추고 있어야 한다. ( )

☐☐☐ **15** 경비경찰 조직운영의 원칙 중 체계통일성 원칙 : 경비업무를 효과적으로 수행하기 위해 복수의 지휘관을 두어야 한다. ( )

☐☐☐ **16** 경비경찰은 실력행사 시 상대의 저항력이 약한 시점을 포착하여 가장 적절한 시기에 강력하고 집중적인 실력행사를 하여야 한다. ( )

□□□ **17** 행사안전경비에서 군중정리의 원칙 중 밀도의 희박화 – 제한된 면적의 특정한 지역에 사람이 많이 모이면 상호 간에 충돌현상이 나타나고 혼잡이 야기되므로, 차분한 목소리로 안내방송을 진행함으로써 사전에 혼잡상황을 대비하여 사고를 방지할 수 있다. ( )

□□□ **18** 행사안전경비에서 군중정리의 원칙 중 이동의 일정화 – 군중은 현재의 자기 위치와 갈 곳을 잘 몰라 불안감과 초조감을 갖게 되므로 일정방향과 속도로 이동을 시켜 주위의 상황을 파악할 수 있는 여건을 조성시킴으로써 심리적 안정감을 갖도록 하는 것이다. ( )

□□□ **19** 행사안전경비에서 군중정리의 원칙 중 경쟁적 사태의 해소 – 다른 사람보다 먼저 가려는 심리상태를 억제시켜 질서 있게 행동하면 모든 일이 잘 될 수 있다는 것을 납득시키는 것이다. 이 경우 질서를 지키면 오히려 손해를 본다는 심리상태가 형성되지 않도록 주의하여야 한다. ( )

□□□ **20** 행사안전경비에서 군중정리의 원칙 중 지시의 철저 – 분명하고 자세한 안내방송을 계속함으로써 혼잡한 사태를 회피하고 사고를 방지할 수 있다. ( )

□□□ **21** 「청원경찰법」상 청원주가 청원경찰을 폐지하거나 감축하였을 때에는 청원경찰배치 결정을 한 경찰관서의 장에게 알려야 하며, 그 사업장이 시・도경찰청장이 청원경찰의 배치를 요청한 사업장일 때에는 그 폐지 또는 감축 사유를 구체적으로 밝혀야 한다. ( )

□□□ **22** 「청원경찰법」상 청원주가 청원경찰을 면직시켰을 때에는 그 사실을 관할 경찰서장을 거쳐 시・도경찰청장에게 보고하여야 한다. ( )

□□□ **23** 「청원경찰법」상 시・도경찰청장은 청원경찰이 직무상의 의무를 위반하거나 직무를 태만히 한 때 또는 품위를 손상하는 행위를 한 때에는 대통령령으로 정하는 징계절차를 거쳐 징계처분을 하여야 한다. ( )

정답 & OX 풀이

07 경비수단의 종류 중 체포는 상대방의 신체를 구속하는 강제처분이며 직접적 실력행사로서 「형사소송법」에 근거를 두고 있다.

08 경고는 간접적 실력행사, 제지는 직접직 실력행시로서 「경찰관 직무지행법」에 근거를 두고 있다.

15 체계통일성 원칙 : 조직의 정점으로부터 말단에 이르는 계선을 통하여 상하 계급 간에 일정한 관계가 형성되어 책임과 임무의 분담이 명확히 이루어지고 명령과 복종의 체계가 통일되어야 한다. ※ 지휘관단일성 원칙 : 경비업무를 효과적으로 수행하기 위해 하나의 지휘관을 두어야 한다.

17 밀도의 희박화 – 제한된 면적의 특정한 지역에 사람이 많이 모이면 상호 간에 충돌현상이 나타나고 혼잡이 야기되므로, 가급적 많은 사람이 모이는 것을 회피하게 하는 것이다. 차분한 목소리로 안내방송을 진행함으로써 사전에 혼잡상황을 대비하여 사고를 방지하는 것은 경쟁적 사태의 해소에 관한 설명이다.

23 청원주는 청원경찰이 직무상의 의무를 위반하거나 직무를 태만히 한 때 또는 품위를 손상하는 행위를 한 때에는 대통령령으로 정하는 징계절차를 거쳐 징계처분을 하여야 한다(제5조의2 제1항).

정답

| 04. ○ | 05. ○ | 06. ○ | 07. × | 08. × | 09. ○ | 10. ○ | 11. ○ | 12. ○ | 13. ○ |
| 14. ○ | 15. × | 16. ○ | 17. × | 18. ○ | 19. ○ | 20. ○ | 21. ○ | 22. ○ | 23. × |

□□□ **24** 「청원경찰법」상 청원주는 청원경찰을 대체할 목적으로 「경비업법」에 따른 특수경비원을 배치하는 경우에는 청원경찰의 배치를 폐지하거나 배치인원을 감축할 수 없다. ( )

□□□ **25** 시·도경찰청장은 청원경찰 배치가 필요하다고 인정하는 기관의 장 또는 시설사업장의 경영자에게 청원경찰을 배치할 것을 명령할 수 있다. ( )

□□□ **26** 청원경찰이 직무상의 의무 등을 위반하는 경우에는 청원주 및 관할 감독 경찰서장은 대통령령이 정하는 징계절차를 거쳐 징계처분을 하여야 한다. ( )

□□□ **27** 청원경찰은 「형법」이나 그 밖의 법령에 따른 벌칙을 적용할 때에는 공무원으로 보기 때문에 청원경찰의 불법행위에 대한 배상책임에 관하여는 「국가배상법」의 규정을 적용한다. ( )

□□□ **28** 국가나 지방자치단체에 근무하는 청원경찰의 근무관계는 사법상의 고용계약관계이다. ( )

□□□ **29** 선수승화법은 특정 불만집단에 대한 정보활동 강화로 사전에 불만·분쟁 요인을 찾아 해소시키는 방법이다. ( )

□□□ **30** 다중범죄의 정책적 치료법 중 전이법은 불만집단과 이에 반대하는 대중의견을 크게 부각시켜 불만집단이 자진해산 및 분산하게 하는 정책적 치료법이다. ( )

□□□ **31** 다중범죄의 정책적 치료법 중 지연정화법은 시간을 지연시킴으로써 불만집단의 고조된 주장을 이성적으로 사고할 기회를 부여하고 정서적으로 감정을 둔화시켜서 흥분을 가라앉게 하는 정책적 치료법이다. ( )

□□□ **32** 진압의 기본원칙 중 봉쇄·방어는 군중이 중요시설이나 기관 등 보호대상물의 점거를 기도할 경우, 사전에 부대가 선점하여 바리케이트 등으로 봉쇄하는 방어조치로 충돌 없이 효과적으로 무산시키는 진압의 기본원칙이다. ( )

□□□ **33** 진압의 기본원칙 중 세력분산은 일단 시위대가 집단을 형성한 이후에 부대가 대형으로 진입하거나 장비를 사용하여 시위집단의 지휘·통제력을 차단하며, 수개의 소집단으로 분할시켜 시위의사를 약화시키는 진압의 기본원칙이다. ( )

□□□ **34** 개표소 경비에 대한 3선 개념 중 제3선은 울타리 외곽으로, 검문조·순찰조를 운영하여 위해 기도자의 접근을 차단한다. ( )

□□□ **35** 「공직선거법」상 구·시·군선거관리위원회위원장이나 위원이 개표소의 질서유지를 위하여 정복을 한 경찰공무원 또는 경찰관서장에게 원조를 요구할 수 있으며, 이와 같은 요구에 의해 개표소 안에 들어간 경찰공무원 또는 경찰관서장은 질서가 회복되거나 위원장의 요구 시 개표소에서 퇴거할 수 있다. ( )

□□□ **36** 「공직선거법」상 투표소 안에서 또는 투표소로부터 100미터 안에서 소란한 언동을 하거나 특정 정당이나 후보자를 지지 또는 반대하는 언동을 하는 자가 있는 때에는 투표관리관 또는 투표사무원은 이를 제지하고, 그 명령에 불응하는 때에는 투표소 또는 그 제한거리 밖으로 퇴거하게 할 수 있다. ( )

□□□ **37** 「공직선거법」상 투표관리관 또는 투표사무원은 투표소의 질서가 심히 문란하여 공정한 투표가 실시될 수 없다고 인정하는 때에는 투표소의 질서를 유지하기 위하여 정복을 한 경찰공무원 또는 경찰관서장에게 원조를 요구할 수 있다. ( )

□□□ **38** 「재난 및 안전관리 기본법」상 "재난"이란 국민의 생명·신체·재산과 국가에 피해를 주거나 줄 수 있는 것으로서 사회재난과 자연재난으로 구분한다. ( )

□□□ **39** 「재난 및 안전관리 기본법」상 '재난'이란 국민의 생명·신체·재산과 국가에 피해를 주거나 줄 수 있는 것이며, 화재·붕괴·폭발·교통사고는 '사회재난'으로 구분한다. ( )

정답 & OX 풀이

25 시·도경찰청장은 청원경찰의 배치가 필요하다고 인정되는 기관의 장 또는 시설·사업장의 경영자에게 청원경찰을 배치할 것을 요청할 수 있다(제4조 제3항).

26 청원경찰이 직무상의 의무 등을 위반하는 경우에는 청원주는 대통령령이 정하는 징계절차를 거쳐 징계처분을 하여야 한다(제5조의2 제1항). 관할 감독 경찰서장에게는 징계권이 없다.

27 청원경찰은 「형법」이나 그 밖의 법령에 따른 벌칙을 적용할 때에는 공무원으로 본다(제10조 제2항). 청원경찰(국가기관 또는 지방자치단체에 근무하는 청원경찰을 제외한다)의 직무상 불법행위에 대한 배상책임에 대하여는 민법을 따른다(제10조의2).

28 국가나 지방자치단체에 근무하는 청원경찰의 근무관계는 공법상의 관계이다. ※ 국가나 지방자치단체에 근무하는 청원경찰은 국가공무원법이나 지방공무원법상의 공무원은 아니지만, 그 근무관계를 사법상의 고용계약관계로 보기는 어려우므로 그에 대한 징계처분의 시정을 구하는 소는 행정소송의 대상이지 민사소송의 대상이 아니다(대법원 1993.7.13. 92다47564).

30 경쟁행위법은 불만집단과 이에 반대하는 대중의견을 크게 부각시켜 불만집단이 자진해산 및 분산하게 하는 정책적 치료법이다.

35 「공직선거법」상 구·시·군선거관리위원회위원장이나 위원이 개표소의 질서유지를 위하여 정복을 한 경찰공무원 또는 경찰관서장에게 원조를 요구할 수 있으며, 이와 같은 요구에 의해 개표소 안에 들어간 경찰공무원 또는 경찰관서장은 질서가 회복되거나 위원장의 요구 시 개표소에서 퇴거하여야 한다(제183조 제5항).

정답

| 24. ○ | 25. × | 26. × | 27. × | 28. × | 29. ○ | 30. × | 31. ○ | 32. ○ | 33. ○ |
| 34. ○ | 35. × | 36. ○ | 37. ○ | 38. ○ | 39. ○ | | | | |

□□□ **40** 「재난 및 안전관리 기본법」상 재난관리란 재난이나 그 밖의 각종 사고로부터 사람의 생명·신체 및 재산의 안전을 확보하기 위하여 하는 모든 활동을 말한다.   (   )

□□□ **41** 「재난 및 안전관리 기본법」상 '재난'은 '자연재난'과 '사회재난'으로 구분된다.   (   )

□□□ **42** 「재난 및 안전관리 기본법」상 '재난관리'란 재난의 예방·대비·대응 및 복구를 위하여 하는 모든 활동을 말한다.   (   )

□□□ **43** 「재난 및 안전관리 기본법」상 행정안전부장관은 국가 및 지방자치단체가 행하는 재난 및 안전관리 업무를 총괄·조정한다.   (   )

□□□ **44** 「재난 및 안전관리 기본법」상 경찰청장은 국가 및 지방자치단체가 행하는 재난 및 안전관리 업무를 총괄·조정한다.   (   )

□□□ **45** 「재난 및 안전관리 기본법」상 대통령령으로 정하는 대규모 재난의 대응·복구 등에 관한 사항을 총괄·조정하고, 필요한 조치를 하기 위하여 행정안전부에 중앙재난안전대책본부를 둔다.
                                                                          (   )

□□□ **46** 「재난 및 안전관리 기본법」상 긴급구조기관이란 경찰청, 시·도경찰청 및 경찰서를 말한다. 다만, 해양에서 발생한 재난의 경우에는 해양경찰청·지방해양경찰청 및 해양경찰서를 말한다.
                                                                          (   )

□□□ **47** 「재난 및 안전관리 기본법」상 시장·군수·구청장과 지역통제단장(대통령령으로 정하는 권한을 행사하는 경우에만 해당한다)은 재난이 발생하거나 발생할 우려가 있는 경우에 사람의 생명 또는 신체나 재산에 대한 위해를 방지하기 위하여 필요하면 해당 지역 주민이나 그 지역 안에 있는 사람에게 대피하도록 명하거나 선박·자동차 등을 그 소유자·관리자 또는 점유자에게 대피시킬 것을 명할 수 있다. 이 경우 미리 대피장소를 지정할 수 있다.   (   )

□□□ **48** 「재난 및 안전관리 기본법」상 국무총리는 대통령령으로 정하는 재난이 발생하거나 발생할 우려가 있는 경우 사람의 생명·신체 및 재산에 미치는 중대한 영향이나 피해를 줄이기 위하여 긴급한 조치가 필요하다고 인정하면 중앙안전관리위원회의 심의를 거쳐 재난사태를 선포할 수 있다. 다만, 국무총리는 재난상황이 긴급하여 중앙안전관리위원회의 심의를 거칠 시간적 여유가 없다고 인정하는 경우에는 중앙안전관리위원회의 심의를 거치지 아니하고 재난사태를 선포할 수 있다.
                                                                          (   )

□□□ **49** 「재난 및 안전관리 기본법」상 특별재난지역의 선포는 재난관리 체계상 대응단계에 해당한다.
                                                                          (   )

□□□ **50** 「통합방위법」상 "갑종사태"란 일정한 조직체계를 갖춘 적의 대규모 병력 침투 또는 대량살상무기 공격 등의 도발로 발생한 비상사태로서 통합방위본부장 또는 지역군사령관의 지휘·통제하에 통합방위작전을 수행하여야 할 사태를 말한다.   (   )

□□□ **51** 「통합방위법」상 "을종사태"란 적의 침투·도발 위협이 예상되거나 소규모의 적이 침투하였을 때에 시·도경찰청장, 지역군사령관 또는 함대사령관의 지휘·통제 하에 통합방위작전을 수행하여 단기간 내에 치안이 회복될 수 있는 사태를 말한다. (   )

□□□ **52** 「통합방위법」상 국무총리 소속으로 중앙 통합방위협의회를 둔다. (   )

□□□ **53** 「통합방위법」상 국가중요시설은 국방부장관이 관계 행정기관의 장 및 국가정보원장과 협의하여 지정한다. (   )

□□□ **54** 「경찰 비상업무 규칙」상 비상근무 을호가 발령된 때에는 부득이한 경우를 제외하고는 연가를 억제하고 가용경력 30%까지 동원할 수 있고, 지휘관과 참모는 정위치 근무 또는 지휘선상 위치 근무를 원칙으로 한다. (   )

□□□ **55** 「경찰 비상업무 규칙」상 "지휘선상 위치 근무"란 비상연락체계를 유지하며 유사시 1시간 이내에 현장지휘 및 현장근무가 가능한 장소에 위치하는 것을 말한다. (   )

정답 & OX 풀이

40 "안전관리"란 재난이나 그 밖의 각종 사고로부터 사람의 생명·신체 및 재산의 안전을 확보하기 위하여 하는 모든 활동을 말한다(제3조 제4호).

44 행정안전부장관은 국가 및 지방자치단체가 행하는 재난 및 안전관리 업무를 총괄·조정한다(재난 및 안전관리 업무의 총괄·조정(제6조)).

46 "긴급구조기관"이란 소방청·소방본부 및 소방서를 말한다. 다만, 해양에서 발생한 재난의 경우에는 해양경찰청·지방해양경찰청 및 해양경찰서를 말한다(제3조 제7호).

48 행정안전부장관은 대통령령으로 정하는 재난이 발생하거나 발생할 우려가 있는 경우 사람의 생명·신체 및 재산에 미치는 중대한 영향이나 피해를 줄이기 위하여 긴급한 조치가 필요하다고 인정하면 중앙위원회의 심의를 거쳐 재난사태를 선포할 수 있다. 다만, 행정안전부장관은 재난상황이 긴급하여 중앙위원회의 심의를 거칠 시간적 여유가 없다고 인정하는 경우에는 중앙위원회의 심의를 거치지 아니하고 재난사태를 선포할 수 있다(제36조).

49 특별재난지역의 선포는 재난관리 체계상 복구단계에 해당한다.

51 "병종사태"란 적의 침투·도발 위협이 예상되거나 소규모의 적이 침투하였을 때에 시·도경찰청장, 지역군사령관 또는 함대사령관의 지휘·통제히에 통합방위작전을 수행하여 단기간 내에 치안이 회복될 수 있는 사태를 말한다.

54 비상근무 병호가 발령된 때에는 부득이한 경우를 제외하고는 연가를 억제하고 가용경력 30%까지 동원할 수 있고, 시휘관과 참모는 정위치 근무 또는 지휘선상 위치 근무를 원칙으로 한다(경찰 비상업무 규칙 제7조 제1항).

정답

40. ×	41. ○	42. ○	43. ○	44. ×	45. ○	46. ×	47. ○	48. ×	49. ×
50. ○	51. ×	52. ○	53. ○	54. ×	55. ○				

□□□ **56** 「경찰 비상업무 규칙」상 "필수요원"이란 모든 경찰공무원 및 일반직공무원(이하 "경찰관등"이라 한다) 중 경찰기관의 장이 지정한 사람으로 비상소집 시 2시간 이내에 응소해야 할 사람을 말한다. ( )

□□□ **57** 「경찰 비상업무 규칙」상 비상근무는 비상상황의 유형에 따라 경비소관의 경비, 작전비상, 수사소관의 수사비상, 안보소관의 안보비상, 교통소관의 교통, 재난비상으로 구분하여 발령한다. ( )

□□□ **58** 「경찰 비상업무 규칙」상 경계강화 발령 시 별도의 경력동원 없이 특정분야의 근무를 강화하며 지휘관과 참모는 정위치 근무를 원칙으로 한다. ( )

□□□ **59** 「경찰 비상업무 규칙」상 비상근무의 발령권자는 비상상황이 발생하여 비상근무를 실시하고자 할 경우에는 비상근무의 목적, 지역, 기간 및 동원대상 등을 특정하여 별지 제1호 서식의 비상근무발령서에 의하여 비상근무를 발령한다. ( )

□□□ **60** 「경찰 비상업무 규칙」상 비상근무 중 작전비상 – 갑호 – 대규모 적정이 발생하였거나 발생 징후가 현저한 경우 ( )

□□□ **61** 「경찰 비상업무 규칙」상 비상근무 중 교통비상 – 을호 – 농무, 풍수설해 및 화재로 극도의 교통혼란 및 사고발생 시 ( )

□□□ **62** 「경찰 비상업무 규칙」상 비상근무 중 경비비상 – 병호 – 국제행사·기념일 등을 전후하여 치안수요가 증가하여 가용경력의 50%를 동원할 필요가 있는 경우 ( )

□□□ **63** 「경찰 비상업무 규칙」상 비상근무 중 수사비상 – 갑호 – 사회이목을 집중시킬만한 중대범죄 발생 시 ( )

□□□ **64** 「경찰 비상업무 규칙」상 "필수요원"이란 모든 경찰공무원 및 일반직공무원 중 경찰기관의 장이 지정한 사람으로 비상소집 시 1시간 이내에 응소해야 할 사람을 말한다. ( )

□□□ **65** 「경찰 비상업무 규칙」상 비상근무의 발령권자는 비상상황이 종료되는 즉시 비상근무를 해제한다. ( )

□□□ **66** 「경찰 비상업무 규칙」상 작전준비태세가 발령되면 작전경력을 동원하고 지휘관과 참모는 정위치 근무를 원칙으로 한다. ( )

□□□ **67** 「경찰 비상업무 규칙」상 비상근무 대상은 경비·작전·재난·안보·수사·교통 업무와 관련한 비상상황에 국한한다. 다만, 두 종류 이상의 비상상황이 동시에 발생한 경우에는 긴급성 또는 중요도가 상대적으로 더 큰 비상상황의 비상근무로 통합하여 실시한다. ( )

□□□ **68** 「국민보호와 공공안전을 위한 테러방지법」상 '외국인테러전투원'이란 테러를 실행·계획·준비하거나 테러에 참가할 목적으로 국적국이 아닌 국가의 테러단체에 가입하거나 가입하기 위하여 이동 또는 이동을 시도하는 내국인·외국인을 말한다. ( )

□□□ **69** 「국민보호와 공공안전을 위한 테러방지법」상 대테러활동과 관련하여 장단기 국가대테러활동 지침 작성·배포 등을 수행하기 위하여 국무총리 소속으로 관계기관 공무원 및 민간위원으로 구성되는 대테러센터를 둔다. ( )

□□□ **70** 「국민보호와 공공안전을 위한 테러방지법」상 관계기관의 장은 대통령령으로 정하는 국가중요시설과 많은 사람이 이용하는 시설 및 장비에 대한 테러예방대책과 테러의 수단으로 이용될 수 있는 폭발물·총기류·화생방물질, 국가 중요행사에 대한 안전관리대책을 수립하여야 한다. ( )

□□□ **71** 「국민보호와 공공안전을 위한 테러방지법」에서 말하는 "테러단체"란 국제형사경찰기구(ICPO)가 지정한 테러단체를 말한다. ( )

정답 & OX 풀이

56 "필수요원"이라 함은 전 경찰공무원 및 일반직공무원(이하 "경찰관 등"이라 한다) 중 경찰기관의 장이 지정한 자로 비상소집 시 1시간 이내에 응소하여야 할 자를 말한다(제2조 제5호).

57 비상근무는 비상상황의 유형에 따라 경비 소관의 경비, 작전, 재난비상, 수사 소관의 수사비상, 안보 소관의 안보비상, 교통 소관의 교통비상으로 구분하여 발령한다(제4조 제1항).

58 경계강화 발령 시 별도의 경력동원 없이 특정분야의 근무를 강화하며 지휘관과 참모는 지휘선상 위치 근무를 원칙으로 한다(제7조 제4호).

61 교통비상 – 갑호 – 농무, 풍수설해 및 화재로 극도의 교통혼란 및 사고발생 시

62 경비비상 을호 – 국제행사·기념일 등을 전후하여 치안수요가 증가하여 가용경력의 50%를 동원할 필요가 있는 경우

66 작전준비태세(작전비상시 적용)가 발령되면 별도의 경력동원 없이 경찰관서 시휘관 및 참모의 비상연락망을 구축하고 신속한 응소체제를 유지한다(제7조 제1항 제5호).

69 대테러활동과 관련하여 다음 각 호의 사항을 수행하기 위하여 국무총리 소속으로 관계기관 공무원으로 구성되는 대테러센터를 둔다.

> 1. 국가 대테러활동 관련 임무분담 및 협조사항 실무 조정
> 2. 장단기 국가대테러활동 지침 작성·배포
> 3. 테러경보 발령

71 "테러단체"란 국제연합(UN)이 지정한 테러단체를 말한다(제2조(정의) 제2호).

정답

| 56. × | 57. × | 58. × | 59. ○ | 60. ○ | 61. × | 62. × | 63. ○ | 64. ○ | 65. ○ |
| 66. × | 67. ○ | 68. ○ | 69. × | 70. ○ | 71. × | | | | |

□□□ **72** 「국민보호와 공공안전을 위한 테러방지법」상 '테러위험인물'이란 테러단체의 조직원이거나 테러단체 선전, 테러자금 모금·기부, 그 밖에 테러 예비·음모·선전·선동을 하였거나 하였다고 의심할 상당한 이유가 있는 사람을 말한다. (   )

□□□ **73** 「국민보호와 공공안전을 위한 테러방지법」상 '테러위험인물'이란 테러를 실행·계획·준비하거나 테러에 참가할 목적으로 국적국이 아닌 국가의 테러단체에 가입하거나 가입하기 위하여 이동 또는 이동을 시도하는 외국인을 말한다. (   )

□□□ **74** 「국민보호와 공공안전을 위한 테러방지법」상 '대테러활동'이란 제1호의 테러 관련 정보의 수집, 테러위험인물의 관리, 테러에 이용될 수 있는 위험물질 등 테러수단의 안전관리, 인원·시설·장비의 보호, 국제행사의 안전확보, 테러위협에의 대응 및 무력진압 등 테러 예방과 대응에 관한 제반 활동을 말한다. (   )

□□□ **75** 「국민보호와 공공안전을 위한 테러방지법」상 '테러단체'란 국제연합(UN)이 지정한 테러단체를 말한다. (   )

□□□ **76** 「국민보호와 공공안전을 위한 테러방지법」상 '대테러조사'란 대테러활동에 필요한 정보나 자료를 수집하기 위하여 현장조사·문서열람·시료채취 등을 하거나 조사대상자에게 자료제출 및 진술을 요구하는 활동을 말한다. (   )

□□□ **77** 「국민보호와 공공안전을 위한 테러방지법」상 "테러위험인물"이란 테러를 실행·계획·준비하거나 테러에 참가할 목적으로 국적국이 아닌 국가의 테러단체에 가입하거나 가입하기 위하여 이동 또는 이동을 시도하는 내국인·외국인을 말한다. (   )

□□□ **78** 「국민보호와 공공안전을 위한 테러방지법」상 대테러활동에 관한 정책의 중요사항을 심의·의결하기 위하여 국가테러대책위원회를 두고 위원장은 국가정보원장으로 한다. (   )

□□□ **79** 「국민보호와 공공안전을 위한 테러방지법」상 대테러활동을 수행하는 국가기관, 지방자치단체, 그 밖에 대통령령으로 정하는 기관의 대테러활동으로 인한 국민의 기본권 침해 방지를 위하여 국가테러대책위원회 소속으로 대테러 인권보호관 1명을 둔다. (   )

□□□ **80** 「국민보호와 공공안전을 위한 테러방지법」상 테러로 인하여 신체·재산·명예의 피해를 입은 국민은 관계기관에 즉시 신고하여야 한다. 다만, 인질 등 부득이한 사유로 신고할 수 없을 때에는 법률관계 또는 계약관계에 의하여 보호의무가 있는 사람이 이를 알게 된 때에 즉시 신고하여야 한다. (   )

□□□ **81** 「국민보호와 공공안전을 위한 테러방지법」상 「여권법」 제17조 제1항 단서에 따른 외교부장관의 허가를 받지 아니하고 방문 및 체류가 금지된 국가 또는 지역을 방문·체류한 사람이 테러로 인해 생명의 피해를 입은 경우, 그 사람의 유족에 대해 특별위로금을 지급할 수 있다. (   )

□□□ **82** 「국민보호와 공공안전을 위한 테러방지법」상 관계기관의 장은 테러의 계획 또는 실행에 관한 사실을 관계기관에 신고하여 테러를 사전에 예방할 수 있게 하였거나, 테러에 가담 또는 지원한 사람을 신고하거나 체포한 사람에 대하여 대통령령으로 정하는 바에 따라 포상금을 지급하여야 한다. ( )

□□□ **83** 「국민보호와 공공안전을 위한 테러방지법」상 국가정보원장은 대테러활동에 필요한 정보나 자료를 수집하기 위하여 대테러조사 및 테러위험인물에 대한 추적을 할 수 있다. 이 경우 사전 또는 사후에 대책위원회 위원장에게 보고하여야 한다. ( )

□□□ **84** 인질사건 발생 시 나타날 수 있는 리마증후군(LimaSyndrome)은 인질이 테러범에게 동화되는 현상을 말한다. ( )

정답 & OX 풀이 ✏️

73 '외국인테러전투원'이란 테러를 실행·계획·준비하거나 테러에 참가할 목적으로 국적국이 아닌 국가의 테러단체에 가입하거나 가입하기 위하여 이동 또는 이동을 시도하는 내국인·외국인을 말한다(제2조 제4호).

77 "외국인테러전투원"이란 테러를 실행·계획·준비하거나 테러에 참가할 목적으로 국적국이 아닌 국가의 테러단체에 가입하거나 가입하기 위하여 이동 또는 이동을 시도하는 내국인·외국인을 말한다(제2조 제4호).

78 대테러활동에 관한 정책의 중요사항을 심의·의결하기 위하여 국가테러대책위원회를 두고 위원장은 국무총리로 한다 (제5조 제1항).

80 테러로 인하여 신체 또는 재산의 피해를 입은 국민은 관계기관에 즉시 신고하여야 한다. 다만, 인질 등 부득이한 사유로 신고할 수 없을 때에는 법률관계 또는 계약관계에 의하여 보호의무가 있는 사람이 이를 알게 된 때에 즉시 신고하여야 한다(제15조(테러피해의 지원) 제1항).

81 테러로 인하여 생명의 피해를 입은 사람의 유족 또는 신체상의 장애 및 장기치료가 필요한 피해를 입은 사람에 대해서는 그 피해의 정도에 따라 등급을 정하여 특별위로금을 지급할 수 있다. 다만, 「여권법」 제17조 제1항 단서에 따른 외교부장관의 허가를 받지 아니하고 방문 및 체류가 금지된 국가 또는 지역을 방문·체류한 사람에 대해서는 그러하지 아니하다(제16조(특별위로금) 제1항).

82 관계기관의 장은 테러의 계획 또는 실행에 관한 사실을 관계기관에 신고하여 테러를 사전에 예방할 수 있게 하였거나, 테러에 가담 또는 지원한 사람을 신고하거나 체포한 사람에 대하여 대통령령으로 정하는 바에 따라 포상금을 지급할 수 있다(제14조 제2항).

84 테러범이 인질에게 동화되는 현상을 말한다.

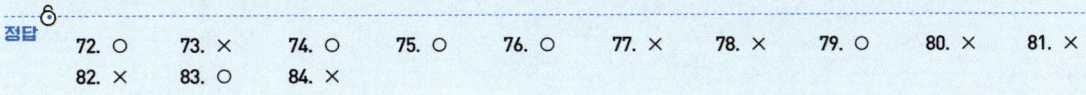

정답 72. ○ 73. × 74. ○ 75. ○ 76. ○ 77. × 78. × 79. ○ 80. × 81. ×
82. × 83. ○ 84. ×

사전신고	옥외집회나 시위를 주최하려는 자는 그에 관한 사항 모두를 적은 신고서를 옥외집회나 시위를 시작하기 (　)시간 전부터 (　)시간 전에 관할 경찰서장에게 제출하여야 한다.
철회 신고	주최자는 신고한 옥외집회 또는 시위를 하지 아니하게 된 경우에는 신고서에 적힌 집회 일시 (　)시간 전에 그 철회사유 등을 적은 철회신고서를 관할경찰관서장에게 제출하여야 한다.
신고서의 보완	관할 경찰관서장은 신고서의 기재사항에 미비한 점을 발견한 때에는 접수증을 교부한 때부터 (　)시간 이내에 주최자에게 (　)시간을 기한으로 그 기재사항을 보완할 것을 통고할 수 있다.
금지 통고	집회신고서를 접수한 관할경찰관서장은 신고된 옥외집회 또는 시위가 금지 사유에 해당하는 경우에는 신고서를 접수한 때부터 (　)시간 이내에 집회 또는 시위를 금지할 것을 주최자에게 통고할 수 있다.
불복절차(이의신청)	집회 또는 시위의 주최자는 금지통고를 받은 날부터 (　)일 이내에 해당 경찰관서의 바로 위의 상급경찰관서의 장에게 이의를 신청할 수 있다.
재결	이의신청을 받은 경찰관서의 장은 접수 일시를 적은 접수증을 이의 신청인에게 즉시 내주고 접수한 때부터 (　)시간 이내에 재결을 하여야 한다.
정답	순서대로 720, 48, 24, 12, 24, 48, 10, 24

등가소음도	시간대		
	주간 (07:00~해지기 전)	야간 (해진 후~24:00)	심야 (00:00~07:00)
주거지역, 학교, 종합병원	(　) 이하	(　) 이하	(　) 이하
공공도서관	(　) 이하	(　) 이하	
그 밖의 지역	(　) 이하	(　) 이하	
정답	좌에서 우로 60, 50, 45, 60, 55, 70, 60		

□□□ **01** 「경찰관의 정보수집 및 처리 등에 관한 규정」상 공공안녕에 대한 위험의 예방과 대응을 위한 정보의 수집·작성·배포와 이에 수반되는 사실의 확인을 위해 경찰관이 수행하는 활동은 국가의 존립과 기능을 보호하는 것을 목적으로 해야 하며, 필요 최소한의 범위에 그쳐야 한다.　　　（　　）

□□□ **02** 「경찰관의 정보수집 및 처리 등에 관한 규정」상 경찰관이 「경찰관 직무집행법」 제8조의2 제1항에 따라 수집·작성·배포할 수 있는 정보의 구체적인 범위에는 도로 교통의 위해 방지·제거 및 원활한 소통 확보를 위한 정보가 포함된다.　　　（　　）

□□□ **03** 「경찰관의 정보수집 및 처리 등에 관한 규정」상 경찰관은 정보를 제공하거나 사실을 확인해 준 자가 신분이나 처우와 관련하여 불이익을 받지 않도록 비밀유지 등 필요한 조치를 해야 한다.　　　（　　）

□□□ **04** 「경찰관의 정보수집 및 처리 등에 관한 규정」상 경찰관은 공공안녕에 대한 위험의 예방과 대응을 위해 필요한 경우에는 수집·작성한 정보를 관계 기관 등에 통보할 수 있다.　　　（　　）

□□□ **05** 「경찰관 직무집행법」상 경찰관은 범죄·재난·공공갈등 등 공공안녕과 공공질서에 대한 위험의 예방과 대응을 위한 정보의 수집·작성·배포와 이에 수반되는 사실의 확인을 할 수 있다.　　　（　　）

□□□ **06** 「경찰관의 정보수집 및 처리 등에 관한 규정」상 경찰관은 정치에 관여하기 위해 정보를 수집·작성·배포하는 행위를 해서는 안 된다.　　　（　　）

□□□ **07** 「경찰관의 정보수집 및 처리 등에 관한 규정」상 경찰관이 「경찰관 직무집행법」 제8조의2 제1항에 따라 수집·작성·배포할 수 있는 정보의 범위에는 국가중요시설의 안전 및 주요 인사(人士)의 보호에 필요한 정보가 포함된다.　　　（　　）

01 공공안녕에 대한 위험의 예방과 대응을 위한 정보의 수집·작성·배포와 이에 수반되는 사실의 확인을 위해 경찰관이 수행하는 활동(이하 "정보활동"이라 한다)은 국민의 자유와 권리를 보호하는 것을 목적으로 해야 하며, 필요 최소한의 범위에 그쳐야 한다(제2조 제1항).

05 '공공질서에 대한 위험의 예방과 대응을 위한 정보'는 규정되어 있지 않다. ※ 경찰관은 범죄·재난·공공갈등 등 공공안녕에 대한 위험의 예방과 대응을 위한 정보의 수집·작성·배포와 이에 수반되는 사실의 확인을 할 수 있다(제8조의2(정보의 수집 등) 제1항).

정답　01. ✕　02. ○　03. ○　04. ○　05. ✕　06. ○　07. ○

□□□ **08** 「경찰관의 정보수집 및 처리 등에 관한 규정」상 경찰관은 정보활동과 관련하여 직무와 무관한 비공식적 직함을 사용하는 행위를 해서는 안 된다. ( )

□□□ **09** 「경찰관의 정보수집 및 처리 등에 관한 규정」상 경찰관의 정보수집·작성·배포에 있어 정보의 구체적인 범위에는 범죄의 예방과 대응에 필요한 정보가 포함된다. ( )

□□□ **10** 「경찰관의 정보수집 및 처리 등에 관한 규정」상 경찰관은 정보를 수집하거나 정보의 수집·작성·배포에 수반되는 사실을 확인하려는 경우에는 상대방에게 자신의 신분을 밝히고 정보수집 또는 사실 확인의 목적을 설명해야 한다. ( )

□□□ **11** 「경찰관의 정보수집 및 처리 등에 관한 규정」상 정보활동을 하는 경우에 강제적인 방법을 사용할 수 있다. ( )

□□□ **12** 「경찰관의 정보수집 및 처리 등에 관한 규정」상 범죄의 대응을 위한 정보활동에 현저한 지장을 초래할 우려가 있는 경우에는 상대방에게 자신의 신분을 밝히고 정보수집 또는 사실 확인의 목적을 설명해야 하는 절차를 생략할 수 있다. ( )

□□□ **13** 「경찰관의 정보수집 및 처리 등에 관한 규정」상 경찰관은 민간기업에 상시적으로 출입해서는 안 되며, 정보활동을 위해 필요한 경우에 한정하여 일시적으로만 출입해야 한다. ( )

□□□ **14** 「경찰관의 정보수집 및 처리 등에 관한 규정」상 경찰관은 언론·교육·종교·시민사회 단체 등 민간단체, 지방자치단체, 정당의 사무소에 상시적으로 출입해서는 안 되며 정보활동을 위해 필요한 경우에 한정하여 일시적으로만 출입해야 한다고 규정되어 있다. ( )

□□□ **15** 「경찰관 직무집행법」 및 「경찰관의 정보수집 및 처리 등에 관한 규정(대통령령)」상 경찰관이 정보활동을 위해 필요한 경우에 한정하여 일시적으로만 출입이 가능한 곳에 언론기관, 정당의 사무소, 종교시설, 시민사회 단체, 민간기업이 있다. ( )

□□□ **16** 「경찰관의 정보수집 및 처리 등에 관한 규정」상 경찰관은 명백히 위법한 지시라고 판단되는 경우에는 그 집행을 거부할 수 있다. ( )

□□□ **17** 「경찰관의 정보수집 및 처리 등에 관한 규정」상 경찰관은 수집·작성한 정보가 그 목적이 달성되어 불필요하게 되었을 때에는 다른 법령에 따라 보존해야 하는 경우를 제외하고는 지체 없이 그 정보를 폐기해야 한다. ( )

□□□ **18** 정보배포 원칙 중 필요성의 원칙은 알 필요가 있는 대상자에게 정보를 알려야 하고, 알 필요가 없는 대상자에게는 알려서는 안 된다는 것을 의미한다. ( )

□□□ **19** 정보배포 원칙 중 보안성의 원칙에 따라, 정보가 누설됨으로써 초래될 결과를 예방하기 위한 보안대책을 강구해야 한다. ( )

□□□ **20** 정보배포 원칙 중 적시성의 원칙에 따라, 먼저 생산된 정보를 우선적으로 배포한다. ( )

□□□ **21** 정보배포 원칙 중 계속성의 원칙은 정보가 필요한 기관에 배포되었다면 그 주제와 관련된 새로운 정보는 그 기관에 계속 배포해 주어야 한다는 것을 의미한다. ( )

□□□ **22** 「집회 및 시위에 관한 법률」상 집회란 '특정 또는 불특정 다수인이 공동의 의견을 형성하여 이를 대외적으로 표명할 목적 아래 일시적으로 일정한 장소에 모이는 것'을 말한다. ( )

□□□ **23** 「집회 및 시위에 관한 법률」상 "옥외집회"란 천장이 없거나 사방이 폐쇄되지 아니한 장소에서 여는 집회를 말한다. ( )

□□□ **24** 「집회 및 시위에 관한 법률」상 "주관자(主催者)"란 자기 이름으로 자기 책임 아래 집회나 시위를 여는 사람이나 단체를 말한다. ( )

□□□ **25** 「집회 및 시위에 관한 법률」상 "경찰기관"이란 국가경찰관서를 말한다. ( )

□□□ **26** 헌법에 따르면 집회에 대한 허가제는 인정되지 아니한다. ( )

정답 & OX 풀이 ✍

11 경찰관은 법 제8조의2 제1항에 따라 정보를 수집하거나 정보의 수집·작성·배포에 수반되는 사실을 확인하려는 경우에는 상대방에게 자신의 신분을 밝히고 정보 수집 또는 사실 확인의 목적을 설명해야 한다. 이 경우 강제적인 방법을 사용해서는 안 된다(제4조 제1항).

14 지방자치단체는 해당하지 않는다. ※ 정보 수집 등을 위한 출입의 한계(제5조) 경찰관은 다음 각 호의 장소에 상시적으로 출입해서는 안 되며, 정보활동을 위해 필요한 경우에 한정하여 일시적으로만 출입해야 한다.

> 1호. 언론·교육·종교·시민사회 단체 등 민간단체
> 2호. 민간기업
> 3호. 정당의 사무소

20 정보는 먼저 생산되었다고 우선적으로 배포하는 것은 아니다. 적시성의 원칙에 따라, 정보의 배포 순위는 정보의 중요성과 긴급성에 따라 결정된다.

24 "주최자(主催者)"란 자기 이름으로 자기 책임 아래 집회나 시위를 여는 사람이나 단체를 말한다. 주최자는 주관자(主管者)를 따로 두어 집회 또는 시위의 실행을 맡아 관리하도록 위임할 수 있다. 이 경우 주관자는 그 위임의 범위 안에서 주최자로 본다.

25 "경찰관서"란 국가경찰관서를 말한다.

정답

08. ○	09. ○	10. ○	11. ×	12. ○	13. ○	14. ×	15. ○	16. ○	17. ○
18. ○	19. ○	20. ×	21. ○	22. ○	23. ○	24. ×	25. ×	26. ○		

□□□ **27** 「집회 및 시위에 관한 법률」상 집회의 자유가 가지는 헌법적 가치와 기능, 집회에 대한 허가 금지를 선언한 헌법정신, 신고제도의 취지 등을 종합하여 보면, 신고는 행정관청에 집회에 관한 구체적인 정보를 제공함으로써 공공질서의 유지에 협력하도록 하는 데 의의가 있는 것으로 집회의 허가를 구하는 신청으로 변질되어서는 아니 되므로, 신고를 하지 아니하였다는 이유만으로 옥외집회 또는 시위를 헌법의 보호 범위를 벗어나 개최가 허용되지 않는 집회 내지 시위라고 단정할 수 없다. （   ）

□□□ **28** 「집회 및 시위에 관한 법률」상 옥외집회나 시위를 주최하려는 자는 신고서를 옥외집회나 시위를 시작하기 720시간 전부터 48시간 전에 관할 경찰서장에게 제출하여야 한다. 다만, 옥외집회 또는 시위장소가 두 곳 이상의 경찰서의 관할에 속하는 경우에는 관할 시·도경찰청장에게 제출하여야 하고, 두 곳 이상의 시·도경찰청 관할에 속하는 경우에는 주최지를 관할하는 시·도경찰청장에게 제출하여야 한다. （   ）

□□□ **29** 「집회 및 시위에 관한 법률」상 관할경찰관서장은 옥외집회 및 시위의 신고서를 접수하면 신고자에게 접수 일시를 적은 접수증을 즉시 내주어야 한다. （   ）

□□□ **30** 사전 금지 또는 제한된 집회라 하더라도 실제 이루어진 집회가 당초 신고 내용과 달리 평화롭게 개최되거나 집회 규모를 축소하여 이루어지는 등 타인의 법익 침해나 기타 공공의 안녕질서에 대하여 직접적이고 명백한 위험을 초래하지 않은 경우에는 이에 대하여 사전 금지 또는 제한을 위반하여 집회를 한 점을 들어 처벌하는 것 이외에 더 나아가 이에 대한 해산을 명하고 이에 불응하였다 하여 처벌할 수는 없다. （   ）

□□□ **31** 「집회 및 시위에 관한 법률」상 주최자는 신고한 옥외집회 또는 시위를 하지 아니하게 된 경우에는 신고서에 적힌 집회 일시 24시간 전에 그 철회사유 등을 적은 철회신고서를 관할경찰관서장에게 제출하여야 한다. （   ）

□□□ **32** 「집회 및 시위에 관한 법률」상 관할경찰관서장은 신고서의 기재 사항에 미비한 점을 발견하면 접수증을 교부한 때부터 12시간 이내에 주최자에게 24시간을 기한으로 그 기재 사항을 보완할 것을 통고할 수 있다. （   ）

□□□ **33** 「집회 및 시위에 관한 법률」상 관할경찰관서장이 신고서의 보완 통고를 할 때에는 보완할 사항을 분명히 밝혀 서면 또는 구두로 주최자 또는 연락책임자에게 통보해야 한다. （   ）

□□□ **34** 「집회 및 시위에 관한 법률」상 관할경찰관서장은 옥외집회 및 시위에 관한 신고서의 기재 사항에 미비한 점을 발견하면 접수증을 교부한 때부터 24시간 이내에 주최자에게 48시간을 기한으로 그 기재 사항을 보완할 것을 통고할 수 있다. （   ）

□□□ **35** 「집회 및 시위에 관한 법률」상 집회의 신고가 경합할 경우, 먼저 신고된 집회의 목적, 장소 및 시간, 참여예정인원, 집회 신고인이 기존에 신고한 집회 건수와 실제로 집회를 개최한 비율 등 먼저 신고된 집회의 실제 개최 가능성 여부와 양 집회의 상반 또는 방해가능성 등 제반 사정을 확인하여 먼저 신고된 집회가 다른 집회의 개최를 봉쇄하기 위한 허위 또는 가장 집회신고에 해당함이 객관적으로 분명해 보이는 경우라도 관할 경찰관서장이 뒤에 신고된 집회에 대하여 금지통고를 했다면, 이러한 금지통고에 위반하여 집회를 개최한 행위는 「집회 및 시위에 관한 법률」에 위배된다. ( )

□□□ **36** 「집회 및 시위에 관한 법률」에 따른 신고 없이 이루어진 집회에 참석한 참가자들이 차로 위를 행진하는 등 도로교통을 방해함으로써 통행을 불가능하게 하거나 현저하게 곤란하게 하는 경우라도 참가자 모두에게 당연히 일반교통방해죄가 성립하는 것은 아니다. ( )

□□□ **37** 「집회 및 시위에 관한 법률」상 당초 옥외집회를 개최하겠다고 신고하였지만 신고 내용과 달리 아예 옥외집회는 개최하지 아니한 채 신고한 장소와 인접한 건물 등에서 옥내집회만을 개최한 경우에는, 그것이 건조물침입죄 등 다른 범죄를 구성함은 별론으로 하고, 신고한 옥외집회를 개최하는 과정에서 그 신고범위를 일탈한 행위를 한 데 대한 「집회 및 시위에 관한 법률」 위반죄로 처벌할 수 없다. ( )

□□□ **38** 「집회 및 시위에 관한 법률」상 차도의 통행방법으로 신고하지 아니한 '삼보일배 행진'을 하여 차량의 통행을 방해한 사안에서, 그 시위 방법이 장소, 태양, 내용, 방법과 결과 등에 비추어 사회통념상 용인될 수 있는 다소의 피해를 발생시킨 경우, 신고제도의 목적 달성을 심히 곤란하게 하는 정도에 이른다고 볼 수 없어 사회상규에 위배되지 않는 정당행위에 해당한다. ( )

정답 & OX 풀이

33 관할경찰관서장이 신고서의 보완 통고를 할 때에는 보완할 사항을 분명히 밝혀 서면으로 주최자 또는 연락책임자에게 통보해야 한다(제7조 제2항).

34 12시간 이내에 주최자에게 24시간을 기한으로 그 기재 사항을 보완할 것을 통고할 수 있다(제7조(신고서의 보완 등) 제1항).

35 먼저 신고된 집회가 다른 집회의 개최를 봉쇄하기 위한 허위 또는 가장 집회신고에 해당함이 객관적으로 분명해 보이는 경우에는, 뒤에 신고된 집회에 다른 집회금지 사유가 있는 경우가 아닌 한, 관할경찰관서장이 단지 먼저 신고가 있었다는 이유만으로 뒤에 신고된 집회에 대하여 집회 자체를 금지하는 통고를 하여서는 아니 되고, 설령 이러한 금지통고에 위반하여 집회를 개최하였다고 하더라도 그러한 행위를 집시법상 금지통고에 위반한 집회개최행위에 해당한다고 보아서는 아니 된다(대법원 2014.12.11. 2011도13299).

36 참가자 모두에게 당연히 일반교통방해죄가 성립하는 것은 아니고, 실제로 참가자가 집회·시위에 가담하여 교통방해를 유발하는 직접적인 행위를 하였거나, 참가자의 참가 경위나 관여 정도 등에 비추어 참가자에게 공모공동정범의 죄책을 물을 수 있는 경우라야 일반교통방해죄가 성립한다(대법원 2018.5.11. 2017도9146).

정답 27. ○ 28. ○ 29. ○ 30. ○ 31. ○ 32. ○ 33. × 34. × 35. × 36. ○
37. ○ 38. ○

□□□ **39** 「집회 및 시위에 관한 법률」상 장례에 관한 집회 참가자들이 망인에 대한 추모의 목적과 그 범위 내에서 이루어지는 노제 등을 위한 이동·행진의 수준을 넘어서서 그 기회를 이용하여 다른 공동의 목적으로 시위에 나아간 경우, 「집회 및 시위에 관한 법률」상 사전신고를 요하지 않으므로 '시위'에 해당하지 않는다. ( )

□□□ **40** 「집회 및 시위에 관한 법률」상 "질서유지인"이란 관할 경찰서장이 집회 또는 시위의 질서를 유지하게 할 목적으로 임명한 자를 말한다. ( )

□□□ **41** 「집회 및 시위에 관한 법률」 및 동법 시행령상 질서유지선은 띠, 방책, 차선 등 물건 또는 도로교통법상 안전표지로 설정된 경계표지를 말하므로, 경찰관을 배치하는 방법으로 설정된 질서유지선은 이 법상 질서유지선에 해당하지 아니한다. ( )

□□□ **42** 「집회 및 시위에 관한 법률」 및 동법 시행령상 관할 경찰관서장은 집회 및 시위의 보호와 공공의 질서 유지를 위하여 집회·시위의 장소를 한정하거나 집회·시위의 참가자와 일반인을 구분할 필요가 있을 경우에는 질서유지선을 설정할 수 있다. ( )

□□□ **43** 「집회 및 시위에 관한 법률」 및 동법 시행령상 옥외집회 및 시위의 신고를 받은 경찰관서장이 질서유지선을 설정할 때에는 주최자 또는 연락책임자에게 이를 알려야 한다. ( )

□□□ **44** 「집회 및 시위에 관한 법률」 및 동법 시행령상 질서유지선의 설정 고지는 구두 또는 서면으로 할 수 있다. 다만 집회 또는 시위 장소의 상황에 따라 질서유지선을 새로 설정하거나 변경하는 경우에는 집회 또는 시위의 장소에 있는 경찰공무원이 서면으로 알려야 한다. ( )

□□□ **45** 「집회 및 시위에 관한 법률」 및 동법 시행령상 집회 또는 시위 장소의 상황에 따라 질서유지선을 새로 설정하거나 변경하는 경우에는 집회 또는 시위의 장소에 있는 경찰공무원이 주최자 또는 연락책임자에게 이를 구두로 알릴 수 있다. ( )

□□□ **46** 「집회 및 시위에 관한 법률」 및 동법 시행령상 질서유지선은 집회 및 시위의 보호와 공공의 질서 유지를 위하여 필요하다고 인정되는 경우로서 이 법령상 질서유지선을 설정할 수 있는 사유에 해당한다면 반드시 집회 또는 시위가 이루어지는 장소 외곽의 경계지역에만 설정되어야 한다. ( )

□□□ **47** 「집회 및 시위에 관한 법률」 및 동법 시행령상 질서유지선을 경찰관의 경고에도 불구하고 정당한 사유 없이 상당 시간 침범하거나 손괴·은닉·이동 또는 제거하거나 그 밖의 방법으로 그 효용을 해친 자는 6개월 이하의 징역 또는 50만 원 이하의 벌금·구류 또는 과료에 처한다. ( )

□□□ **48** 「집회 및 시위에 관한 법률」 및 동법 시행령상 옥외집회나 시위의 신고를 받은 관할경찰관서장은 집회 및 시위의 보호와 공공의 질서 유지를 위하여 필요하다고 인정하면 최소한의 범위를 정하여 질서유지선을 설정할 수 있다. ( )

□□□ **49** 「집회 및 시위에 관한 법률」상 질서유지선이 집회 및 시위의 보호와 공공의 질서유지를 위하여 필요하다고 인정되는 최소한의 범위를 정하여 설정되고 「집회 및 시위에 관한 법률 시행령」 관련 조항에서 정한 사유에 해당한다면, 집회 또는 시위가 이루어지는 장소 외곽의 경계지역뿐 아니라 집회 또는 시위의 장소 안에도 설정할 수 있다.　　　　　　　　　　　　　　　　　　　（　　　）

□□□ **50** 「집회 및 시위에 관한 법률」상 경찰관들이 옥외집회 또는 시위 장소에서 줄지어 서는 등의 방법으로 소위 '사실상 질서유지선'의 역할을 수행한다고 하더라도 이를 가리켜 「집회 및 시위에 관한 법률」에서 정한 질서유지선이라고 할 수는 없다.　　　　　　　　　　　　　　　　（　　　）

□□□ **51** 「집회 및 시위에 관한 법률」상 집회·시위 참가자들이 관할 경찰관서에 신고하지 않고 집회를 개최한 경우, 그 옥외집회 또는 시위로 인하여 타인의 법익이나 공공의 안녕질서에 대한 직접적인 위험이 명백하게 초래되지 않은 상황에서 경찰이 '미신고집회'라는 사유로 자진 해산 요청을 한 후, '불법적인 행진시도', '불법 도로 점거로 인한 도로교통법 제68조 제3항 제2호 위반'이라는 사유로 3회에 걸쳐 해산명령을 하였더라도 정당한 해산명령에 해당하지 않는다.　　　　　　（　　　）

□□□ **52** 「집회 및 시위에 관한 법률」상 대규모 집회 또는 시위로 확산될 우려가 없는 경우라면 주한 일본 대사관의 업무가 없는 휴일인 일요일에 주한일본대사의 숙소로부터 100미터 이내의 장소에서 그 숙소를 대상으로 하지 않고 그 숙소의 기능이나 안녕을 침해할 우려가 없다고 인정된다면 확성기를 사용한 옥외집회가 가능하다.　　　　　　　　　　　　　　　　　　　（　　　）

정답 & OX 풀이 ✏️

39 다른 공동의 목적을 가지고 일반인이 자유로이 통행할 수 있는 장소를 행진하거나 위력 또는 기세를 보여, 불특정한 여러 사람의 의견에 영향을 주거나 제압을 하는 행위에까지 나아가는 경우에는, 이미 집시법이 정한 시위에 해당하므로 집시법 제6조에 따라 사전에 신고서를 관할 경찰서장에게 제출할 것이 요구된다고 보아야 한다(대법원 2012.4.26. 2011도6294).

40 "질서유지인"이란 주최자가 자신을 보좌하여 집회 또는 시위의 질서를 유지하게 할 목적으로 임명한 자를 말한다(제2조(성의) 제4호).

41 경찰관들이 집회 또는 시위가 이루어지는 장소의 외곽이나 그 장소 안에서 줄지어 서는 등의 방법으로 사실상 질서유지선의 역할을 수행한다고 하더라도 이를 가리켜 집시법에서 정한 질서유지선이라고 할 수는 없다(대법원 2020.3.27. 2016도18713).

44 법 제13조 제2항에 따른 질서유지선의 설정 고지는 서면으로 하여야 한다. 다만, 집회 또는 시위 장소의 상황에 따라 질서유지선을 새로 설정하거나 변경하는 경우에는 집회 또는 시위의 장소에 있는 경찰공무원이 구두로 알릴 수 있다(시행령 제13조(질서유지선의 설정·고지 등) 제2항).

46 반드시 집회 또는 시위가 이루어지는 장소 외곽의 경계지역에만 설정되어야 하는 것은 아니다. ※ 반드시 집회 또는 시위가 이루어지는 장소 외곽의 경계지역뿐만 아니라 집회 또는 시위의 장소 안에도 설정할 수 있다고 봄이 타당할 것이다(대법원 2020.3.27. 2016도18713).

정답								
39. ×	40. ×	41. ○	42. ○	43. ○	44. ×	45. ○	46. ×	47. ○	48. ○
49. ○	50. ○	51. ○	52. ○					

☐☐☐ **53** 「집회 및 시위에 관한 법률」상 옥외집회나 시위를 주최하려는 자가 집시법이 규정하는 각 호의 사항 모두를 적은 신고서를 옥외집회나 시위를 시작하기 72시간 전부터 48시간 전에 관할 경찰서장에게 제출한 경우, 집회 또는 시위의 주최자가 질서유지인을 두고 도로를 행진하는 경우에는 질서유지선을 설정할 수 없다. ( )

☐☐☐ **54** 「집회 및 시위에 관한 법률」상 주최자가 질서유지인을 두고 부득이 새벽 1시에 집회를 하겠다고 미리 신고한 경우에는 집회의 성격상 부득이하다면 관할 경찰관서장은 질서유지를 위한 조건을 붙여 옥외집회를 허용할 수 있다. ( )

☐☐☐ **55** 집회참가자들이 망인에 대한 추모의 목적과 그 범위 내에서 이루어지는 노제 등을 위한 이동·행진의 수준을 넘어서서 그 기회를 이용하여 다른 공동의 목적을 가지고 일반인이 자유로이 통행할 수 있는 장소를 행진하거나 위력 또는 기세를 보여, 불특정한 여러 사람의 의견에 영향을 주거나 제압을 하는 행위에까지 나아가는 경우에는, 이미 「집회 및 시위에 관한 법률」이 정한 시위에 해당하므로 「집회 및 시위에 관한 법률」 제6조에 따라 사전에 신고서를 관할 경찰서장에게 제출할 것이 요구된다. ( )

☐☐☐ **56** 옥외집회 또는 시위 참가자들이 교통혼잡이 야기되었다고 볼 만한 사정은 없으나 이미 신고한 행진 경로를 따라 행진로인 하위 1개 차로에서 약 3시간 30분 동안 이루어진 집회시간 동안 2회에 걸쳐 약 15분 동안 연좌하였다는 사실만으로도 주최행위가 신고한 목적, 일시, 방법 등의 범위를 뚜렷이 벗어나는 경우에 해당한다고 볼 수 있다. ( )

☐☐☐ **57** 옥외집회 또는 시위 당시의 구체적인 상황에 비추어 볼 때 옥외집회 또는 시위의 신고사항 미비점이나 신고범위 일탈로 인하여 타인의 법익 기타 공공의 안녕질서에 대하여 직접적인 위험이 초래된 경우에 비로소 그 위험의 방지·제거에 적합한 제한조치를 취할 수 있되, 그 조치는 법령에 의하여 허용되는 범위 내에서 필요한 최소한도에 그쳐야 한다. ( )

☐☐☐ **58** 집회 금지통고는 관할 경찰서장이 집회신고를 접수한 후 「집회 및 시위에 관한 법률」상 집회 사전 금지조항에 근거하여 집회 주최자 등에게 해당 집회를 금지한다는 사실을 알리는 행정처분이므로 그 자체를 헌법에 위배되는 제도라고 볼 수 없다. ( )

☐☐☐ **59** 집회의 금지와 해산은 원칙적으로 공공의 안녕질서에 대한 직접적인 위협이 명백하게 존재하는 경우에 한하여 허용될 수 있고, 집회의 자유를 보다 적게 제한하는 다른 수단, 예컨대 시위 참가자 수의 제한, 시위 대상과의 거리 제한, 시위 방법, 시기, 소요시간의 제한 등 조건을 붙여 집회를 허용하는 가능성을 모두 소진한 후에 비로소 고려될 수 있는 최종적인 수단이다. ( )

☐☐☐ **60** 「집회 및 시위에 관한 법률 시행령」상 집회시위의 해산절차는 자진 해산의 요청 → 종결선언의 요청 → 해산명령 → 직접해산이다. ( )

☐☐☐ **61** 「집회 및 시위에 관한 법률」과 같은 법 시행령상 확성기등의 소음은 관할 경찰서장(현장 경찰공무원)과 주최자가 임명한 자가 함께 측정한다. ( )

□□□ **62** 「집회 및 시위에 관한 법률」과 같은 법 시행령상 등가소음도와 최고소음도를 측정하는 데 있어서 대상 지역을 주거지역·학교·종합병원, 공공도서관, 그 밖의 지역으로 구분하고 시간대를 주간과 야간으로만 구분하여 각기 차별적인 등가소음도와 최고소음도 기준을 적용한다. ( )

□□□ **63** 「집회 및 시위에 관한 법률」과 같은 법 시행령상 등가소음도는 10분간(소음 발생 시간이 10분 이내인 경우에는 그 발생 시간 동안을 말한다) 측정한다. 다만, 주거지역, 학교, 종합병원, 공공도서관의 경우에는 등가소음도를 5분간(소음 발생 시간이 5분 이내인 경우에는 그 발생 시간 동안을 말한다) 측정한다. ( )

□□□ **64** 「집회 및 시위에 관한 법률」과 같은 법 시행령상 확성기등 사용을 제한하는 규정 도입 취지에 따라 신고대상 집회·시위가 아닌 경우뿐만 아니라 1인 시위의 경우에도 소음제한 규정을 동일하게 적용한다. ( )

□□□ **65** 중앙행정기관이 개최하는 국경일 행사의 경우 행사 개최시간에 한정하여 행사 진행에 영향을 미치는 소음에 대해서는, 「집회 및 시위에 관한 법률 시행령」 별표2에 따른 확성기등의 소음기준을 '그 밖의 지역'의 소음기준으로 적용한다. ( )

정답 & OX 풀이

53 옥외집회나 시위를 주최하려는 자는 그에 관한 다음의 사항 모두를 적은 신고서를 옥외집회나 시위를 시작하기 720시간 전부터 48시간 전에 관할 경찰서장에게 제출하여야 한다(제6조 제1항 본문). 관할경찰관서장은 대통령령으로 정하는 주요 도시의 주요 도로에서의 집회 또는 시위에 대하여 교통 소통을 위하여 필요하다고 인정할 때에는 이를 금지하거나 교통질서 유지를 위한 조건을 붙여 제한할 수 있으나 집회 또는 시위의 주최자가 질서유지인을 두고 도로를 행진하는 경우에는 금지를 할 수 없다. 다만, 해당 도로와 주변도로의 교통소통에 장애를 발생시켜 심각한 교통불편을 줄 우려가 있으면 제1항에 따른 금지를 할 수 있다(제12조 제1항, 제2항).

54 제10조에 대한 헌법불합치 결정과 한정위헌 결정으로 야간 집회는 원칙적으로 언제든 가능하며, 야간 시위만 24시 이후부터 해가 뜨기 전까지 금지하고 있다. 제10조 단서 조항 "집회의 성격상 부득이하여 주최자가 질서유지인을 두고 미리 신고한 경우에 관할경찰관서장은 질서 유지를 위한 조건을 붙여 해가 뜨기 전이나 해가 진 후에도 옥외집회를 허용할 수 있다."라는 부분은 헌법불합치 결정의 결과 효력이 없다. 따라서 주최자가 질서유지인을 두고 부득이 새벽 1시에 집회를 하겠다고 미리 신고한 경우 관할 경찰관서장은 법에 근거 없이 옥외집회 또는 시위의 자유를 제한할 수 없으므로 질서유지를 위한 조건을 붙일 수 없다.

56 주최행위가 신고한 범위를 뚜렷이 벗어나는 경우에 해당하지 아니한다고 한 사례(대법원 2010.3.11. 2009도10425).

60 종결선언의 요청 → 자진해산의 요청 → 3회 이상 해산명령 → 직접해산이 적절하다.

61 확성기등의 소음은 관할 경찰서장(현장 경찰공무원)이 측정한다(시행령 [별표 2] 비고 1.).

62 주거지역·학교·종합병원의 경우에는 주간, 야간, 심야로 구분하여 각기 차별적인 등가소음도와 최고소음도 기준을 적용하고 있다.

64 1인 시위는 「집회 및 시위에 관한 법률」상 시위에 해당하지 않아 「집회 및 시위에 관한 법률」의 적용 대상이 아니다. 따라서 「집회 및 시위에 관한 법률」 제14조(확성기등 사용의 제한)는 1인 시위에 적용되지 않는다.

65 '주거지역'의 소음기준을 적용한다.

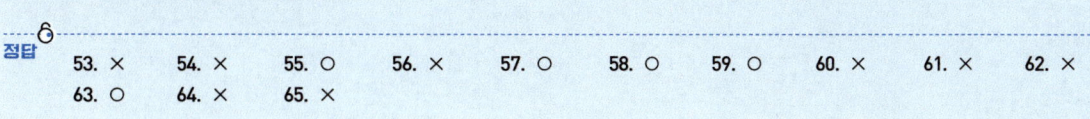

정답 | 53. ✕ | 54. ✕ | 55. ○ | 56. ✕ | 57. ○ | 58. ○ | 59. ○ | 60. ✕ | 61. ✕ | 62. ✕ |
| 63. ○ | 64. ✕ | 65. ✕ |

□□□ **66** 「집회 및 시위에 관한 법률 시행령」 별표2에 따른 소음측정 장소에서 확성기등의 대상소음이 있을 때 측정한 소음도를 측정소음도로 하고, 같은 장소에서 확성기등의 대상소음이 없을 때 5분간 측정한 소음도를 배경소음도로 한다.　　　　　　　　　　　　　　　　　　　　(　　)

□□□ **67** 「집회 및 시위에 관한 법률」상 관할경찰관서장은 집회 또는 시위의 주최자가 확성기등의 소음기준을 초과하는 소음을 발생시켜 타인에게 피해를 주는 경우에 그 기준 이하의 소음 유지 또는 확성기등의 사용 중지를 명하거나 확성기 등의 일시보관 등 필요한 조치를 할 수 있다.　(　　)

□□□ **68** 「집회 및 시위에 관한 법률 시행령」 별표2에 따른 확성기등의 소음기준에서 주거지역의 주간 (07:00~해지기 전)시간대 등가소음도(Leq)는 60dB 이하이다.　　　　　　　　　　(　　)

□□□ **69** 「집회 및 시위에 관한 법률」 제10조에서 일률적으로 야간 시위를 금지하는 것은 목적달성을 위해 필요한 정도를 넘는 지나친 제한으로서 침해의 최소성 원칙 및 법익균형성 원칙에 반한다.
　　　　　　　　　　　　　　　　　　　　　　　　　　　　　　　　　　　　(　　)

□□□ **70** 「집회 및 시위에 관한 법률」 제11조 제1호에 따라 국회의 활동을 방해할 우려가 없고, 대규모 집회 또는 시위로 확산될 우려가 없는 경우로서 국회의 기능이나 안녕을 침해할 우려가 없다고 인정되는 때에 한하여 국회의사당의 경계 지점으로부터 100미터 이내의 장소에서 옥외집회 또는 시위를 할 수 있다.　　　　　　　　　　　　　　　　　　　　　　　　　　　　　(　　)

□□□ **71** 「집회 및 시위에 관한 법률」 제11조 제3호에서 국회의장 공관의 경계 지점으로부터 100미터 이내의 장소에서 일체의 집회를 하지 못하도록 하는 것은 입법목적 달성을 위한 적합한 수단이다.
　　　　　　　　　　　　　　　　　　　　　　　　　　　　　　　　　　　　(　　)

□□□ **72** 「집회 및 시위에 관한 법률」 제11조 제5호 중 '국내 주재 외국의 외교기관'에 관한 부분은 입법자가 법률로써 직접 집회의 장소적 제한을 규정한 것으로, 행정청이 주체가 되어 집회의 허용 여부를 사전에 결정하는 것이 아니므로 헌법 제21조 제2항의 허가제 금지에 위배되지 않는다. (　　)

정답 & OX 풀이

70 「집회 및 시위에 관한 법률」 제11조 제1호에 따라 국회의 활동을 방해할 우려가 없거나, 대규모 집회 또는 시위로 확산 될 우려가 없는 경우로서 국회의 기능이나 안녕을 침해할 우려가 없다고 인정되는 때에는 국회의사당의 경계 지점으로 부터 100미터 이내의 장소에서 옥외집회 또는 시위를 할 수 있다.

※ 누구든지 다음 각 호의 어느 하나에 해당하는 청사 또는 저택의 경계 지점으로부터 100 미터 이내의 장소에서는 옥외집회 또는 시위를 하여서는 아니 된다(집회 및 시위에 관한 법률 제11조).

> 1. 국회의사당. 다만, 다음 각 목의 어느 하나에 해당하는 경우로서 국회의 기능이나 안녕을 침해할 우려가 없다 고 인정되는 때에는 그러하지 아니하다.
> 가. 국회의 활동을 방해할 우려가 없는 경우
> 나. 대규모 집회 또는 시위로 확산될 우려가 없는 경우

71 이러한 입법목적은 정당하고, 국회의장 공관의 경계 지점으로부터 100미터 이내의 장소에서 일체의 집회를 하지 못하 도록 하는 것은 입법목적 달성을 위한 적합한 수단이다. 집시법은 국회의장 공관의 기능과 안녕을 보호할 다양한 규제 수단을 마련하고 있으므로, 국회의장 공관 인근에서 예외적으로 집회를 허용한다고 하더라도 심판대상조항이 달성하려 는 국회의장 공관의 기능과 인녕은 충분히 보장될 수 있다. 따라서 심판대상조항은 피해의 최소성에 반한다. 이와 같은 금지는 단순한 장소적 제한에 그치는 것이 아니라 집회의 자유의 핵심적인 부분을 세한하는 것이라는 점을 고려해 보 면, 심판대상조항으로 달성하려는 공익이 이로써 제한되는 집회의 자유보다 크다고 볼 수 없다. 따라서 심판대상조항은 법익의 균형성에도 반한다(2023.3.23. 2021헌가1).

정답 66. ○   67. ○   68. ○   69. ○   70. ×   71. ○   72. ○

테마 65 안보경찰 활동

핵심정리 OX Check

□□□ 01 일반경찰의 경우 1차적 목표가 국민의 생명과 재산을 보호하는 것이라면, 안보경찰은 1차적 목표가 국가의 안전보장에 있다.   ( )

□□□ 02 안보경찰활동은 사후·진압적 성격을 갖는다.   ( )

□□□ 03 안보경찰활동의 기본적인 법적 근거는 「국가경찰과 자치경찰의 조직 및 운영에 관한 법률」 제3조, 「경찰관 직무집행법」 제2조 등에서 찾아볼 수 있다.   ( )

□□□ 04 안보경찰의 수단상 특징은 비공개성과 비노출성이다.   ( )

□□□ 05 「국가보안법」상 반국가단체라 함은 정부를 참칭하거나 국가를 변란할 것을 목적으로 하는 국내외의 결사 또는 집단으로서 지휘통솔체제를 갖춘 단체를 말한다.   ( )

□□□ 06 「국가보안법」상 반국가단체의 구성·가입죄 및 가입권유죄는 미수뿐만 아니라 예비·음모도 처벌한다.   ( )

□□□ 07 「보안관찰법」상 '보안관찰처분대상자'라 함은 보안관찰해당범죄 또는 이와 경합된 범죄로 금고 이상의 형의 선고를 받고 그 형기합계가 3년 이상인 자로서 형의 전부 또는 일부의 집행을 면제받은 사실이 있는 자를 말한다.   ( )

□□□ 08 「보안관찰법」상 "보안관찰처분대상자"라 함은 보안관찰해당범죄 또는 이와 경합된 범죄로 금고 이상의 형의 선고를 받고 그 형기 합계가 3년 이상인 자로서 형의 전부 또는 일부의 집행을 받은 사실이 있는 자를 말한다.   ( )

□□□ 09 「형법」상 일반이적죄는 「보안관찰법」상 보안관찰해당범죄에 해당된다.   ( )

□□□ 10 「군형법」상의 일반이적죄는 보안관찰해당범죄에 포함되지 않는다.   ( )

□□□ 11 보안관찰처분에 관한 결정은 보안관찰처분심의위원회의 의결을 거쳐 법무부장관이 행한다.
                                                                        ( )

□□□ 12 「보안관찰법」상 보안관찰처분대상자는 대통령령이 정하는 바에 따라 그 형의 집행을 받고 있는 교도소, 소년교도소, 구치소, 유치장 또는 군교도소에서 출소 전에 거주예정지 기타 대통령령으로 정하는 사항을 교도소등의 장을 경유하여 거주예정지 관할 경찰서장에게 신고하고, 출소 후 7일 이내에 그 거주예정지 관할 경찰서장에게 출소사실을 신고하여야 한다.   ( )

□□□ **13** 「보안관찰법」상 보안관찰처분청구는 검사가 보안관찰처분청구서를 법무부장관에게 제출함으로써 행한다. ( )

□□□ **14** 「보안관찰법」상 보안관찰처분청구는 검사가 행한다. ( )

□□□ **15** 「보안관찰법」상 보안관찰처분의 기간은 2년으로 하되, 법무부장관은 검사의 청구가 있는 때에는 보안관찰처분심의위원회의 의결을 거쳐 그 기간을 갱신할 수 있다. ( )

□□□ **16** 「보안관찰법」상 보안관찰처분의 기간은 3년으로 한다. ( )

□□□ **17** 「보안관찰법」상 보안관찰처분을 받은 자는 이 법이 정하는 바에 따라 소정의 사항을 주거지 관할 경찰서장에게 신고하고, 재범방지에 필요한 범위 안에서 그 지시에 따라 보안관찰을 받아야 한다. ( )

□□□ **18** 「보안관찰법」상 법무부장관은 보안관찰처분대상자 또는 피보안관찰자중 국내에 가족이 없거나 가족이 있어도 인수를 거절하는 자에 대하여는 대통령령이 정하는 바에 의하여 거소를 제공할 수 있다. ( )

□□□ **19** 「보안관찰법 시행규칙」에서 규정하는 '사안'에는 보안관찰처분기간갱신청구에 관한 사안도 해당 된다. ( )

□□□ **20** 「보안관찰법」상 피보안관찰자가 주거지를 이전하거나 국외여행 또는 10일 이상 주거를 이탈하여 여행하고자 할 때에는 미리 거주예정지, 여행예정지 기타 대통령령이 정하는 사항을 지구대·파출소장을 거쳐 관할경찰서장에게 신고하여야 한다. ( )

정답 & OX 풀이✎

02 안보경찰활동은 사전·예방적 성격을 갖는다.

06 반국가단체의 구성·가입죄 및 가입권유죄는 미수범을 처벌하고, 반국가단체의 구성·가입죄는 예비·음모도 처벌한다(제3조 제3항, 제4항, 제5항).

07 형의 전부 또는 일부의 집행을 받은 사실이 있는 자를 말한다(제3조).

09 「형법」상 일반이적죄는 보안관찰해당범죄에 해당하지 않는다.

10 「군형법」상의 일반이적죄는 보안관찰해당범죄에 포함된다.

16 보안관찰처분의 기간은 2년으로 한다(제5조 제1항).

정답

01. ○	02. ×	03. ○	04. ○	05. ○	06. ×	07. ×	08. ○	09. ×	10. ×
11. ○	12. ○	13. ○	14. ○	15. ○	16. ×	17. ○	18. ○	19. ○	20. ○

□□□ **21** 「북한이탈주민의 보호 및 정착지원에 관한 법률」상 "북한이탈주민"이란 군사분계선 이북지역에 주소, 직계가족, 배우자, 직장 등을 두고 있는 사람으로서 북한을 벗어난 후 외국 국적을 취득하지 아니한 사람을 말한다. ( )

□□□ **22** 「북한이탈주민의 보호 및 정착지원에 관한 법률」상 '북한이탈주민'이란 군사분계선 이북지역에 주소, 직계가족, 배우자, 직장 등을 두고 있는 사람으로서 북한을 벗어난 후 외국 국적을 취득한 사람을 말한다. ( )

□□□ **23** 「북한이탈주민의 보호 및 정착지원에 관한 법률」상 '보호대상자'란 이 법에 따라 보호 및 지원을 받는 북한이탈주민을 말한다. ( )

□□□ **24** 「북한이탈주민의 보호 및 정착지원에 관한 법률」상 국가안전보장에 현저한 영향을 줄 우려가 있는 보호신청자는 통일부장관이 그 보호 여부를 결정하고, 그 결과를 지체 없이 국가정보원장과 보호신청자에게 통보하거나 알려야 한다. ( )

□□□ **25** 「북한이탈주민의 보호 및 정착지원에 관한 법률」상 통일부장관은 보호대상자가 거주지로 전입한 후 그의 신변안전을 위하여 국방부장관이나 경찰청장에게 협조를 요청할 수 있으며, 협조요청을 받은 국방부장관이나 경찰청장은 이에 협조한다. ( )

□□□ **26** 「북한이탈주민의 보호 및 정착지원에 관한 법률」상 보호신청자가 항공기 납치, 마약거래, 테러, 집단살해 등 국제형사범죄자에 해당하면 보호대상자로 결정하지 아니할 수 있다. ( )

□□□ **27** 「북한이탈주민의 보호 및 정착지원에 관한 법률」상 통일부장관은 보호대상자가 정착지원시설로부터 그의 거주지로 전입한 후 정착하여 스스로 생활하는 데 장애가 되는 사항을 해결하거나 그 밖에 자립·정착에 필요한 보호를 할 수 있다. ( )

정답 & OX 풀이

22 북한을 벗어난 후 외국 국적을 취득하지 아니한 사람

24 통일부장관은 제7조 제4항에 따른 통보를 받으면 협의회의 심의를 거쳐 보호 여부를 결정한다. 다만, 국가안전보장에 현저한 영향을 줄 우려가 있는 사람에 대하여는 국가정보원장이 그 보호 여부를 결정하고, 그 결과를 지체 없이 통일부장관과 보호신청자에게 통보하거나 알려야 한다(제8조 제1항).

정답 21. ○ 22. × 23. ○ 24. × 25. ○ 26. ○ 27. ○

테마 66 외사경찰 활동

핵심정리 OX Check

□□□ **01** 「출입국관리법」상 감염병환자, 마약류중독자, 강제퇴거명령을 받고 출국한 후 5년이 지난 외국인은 입국금지 사항에 해당한다. ( )

□□□ **02** 「출입국관리법」상 수사기관이 「출입국관리법」 제4조의6 제3항에 따른 긴급출국금지 승인을 요청한 때로부터 24시간 이내에 법무부장관으로부터 긴급출국금지 승인을 받지 못한 경우, 법무부장관은 출입국관리법 제4조의6 제1항의 수사기관 요청에 따른 출국금지를 해제하여야 한다. ( )

□□□ **03** 출국금지를 요청한 기관의 장은 출국금지기간을 초과하여 계속 출국을 금지할 필요가 있을 때에는 출국금지기간이 끝나기 3일 전까지 법무부장관에게 출국금지기간을 연장하여 줄 것을 요청하여야 한다. ( )

□□□ **04** 법무부장관은 범죄수사를 위하여 출국이 적당하지 아니하다고 인정되는 사람에 대하여 1개월 이내의 기간을 정하여 출국을 금지할 수 있다. ( )

□□□ **05** 법무부장관은 출국금지 사유가 없어졌거나 출국을 금지할 필요가 없다고 인정할 때에는 즉시 출국금지를 해제하여야 한다. ( )

□□□ **06** 법무부장관은 기소중지 또는 수사중지(피의자중지로 한정한다)된 경우로서 체포영장 또는 구속영장이 발부된 사람에 대하여 3개월 이내의 기간을 정하여 출국을 금지할 수 있다. ( )

□□□ **07** 「출입국관리법」상 출입국관리공무원 외의 수사기관이 출입국사범에 해당하는 사건을 입건하였을 때에는 지체 없이 관할 지방출입국·외국인관서의 장에게 인계하여야 한다. ( )

정답 & OX 풀이

01 감염병환자, 마약류중독자, 강제퇴거명령을 받고 출국한 후 5년이 지나지 않은 외국인은 입국금지 사항에 해당한다(제11조(입국의 금지 등) 제1호 제6호).

02 12시간 이내에 법무부장관으로부터 긴급출국금지 승인을 받지 못한 경우(제4조의6 제4항 후단)

06 영장 유효기간 이내의 기간을 정하여 출국을 금지할 수 있다.

정답 **01.** × **02.** × **03.** ○ **04.** ○ **05.** ○ **06.** × **07.** ○

□□□ **08** 「출입국관리법시행령」상 전문대학 이상의 교육기관 또는 학술연구기관에서 정규과정의 교육을 받거나 특정연구를 하려는 사람은 D-2 장기체류자격을 취득할 수 있다.　　　　　(　)

□□□ **09** 「출입국관리법시행령」상 수익이 따르는 음악, 미술, 문학 등의 예술활동과 수익을 목적으로 하는 연예, 연주, 연극, 운동경기, 광고·패션모델, 그 밖에 이에 준하는 활동을 하려는 사람은 E-2 장기 체류자격을 취득할 수 있다.　　　　　(　)

□□□ **10** 「출입국관리법시행령」상 「외국인근로자의 고용 등에 관한 법률」에 따른 국내 취업요건을 갖춘 사람은 E-9 장기체류자격을 취득할 수 있다.　　　　　(　)

□□□ **11** 「출입국관리법시행령」상 국민과 혼인관계(사실혼 관계는 제외)에서 출생한 자녀를 양육하고 있는 부 또는 모로서 법무부장관이 인정하는 사람은 F-6 장기체류자격을 취득할 수 있다.　(　)

□□□ **12** 사법경찰관리는 외국인을 조사하는 경우에는 조사를 받는 외국인이 이해할 수 있는 언어로 통역해 주어야 한다.　　　　　(　)

□□□ **13** 「범죄수사규칙」상 경찰관은 외국인인 피의자 및 그 밖의 관계자가 한국어에 능통하지 않는 경우에는 통역인으로 하여금 통역하게 하여 한국어로 피의자신문조서나 진술조서를 작성하여야 하며, 특히 필요한 때에는 한국어의 진술서를 작성하게 하거나 한국어의 진술서를 제출하게 하여야 한다.　　　　　(　)

□□□ **14** 「범죄수사규칙」상 외국인에 대하여 구속영장 그 밖의 영장을 집행하는 경우에는 번역문을 첨부하여야 한다.　　　　　(　)

□□□ **15** 「범죄수사규칙」상 외국인으로부터 압수한 물건에 관하여 압수목록교부서를 교부하는 경우에는 번역문을 첨부하여야 한다.　　　　　(　)

□□□ **16** 「경찰수사규칙」에 따르면 사법경찰관리는 외국인을 체포·구속하는 경우 국내 법령을 위반하지 않는 범위에서 영사관원과 자유롭게 접견·교통할 수 있고, 체포·구속된 사실을 영사기관에 통보해 줄 것을 요청할 수 있다는 사실을 알려야 한다.　　　　　(　)

□□□ **17** 사법경찰관 甲은 「경찰수사규칙」에 따라 중국인 피의자 A의 체포시 피의자에게 영사관원 접견 등 권리를 요청할 수 있다는 사실을 알려주었다.　　　　　(　)

□□□ **18** 「경찰수사규칙」에 따르면 사법경찰관리는 외국인 변사사건이 발생한 경우에는 영사기관 사망 통보서를 작성하여 지체 없이 검사에게 통보해야 한다.　　　　　(　)

□□□ **19** 「범죄수사규칙」에 따르면 경찰관은 외국군함에 관하여는 해당 군함의 함장의 청구가 있는 경우 외에는 이에 출입해서는 아니 된다.　　　　　(　)

□□□ **20** 경찰관은 외국군함에 속하는 군인이나 군속이 그 군함을 떠나 대한민국의 영해 또는 영토 내에서 죄를 범한 경우에는 신속히 국가수사본부장에게 보고하여 그 지시를 받아야 한다. 다만, 현행범 그 밖의 급속을 요하는 때에는 체포 그 밖의 수사상 필요한 조치를 한 후 신속히 국가수사본부장에게 보고하여 그 지시를 받아야 한다.　　　　　　　　　　　　　　　　(　)

□□□ **21** 「범죄수사규칙」에 따르면 경찰관은 총영사, 영사 또는 부영사의 사무소는 해당 영사의 청구나 동의가 있는 경우 외에는 이에 출입해서는 아니 된다.　　　　　　　　　　　(　)

□□□ **22** 사법경찰관 丙은 「범죄수사규칙」에 따라 영사 C의 사무소 안에 있는 기록문서를 압수하지 않고 열람하였다.　　　　　　　　　　　　　　　　　　　　　　　　　　(　)

□□□ **23** 「범죄수사규칙」상 경찰관은 피의자가 외교 특권을 가진 사람인지 여부가 의심스러운 경우에는 신속히 국가수사본부장에게 보고하여 그 지시를 받아야 한다.　　　　　　(　)

□□□ **24** 경찰관은 대한민국의 영해에 있는 외국 선박 내에서 발생한 범죄로서 대한민국 육상이나 항내의 안전을 해할 때, 승무원 이외의 사람이나 대한민국의 국민에 관계가 있을 때 또는 중대한 범죄가 행하여졌을 때는 수사를 하여야 한다.　　　　　　　　　　　　(　)

정답 & OX 풀이

09 E-6 장기체류자격

11 국민과 혼인관계(사실혼 관계를 포함)

13 특히 필요한 때에는 외국어의 진술서를 작성하게 하거나 외국어의 진술서를 제출하게 하여야 한다(제217조 통역인의 참여).

18 「경찰수사규칙」에 따르면 사법경찰관리는 외국인 변사사건이 발생한 경우에는 제94호서식의 영사기관 사망 통보서를 작성하여 지체 없이 해당 영사기관에 통보해야 한다(제91조 제4항).

20 「범죄수사규칙」 제212조(외국군함의 승무원에 대한 특칙)

22 경찰관은 총영사, 영사 또는 부영사나 명예영사의 사무소 안에 있는 기록문서에 관하여는 이를 열람하거나 압수하여서는 아니 된다(제213조 제4항). 따라서 사법경찰관 丙의 기록문서 열람은 적절하지 않다.

24 「범죄수사규칙」 제214조(외국 선박 내의 범죄) 경찰관은 대한민국의 영해에 있는 외국 선박 내에서 발생한 범죄로서 다음 각호의 어느 하나에 해당하는 경우에는 수사를 하여야 한다.

정답
| 08. ○ | 09. × | 10. ○ | 11. × | 12. ○ | 13. × | 14. ○ | 15. ○ | 16. ○ | 17. ○ |
| 18. × | 19. ○ | 20. ○ | 21. ○ | 22. × | 23. ○ | 24. ○ | | | |

□□□ **25** 사법경찰관은 주한 미합중국 군대의 구성원·외국인군무원 및 그 가족이나 초청계약자의 범죄 관련 사건을 인지하거나 고소·고발 등을 수리한 때에는 7일 이내에 한미행정협정사건 통보서를 미군 당국에게 통보해야 한다. ( )

□□□ **26** 사법경찰관 丁은 「경찰수사규칙」에 따라 한미행정 협정사건에 관하여 주한 미합중국 군 당국으로부터 공무증명서를 제출받아 지체 없이 공무증명서의 사본을 검사에게 송부하였다. ( )

□□□ **27** 주한미군지위협정(SOFA)상 주한미군의 공무집행 중 작위 또는 부작위에 의한 범죄는 합중국 군 당국의 전속적 재판권 범위에 포함된다. ( )

□□□ **28** 「외교관계에 관한 비엔나협약」과 「영사관계에 관한 비엔나 협약」상 외교관과 영사관원은 어떠한 형태의 체포 또는 구금도 당하지 아니한다. ( )

□□□ **29** 「외교관계에 관한 비엔나협약」상 공관지역은 불가침이므로 접수국의 관헌은 공관장의 동의 없이는 공관지역에 들어가지 못한다. ( )

□□□ **30** 「외교관계에 관한 비엔나협약」상 외교신서사는 그의 신분 및 외교 행낭을 구성하는 포장물의 수를 표시하는 공문서를 소지하여야 하며, 그의 직무를 수행함에 있어서 접수국의 보호를 받는다. ( )

□□□ **31** 「영사관계에 관한 비엔나 협약」상 접수국의 당국은 전적으로 영사기관의 활동을 위하여 사용되는 영사관사의 부분에 들어가서는 안 된다. 다만, 화재 또는 신속한 보호조치를 필요로 하는 기타 재난의 경우에는 영사기관장의 동의가 있는 것으로 추정할 수 있다. ( )

□□□ **32** 「국제형사사법 공조법」상 행정안전부장관은 국제형사경찰기구로부터 외국의 형사사건 수사에 대하여 협력을 요청받거나 국제형사경찰기구에 협력을 요청하는 경우에는 국제범죄의 정보 및 자료 교환 등의 조치를 취할 수 있다. ( )

□□□ **33** 국제사법 공조와 범죄인 인도는 동일한 법률에 근거하고 있다. ( )

□□□ **34** 「국제형사사법 공조법」에는 증거 수집, 압수·수색 또는 검증이 공조의 범위로 포함되어 있다. ( )

□□□ **35** 국제형사경찰기구(인터폴)의 회원국은 자국 내 설치된 국가중앙사무국을 통해 다른 나라의 국가중앙사무국과 국제범죄정보 및 자료를 교환하며, 임의적 협조라기보다는 강제적 협조의 성격을 가진다. ( )

□□□ **36** 국제형사경찰기구는 국제형사공조기구로 분류되며, 예외적인 사안에서는 국제형사경찰기구 소속 수사관이 범인을 체포하거나 구속할 수도 있다. ( )

□□□ **37** 「범죄인 인도법」상 인도조약이 체결되어 있지 아니한 경우에도 범죄인의 인도를 청구하는 국가가 같은 종류 또는 유사한 인도범죄에 대한 대한민국의 범죄인 인도청구에 응한다는 보증을 하는 경우에는 이 법을 적용한다. ( )

□□□ **38** 「범죄인 인도법」상 범죄인의 인도를 청구하는 국가가 같은 종류 또는 유사한 인도범죄에 대한 대한민국의 범죄인 인도청구에 응한다는 보증을 하는 경우에는 이 법을 적용한다. 단, 인도조약이 체결되어 있지 않은 국가는 제외한다. ( )

정답 & OX 풀이

25 검사에게 통보해야 한다.

27 합중국 군 당국의 제1차적 재판권 범위에 포함된다.

28 영사관원은, 중대한 범죄의 경우에 권한 있는 사법당국에 의한 결정에 따르는 것을 제외하고, 재판에 회부되기 전에 체포되거나 또는 구속되지 아니한다(영사관계에 관한 비엔나협약 제41조 영사관원의 신체의 불가침 제1항). ※ 외교관의 신체는 불가침이다. 외교관은 어떠한 형태의 체포 또는 구금도 당하지 아니한다. 접수국은 상당한 경의로서 외교관을 대우하여야 하며 또한 그의 신체, 자유 또는 품위에 대한 여하한 침해에 대하여도 이를 방지하기 위하여 모든 적절한 조치를 취하여야 한다(외교관계에 관한 비엔나협약 제29조).

30 외교신서사는 그의 신분 및 외교 행낭을 구성하는 포장물의 수를 표시하는 공문서를 소지하여야 하며, 그의 직무를 수행함에 있어서 접수국의 보호를 받는다. 외교신서사는 신체의 불가침을 향유하며 어떠한 형태의 체포나 구금도 당하지 아니한다(외교관계에 관한 비엔나 협약 제27조 제5항). ※ 외교신서사는 다른 나라에 주재하는 자기 나라의 대사관에 발송하는 외교 문건을 전달하는 사람을 말하고, 외교 행낭은 외교사절과 파견국 정부 또는 외교사절 사이에 교환되는 공문이나 서신 등을 담은 행낭을 말한다.

31 접수국의 당국은, 영사기관장 또는 그가 지정한 자 또는 파견국의 외교공관장의 동의를 받는 경우를 제외하고, 전적으로 영사기관의 활동을 위하여 사용되는 영사관사의 부분에 들어가서는 아니 된다. 다만, 화재 또는 신속한 보호조치를 필요로 하는 기타 재난의 경우에는 영사기관장의 동의가 있은 것으로 추정될 수 있다(영사관계에 관한 비엔나협약 제31조 영사관사의 불가침 제2항).

33 국제형사사법공조는 「국제형사사법 공조법」, 범죄인 인도는 「범죄인 인도법」에 근거하고 있다.

35 국제형사경찰기구(인터폴)의 회원국은 자국 내 설치된 국가중앙사무국을 통해 다른 나라의 국가중앙사무국과 국제범죄 정보 및 자료를 교환하며, 강제적 협조라기보다는 임의적 협조의 성격을 가진다.

36 국제형사경찰기구는 국제형사공조기구로 분류되며 범죄에 관한 자료수집, 범죄인 소재수사를 하지만, 국제적인 사법경찰로서 형사범 체포 및 구속 등에 대한 권한은 없다.

38 인도조약이 체결되어 있지 아니한 경우에도 범죄인의 인도를 청구하는 국가가 같은 종류 또는 유사한 인도범죄에 대한 대한민국의 범죄인 인도청구에 응한다는 보증을 하는 경우에는 이 법을 적용한다(제4조(상호주의)).

정답
| 25. × | 26. ○ | 27. × | 28. × | 29. ○ | 30. ○ | 31. ○ | 32. ○ | 33. × | 34. ○ |
| 35. × | 36. × | 37. ○ | 38. × | | | | | | |

□□□ **39** 「범죄인 인도법」상 대한민국과 청구국의 법률에 따라 인도범죄가 사형, 무기징역, 무기금고, 장기 3년 이상의 징역 또는 금고에 해당하는 경우에만 범죄인을 인도할 수 있다. (　　)

□□□ **40** 「범죄인 인도법」상 인도범죄에 관하여 대한민국 법원에서 재판이 계속 중이거나 재판이 확정된 경우는 범죄인을 인도하여서는 아니 된다. (　　)

□□□ **41** 「범죄인 인도법」상 범죄인이 인도범죄에 관하여 제3국(청구국이 아닌 외국을 말한다.)에서 재판을 받고 처벌되었거나 처벌받지 아니하기로 확정된 경우 범죄인을 인도하지 아니할 수 있다. (　　)

□□□ **42** 「범죄인 인도법」에서 규정하는 절대적 인도거절 사유 : 범죄인이 대한민국 국민인 경우 (　　)

□□□ **43** 「범죄인 인도법」에서 규정하는 절대적 인도거절 사유 : 인도범죄의 전부 또는 일부가 대한민국 영역에서 범한 것인 경우 (　　)

□□□ **44** 「범죄인 인도법」에서 규정하는 절대적 인도거절 사유 : 범죄인이 인종, 종교, 국적, 성별, 정치적 신념 또는 특정 사회단체에 속한 것 등을 이유로 처벌되거나 그 밖의 불리한 처분을 받을 염려가 있다고 인정되는 경우 (　　)

□□□ **45** 「범죄인 인도법」 제7조에 따른 절대적 인도거절 사유 : 대한민국 또는 청구국의 법률에 따라 인도범죄에 관한 공소시효 또는 형의 시효가 완성된 경우 (　　)

□□□ **46** 「범죄인 인도법」상 대한민국 또는 청구국의 법률에 따라 인도범죄에 관한 공소 시효 또는 형의 시효가 완성된 경우나 범죄인의 인도범죄 외의 범죄에 관하여 대한민국 법원에 재판이 계속 중인 경우 또는 범죄인이 형을 선고받고 그 집행이 끝나지 아니하거나 면제되지 아니한 경우에는 범죄인을 인도하여서는 아니 된다. (　　)

□□□ **47** 「범죄인 인도법」 제7조에 따른 절대적 인도거절 사유 : 인도범죄의 성격과 범죄인이 처한 환경 등에 비추어 범죄인을 인도하는 것이 비인도적이라고 인정되는 경우 (　　)

□□□ **48** 「범죄인 인도법」 제7조에 따른 절대적 인도거절 사유 : 범죄인이 인종, 종교, 국적, 성별, 정치적 신념 또는 특정 사회단체에 속한 것 등을 이유로 처벌되거나 그 밖의 불리한 처분을 받을 염려가 있다고 인정되는 경우 (　　)

□□□ **49** 「범죄인 인도법」상 법원은 범죄인이 인도구속영장에 의하여 구속 중인 경우에 구속된 날부터 2개월 이내에 인도심사에 관한 결정을 하여야 한다. (　　)

□□□ **50** 「범죄인 인도법」상 외교부장관은 둘 이상의 국가로부터 동일 또는 상이한 범죄에 관하여 동일한 범죄인에 대한 인도청구를 받은 경우에는 범죄인을 인도할 국가를 결정하여야 하며, 이 경우 법무부장관과 협의하여야 한다. ( )

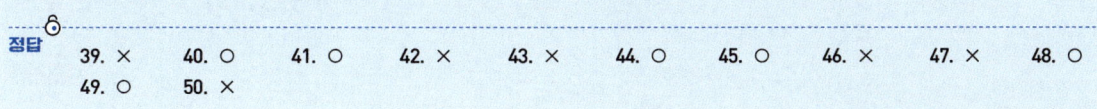

정답 & OX 풀이

39 대한민국과 청구국의 법률에 따라 인도범죄가 사형, 무기징역, 무기금고, 장기(長期) 1년 이상의 징역 또는 금고에 해당하는 경우에만 범죄인을 인도할 수 있다(제6조).

42 임의적 인도거절 사유

43 임의적 인도거절 사유

46 대한민국 또는 청구국의 법률에 따라 인도범죄에 관한 공소 시효 또는 형의 시효가 완성된 경우에는 범죄인을 인도하여서는 아니 된다(제7조 제1호). 범죄인의 인도범죄 외의 범죄에 관하여 대한민국 법원에 재판이 계속 중인 경우 또는 범죄인이 형을 선고받고 그 집행이 끝나지 아니하거나 면제되지 아니한 경우 범죄인을 인도하지 아니할 수 있다(제9조 제3호).

47 임의적 인도거절 사유

50 법무부장관은 ~ 결정하여야 하며, 필요한 경우 외교부장관과 협의할 수 있다(제16조(인도청구의 경합)).

정답
| 39. × | 40. ○ | 41. ○ | 42. × | 43. × | 44. ○ | 45. ○ | 46. × | 47. × | 48. ○ |
| 49. ○ | 50. × | | | | | | | | |

박우찬 찬스경찰학
핵심정리 OX

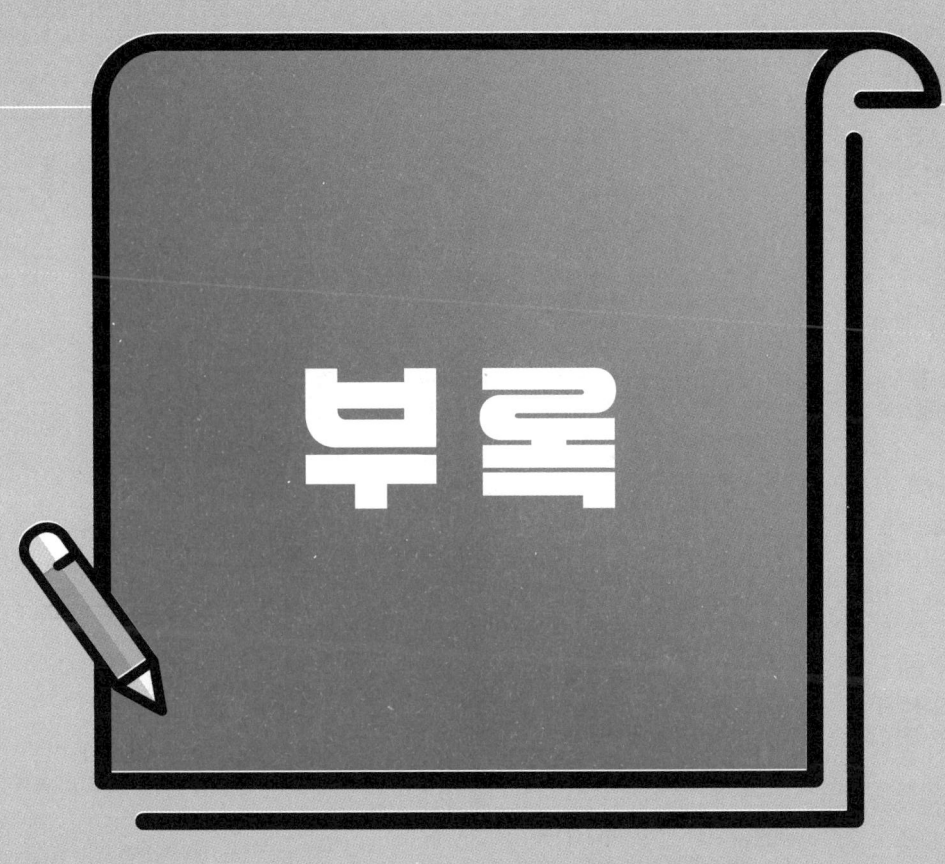

부록

위원회 비교 · 정리

분류	구성	운영	특징
국가경찰위원회	① 위원장 포함 7명 ② 위원장 및 5명의 위원은 비상임, 1명은 상임	재적 과반수, 출석 과반수	① 행정안전부장관 제청 ② 위원장 호선 ③ 임기 3년, 연임 불가
자치경찰위원회	① 위원장 포함 7명 ② 위원장과 1명의 위원은 상임 (상임은 2명)	재적 과반수, 출석 과반수	① 추천권자의 추천, 시·도지사의 지명 ② 위원장 시·도지사 임명 ③ 임기 3년, 연임 불가
임용심사위원회	위원장 포함 5명 이상 7명 이하 (경감 이상)	재적 2/3, 출석 과반수	① 시보임용 정규임용, 면직 ② 위원장은 계급이 높은 경찰공무원
승진심사위원회	위원장 포함 5명 이상 7명 이하	재적 과반수 찬성	비공개
경찰공무원인사위원회	위원장 포함 5명 이상 7명 이하 (총경 이상, 경찰청장 임명)	재적 과반수 찬성	① 자문기관 ② 위원장은 인사담당국장
경찰공무원징계위원회	① 위원장 포함 11명 이상 51명 이하(공무원위원과 민간위원) ② 위원장과 회의마다 지정 4명 이상 6명 이하로 회의 구성	위원 과반수, 출석 과반수	① 의결기관 ② 중앙위 : 총경, 경정 ③ 보통위 : 경감 이하 ④ 경찰서 : 경위 이하
경찰공무원고충심사위원회	위원장 포함 7명 이상 15명 이하(민간위원은 위원장 제외 위원 수 2분의 1 이상), 회의마다 지정 5명 이상 7명 이하(민간위원 3분의1 이상)	위원 5명 이상 출석, 출석 과반수	중앙고충심사위원회는 소청심사위원회의 의결정족수
인사혁신처소청심사위원회	위원장 포함 5명 이상 7명 이하 상임위원과 상임위원 수 2분의 1 이상 비상임위원(국회 등 다른 국가기관은 비상임위원만으로 구성)	재적 2/3, 출석 과반수(중징계 취소 또는 변경의 경우 재적2/3, 출석2/3)	① 행정관청 ② 위원장은 정무직 ③ 위원은 인사혁신처장 제청 ④ 상임위원 임기 3년, 1회 연임 가능 ⑤ 중징계 취소·변경은 재적 2/3, 출석 2/3
중앙행정심판위원회	① 위원장 포함 70명 이내의 위원, 상임위원은 4명 이내 ② 위원장, 상임위원 및 위원장이 회의마다 지정하는 비상임위원을 포함하여 총 9명으로 회의 구성	구성원 과반수, 출석 과반수	① 위원장은 국민권익위원회의 부위원장 중 1명 ② 상임위원의 임기는 3년으로 하며, 1차에 한하여 연임 ③ 비상임위원으로 위촉된 위원의 임기는 2년으로 하되, 2차에 한하여 연임
손실보상심의위원회	위원장 포함 7명 이상 9명 이하(과반수 이상은 비경찰), 청구금액이 100만 원 이하의 사건은 소속 경찰관 위원(시행령 제11조 제3항 제1호) 3명으로만 구성	재적 과반수, 출 석 과반수	① 경찰청, 시·도경찰청 설치 ② 위원은 손실보상 결정권자(경찰청장, 시·도경찰청장)가 위촉하거나 임명 – 소속 경찰관, 법조인 5년, 부교수 이상 5년 등 ③ 임기 2년 ④ 위원장 : 소속 경찰관 위원 중에서 손실보상 결정권자가 지명, 유고시 지명 위원 대행
보상금심사위원회	위원장 포함 5명 이내(경찰공무원으로 임명)	재적 과반수 찬성	① 경찰청, 시·도경찰청, 경찰서 설치 ② 위원장은 경찰청장등이 임명

언론중재 위원회	40명 이상 90명 이내의 중재위원 (위원장 1명과 2명 이내의 부위원 장 및 2명 이내의 감사)	재적 과반수, 출석 과반수	① 문화체육관광부장관 위촉 ② 위원장, 부위원장, 감사 호선 ③ 임기 3년, 1회 연임
경찰청, 시·도경찰청 인권위원회	위원장 포함 7명 이상 13명 이하	재적 과반수, 출석 과반수	① 자문기관 ② 특정 성별 10분의 6 초과하지 아니해야 한다. ③ 위원장과 위촉 임기 2년, 위원장은 연임 불가, 위촉 위원은 2회 연임 가능
정보공개 위원회	위원장 부위원장 각 1명 포함 11명 (위원장 포함 7명 비공무원)	재적 과반수, 출석 과반수	① 행정안전부장관 소속 ② 행정안전부장관 위촉 ③ 임기 2년, 연임 가능
정보공개 심의회	위원장 포함 5명 이상 7명 이하(3 분의 2는 외부 전문가)	재적 과반수, 출석 과반수	① 정보공개 여부 등을 심의, 국가기관등에 설치 ② 경찰청은 외부 전문가 위촉비율 최소 3분의 1
개인정보 보호위원회	상임위원 2명(위원장 1명, 부위원 장 1명) 포함 9명	재적 과반수, 출석 과반수	임기 3년, 한 차례만 연임

🖊 위원회 의결정족수 비교

국가경찰위원회, 시·도자치경찰위원회 징계위원회, 손실보상심의위원회, 국민권익위원회, 언론중재위원회, 보안관찰처분심의위원회, 정보보호위원회	재적의원 과반수 출석, 출석위원 과반수 찬성
임용심사위원회, 소청심사위원회	① 재적위원 3분의 2 이상의 출석, 출석위원 과반수 찬성/합의 ② 소청심사 결정에서 중징계 취소·변경은 재적위원 3분의 2 이상의 출석, 출석위원 3분의 2 이상의 합의
경찰공무원인사위원회, 승진심사위원회, 보상금심사위원회	재적위원 과반수 찬성으로 의결
시·도자치경찰위원회 재의결	재적의원 과반수 출석, 출석위원 3분의 2 이상의 찬성

MEMO

MEMO

박우찬

주요 약력

경찰대학교 졸업
서울대학교 졸업 및 서울대학교 대학원 수료
경기남부경찰청, 제주경찰청 근무
현) 박문각 경찰학원 경찰학 대표 교수
전) 경찰인재개발원 경무교육 외래 교수
전) 경찰수사연수원 범죄수사 외래 교수
전) 윌비스경찰학원 경찰학 대표 교수
전) 울산중앙경찰학원 경찰학 대표 교수
전) 종로경찰학원 경찰학 대표 교수

주요 저서

박우찬 찬스경찰학 기본이론서
박우찬 찬스경찰학 핵심정리 OX
박우찬 찬스경찰학 기출공략집(새흐름)
박우찬 경찰행정법 이론서(청어람)
박우찬 경찰실무종합 이론기출집

네이버 카페: 박우찬 경찰학 연구실

http://cafe.naver.com/policechan

박우찬 **찬스경찰학** ✦ **핵심정리 OX**

초판 인쇄 2026. 1. 5. | **초판 발행** 2026. 1. 9. | **편저자** 박우찬
발행인 박 용 | **발행처** (주)박문각출판 | **등록** 2015년 4월 29일 제2019-000137호
주소 06654 서울시 서초구 효령로 283 서경 B/D 4층 | **팩스** (02)584-2927
전화 교재 문의 (02)6466-7202

저자와의
협의하에
인지생략

정가 26,000원
ISBN 979-11-7519-654-4